김우진 연구

푸른사상 학술총서 ❸❾

김우진 연구

金祐鎭 研究

김우진연구회 편

Researches on Kim Woo-Jin

올해로 〈김우진연구회〉가 창립 10년째를 맞이합니다. 지난 2008년 초에 수산 김우진의 삶과 문학세계를 연구하고 선양하기 위해서 지역민과 함께 전국의 연구자, 예술가는 물론 유족까지 뜻을 모아 발족한 연구회입니다. 유민영(단국대 석좌교수), 이명재(중앙대 명예교수), 천승세(소설가), 김관재(시인) 고문님들께서 앞장서주시고, 한옥근(전 조선대 명예교수) 님이 초대 회장으로서 남다르게 애써주셨습니다. 또한 유족이신 김예동(증손자, 극지연구소장) 님도 문학제를 직접 찾아서 힘을 보태주셨습니다.

그동안 저희 연구회는 매년 '김우진문학제'를 열면서 9회에 걸쳐 '김우진전국학술발표대회'와 '김우진전국백일장대회'를 운영해왔습니다. 학술발표대회에서는 총 24편의 논문이 발표되었고, 백일장대회에는 전국적으로 누적 인원 2천여 명이 넘는 청소년들이 참가해서 문예창작력을 높였습니다. 또한 지역의 극단이나 학교가 제작하는 공연물과 문화예술 교육 프로그램을 기술 지원하는 등 극예술전문단체로서 자리매김하고 있음을 감히 말씀드립니다.

1980년대부터 우리 문학사는 김우진을 한국 근대극을 선도한 이론가이자 작가로 평가합니다. 반면에 그를 기리는 선양 작업은 의외로 미미했다 하겠습니다. 순수 민간 문학단체인 〈우리문학기림회〉가 1990년에 김우진의 개인 서실(書室)인 백수재(百壽齋)를 "극작가 김우진문학의 산실(産室)"로 명명하고 문학표지비를 건립해 기념한 작업이 전부였습니다. 더군다나 김우진 문학의 산실이자, 목포지역 최초로 결성된 현대문학 동인회인 〈Société Mai'〉의 활동지였던 백수재조차 개발에 밀려 사라져버렸습니다. 소중한 한국문학 유산 하나가 사라져버린 셈입니다.

뒤늦게나마 목포시가 2007년에 목포문학관을 개관하면서 김우진관에 친필 유고를 전시하고 김우진문학제를 지원하면서부터 선양 작업이 소소하게 진행되었으니 다행이다 싶습니다. 올해에는 '걷고 싶은 목포'를 슬로건으로 내건 목포시의 명품 관광 루트로써 '김우진 벽화거리'가 조성되고 있다니 응원을 보냅니다.

이런 사업과 부응해서 저희 연구회는 수산 김우진의 작고 90주년과 〈김우진연구회〉 창립 10년째를 기념하기 위해서 『김우진 연구』를 발간하게 되었습니다. 이 책에 담긴 글들은 '김우진학술발표대회'의 발표문을 일부 수정한 논문임을 밝힙니다. 필자에 따라서는 발표문을 보완하여 저서나 학위 및 학술 논문으로 재수록하였음도 역시 밝힙니다.

편집위원회에서는 회의를 거쳐 총 20편의 논문으로 책을 묶었습니다. 바쁘시지만 발표문을 수정하시고 게재를 승낙해주신 선생님들께 이 자리를 빌려서 깊은 감사를 드립니다. 유민영, 이명재, 권순종, 김성희, 민병욱, 배봉기, 박명진, 김선태, 이은경, 김영학, 최상민, 윤진현, 염철, 오혜진, 심우일, 김경애, 김성진 님 고맙습니다. 더욱이 유명을 달리하신 한옥근, 김일영 님의 옥고까지 함께 묶을 수 있어서 다소나마 빚을 갚은 듯합니다. 재삼 삼가 명복을 빕니다.

앞으로 저희 연구회에서는 관련 연구자들을 모시고 더한 공부를 하고자 합니다. 미처 모시지 못한 연구자들이 많습니다. 귀한 공부 자리로 모실 것을 약속드립니다. 또한 전국 각처에서 논의되고 발표된 김우진 연구물이나 자료들을 단계적으로 엮어 출간할 기획도 적극적으로 검토 중입니다. 일정한 시기에 이르면 '김우진문학상' 제정이나 '전국청소년창작극경연대회' 개최 등도 자연스럽게 검토, 실행될 것으로 전망합니다. 초창기 한국문학을 이끈 김우진을 염두에 두면 더디고 조촐한 움직임이지만 저희 연구회부터 부지런히 움직이고자 합니다. 함께해주시기를 기대합니다.

끝으로 기꺼이 이 책을 발간해주신 푸른사상사 한봉숙 사장님과 편집부 여러분께도 심심한 감사를 드립니다.

2017년 5월
김우진연구회 드림

■ 차례

책머리에   5

총론

유민영 선구자 수산 金祐鎭을 어떻게 보아야 할 것인가   13

제1부 김우진 희곡의 새로운 구상

권순종 1920년대 학생극 운동과 김우진 · 홍해성   25

배봉기 김우진 희곡 연구 – 세 가지 모티프를 중심으로   41

김성희 김우진 희곡의 새로운 구상과 표현주의극   65

이은경 김우진 희곡에 나타난 작가 의식   93

김일영 김우진의 〈산돼지〉 정본 선정을 위한 일고(一考)   113

박명진 김우진 희곡에 나타난 시대 의식과 유령성   135

오혜진 김우진 희곡에 관한 소론(小論) – 주인공의 갈등과 여성상을 중심으로   157

김영학 김우진 희곡 〈이영녀〉 연구   175

김성희 김우진의 현대 의식과 리얼리즘 희곡   189

제2부 김우진의 담론과 문학관

이명재 김우진의 문학과 문단사적 위상   223

민병욱 김우진의 비평 담론과 연극비평론의 실체   239

윤진현 김수산은 왜 이광수류의 문학을 매장하고자 했는가   257

최상민 김우진 문학관의 양상과 실제   281

심우일 김우진 비평에 나타난 생명력 개념 고찰   311

염 철 김우진의 산문을 통해 본 詩 인식 양상   329

제3부 김우진 이마골로지(imagology)의 변주

한옥근 湖南 戱曲과 김우진   349

김선태 근대의 해협을 건너다 난파한 배－김우진론   393

김성진 김우진과 목포   401

김경애 새로운 건설의 예술가－김우진의 1910년대 시를 중심으로   445

■참고문헌   462
■찾아보기   469

총론

선구자 수산 金祐鎭을
어떻게 보아야 할 것인가

선구자 수산 金祐鎭을 어떻게 보아야 할 것인가

유민영

1. 서언

개화기의 가장 뛰어난 선구적 인물들 중의 한 사람이라 할 수산 김우진(金祐鎭)이 40년 동안 땅속에 묻혀 있다가 햇빛을 보기 시작한 것은 1966년 봄 이두현의 저술 『한국신극사연구』(108~115쪽)로부터였다. 그 5년 뒤에 필자가 원고지 400장 분량의 본격 학술 논문 「초성 김우진 연구」(상·하, 한양대논문집과 국어교육논문집)를 발표함으로써 김우진은 연극학계뿐만 아니라 문학계로부터도 주목을 받기에 이른 것이다.

그로부터 석사학위 논문 10여 편과 박사학위 논문 서너 편이 나왔으며 전집 출판과 함께 단행본도 두세 권(이은경과 양승국 윤진현 등) 정도 출간되었다. 특히 근자에 김성규(김우진 부친)의 문집인 『초정집』이 간행됨으로써 그의 연구를 좀 더 진척시킬 수가 있었다. 그렇다고 해서 김우진 연구가 완벽한 것은 결코 아니다. 그러니까 그의 죽음 문제에서부터 작품 세계, 그리고 우리나라 근대 문화사 속에서의 그의 위상 찾기 등에서 아직까지 명확하게 풀어야 할 문제가 적지 않다는 생각이다. 본고는 바로 그런 몇 가지 문제에 대한 의문과 앞으로 풀어가야 할 문제를 제기하는 데 그 목표가 두어져 있음을 밝혀둔다.

2. 그의 죽음에 관한 의문에 대하여

김우진은 죽어서도 불행한 인물이었다. 그 이유는 두 가지에 있었다. 첫 째는 그가 부잣집 아들이었다는 것이었다면 다른 하나는 처자가 있는 유부남이 처녀, 그것도 아주 유명한 여성과 함께 바다에서 함께 자살했다는 것 때문이었다. 막대한 재산을 물려받을 지주 집 장남이 처녀와 바다에서 정사했다는 것 자체가 사람들의 호기심을 불러일으킬 만한 사건이고 자초지종을 떠나 동정받기 어렵게 된 것도 사실이었다. 따라서 그의 죽음은 어떤 피치 못할 사정은 접어두고라도 세인들을 납득시키기에는 쉽지 않은 상황이었다.

그 결과 그는 죽자마자 본의와는 달리 그 자신 예견했던 대로 모든 이들로부터 동정이나 이해가 아닌 비판 매도를 당해야 했고, 더불어 죽음 자체를 의혹으로 받아들이게도 했다. 바꾸어 말하면 그는 당대의 명사들로부터 '의지박약아'(안재홍)로 또는 '사회의 죄인'(이광수), 그리고 여자와 함께 죽었다는 것 때문에 '패륜아'로까지 폄훼 매도당한 것이다. 이처럼 그는 죽은 뒤에 생전 이상으로 수모를 당했던 점에서 세계에서 유례를 찾기 힘들 정도로 사후 비판을 받은 예가 되는 것이다.

그러나 그보다도 더욱 황당했던 것은 그의 유서와 옷가지 등 행구(行具)가 타고 왔던 관부연락선(도쿠주마루)에 남아 있었음에도 불구하고 불거져나온 죽음에 대한 의혹이었다. 이 말은 곧 그가 죽을 이유가 없기 때문에 죽음을 가장하고 다른 나라로 도피해서 생존해 있다는 것이었다. 즉 그가 죽은 지 2개월 뒤였던 1926년 10월 중순 서울 장안에는 그들이 이탈리아에 생존해 있다는 풍설이 광범위하게 퍼져 좀처럼 가라앉지를 않았었다는 점이다. 그로부터 2년여 뒤인 1928년 정월에는 메이저 신문인『조선일보』에 그가 윤심덕과 함께 이탈리아(나폴리)에서 악기점을 하고 있다고 보도된 것이다.

이런 기사는 일본까지 건너가 1930년 초겨울에는 후쿠오카(福岡)의 모신문 사장이 이탈리아에서 김우진과 윤심덕을 만나고 왔다는 데까지 이르렀었다. 그래서 그의 계제(김익진)가 조선총독부 외사과에 그의 형에 대한 수색원(搜索願)을 제출하는 소동까지 벌어졌었다. 그만큼 세인들은 그들의 죽음의 본질을 이해 못 한 나머지 단순한 정사극으로 간주하여 전설화한 것이다. 그런데 더욱 흥미로운 사실은 정사극도 매우 그럴싸했을 뿐만 아니라 취입곡 〈사의 찬미〉 판매고를 위한 이토(日東) 레코드회사의 배후 조종설(『매일신보』, 1930.12.11)까지 유포되었다는 점이다(윤심덕이 산송장이 되는 조건으로 3만 원을 받았다고도 했다). 그리하여 그들이 도쿠주마루 일등선실의 보이를 매수하여 트렁크 등 몇 개의 행구만을 선실에 남겨놓고 배가 떠나기 직전에 하선하여 나가사키(長崎)를 거쳐서 중국인의 명의로 이탈리아로 떠났다는 것이었다. 매우 멋진 정사 드라마였던 것이다.

그렇다면 왜 그런 황당한 풍설이 유포되었을까. 거기에는 두 가지 배경이 있었다. 하나는 그들의 유족이 그들의 죽음을 납득 못 했던 데다가 살아 있었으면 하는 막연한 바람과 김우진·윤심덕 양인은 당대 최고의 인텔리로서 부러울 것이 없었고 특히 김우진의 경우 재산까지 많아서 전도가 유망했고 독일로 유학을 가겠다고 출분(出奔)했으며 윤심덕 또한 이탈리아로 유학 가서 오페라와 성악을 공부하겠다고 입버릇처럼 말해온 데 따른 것이었다.

이러한 자작극에 따른 생존설에 이어서 또 다른 황당한 죽음설은 유명한 노래 〈사의 찬미〉를 취입한 이토 레코드회사의 음모설이라 하겠다. 그런데 흥미로운 사실은 그 음모설도 앞에 말한 정사극 조종설과 함께 모살

설(謀殺說)이었다. 그러니까 음반을 많이 판매하기 위하여 이토 레코드 사장 다누치(田內)가 계획적으로 윤심덕을 죽이면서 김우진도 같이 죽였다는 것이었다. 그런 주장은 원로 음악평론가 박용구의 오페라 극본 〈계단 위의 거울〉(계간 『문예중앙』, 1980)에 구체화되어 있다. 매우 황당한 추측이었던 것이다.

그런데 더욱 주목되는 사실은 그의 죽음에 대하여 아직도 석연찮게 보고 있는 연구자들이 있다는 점이다. 가령 근자에 출간된 양승국의 책(『김우진, 그의 삶과 문학』)에 보면 "김우진의 죽음이 '정사'와는 거리가 멀다. 사고사일 수도 있고, 자살일 수도 있다. 그러나 자살이더라도 그의 죽음은 계획된 것이라기보다는 정신쇠약에서 돌발적으로 비롯되었을 가능성이 훨씬 높다."(237쪽)라고 씌어 있다. 그러면서 그는 그 이상은 여전히 의문으로 남는다고 했다. '자살'이란 스스로 목숨을 끊는 것을 의미하고 '정사'는 사랑하는 사람끼리 어떤 사정으로 인하여 함께 자살하는 것을 의미하는 것이라는 사전적 의미로 볼 때 이들의 죽음이 분명 정사임에도 왜 다른 단서를 붙일 필요가 있는지 알 수가 없다. 그리고 자살도 정신쇠약으로 인한 돌발사로 추정했는데, 김우진이 신경쇠약 증세가 있었음은 알려진 사실이고, 우울증이 아니면 자살하지 않는다는 것이 병리학적인 진단이다.

그렇게 볼 때 그가 왜 도쿄에서 오사카에 와 있던 윤심덕에게로 부리나케 쫓아갔으며 관부연락선상에서 죽기 전에 자필로 써서 남긴 몇 종류의 유서는 무엇인가. 그런 유서가 모두 정사 뒤에 만들어진 가짜 문서라는 이야기인가. 이런 주장 역시 김우진 사후에 한동안 떠돈 의혹과 통하는 것이라고 아니할 수 없다. 결국 이러한 주장들은 김우진의 내면 세계를 제대로 이해 못 한 데서 비롯된 것으로밖에 볼 수가 없다. 바로 여기서 그의 사상적 측면을 더욱 깊이 천착해야 하는 당위가 있는 것이다.

3. 그의 현대사상가로서의 한계상황

그동안 여러 학자들이 김우진 연구를 하면서 그의 생애와 작품 세계의 천착에 치중한 나머지 그 배경이 되는 사상적 측면은 소홀히 다루어온 것이 사실이다. 주지하다시피 그는 일어는 물론이고 영어, 독일어 등 여러 가지 외국어에 능통했던 데다가 독서광이어서 동서양의 인문 서적들을 두루 섭렵했고, 와세다대학에서 배운 그 이상의 실력을 갖추고 있었다. 이 말은 그가 다이쇼 시대의 영향권을 넘을 정도의 서양 사상을 흡입하고 있었다는 이야기가 되는 것이기도 하다.

환언하면 그가 서양 문학사조는 물론이고 서양철학 사상에 깊이 빠져 있었다는 이야기가 되는 것이다. 가령 그의 독서 목록을 보면 아리스토텔레스로부터 칸트, 헤겔, 마르크스, 쇼펜하우어, 멘 드 비랑 등을 거쳐서 니체와 베르그송의 '삶의 철학'에 다다르고 있음을 알 수가 있다. 이런 그의 사상적 편력은 결국 부친과 결별하고 독일로 철학을 공부하기 위해서 출분하는 행위 속에 모두가 농축되어 있다고 말할 수가 있다.

다시 강조해서 말하거니와 그의 사상적 종착점은 마르크스도 아니고 궁극적으로 프리드리히 니체에서 발원된 베르그송에서 멈추고 있음을 확인할 수 있다는 것이다. 그런 그의 사상적 핵심은 「곡선의 생활」이라는 글에 다음과 같이 극명하게 나타나 있다.

'성숙(星宿)은 내 위에, 율법은 내 안에.' 이것은 괴닉스벨히라는 철인의 금명이다. '창공은 내 위에, 살려는 힘은 내 안에.' 이것은 나의 금명이다. 제군이여, 이 두 금명의 비교에 어떠한 차이가 있는가. 그 이상주의 철학자는 창조와 이성과 완전을 얻으려고 살고, 나는 살려고 창조와 이성과 완전을 구한다. 이것은 패러독스가 아니다. 손쉽게 다시 말하면 법칙 밑에 생(生)이 있는 게 아니라 삶의 밑에서 법칙이 생긴다. elan vital의 생각은 이천

년 전 희랍 철학자가 짐작하였고 십구 세기에 염세 시인이 Wille zum Leben 으로서, 이십세기 초에 불란서 철학자도 약동하는 생으로서 각각 생각하였다. 우리는 이제 '살려는 힘'을 느낀다. 그러나 생은 유동이고 법칙은 고정이다. 흐르는 물이 약하면 약할수록 고정되어 가던 법칙은 더욱 고정되어 간다. 도덕에 곰팡이 슬고 관념이 시들어지고 율법과 제도에 빈틈이 벌어진다. (…) '생명의 의식'은 세계의 파괴요 또는 창조다. '생명의 의식', 나는 이것에 희망을 둔다.[1]

이상의 글 속에는 니체로부터 베르그송에 이르는 '삶의 철학'이 고스란히 농축되어 있음을 알게 한다. 가령 그가 이 글에서 2천 년 전의 희랍 철학자와 19세기의 염세 시인이라고 한 것은 아리스토텔레스와 니체를 가리키는 것으로서 결국 베르그송의 삶의 철학을 설명하기 위한 전제라고 볼 수가 있다. 가령 그가 위의 글에서 니체가 말했다는 Wille zum Leben(자유의지)와 관련해서는 그의 「자유의지의 문제」라는 논문에 이렇게 씌어 있다.

인과율의 지배를 받지 않는 한 가지는 자유의지다. 살려는 맹목적 결정적 숙명적인 자유의지다. 아무것도 지배할 수 없고 아무 힘도 결박하거나 죽이지 못할 생명의 힘이다.[2]

이상은 니체가 말한 자유의지의 본질을 설명한 것인데 핵심은 역시 '생명력'으로서 베르그송 철학의 뼈대인 '생의 약진(흐름)' 즉 프랑스어 표기인 elan vital이다. 그와 관련해서는 독일 철학자 쿠르트 프리틀라인(Curt Friedlein)이 잘 설명해주고 있다. 그는 자신이 쓴 『서양철학사』에서 삶은 합리적인 지성이나 학문으로서는 파악 불가능한 힘이라면서 "이미 생물

---

1) 『김우진전집』II, 전예원, 1983, 378쪽(이후 『전집』II).
2) 위의 책, 403쪽.

학에서—처음에는 바로 정신과학에서—우리는 지성으로서 더 이상 아무 것도 할 수 없다. 지성은 우리들에게 삶 자체가 아니라 단지 삶의 물리적 및 화학적 조건들만을 설명해줄 수 있다. 왜냐하면 삶은 고정된 것이 아니라 영원한 새로운 형성, 곧 창조적 진화(혁명)이기 때문이다. '삶은 자신을 만든다'. 곧 삶은 매순간 자신의 삶의 약진(elan vital)을 통하여 자신의 고유한 목표를 만든다. 지성은 그것의 개념들을 가지고 삶을 그릇되게 할 것이다.(410쪽)"라고 하여 삶이란 끊임없이 흐르면서 변화해갈 수밖에 없는 숙명적인 것임을 설명하고 있다. 그러니까 베르그송은 '고정된 것이란 아무 것도 없다'고 본 것이다.

이런 그의 현대사상이 앞에 인용한 대로 김우진의 「곡선의 생활」이란 글에 고대로 녹아서 표현되고 있다. 따라서 그는 구사상의 상징과 같은 존재라 할 부친과는 도저히 화합할 수가 없었던 것이다. 주지하다시피 그의 부친 김성규는 한말에 정부의 고위직을 지낸 인물이다. 엘리트 관리였는데, 이는 그냥 오를 수 있는 직책이 아니고 과거시험에 합격해야 가능하다. 조선시대에 과거시험이란 유학(儒學)을 통달해야 하는 과정이다. 유학사상의 바탕은 아무래도 흔히 수신제가로 표현하는 선후본말론(先後本末論)이 아닌가. 그러니까 세상을 변화시키는 출발점도 결국은 자신의 인격 도야로부터라는 내용인 것이다. 여기서 '생은 진화한다'는 김우진의 베르그송적인 삶의 철학과 충돌할 수밖에 없게 되는 것이다. 그의 사상적 충돌은 두 가지 방향에서 일어났는데, 그 하나가 유교 교육을 철저하게 받고 성장한 자신의 내면에서 일어났다고 한다면 다른 하나는 외부 즉 부친과의 충돌이었던 것이다.

그리고 그가 집을 떠나면서 쓴 글 「출가」의 말미에 독일 표현주의 극작가 하젠클레버(Hasenclever)의 대표 희곡 〈아들〉의 대사 한마디를 인용한 것은 그의 결연한 각오를 보여주는 것이다. 주지하다시피 부자를 혐오하면서 시인의 꿈을 가진 스무 살의 아들이 대학 시험에 낙방하자 부유한 의

사 아버지가 크게 꾸짖게 되고, 분노한 아들이 아버지를 권총으로 죽이려 하는 찰라 부친은 쇼크사한다는 내용의 희곡 〈아들〉은 김우진의 처지와 정서적인 면에서 동질성을 지닌다고 볼 수가 있다. 바로 여기서 그가 사상적 측면에서 이미 죽음을 택할 수밖에 없었다고 보는 것이다. 물론 거기에는 평소 지니고 있던 '부르주아 죄의식'이라든가 복잡한 애정 문제 등이 덮어 씌워지기도 했을 것이다.

이처럼 그는 개화기에 가장 먼저 니체로부터 베르그송에 이르는 현대 철학을 섭렵 수용한 제1세대 철학자로서 따라오지 못하는 당대 사회와 고루한 주변인들 사이에서 자신을 들볶다가 스스로 타버린 선구자였다. 바로 그 점에서 적어도 문명사적 입장에서 보면 그는 당시 동토의 조선반도에 외롭게 떠 있는 뜨거운 열섬(熱島) 같은 존재였다. 그가 초기에 즐겨 썼던 아호 초성(焦星)도 그래서 어울리는 것이다.

따라서 그에 대한 연구도 문인으로서만이 아니라 사상가로서 더욱 접근해야 할 당위가 있는 것이다. 그러니까 그가 뛰어난 시인이나 평론가 극작가를 넘어 사상가로서도 가장 앞섰음을 밝혀나가는 일이 화급하다는 이야기가 된다. 왜냐하면 당대에 그만큼 서구의 현대사상을 흡수해서 자신의 작품 세계를 넓히고 심화시킨 경우가 없기 때문이다. 그가 니체와 연관되는 '초성'이란 아호를 즐겨 쓴 것이라든가 마지막 작품인 〈산돼지〉를 쓸 때 조명희에게 보낸 편지에서 주인공은 현대 조선 청년의 성격과 '생명력'을 추상한 것이라고 분명이 밝힌 것도 결국 '삶의 철학'과 연결되는 것으로 볼 수가 있다.

4. 결어 : 그의 작품 연구와 관련하여

김우진의 작품 연구는 여러 가지 방법론을 동원하여 많이 진척시킨 것이 사실이다. 그럼에도 불구하고 아직도 미흡한 부분이 적지 않은 것은 비교연극학적 방법에서 뒤져 있는 데 따른 것이 아닌가 싶다. 그것은 특히 그의 대표작으로 꼽히는 〈난파〉와 〈산돼지〉의 해석성의 문제인바, 이는 아무래도 북유럽 연극 연구의 미흡 때문으로 보인다.

김우진의 일기나 서간 등에서 확인할 수 있듯이 그는 서구 작가들 중에서도 스트린드베리를 가장 존경했고, 그를 모방해보고 싶어 했었다. 두 사람 간에 가정 환경이라든가 사회 환경에는 차이가 있지만 다 같이 정신적인 고통 속에 인생과 사회를 바라보고 느끼는 것은 비슷했다. 따라서 아마도 그가 스트린드베리의 표현주의 초기 형태의 희곡들, 그중에서 〈꿈의 연극(Dream play)〉(1905)을 선호했던 것 같고, 〈난파〉야말로 그것의 한국판이라는 생각이 든다. 왜냐하면 두 작품 모두 자전적인 데다가 등장인물의 심리적 성격 해부나 상황의 세밀한 묘사를 무시한 데다가 대상 인물의 본질적 요소만을 상징화시킨 그로테스크하면서도 통렬한 풍자성 및 기묘한 용어의 활용, 시간과 장소의 불일치, 비약적인 표현 등에서 대단히 유사하기 때문이다.

이러한 측면에다가 베르그송의 생명철학까지 가미시킨 작품이 바로 〈산돼지〉가 아닌가. 따라서 그의 시라든가 비평 연구에 있어서도 현대 철학사상과의 비교 연구와 함께 특히 희곡 연구에 있어서는 비교연극학적 방법이 절실하다는 생각이다.

*이 글은 '제2회 김우진문학제'(2009년)에서 발표된 기조발제문임.

제1부

김우진 희곡의 새로운 구상

1920년대 학생극 운동과 김우진 · 홍해성

권 순 종

1. 1920년대의 학생극 운동

1920년대는 우리의 근대문학사에서 희곡이 문학의 한 갈래로 정착되기 시작한 시기이다.[1] 이 시기에 동경 유학생들을 중심으로 새로운 연극 운동이 전개되었고,[2] 창작 희곡집이 세 권이나 간행되었으며,[3] 각종 신문과 잡지에 실렸거나 공연된 기록을 찾아볼 수 있는 작품이 무려 백여 편에 이르고 있기 때문이다.[4] 불과 10여 편 정도의 희곡이 창작되었던

---

1) 극 장르의 성립 · 발전 과정에 대한 탐색은 권순종의 「1920년대의 한국희곡 연구」 (영남대학교 석사학위 논문, 1981)과 김일영의 「1920년대 희곡의 특징에 관한 연구」(서울대학교 석사학위 논문, 1985)에서 구체적으로 시도된 바 있다.
2) 이 시기의 대표적인 학생극 운동 단체로는 극예술협회, 갈돕회, 동경갈돕회, 토월회 등이 있었다.
3) 김영보의 『황야에서』(조선도서주식회사, 1922), 조명희의 『김영일의 사』(박문서관, 1923), 윤백남의 『운명』(신구서림, 1923).
4) 김흥우의 『희곡문학론』(유림사, 1981, 220~255쪽)과 서연호의 『한국연극론』(삼일각, 1975, 227~249쪽) 참조.

1910년대에 비하면 우선 양적인 면에서만도 괄목할 만한 발전이었음에 틀림없다.

1920년대의 연극 운동에서 가장 두드러진 점은 동경 유학생들을 중심으로 전개된 학생극 운동이다. 이 운동은 우리의 연극사에서 연극 담당층의 변화를 초래한 중요한 사건이다. 전통극의 연극인들은 대체로 하층계급에 속한 사람들이었고 세습적이었다. 이에 비해 학생극 운동에 참여한 인물들은 스스로 연극을 택한 지식인 계층이었다. 이들은 외국어 실력을 바탕으로 서구 연극을 다양하게 섭렵할 수 있었는데, 이것은 우리의 연극이 세계 연극과의 접목을 시작했음을 의미한다.

1920년 봄에 동경 유학생들이 조직한 연극 연구 단체로 극예술협회가 발족하였다. 이 당시 극예술협회에 참여한 인물은 김우진을 비롯하여 조명희 · 유춘섭 · 진장섭 · 홍해성 · 고한승 · 조춘광 · 송봉원 · 김영팔 · 최승일 등 20여 명이었다. 이들은 토요일마다 모여 외국의 고전 및 근대극 작품들을—셰익스피어, 괴테, 하우프트만, 고골리, 체호프 그리고 고리키에 이르기까지 그 연구 대상에 올렸다.[5]

이듬해 여름에 동경에 유학 중인 고학생과 노동자들의 모임인 동우회(同友會)로부터 회관 건립 기금 모집을 위한 하기(夏期) 순회연극단을 조직해달라는 요청이 극예술협회로 왔다. 극예술협회 회원들은 순회공연을 통해서 자기들의 연극 운동을 실제 무대에서 실현할 수 있는 기회를 갖게 되며, 수입이 생기면 고학생과 노동자를 도울 수 있다는 생각에서 이 제안에 찬동한다.

공연 프로그램은 연극뿐만 아니라 음악도 포함시켜 다채롭게 꾸미기로 했다. 홍영후(洪永厚, 난파[蘭坡]), 윤심덕(尹心悳, 수선[水仙]), 한기주(韓琦柱)에게 독창과 독주를 부탁하고, 연극은 회원들 외에 송경학우회(松京學

---

5) 이두현, 『한국 신극사 연구』, 서울대학교 출판부, 1975(4판), 104쪽 참조.

友會)의 마해송(馬海松)과 몇몇 사람들을 더 참가시켜 4월부터 연습을 시작했다. 김우진(金祐鎭)이 연출을 맡고, 출연진에는 유춘섭, 홍난파, 공원호, 조명희, 김석원, 마해송, 홍해성, 김기진, 허일 등이 참여했다. 공연과 관련된 일체의 경비는 김우진이 담당하기로 했다. 공연 작품으로는 조명희의 〈김영일(金英一)의 사(死)〉, 홍난파의 소설 〈최후의 악수〉를 2막으로 각색한 작품, 김우진이 아일랜드의 던세이니 경의 〈찬란한 문〉(1막)을 번역한 것으로 선정했다.

그리하여 마침내 1921년 여름방학을 이용하여 순회연극단은 전국을 순회하면서 공연 활동에 돌입하게 된다. 이 동우회순회연극단은 1921년 7월 7일 부산 공연을 시발로 하여 김해(9일), 마산(10일), 진주(11일), 통영(13일), 밀양(15일), 경주(17일), 대구(19일), 목포(21일), 광주(22일), 전주(23일), 군산(25일), 강경(26일), 공주(27일), 청주(29일), 경성(8월 1, 2일), 개성(4일), 해주(6일), 평양(8일), 선천(9일), 정주(11일), 철원(13일), 원산(15일), 영흥(16일), 함흥(18일) 등 장장 40여 일 동안 대장정의 순회공연을 개최했다. 이 순회공연 활동은 당시의 신파극에 식상한 관객들에게 비록 완전하지는 못했으나 근대적인 연극을 처음으로 보여준 데 그 의의가 있다. 그리하여 이 연극단의 공연은 최초의 근대극 운동의 실천이자 기폭제라는 연극사적 의의를 지닌다는 평가를 받기도 했다.[6] 당시 이 순회공연의 후원 단체인『동아일보』는 몇 차례에 걸쳐 공연 상황을 보도했다.[7]

---

6) 양승국,『김우진, 그의 삶과 문학』, 태학사, 1998, 95쪽 참조.
7) 동우회(同友會) 순회연극단(巡廻演劇團)
    일 시 : 금명(今明) 양야(兩夜) 하오(下午) 8시 개연(開演)
    장 소 : 동구내(洞口內) 단성사(團成社)
    입장료 : 보통(普通) 1원(圓), 소아(小兒)·학생(學生) 반액(半額)
    후 원 : 조선노동공제회, 불교청년회, 조선교육회, 천도교청년회, 대종교청년
        회, 동아일보사(『동아일보』, 1921.7.28)(밑줄 : 필자)

일행은 순연한 영업적 배우가 아니오 예술에 살고자 하는 신청년의 단체이므로 일행의 차림은 물론 화려치 아니하나 어디까지 씩씩한 학교 정복을 입은 일행은 보는 사람으로 하여금 도리어 심각한 인상을 받게 하였으며……(1921.7.27)

부산서부터 제1막을 공개하여 이르는 곳마다 끓는 듯한 대환영을 받고 (…) 관중은 종래에 연극장에 발을 들여놓지 아니하던 지식계급의 인사들이 많이 모인 것은 실로 동우회 연극단이 가진 특색이었다. (…) 그 중에 종래의 돌아다니던 연극단보다 행동이 일치하고 각본을 규칙적으로 전하는 것이 큰 성공이었다.(1921.7.30)

극예술협회의 순회공연 과정에서는 여러 가지 에피소드도 생겨났다. 공연 레퍼토리 중에서는 〈김영일의 사〉가 가장 많은 공명(共鳴)을 받았고, 〈찬란한 문〉의 무대장치와 조명이 인상적이었다고 한다. 또, 〈찬란한 문〉에서는 주인공 역을 맡은 홍난파의 상대역인 신여성에 마해송이 여역(女役)으로 출연하기도 했다. 새로운 연극을 표방한 그들이 신파극에서와 같이 여형배우(女形俳優)를 등장시킨 것은 신극 운동에 참여한 여학생이 없었기 때문에 불가피한 일이었을지도 모른다. 그러므로 이들의 연극도 과도기적 성격을 지닐 수밖에 없다.

동우회 순회공연에서 가장 어려웠던 점은 일본 경찰, 특히 지방경찰의 감시와 압력이었다. 평양에서 〈김영일의 사〉를 공연할 때에는 박대연 역으로 나온 "허일(許一)씨의 말이 너무 과격하다 하여 경관의 중지를 당하매 만장 관객은 박수로써 단원을 위로하였고"(『동아일보』, 8.7), 경찰이 "십년 전에는 자유가 있었는지 모르나 지금은 자유가 없다."는 대사 중에서 '십 년'이란 두 글자를 트집 잡아 공연을 중지시킨 일도 일어났다. 나중에 토월회(土月會)를 비롯한 신극 단체들이 가장 고초를 겪은 것이 일본 경찰, 특히 지방경찰의 검열과 탄압이었는데, 이 단초가 동우회 순회공연에

서부터 마련된 것이다.[8]

동우회 순회공연의 실질적인 지원자이자 지도자였던 김우진은 이 순회공연을 마친 뒤에는 별다른 활동을 하지 않았다. 1923년에 출범한 토월회가 학생극으로 출발하여 자연스럽게 전문 극단으로 진출한 데 비해 극예술협회의 동우회 순회공연은 계속되지 못했다.

1923년에는 형설회(螢雪會)가 극예술협회에 순회공연을 요청했다. 이때 고한승, 최승일, 김영팔 등은 참가하였지만, 핵심 인물이었던 김우진, 조명희, 홍해성은 이 순회공연에 참가하지 않았다. 1923년 초 조명희는 경제적 어려움 때문에 유학 생활을 계속할 수 없어 귀국했다. 김우진은 아버지가 위독하다는 소식에 1923년 5월에 귀국하여 목포에 돌아와 있었다. 그리고 홍해성은 당시 일본 동경에 머물러 있었지만 순회공연에 참가하지 않았다. 특히 홍해성이 참가하지 않은 연유를 분명히 알 길은 없으나, 이들 사이의 우정을 생각한다면 김우진의 불참이 가장 중요한 원인이었을 것으로 추측할 수 있다.[9]

이후, 극예술협회의 연극 활동은 거의 이루어지지 않았다. 김우진은 희곡 창작과 비평 활동에, 조명희는 시와 소설 창작에, 그리고 홍해성은 연기와 연출 수업에 매진한다.

2. 김우진의 생애와 연극 활동

김우진은 〈정오〉, 〈이영녀〉(1925.9), 〈두더기 시인의 환멸〉(1925.12), 〈난파〉(1926.5), 〈산돼지〉(1926.7) 등 다섯 편의 희곡을 창작했고, 버나드 쇼의

---

8) 이두현, 앞의 책, 107~108쪽 참조.
9) 양승국, 앞의 책, 96쪽 참조.

희곡 〈워렌 부인의 직업(Mrs. Warren's Profession)〉(1984)을 번역한 것이 미필 유고로 남아 있다. 뿐만 아니라, 「소위 근대극에 대하여」(1921.6), 「Man and Superman—A Critical Study of it's Philosophy」(1924), 「창작을 권합네다」(1925.9), 「구미현대극작가」(1926) 등 많은 평론을 발표함으로써 연극 이론이나 비평계에서도 중요한 위치를 차지했고, 연극 운동에 직접 참여하기도 했다. 그리고 50여 편에 이르는 시와 「공상문학」을 비롯한 창작 소설도 남겼다.

이와 같이 김우진은 희곡 창작뿐만 아니라 연극 운동, 시, 소설, 비평 활동 등 문학의 거의 전 분야에 걸쳐 그 활동이 두드러졌기 때문에 일찍부터 그에 대한 관심은 다른 극작가에 비할 정도가 아니었다.

그러나, 그의 극적인 최후, 즉 당시의 인기 가수였던 윤심덕과 현해탄에서 투신자살한 사건 때문에 그에 대한 관심의 초점은 작품보다는 한 개화 지식인의 흥미로운 연애 사건에 집중된 듯했다. 따라서 그에 대한 온당한 평가가 유보된 채 그의 작품은 유고로 계속 감추어져왔다. 그러다가 유민영에 의해 그의 유고 일부가 작품집으로 소개되었고, 1983년에 비로소 그의 작품 전체가 두 권의 전집으로 출판되었다.[10]

김우진은 1920년대의 희곡작가들 중에서는 보기 드물게 그 생애가 잘 알려져 있는 인물이다. 이는, 그가 29세의 젊은 나이로 당시의 인기 가수였던 윤심덕과 현해탄에서 투신자살한 것이 세인(世人)의 관심을 끌기에 족한 것이기도 했지만, 보다 중요한 것은 그의 아들 김방한이 선친에 관한 자료를 흔쾌히 내놓았기 때문이다. 그래서, 유민영에 의해 개략적인 정리가 이루어졌고, 1983년에 그에 관한 모든 자료가 두 권의 전집으로 출판되기에 이르렀다.[11]

---

10) 『김우진전집』 I, II, 전예원, 1983.
11) 김우진에 관해 비교적 상세히 소개해놓은 자료로는 다음과 같은 것들을 들 수 있다. 이두현, 『한국신극사연구』, 서울대학교 출판부, 1966; 김방한, 「김우진의 로맨틱한 최후」, 『세대』, 1970년 10월호; 유민영, 「초성 김우진 연구」(상), 『한양대학교

김우진은 1897년 9월에 당시의 장성군수인 김성규(金星圭)의 장남으로 태어났다. 김성규는 전남의 대지주로서 장성군수 당시에는 호남선우의숙(湖南先憂義塾)이라는 사숙(私塾)을 개설하여 신학문을 보급할 정도로 개화인이었고, 후에는 강원도 순찰사까지 지낸 인물이었다.

김우진은 대지주의 장남으로서는 토지 관리를 위해 농업을 공부해야한다는 부친의 뜻에 따라 일본으로 건너가 구마모토(熊本)현립농업학교에 입학했다. 이 학교를 우등으로 졸업한 그는 아버지의 뜻과는 달리 문학과 연극을 공부하기 위해 와세다대학 예과를 거쳐 1921년 대학부 문학과(영문학 전공)에 입학했다. 김우진의 연극 공부는 이때부터 본격적으로 시작되었다. 그러므로 그가 극예술협회에 참가할 당시는 와세다대학 예과에 적을 두고 있을 때였다.

그리고 그가 1924년에 대학을 졸업할 때 제출한 졸업논문은 버나드 쇼의 작품을 다룬 「Man and Superman ─ A Critical Study of it's Philosophy」이었다. 이 논문은 우리나라의 연극 비평사에서 외국 극작가나 작품에 대한 비평의 본격적인 출발이자 영문으로 쓰여진 최초의 연극 관계 논문이다.

1924년에 대학을 졸업하고 목포에 돌아온 김우진은 아버지의 뜻을 따라 상성합명회사(祥星合明會社)의 사장으로 재산 관리에 종사한다. 그러나 끝내 문학과 연극에 대한 집념은 버리지 못했다. 이때부터 그는 가업과 이상인 연극에 대한 집념 사이에서 고민하기 시작했고, 복잡한 가족관계,[12] 3·1

논문집』 5집, 1970; 유민영, 「초성 김우진 연구」(하), 『국어교육』 17집; 유민영, 「사랑과 연극으로 바꾼 인생 ─ 김수산, 음악·연예의 명인 8인」, 신구문화사, 1975; 유민영, 「인습에 대한 도전과 좌절」, 『연극평론』 12, 13호, 1975; 유민영, 「선구 연극인의 운명과 파국」, 『한국연극산고』, 문예비평사, 1978; 유민영 편, 『김우진 작품집』, 형설출판사, 1979; 『김우진전집』 Ⅰ, Ⅱ, 전예원, 1983; 이미원, 『한국 근대극 연구』, 현대미학사, 1994; 민병욱·최병일 편, 『한국 극작가·극작품론』, 삼지원, 1996; 양승국, 『김우진, 그의 삶과 문학』, 태학사, 1998.

12) 김우진의 가정은 경제적으로는 풍요했으나, 어려서 어머니를 사별하고 그의 아버지 김성규가 2취3납(二取三納)으로 낳은 10남매의 복잡한 환경 속에서 자랐고, 19

운동 후의 참담한 민족적 현실, 그리고 가수 윤심덕과의 사랑 등의 틈바구니에서 어느 것 하나도 해결하지 못한 채 자살로써 일생을 끝마쳤다.

〈산돼지〉는 그의 마지막 작품으로서, 출분(出奔)하던 해인 1926년 봄부터 구상하여 잠시 일본에 머무는 동안 완성한 작품인데, 처음 제목은 〈봄 잔디밭 위에서〉였다. 〈산돼지〉 집필을 구상할 즈음에 조명희에게 보낸 다음과 같은 편지는 〈산돼지〉의 집필 동기를 알게 해 준다.

접때도 말했지만 〈봄 잔디밭 위에서〉를 인용한 극을 쓰려는데, 무관하시겠오? 내가 해석하는 대로, 그 기분, 그 정열, 그 영감에 살아나가려는 조선 청년(새 個性)을 쓰렵니다. 물론 발표 전에 형의 一覽을 빈 뒤에.[13]

그리고, 또 다른 편지에서는 "〈봄 잔디밭 위에서〉는 2, 3일 전부터 쓰기 시작합니다. 이 달 안으로는 끝날 것을 믿고 있습니다."[14]라고 한 것으로 보아 〈산돼지〉를 쓰기 시작한 것은 6월 28일, 29일경이고, 탈고한 것은 7월 12일이니 당초의 예정보다는 빨리 15일 정도 만에 끝난 것으로 보인다. 김우진은 스스로 이 작품을 가장 자신 있게 쓴 것이라고 말하고 있으며, 작품의 제목조차도 처음에는 조명희의 시 제목 그대로 〈봄 잔디밭 위에서〉로 했다가 나중에 〈산돼지〉로 개제한 것으로 보인다.

일간 안녕하시오.
나로서는 자신있게 처음으로 쓴 희곡 3막을 끝내고는 제일 먼저 형에게 말하오. 기꺼워해 주시오. 오후부터 곧 정서하기 시작해 곧 형에게 보내드리겠습니다. (…)

세 때에 아버지가 정해준 정씨(鄭氏)와 결혼하여 1남 1녀를 두었다.
13) 1926년 4월 23일 조명희에게 보낸 편지(『전집』Ⅱ, 239쪽). 앞으로의 편지는 쓴 날짜와 『전집』Ⅱ의 쪽수만 밝힌다.
14) 1926년 7월 1일, 241쪽.

1926년 7월 12일 〈봄 잔디밭 위에서〉 3막 끝내고[15]

또, 김우진이 〈산돼지〉 집필에 얼마만큼 많은 노력을 기울였는지는 역시 조명희에게 보낸 편지에 잘 나타나 있다.

> 左記 서책 좀 구해서 보내 주시면 4, 5일 간에 읽고 곧 보내드리겠습니다.
> 1. 甲午 동학난리 기록한 책
> 2. 본년 4월 『개벽』호에 있는 모양인데 단권 책이 없으면 이 『개벽』 4월호
> (?)도 좋습니다. 거기에 동학난 전후 기사가 실려 있는 것 같소이다. 友 요
> 새 집필 중인 3막극에 급히 소용이 있으니 구해서 급히 보내주시면 좋겠습
> 니다.[16]

이 편지를 받은 조명희가 동학 관계의 책을 구해서 보내주었는지의 여부는 확인할 길이 없다. 다만, 이 편지와 〈산돼지〉 탈고 날짜를 견주어보면, 보내주었다 해도 그 자료를 검토할 시간적 여유 없이 집필을 완성한 것만은 분명하다. 따라서 편지를 쓰고 난 뒤에 현지에서 다른 자료를 구해서 참고했을 가능성은 충분히 있다. 동학의 문제는 이 작품의 전편에 언급되어 있지만,[17] 특히 제2막의 몽환 장면은 거의 전부가 동학에 관계된 내용이다. 분명히 드러나 있지는 않지만, 이 당시 김우진은 동학혁명의 의의를 비교적 정확히 알고 있었고, 특히 정부군의 진압 과정을 매우 비판적으로 보고 있는 것만큼은 분명하다.

그리고, 김우진은 〈산돼지〉를 탈고할 즈음엔 이미 자신의 생을 어느 정도 정리한 것으로 보인다. 1926년 8월 1일 조명희에게 보낸 편지에서 "만

---

15) 1926년 7월 12일, 242쪽.
16) 1926년 7월 9일, 242쪽.
17) 주인공 최원봉은 동학혁명의 와중에서 태어났고, 그 부모는 관군으로 대표되는 정부측으로부터 피해를 받은 인물로 설정되어 있다.

일 원고료를 준다면 그것은 동경시 □□□□□□□□□1-25 □□□□ 방 홍해성(洪海星)으로 보내주시오. 그 까닭은 일후(日後)에 아시리라."[18] 고 한 것을 보면 현해탄에서의 투신자살이 우발적인 사건이 아님은 분명하다. 자신의 '생(生)의 행진곡(行進曲)'인 〈산돼지〉를 끝내고는 자신의 일생을 죽음으로 결산할 것을 굳힌 것으로 보인다.

3. 김우진과 홍해성

홍해성(洪海星, 본명은 주식[柱植], 1894~1957)은 우리나라 최초의 직업적인 배우이자 연출가였다. 1894년 음력 9월 15일 대구 덕산동 229번지에서 태어난 그는 대구 계성중학교를 다녔고, 1917년 중학 과정을 마치고 일본으로 건너가 중앙대학 법학과에 입학했다. 일제강점기의 조선 지식인들에게는 변호사가 되거나 총독부의 관리가 되는 것이 출세의 지름길이었기 때문이다.

그러나 그는 1920년 봄 동경 유학생들이 중심이 되어 조직한 극예술협회에 가입하면서 자기보다 세 살 아래인 김우진을 만나게 되고, 그와의 만남이 계기가 되어 진로를 수정하는 엄청난 모험을 감행했다. 김우진은 홍해성에게 "나는 귀국하면 서울에 극장을 짓고 작품을 쓰겠으니, 그대는 연출과 배우 양성을 책임지라."고 약속했기 때문이다. 김우진은 1921년에 「소위 근대극에 대하여」란 글을 발표하는데, 아래의 대목을 홍해성과 관련지어 생각하면 자못 의미심장하다.

舊日의 배우 중심의 虛信的 연극의 개념을 일소하고 새로운 통합예술의

---

18) 244쪽.

지배자인 레지스올(regiseur)은 각본 작가와 배우의 예술을 무대상에 표현하여 관중에게 극적 목적을 達케 하는 最要素이다. 근대극에 대한 완전한 희망은, 수완 있는 經理家와 예술적 天賦가 풍부한 무대 감독자의 俱出로써 실현될 수 있다. 근대연극 발달에 무대 의장의 예술, 즉 연출법의 예술이 사회상 지위를 確守하게 됨과 같이 의미 있는 일이다.[19]

김우진이 말한 '각본 작가'와 '배우의 예술', 그리고 '연출법의 예술'은 근대극을 구성하는 가장 중요한 요소이다. 그래서 김우진은 자신이 '각본 작가'의 일을 맡고, 홍해성이 '배우의 예술'과 '연출법의 예술'을 맡으면 조선의 연극을 개혁할 수 있으리라고 믿은 것으로 보인다. 그리고 쓰키지 소극장(築地小劇場)이 히지카타 요시(土方與志)의 자본과 오사나이 가오루(小山內薰)의 기술이 결합한 극단임을 염두에 둔다면, 아마도 김우진과 홍해성도 이들과 같은 관계로써 신극 운동을 계획하였을 가능성이 높다. 한편으로는 김우진이 자본을 투자함과 동시에 희곡을 창작하고 홍해성은 연출에 적극 나서기로 하는 등 역할 분담을 구상하였는지도 모른다.[20]

1924년 대학을 졸업한 홍해성은 10월에 본격적인 연극 수업을 쌓기 위해 당시 일본 근대극의 최고 극장이자 극단인 쓰키지소극장에 입단한다. 홍해성의 쓰키지소극장 입단은 김우진의 와세다대학 동문이자 일본 근대극 배우로 명성이 높았던 도모다 교스케(友田恭助)가 도왔다. 당시 쓰키지소극장은 일본 근대극의 선구자인 오사나이 가오루(1881~1928)에 의해 운영되고 있었다. 홍해성은 여기에서 1924년 10월부터 1928년 12월까지 무대예술인으로 수련 활동을 하면서 근대극과 고전극에 관한 풍부한 체험과 지식을 쌓으면서 110여 편 작품에 출연했다.

---

19) 김우진, 「소위 근대극에 대하여」, 『전집』II, 119쪽.
20) 양승국, 앞의 책, 132쪽 참조.

홍해성의 연극 출연은 1924년 10월 15일부터 24일까지 공연된 쓰키지소극장의 제13회 공연 〈밤주막(夜の宿)〉에 타르타르인(韃靼人)의 단역을 맡음으로써 시작되었다. 당시의 한 신문에서는 홍해성의 활동을 다음과 같이 소개하고 있다.

> 대개 축지소극장은 일본 극단(日本劇團)의 개척자인 소산내훈(小山內薰)씨와 토방여지(土方與志)씨 등이 성실한 마음과 연구적 태도로 전심 전력하야 나아가는 곳임으로 신극 대학교(新劇大學校)라 하야도 결코 과언이 아닐 것이다. (…) 홍군의 말을 듣건대 자기는 오랫동안 그곳에서 연극을 연구하고는 조선에 돌아와서 「진정(眞正)한 의의(意義)의 새로운 극예술(劇藝術)로써 흠집 많은 조선 사람의 마음을 쓰다듬겠다.」 한다는 그는 전라남도 목포(全羅南道木浦) 김우진(金祐鎭)씨와 협력하여 신극운동(新劇運動)을 일으키리라 한다.[21]

목포에서 회사를 경영하던 김우진은 결국 현실에 안주하지 못하고 1926년 7월에 집을 떠나 홍해성을 만나러 간다. 이때 그의 심경은 그가 쓴 한 편지에 단적으로 나타나 있다.

> 「思想을 直言한 金氏의 最近便紙」-김우진으로부터 경성에 있는 그 친구인 趙明熙씨에게로 東京에서 마지막 부쳐 삼일에 경성에 도착한 편지의 내용을 보건대 『나는 아모리 하여도 굿게 먹은 나의 결심을 변할 수는 업다. 지금 와서도 나의 아버지는 내가 가정에 도라오기를 기다리며 내가 가정을 의뢰를 하여 그 전과 가튼 그와 가튼 생활을 하기를 바라는 듯하지만 나는 도저히 또다시 그러한 비인간적(非人間的) 생활로 다시 끌려 드러갈 수 업다. 나는 아모리 어려움이 잇더래도 이대로 굴치 아니하고 한 개의 사람으로써 본래의 인간성에 기인한 참 생활을 하여 보겠다』는 의미의 것이더라.』[22]

---

21) 『매일신보』, 1924.10.30.
22) 『동아일보』, 1926.8.5(이두현, 앞의 책, 112쪽에서 다시 인용).

경비가 넉넉지 못했던 김우진은 홍해성과 함께 동경의 한 바라크 건물 2층에서 기거했다. 이곳에서 그는 홍해성과 신극 운동의 길을 모색하게 된다. 그 결과, 그는 홍해성과 공동 집필의 형식을 빌려 「우리 신극운동의 첫 길」(『조선일보』, 1926.7.25~8.2)을 발표하기에 이른다.

이 글이 연극 운동의 이론적 탐색이라면, 창작으로 실현된 것이 바로 그의 마지막 작품인 〈산돼지〉라고 할 수 있다. 〈산돼지〉를 탈고하여 서울에 있는 조명희에게 보내면서 김우진은 자기의 작품에 대해 다음과 같이 술회하고 있다.

> 이 희곡은 내가(自信이 아니라) 포부를 가지고 쓴 최초의 것이요. 주인공 元峰이는 추상적인 인물이요. 조선 현대 청년 중의 어떤 성격과 생명력을 추상해 본 것이요. 그 성격에는 형도 일부분 들고, 김 진 군도(이야기 들은 대로) 일부분 들 것 같소이다. 선을 굵게, 힘있게, 素畵로 쓰기로 애썼습니다. 이 까닭은 철저한 자연주의극은 우리의 오늘 내부 생명의 리듬과 같지 아니함이외다. 그래서 이것의 연출은 지금 조선의 무대에서는 불가능하겠습니다. 첫째로 연출자, 둘째로 무대, 그러나 이것은 내 행진곡이요. 일후에 어떤 걸 쓰던지, 이곳에서 출발한 자연주의극, 상징극, 표현주의극 어느 것이 되든지 간에 주의해 둘 것이요. 형의 시의 인용은 잘 되었든 못 되었든 용서하고 그대로 두시오.[23]

한편, 이즈음 김우진은 쓰키지소극장에서 카렐 차페크의 〈인조인간〉을 관람한다. 홍해성이 출연하고 있었기 때문이었다. 그리고 〈인조인간〉의 공연평을 남겼다.[24]

이처럼 창작과 연극 운동의 방향 모색에 힘을 기울이던 김우진은 예기

---

23) 244쪽.
24) 「축지소극장에서 〈인조인간〉을 보고」, 『개벽』, 1926.8.

치 않게 1926년 8월 대한해협(현해탄)에서 윤심덕과 동반 자살함으로써 서른 살로 생을 마감한다. 서울에 돌아가 새 극장을 짓고 새로운 연극 운동을 일으키기로 약속했던 김우진의 자살은 홍해성에게 커다란 충격을 주었다. 일본의 쓰키지소극장을 모델로 한, 자본과 기술이 이상적으로 결합된 연극 운동을 전개하자는 그들의 계획은 계획으로 그쳤다. 친구이자 연극 동지였던 김우진의 죽음으로 미래의 삶이 불투명해진 홍해성은 깊은 실의에 빠진다. 그리고 이때부터 1957년 생을 마감할 때까지 홍해성의 고단한 연극 인생이 시작된다.

홍해성은 일본에서의 생활을 마감하고 1930년 6월에 귀국했다. 그리고 1931년 6월 18일부터 1주일간 동아일보사의 옥상에서 우리나라에서는 처음으로 '연극영화전람회'가 개최되었다. 이 전시회에는 홍해성이 일본에서 모은 공연예술 관련 자료들이 주요 전시품이었다. 이 행사는 동아일보사가 후원하고 극영동호회(劇影同好會)가 주최했는데, 대단한 성황을 이루었던 것으로 짐작된다.

> 극영전람회(劇暎展覽會)……극영동호회 주최로 목하 동아일보 루상에서 개최 중인 연극영화전람회는 이십이일까지 개최할 예정이엇스나 일반의 간청으로 이일간 더 연긔하야 이십사일까지 개최하기로 되엿다고 하는데 일반은 이 긔회를 일치 말고 한번 참관하기를 바란다고 한다.[25]

그리고 이 전람회의 성공적인 개최는 곧바로 극예술연구회(이하 극연) 결성으로 이어지고, 홍해성도 참여했다. 극연은 창립 취지를 "극예술에 대한 일반의 이해를 넓히고 기성 극단의 사도(邪道)에 흐름을 구제하는 동시에 나아가서는 진정한 의미의 『우리 신극』을 수립"[26]하려는 것으로 설

---

25) 『매일신보』, 1931.6.24.
26) 『매일신보』, 1931.7.19.

정했다. 그리하여 극연은 연극 공연뿐만 아니라 관객을 교화하기 위해 연극 강좌와 강연회 개최에도 심혈을 기울였다.

극연 초기의 거의 모든 작품은 홍해성의 연출에 의해 무대에 올려졌다. 그러므로 일본의 소극장 운동의 본산격이라 할 쓰키지소극장과 밀접한 관련을 지닐 수밖에 없었다. 극연 제1기 시절에 공연된 번역극 11편 중에서 6편이 쓰키지소극장의 레퍼토리였다는 사실은 작품 선정이 거의 홍해성에 의해 이루어졌음을 시사해준다.

홍해성의 극연 활동은 우리 근대극 수립의 토대와 발전의 계기를 마련했다는 점에서 매우 의미 있다. 홍해성의 연출을 통해서 비로소 우리의 근대극은 본궤도에 오르게 되었고, 자신도 연출가로서의 위치를 확고하게 다지는 계기를 마련했기 때문이다. 이때에 그는 일본 쓰키지소극장에서 배우고 체험한 무대예술의 모든 것을 고국의 무대에서 실제로 재현했으며, 나아가서 민족정신과 정서에 바탕을 둔 사실주의 연극을 창조적으로 실험했다.

그러나 1935년 11월에 동양극장이 개관되자 홍해성은 극연을 떠나 동양극장의 전속 연출가로 자리를 옮긴다. 당시 한국인이 운영하던 극장은 대부분 일본인의 손으로 넘어간 상태였고, 새로 생겨난 극장도 거의 일본인에 의해 설립되었다. 따라서 한국인이 만든 연극은 공연에 적합한 극장을 마련할 수 없었다. 극연이 제작한 대부분의 작품들조차 초라한 공회당 무대에서 공연되었다. 홍해성이 극연의 활동으로 생계를 해결할 수 없었던 것은 당연한 일이었다. 그러므로 홍해성이 동양극장의 영입 제의를 수락한 것은 바로 생계 해결과 자신의 작품을 제대로 된 극장의 무대에 올리고자 하는 욕구가 맞물린 결과일 것으로 짐작된다.

일제강점기 말에 조선연극협회(1940.12~1941.7)와 조선연극문화협회(1941.7~1945.8)가 결성되고, 국민연극 운동으로 내몰리게 되자 홍해성은 1943년 10월부터 연출 활동을 중단하고 칩거한 채 투병 생활을 했다. 이는 칭병을 통한 일제에 대한 비타협이었다. 친일 행사에 적극적으로 활동하지 않고 이름만 빌려주거나 얼굴만 내밀어도 일제로부터 대우받고 편안히 지낼 수 있는 위치였는데도, 그가 굳이 연극계를 떠나 칩거한 것은 반일의 한 방법이었다.[27]

4. 김우진과 홍해성 이후

1920년대 우리나라 신극 운동을 주도했던 인물 중 김우진은 1926년에, 홍해성은 1957년에 우리의 곁을 떠났다. 그러나 그들은 '김우진연구회'와 '홍해성선생기념사업회'를 통해 다시 우리 곁으로 다가왔다. 김우진의 고향 목포에서는 2008년에 '김우진연구회'가 결성되어 해마다 그를 기념하는 전국백일장, 김우진 문학 영상자료전, 학술대회 등을 개최하여 김우진의 문학 정신을 계승하려는 노력을 기울이고 있다. 한편, 홍해성의 고향 대구에서는 1996년에 '홍해성선생기념사업회'가 결성되어, 해마다 세미나 개최, 해성연극상 시상 등을 통해 그의 연극 정신을 이어받고자 한다. 그리고 홍해성 선생 흉상 건립도 추진하고 있다. 그들의 육신은 우리 곁을 떠났지만, 그들의 치열한 삶과 정신은 고스란히 오늘의 우리들에게 계승되고 있다.

> *이 글은 '제3회 김우진문학제'(2010년)의 발표문을 일부 수정한 논문임.

---

27) 최창길, 앞의 글, 162쪽 참조.

김우진 희곡 연구
세 가지 모티프를 중심으로

배봉기

1. 머리말

김우진은 비교적 짧은 기간에 다섯 편의 희곡을 남겼다. 이 다섯 편의
희곡은 두 가지의 경향을 보여준다. 하나는 자전적인 주인공이 등장하는
주관적인 성격이 강한 〈두더기 시인의 환멸〉과 〈난파〉 같은 작품이요, 또
하나는 사회 현실을 객관적인 시각으로 파악하는 〈정오〉와 〈이영녀〉와
같은 작품이다. 그리고 이 두 가지 경향이 결합된 양상을 보여주는, 마지
막 희곡인 〈산돼지〉가 있다.

자전적인 성격을 가진 〈두더기 시인의 환멸〉과 〈난파〉와 같은 희곡에
서 내포작가는 자아를 일정하게 투사한 주인공에게 집착하는 양상을 보
여준다. 그것은 두 경향이 혼합된 〈산돼지〉의 주인공에게도 적용되는 말
이다. 자전적 주인공에 대한 과도한 집착은 현실이나 상황에 대한 이해에
서 균형감각을 상실하는 결과를 가져오기도 한다. 이 세 편의 희곡에서
드러나는 주인공의 자기애적 유아성, 전통에 대한 일방적인 거부와 외래
지향, 여성의 역할에 대한 보수적 의식 등에서 우리는 그것을 볼 수 있다.

이와는 달리 〈정오〉와 〈이영녀〉와 같은 객관적인 사회 현실을 다루는 작품의 경우 내포작가는 예리하고 합리적인 진보적 시각을 견지한다. 이 작품들에서 보여주는 사회 비판과 여성의 문제에 대한 근대적인 인식은 날카롭고도 선진적인 것이다.

물론, 이처럼 김우진의 희곡을 두 가지 경향으로 나눌 수 있다는 것은 이 두 경향의 희곡이 서로 이질적인 작품이라는 의미는 아니다. 보다 정확하게 말하면 내포작가의 복합적인 의식이 소재에 따라 다르게 나타난 결과라고 해야 할 것이다. 작가는 시기에 따라, 또는 같은 시기라 하더라도 단일한 자아와 의식을 가지고 있지 않을 수 있다. 다른 시기라면 변화이고, 같은 시기라면 일종의 이성과 감성의 어긋남, 혹은 의식의 분열로 봐야겠지만 이것 역시 그 작가의 개성의 표현이라고 이해해야 할 것이다. 그리고 이런 어긋남이나 일종의 분열이 같은 작가의 작품을 서로 이질적으로 만드는 것은 아니다. 오히려 큰 줄기에서 일종의 통일성을 가지고 있고 그 속에서의 문제로 이해할 수 있는 성질의 것이다.

이 글은 그 주제 의식에 있어서 이질적인 성향을 보여주는 김우진의 희곡의 통일성에 초점을 맞추고 있다. 접근 방법은 김우진의 희곡에 반복하여 나타나는 모티프[1]를 살펴서, 비록 극 이야기의 상황과 내용과 대해 내포작가의 의식이 일치하지는 않지만, 이들 희곡들을 가로지르는 공통된 내용을 파악하는 것이다. 이 공통된 모티프에 대한 파악과 고찰은 김우진이 가졌던 문제의식과 김우진 희곡의 중요성, 그리고 주제 의식을 보다 분명하게 드러내줄 것이다.

또 하나, 이렇게 김우진 희곡의 모티프를 고찰하는 과정에서 김우진의

---

[1] 문학 용어로서의 모티프(motif)에 대해서는 세세한 개념 정의와 이론(異論)이 있을 수 있다. 여기서는 한 작품, 또는 한 작가에게서 반복하여 나타나는 동일한 또는 유사한 낱말이나 문구, 내용을 의미하는 범박한 뜻으로 사용하고 있다. 이상섭, 『문학비평용어사전』, 민음사, 1987, 68~69쪽 참조.

시와 비평 등을 참조로 할 것이다.[2] 그러나 어디까지나 희곡을 분석하고 이해하는 것이 중심이라는 점은 논의의 형식과 내용 모두에 관철될 것이다.

2. 생(生)과 생활에의 의지

생(生) 및 생명, 그리고 생활에의 강한 집착과 의지는 김우진 희곡의 출발점이다. 물론 범박하게 말해서 이런 것은 모든 인간의 본능이고 또한 문학 작품에서 인물들의 무의식적인 존립의 근거라고 할 수 있다. 존재한다는 것 자체가 생명과 생활에의 의지를 기반으로 하기 때문이다. 그러나 그런 단순한 본능적인 차원과 한 작가가 생명과 생활을 주요한 테마로 의식하고 인물들이 그런 테마의 역동적인 영향력 아래에서 움직인다는 것은 다르다. 하나의 작품이란 단순히 현실의 복사가 아니라 작가의 의식적인 관점과 그 관점이 선택한 현실의 변형이고, 그런 내용 안에서 어떤 테마가 부각되는 것은 작가의 의식적인 선택의 결과인 것이다.

김우진의 희곡에서 생명과 생활에의 의지는 다섯 작품 모두에서 찾아볼 수 있는데, (그런데 여기에서 오해를 피하기 위하여 한 가지 짚고 넘어갈 것이 있다. 김우진의 희곡에서 생명의 문제가 그 자체로 관념적인 주제가 되어 있는 것은 아니라는 사실이다. 그것은 인물들의 강한 욕구가 되고 인물들을 움직이는 힘이기도 하지만, 어디까지나 개별 작품의 주제를 구성하는 하나의 모티프로 기능하고 있는 것이다) 그 나타나는 양상은 약간씩 다르다. 생명의 모티프가 개별 작품의 인물과 상황 속에 놓일 때 그것에 대립하는 세력과의 관계 속에서 다양한 양상으로 구체화되기 때문이다.

---

2) 김우진은 총 48편의 시를 썼으며, 상당한 수준을 보여주는 연극비평과 문예비평을 썼다. 이 글에서는 이런 시와 비평뿐만 아니라 수상과 일기, 편지 등도 필요에 따라 적절하게 활용할 것이다.

먼저 〈정오〉의 경우를 보자. 〈정오〉는 한낮의 공원에서 벌어지는 상황을 그린 단막이다. 〈정오〉의 주요한 극적 갈등은 학생 1, 2와 일본인 하오리와 그에 기생하는 조선인 구레 사이에서 발생한다. 기성세대인 하오리와 구레는 젊은 학생들을 훈계하고 윤리적인 설교를 하려고 한다. 그런 훈계와 설교에 대해 학생들은 강하게 반발한다. 이런 학생들의 태도는, 명시적으로 나타나 있는 것은 아니지만, 젊은이들의 생명력을 억압하려고 하는 기성세대의 태도에 대한 반발이라는 것을 어렵지 않게 알 수 있다. "옳게 아셨소. 늙은이란 젊은이에게는 비상국이랍니다."[3]와 같은 학생의 대꾸는 그런 심리 상태를 잘 보여준다.

김우진의 또 다른 사회 비판 희곡인 〈이영녀〉의 경우에서도 생명력과 생활의 모티프는 중요하게 작용하고 있다. 〈이영녀〉는 한 여성의 전락과 죽음을 다룬 것이다. 이영녀라는 여성을 둘러싼 적대적인 세력이 결국 그녀를 죽음으로 몰고 간다. 이 적대적인 세력은, 뒤에 논하겠지만, 식민지의 경제 질서이고 봉건적인 관습과 윤리이다. 전혀 역할을 하지 못하는 남편을 둔 세 아이의 어머니인 이영녀는 굳센 생명력과 생활에의 의지로 현실과 맞선다. 이영녀가 등장하는 장면에서 상당히 길게 묘사되는 다음과 같은 이영녀에 대한 지문은 〈이영녀〉에 작용하는 생명력의 모티프를 보여준다.

> 그러나 커다란 두 눈에 잠긴 정숙스러운 광채와 전체의 조화잡힌 체격과 얼굴을 덮어 누를 만큼 숱많은 머리털에는 이성을 끄는 청춘의 힘이 흘러 넘친다. 머리에는 반지르하게 기름을 바르고 여러 날 입은 주름잡힌 모시치마와 흰 적삼. 맨발에 고무신을 신었다. 굳세면서도 남을 한품에 끌어 안아서 어루만져 위안을 줄 듯한 어떤 여성의 독특한 사랑이 넘친다. 동작과 언

---

3) 『김우진전집』 I , 전예원, 1983, 130쪽(이후 『전집』 I).

어에는 힘센 일종의 선율이 있다.[4]

　그러나 〈정오〉와 〈이영녀〉에서는 생명과 생활의 모티프가 직접적으로
부각되는 것은 아니다. 보다 큰 비중이 개인과 사회의 갈등이라는 차원
에 있기 때문이다. 여기에 비해 김우진의 자전적인 인물이 주인공으로 등
장하는 〈두더기 시인의 환멸〉, 〈난파〉, 〈산돼지〉 등 세 편의 희곡에서는
이 생(生)과 생명력 참된 생활의 문제가 직접적으로 부각된다. 그런데 이
세 편의 희곡의 주인공은 모두 시인이거나 시를 좋아한다는 특징이 있다.
강한 생명의 힘을 추구하는 주인공들이 시인이나 시를 좋아한다면 이것
은 단순한 우연이 아니다. 이들 희곡에서 시와 시인은 주인공들이 추구하
는 생명력과 일종의 연관성을 가지고 있는 것이다. 먼저 그 연관성을 살
펴보자. 〈두더기 시인의 환멸〉에서 시인 이원영은 시와 시인을 다음과 같
이 말한다. "시인의 변통성이란 위로는 하늘부터 밑으로는 땅속까지 날았
다가 뛰었다가 천당의 하느님과 같이 놀다가 그 비약하는 곳 천지가 뛰놀
구 그 감동하는 곳 세계가 뛰노는 게요. 그렇기 때문에 그저께 가슴에 울
울한 번민을 가지고 있던 내가, 푸른 바다 백사 위에서 정자씨를 만났을
때 내 가슴은 졸지에 디어서 뛰어서 터질 뻔했었구, 아까는 헌 누더기 널
어놓은 안방 밉살스러운 아내 옆에서 이맛살을 찌프리고 밥도 못 먹었구.
그리다가는 님을 한 번 다시 생각해서 오늘 저녁 만날 일을 생각하니깐
내 靈은 뛰어서 天馬가 공중을 달아나듯이 시를 만들어냈구려. 이것이 시
인이요 이것이 행복이요, 이것이 인생의 꽃이요."[5] 여기서 말하는 시인은
무소불위의 자유를 가진 존재이고 시는 이런 자유의 약동하는 생명력 속
에서 태어나는 것이다. 시인과 시의 존재를 이렇게 보는 것은 다분히 낭

---

4)　『전집』I, 107쪽.
5)　『전집』I, 92쪽.

만적인 발상이라고 할 것인데, 이런 시각에 대한 시비는 뒤로 하고 접어 둔다면, 일단 우리가 여기서 파악할 수 있는 것은 생명과 생명력의 모티 프가 시와 시인의 존재를 통하여 구체화되고 있다는 것이다. 〈두더기 시인의 환멸〉에서 시인 이원영의 다음과 같은 대사는 그 점을 잘 확인해준다. "인정 문제가 아니라 인생 문제야. 더 살기 위해서 더 힘있게 살기 위해서. 양심도 중하겠지 인정도 중하겠지. 허나 결국은 자기 생활을 위해하는 일이 아니요."[6] 인정이나 양심보다 인생이 더 중요하고 그 인생은자기의 생활을 위해 힘 있게 살기 위한 것이라는 이야기다. 시인의 자유와 행복을 주창하는 인물의 입에서 나온 이 같은 발언은 시와 시인의 생명력과의 연관성, 그리고 시인인 주인공의 행동에 동기를 부여하는 생명력의 모티프를 의미한다고 봐야 할 것이다.

〈난파〉 역시 시인이 강렬한 생과 생활을 추구하는 과정을 극화한 것이다. 〈난파〉는 표현주의적인 인물 활용의 방식으로 상당히 난해한 작품이다. 따라서 인물의 성격과 행동의 동기를 분명하게 밝히기가 어렵다. 그러나〈난파〉의 주인공 시인이 주변 인물들과 충돌하고 갈등하면서 추구하는 것이 강렬한 생명에의 의식과 생활의 의지 때문이라는 점을 우리는 알 수 있다. 〈난파〉의 경우 주로 시인의 생명력을 억압하는 인물이나 질서와의 대립을 통하여 우리는 생명력의 모티프를 역설적으로 파악할 수 있다. 그러나 1막의 끝에서, 시인이 봉건적 의무를 강요하는 신주(神主)와 갈등한 후 외치는 "아, 내게 힘만 줍시오. 힘만. 모든 것을 정복시킬!"[7]과 같은 말은 주인공시인을 추동하는 생명력의 모티프를 직접적으로 보여주고 있는 것이다.

〈산돼지〉에서도 생명력의 모티프는 역설적으로 나타나 있다. 즉, 인물을 억압하는 것과의 길항 과정 속에서 생명이나 생명력의 모티프가 드러

---

6) 『전집』 I, 93쪽.
7) 『전집』 I, 73쪽.

난다는 말이다. 〈산돼지〉는 두 가지의 극 이야기를 가지고 있다. 하나는 역사적 시간과 사건인 동학 이야기요, 하나는 1920년대 서울 가까운 어떤 군의 읍에서 벌어지는 이야기다. 두 이야기 사이에는 직접적인 관계는 없지만, 인물의 내적 연관성이 있다. 여기서 말하는 내적 연관성은 과거의 동학 이야기가 주인공 최원봉을 매개로 하여 현재에 연관된다는 뜻이다. 최원봉의 아버지 박정식은(그러므로 최원봉도 실제 성은 박이 된다) 동학혁명 때 동학군으로 참여하여 죽었다. 그때 핏덩어리로 태어난 원봉은 동지의 아내인 최주사댁의 손에서 길러지게 된다. 그리고 그런 과거의 사실을 어떻게(모호하다) 알게 된 원봉은 심각한 고민에 빠지게 된다. 그리고 현재 어떤 회(會)의 상무간사인 원봉은 공금 유용의 혐의를 받고 있는데, 거기에 소극적으로 대처하고 있다. 작품을 전체적으로 보면 이런 소극적인 대처는 원봉이 과거의 문제에서 자유롭지 못하기 때문이다. 유추해보면 원봉은 과거(아버지)의 억압으로 자유로운 생명력이 질식되다시피 한 상태이고 그러므로 현재에서도 무기력한 처지에 빠진 것이다. 과거(아버지)를 자유로운 생명력에 대한 억압으로 보는 내포작가의 시각에 대해서는 뒤에 논하게 되는 것이지만, 여기서 분명하게 밝힐 것은 내포작가가 동학의 역사, 그 한가운데 서 있는 아버지를 생과 생활을 억압하는 것으로 본다는 점이다. 다음과 같은 아버지 박정식의 등장은 그 점을 잘 보여준다.

박정식 (손에 커다란 못과 장도리를 들고 쫓아 나와 원봉에게 대든다) 그 산돼지 탈이 벗겨서는 천지개벽이 생기겠다. 이놈! 달아나긴 어델 달아나. (쫓는다. 주사댁과 정숙이 손을 잡고 달아난다) 일평생은 고만 두고 저승에 들어가서도 벗겨지지 않어야지. 자, 이 못 받아라.[8]

---

8) 『전집』I, 47쪽.

원봉의 꿈속에서 벌어지는 장면인데, 아버지가 산돼지의 탈을 강요하는 대목이다. 결국 산돼지의 탈은 원봉이 생각하는 자유와 생명력을 질식시키는 것의 상징이다. 〈산돼지〉에서 생명과 생활의 모티프는 역사적 사건을 빌려 나타나고 있는데, 이것의 주제적 의미는 뒤에서 밝혀질 것이다.

그러면 김우진이 생각한 생과 생명, 생활의 의지는 무엇이며 희곡과 어떻게 연관되는가를 직접적인 언술의 형식을 가진 비평과 수상(隨想), 일기, 편지 등에서 밝혀보기로 한다.

김우진은 〈산돼지〉를 쓴 뒤 포석 조명희에게 보낸 편지에서 자신이 창조한 인물의 성격을 "주인공 원봉이는 추상적인 인물이요, 조선 현대 청년 중의 어떤 성격과 생명력을 추상해 본 것"[9]이라고 말하고 있다. 〈산돼지〉는 김우진 최후의 작품이고, 김우진 자신이 "자신 있게 처음으로 쓴"[10] 작품이라고 공표한 것이기도 하다. 직접 작품의 인물에 대한 작가의 언급은 희귀한 예가 될 터인데, 작가가 스스로 자신 있게 쓴 작품이라고 한 작품에서 주인공의 성격에 대한 이 언급을 보면 김우진이 생명력의 모티프를 중요하게 의식한 것을 알 수 있다.

위의 예는 김우진의 희곡에 생명과 생명력의 모티프가 중요한 기제가 되어 있다는 직접적인 증거가 될 것인데, 이보다 간접적인 방식이기는 하지만, 이 문제에 대하여 창작의 테마라는 측면에서 접근한 논의가 있다. 1925년에 쓴 「창작을 권합네다」라는 글이다. 여기서 김우진은 창작의 테마를 네 가지로 들면서 그중의 하나로 "인생철학, 생명, 죽음, 신, 이상 등"[11]을 말하고 있다.

이렇게 작품과 창작의 방법에 관해서뿐 아니라 김우진은 여러 차례에

---

9) 『전집』Ⅱ, 243쪽.
10) 『전집』Ⅱ, 242쪽.
11) 『전집』Ⅱ, 114쪽.

걸쳐 생명과 생명력의 중요성에 대해서 말하고 있다. 1926년『조선지광』에 쓴「이광수류의 문학을 매장하라」에서 김우진은 이광수의 문학이 평범과 상식에 머물고 있는 점을 격렬하게 비판하면서 생명력의 필요성을 부르짖고 있다. "……거칠더라도 생명의 속을 파고 들어가려는 생명력, 우둔하더라도 힘과 발효에 끓는 반발력, 넓은 벌판 위의 노래가 아니요, 한곳 땅을 파면서 통곡하는 부르짖음이 필요하다."[12] 이런 생명력의 필요와 중요성은 김우진 자신의 처지를 이야기하는 수상에서도 절대적인 것으로 나타나고 있다. "……나는 이 행동이 곧 나의 생명 그것인 줄을 보이려고 한다. 오늘 이 자리부터 너에게 보이려고 한다. 모든 인습, 전통을 버리고 내 자신 이외의 온 세계를 죄다 버리고 나선 길이다. 나는 살 뿐이다. 사는 그것뿐이다."[13] 생명의 행동은 곧 사는 것이고 그것은 모든 것을 버리게 할 만큼 중요한 것이라는 언명이다.

그럼 이 생명과 생명력은 구체적으로 어떤 성격의 것인가? 김우진이 생각하는 생명과 생명력은 자유의지가 결정하는 것이다. 말을 바꾸면 자유의지는 생명과 생명력에 필수적인 요소이다. "생명력을 결정해주는 자유의지"[14]나 "자유의지를 안 가지고 意力과 반발력이 없는 아편중독자의 생활"[15]과 같은 귀절이 그것을 말해준다. 이 자유의지는 "……살려는 맹목적, 결정적, 숙명적인"[16] 것이다. 결국 본능과 같은 자유의지를 바탕으로 한 생명과 생명력이 어떤 제도나 윤리보다도 위에 있다는 것이, 소박하긴 하지만, 김우진이 생각한 생명과 생명의 사상이고 그것이 작품의 모티프를 이룬 사상적 근거라고 할 수 있을 것이다. 그런데 어떤 윤리나 제도,

---

12)『전집』II, 163쪽.
13)『전집』II, 195쪽.
14)『전집』II, 201쪽.
15)『전집』II, 203쪽.
16)『전집』II, 207쪽.

즉 어떤 것보다 우위에 있는 이 자유의지를 가진 생명의 힘은 필연적으로 투쟁을 수반한다. 왜냐하면, 이런 자유의지를 가진 "개인의 생의 힘은 영원"한 데 비해서 "사회의 법칙은 한 번 있게 되면 그대로 존속하여 가려고"[17] 하기 때문이다. 그러므로 "인생은 싸움이다. 자연과의 싸움, 계급과의 싸움"[18]이라는 부르짖음은 그런 인식의 결과에서 오게 되는 것이다.

그리고, 참조적으로, 이런 생명의 모티프는 시에서도 찾아볼 수 있다. 「고(古)의 붕괴(崩壞)」와 같은 시에서는 옛것을 파괴시키는 자연의 힘을 통하여 생명력의 모티프를 찾아볼 수 있다면, 다음의 시에는 강렬한 생의 모티프가 덧없는 청춘이라는 대비적 심상을 통하여 표현되고 있다.

> 아 청춘은 머물지 않아라.
> 흐르는 물 같이도
> 서늘하게
> 지는 꽃 같이도
> 애닯게
> 사람의 청춘은 간다.
>
> 아 청춘은
> 이 홀몸의 생의 물결에
> 한 줌의 흙덩이!
> 힘있게 생의 물결 판에
> 던져라, 용소리치게!
>
> ─「청춘」, 전문[19]

---

17) 『전집』 II, 184쪽.
18) 『전집』 II, 159쪽.
19) 『전집』 I, 195쪽.

3. 개인과 윤리 · 제도와의 갈등

생(生)과 그 생명력을 바탕으로 한 생활에의 의지가 김우진 희곡의 중요한 모티프로 작용하고 있음을 위에서 보았다. 그리고 이 생명력은 자유의지를 필요로 하는 절대적인 것이고, 필연코 사회의 윤리와 제도 곧, 질서와 충돌할 수밖에 없게 된다. 자유의지를 가진 개인은 절대적인 생명력의 욕망으로 살려고 하고 사회는 있는 그대로의 윤리와 제도, 질서를 유지하려고 하기 때문이다. 그러므로 개인과 사회의 갈등은 피할 수 없다. 이렇게 보면 김우진의 희곡은 생명력을 갈구하는 개인과 그 생명력에 적대적인 힘으로 대립하는 사회의 윤리와 제도와의 투쟁과 갈등을 근본적인 축으로 삼고 있음을 알 수 있다. 그럼 구체적으로 그 개인과 사회적인 윤리와 제도와의 갈등의 모티프는 어떤 양상을 가지고 나타나는지 살펴보기로 한다.

자유로운 생명의 힘으로 살려고 하는 개인과 윤리 · 제도의 갈등은 〈두더기 시인의 환멸〉의 극 이야기의 핵심 행위가 된다. 시인 이원영은 자신의 시적 열정에 취해서 살려고 하지만, 헌 누더기가 널려 있고 아이의 울음소리가 진동하는 누추한 현실이 그 열정에 찬물을 끼얹는다. 이원영은 무책임하지만(생명력이 모든 사회 윤리나 질서보다 위에 있다는 주장에서 보면 책임을 운위한다는 것 자체가 무의미하지만), 시적 자유와 약동하는 생의 의지를 최우선으로 삼는 인물이다. 그리고 이런 개인의 자유와 생의 의지를 가로막는 것은 노모와 아내, 아이가 있는 가족이라는 제도이다.

시인이라는 주인공, 그리고 그 주인공의 자유로운 삶의 의지와 대립되는 제도와 전통으로서의 가족은 〈난파〉와 〈산돼지〉에서는 아버지로 나타난다. 이 아버지는 생물학적인 차원에서의 아버지이기도 하지만, 하나의 상징도 된다. 그것은 전통적인 세력이요 그 세력을 바탕으로 한 윤리고 제도이다. 김우진의 희곡에서 이 아버지는 아들의 생명의 힘을 억압하여 고갈시키는 주범이다. 아들은 아버지의 힘을 벗어나기 위하여 몸부림치는데, 주인공인 아들의 갈등과 그 몸부림이 〈난파〉와 〈산돼지〉 같은 김우진의 주요한 희곡의 핵심적 모티프가 된다.

(가)

父　그렇지. 한두 번도 아니구. 내가 血氣芳壯했을 때 내 손에 안 맞아본 날이 하루나 있었니? 너도 건망증이 대단하군.

詩人　나는 이 건망증을 영광으로 생각하오. 그러나 매는 잊었어도 눈물은 잊을 수가 없어요. 날 때려 달라는 말은 당신의 그 〈양반 가정〉〈신라 성족의 후예〉라는 자만을 내게서 뺏어달라는 말예요.

父　(달려들어 한 번 내갈기며) 불효자! 모든 것이 孝에서 시작하는 것을 모르니? 효! 서양놈 일본놈은 모르되 우리 조선사람은 충신도 효에서 治天下도 효에서 나오는 것이다.

詩人　(악에 복받쳐) 우주가 당신 명령으로 도는 줄 아오? 늙은 허수아비가!

父　이놈, 또 대설대로 맞아보려니? 아직 기운은 있다. (달려든다)

詩人　(칼을 빼어 달려들다가 탁 넘어지며) 오![20]

(나)

최원봉　(…) 나는 어머니만큼이나 아버지도 원망이요, 아버지도! 자기는 동학(東學)인가 무엇에 들어가지고 나라를 위해, 중생을 위해, 백성을 위해, 사회를 위해 죽었다지만 결국은 집안에다가 산돼지 한 마리 가두어 놓고 만 셈이야![21]

(가)는 〈난파〉의 한 부분의 인용이다. 〈난파〉는 주인공 시인의 내면 심리가 극화된 작품이다. 그 양식으로 표현주의를 택하고 있는데,[22] 표현주

---

20) 『전집』 Ⅰ, 71쪽.

21) 『전집』 Ⅰ, 28쪽.

22) 〈난파〉의 표현주의적 성격에 대해서는 〈난파〉에 대한 분석에서 논했기에 중복을

의는 죽음의 도취와 방불하고 반드시 건강의 징표는 아니지만 삶에 대한 열렬한 갈망의 모티프를 가지고 있으며,[23] 표현주의의 주인공들은 생(生)을 최대한으로 영위하기 위하여 투쟁하지만 사회의 인습에 의해 좌절될 경우에는 서슴지 않고 자살해버리기도 한다[24]고 한다. 이런 언급은 표현주의가 생(生)의 모티프를 중요하게 다룬다는 점에서 〈난파〉의 표현주의적 성격과 연관시켜볼 때 논의의 출발에서 하나의 시사가 된다고 하겠다. 〈난파〉에서는 이런 표현주의적 성격을 바탕으로 하여 말미암아 주인공의 심리적 상황이 무대화되는데, 주인공의 내면 심리가 극적 상황으로 나타나는 장면들은 주로 주인공을 둘러싼 가족과의 갈등을 표출하고 있다. 뒤에 비비나 백의녀, 비의녀, 친우들 등 가족 이외의 인물들도 등장하기는 하지만 이들도 가족간의 갈등의 연장선상에서 기능하고 있다고 봐야 한다. 등장하는 가족들은 부(父), 모(母), 계모(繼母)들, 이복동생과 동복동생, 신주(神主) 등인데, 이 중에서도 시인의 의식을 간섭하고 고통을 안겨주는 인물은 바로 부(父)이다. 신주와 계모들, 동생들도 같은 성격을 가진 인물들이기는 하지만 이들은 조역 정도로 그치고 있다. 그리고 모(母)는 다른 가족과 성격이 다르다. 모는 시인 자신을 형성시킨 장본인이고 그래서 시인과 모의 관계는 자기애와 자기증오의 심리 상태로 나타난다.

그러므로 〈난파〉의 주된 갈등은 아버지와 자식 사이에서 파생하는데, 그 갈등의 성격은 전통적인 윤리와 질서의 강요와 그것의 거부라는 양상을 띤다. 아버지는 자식에게 봉건적인 윤리를 강요한다. 그 윤리의 구체적인 핵심은 효이다. 그리고 그 효를 강요하는 기반에는 자기 집안이 '신라 성족의 후예'요, '양반 가정'이라는 자만심이 깔려 있다. 이런 강요를 받는 시인인 아들은 그것이 자신의 생명력을 질식시키는 봉건적인, 낡은

피한다.

23) R.S. Furness, 『표현주의』, 김길중 역, 서울대학교 출판부, 1985, 43쪽 참조.
24) B. Wehitt, 『현대연극의 사조』, 정진수 역, 홍성사, 1982, 104쪽.

탈과 같은 것이기에 격렬하게 거부한다. 그런 거부에 대해 아버지는 폭력으로 제압하고 아들은 거꾸러지고 만다.

(나)는 〈산돼지〉에서 주인공 원봉이 아버지의 유산을 거부하면서 내지르는 절규와 같은 대사다. 원봉의 아버지 박정식은 동학혁명 때 동학군으로 싸우다 죽은 사람이다. 그는 철저히 자신의 반봉건과 반외세의 신념과 대의를 위하여 싸우다 죽었다. 그리고 그 유산은 아들인 원봉에게 내려왔다. 그런데 아들 원봉은 이런 유산을 받아들일 것을 거부한다. 명시적으로 나타나 있는 것은 아니지만, 이 유산도 아들 원봉에게는 생명력을 질식시키는 하나의 전통적인 윤리로 인식되고 있다고 보아야 한다. 왜냐하면 원봉이 아버지의 유산을 받아들일 것을 거부하는 이유가 분명치 않기 때문이다. "아버지 뜻을 받아 사회를 위해 민족을 위해 원수 갚고 반역하라고 가리쳐 주면서도 산돼지를 못난이만 뒤끓는 집안에다가 몰아넣고 잡아매여 두는구려."[25]와 같은 원봉의 말은 모호하기 때문이다. 아버지의 뜻을 받들고 싶지만 집안에 묶여 있는 상황이 여의치 않다는 말로도 들리나, 〈산돼지〉라는 극 이야기 전체에서 이것을 뒷받침할 이유를 찾기는 어렵다. 결국 그렇게 보면 〈산돼지〉의 최원봉도 앞에서 논한 무엇보다 우위에 서는 생명이나 생명력을 누리고 싶은데, 아버지의 유산 때문에 갈등을 겪는 것으로 보아야 한다. 보다 정확히 이야기하면 〈난파〉의 시인이나 〈산돼지〉의 최원봉이나 아버지와 그로 대표되는 전통을 대하는 심리적인 상태는 다를 게 없다. 다만 〈산돼지〉의 경우 아버지로 대표되는 전통적인 유산이 의식적인 차원에서는 부정할 수 없는 것이기에 변명과 같은 수사가 붙었다고 해야 할 것이다.[26]

---

25) 『전집』 I , 28쪽.
26) 여기에 이 논문의 중요한 논점 중의 하나가 있다. 김우진이 생명의 모티프에서 출발하여 그 개인적인 생명의 모티프가 외부 세계와 갈등을 겪고, 그 갈등을 이겨나가지 못할 때 결국 인물들은 소멸과 죽음의 유혹에 빠져든다는 것이 이 논문의 대

아버지와의 대립으로 표현되는 개인과 외부 윤리와 제도의 갈등 모티프는 객관적인 사회 현실을 다루는 〈정오〉나 〈이영녀〉와 같은 희곡에서는 구체적인 사회적 세력이나 힘들로 나타난다.

〈정오〉는 그 자체 소략한 단막이기에 이런 갈등이 심화되는 것은 아니지만, 여기에서도 청춘의 생명력을 억누르는 기성세대와 사회는 조롱되고 풍자된다. 학생들에게 훈계하고 윤리적인 자세를 설교하려고 드는 기성세대야말로 타락하고 부패한 계층이기 때문이다.

〈이영녀〉는 극 이야기 자체에 시대 환경이 구체적으로 설정되어 있다. 그 환경 속에 한 여성이 놓여 있다. 이 여성은 아이들을 부양해야 할 상황이다. 남편은 무력한 인물이고 그것도 극 중반에 사망한 것으로 나오기 때문이다. 이영녀를 둘러싸고 있는 구체적인 사회 환경은 식민지 조선의 1920년대이고 생명을 유지하고 살기 위하여 이 환경을 이영녀는 헤쳐나가야 한다. 그런 이영녀에게 덮쳐오는 사회적 질곡은 경제적인 문제와 봉건적인 윤리이다. 이 두 문제는 실제 상황에서는 복합적으로 나타난다. 즉, 이영녀가 살기 위해서 매춘을 하고, 자본가인 강영원이 이영녀를 성적 대상으로 삼고, 마지막에 이영녀가 유서방의 폭력적인 육욕에 생명력이 소진하여 죽게 되는 과정 등이 경제적 궁핍과 여성을 주체적인 인격이나 사회적 자아를 가진 한 인간이 아니라 성적인 대상으로 격하시키는 당대의 윤리적 질서와 겹치기 때문이다.

략적인 구도라 할 수 있다. 희곡에서도 그러하지만 내면적 자아가 직접 표출되는 장르인 시나 직접적인 언술의 형태를 띠는 에세이들에서도 그런 점은 확인된다. 그리고 그런 점에서 김우진의 현해탄 투신자살이 우연이나 충동적인 정사(情事)가 아님을 알 수 있다. 그러나 우리에게 문제는 〈난파〉의 전통과 〈산돼지〉의 전통은 결코 동질적인 것이 아니었다는 데 있다. 그 내용에서 정반대라 할 만한 두 전통을 동일시하고 무조건 거부하는 자세는 결국 개인의 절대적인 생명력을 내세워 외부 세계를 거부하는 자세에 다름 아니고 이런 거부야말로 역설적으로 무력한 수용이나 좌절에 이르고 말게 되는 것이다.

이상과 같이 자유의지를 가진 생명력을 어떤 윤리나 질서보다 우위에 놓으려는 개인과 그를 둘러싼 사회의 윤리와 제도와의 갈등 모티프는 김 우진 희곡에서 극 이야기 발전의 축을 이루는데, 이러한 모티프가 김우진 에게 중요하게 의식화되어 있는 것을 비평 등과 시에서도 찾아볼 수 있다.

김우진은 「창작을 권합네다」라는 문예비평에서 자신이 설정한 창작의 테마를 넷으로 구분하여 열거하고 있다. 첫째눈 계급적으로 눈을 떠야 한 다는 것이고, 둘째는 우리 주위의 윤리적 가치를 전환시켜야 한다는 것 이고, 셋째는 연애, 결혼, 모성, 여성의 경제적, 사회적 문제 등을 다루어 야 하고, 넷째는 인생철학, 생명, 죽음, 신, 이상 등을 다루어야 한다는 것 이다. 그리고 이 넷째도 앞의 세 가지 테마와의 관련 속에서 파생되는 것 이라고 밝히고 있다. 부연하자면, 첫째인 계급적인 문제에서는 사회주의 자의 경제적 계급 뿐만 아니라, 정치적, 민주적, 사회의 지위, 지식계급과 무식계급 등 다양한 차원을 열거하고 있다(모든 계급적 차원을 문제 삼고 있 는 이 부분은 김우진이 계급의 문제에 대해 상식적인 수준에서 사고하고 있음을 알게 해주는 대목이기도 하다). 둘째인 윤리적 문제는 주로 전통적인 윤리를 문제 삼고 있다는 것을 알 수 있다. 과거 사회가 현재의 생활 속에 끼친 독해(毒 害)를 말하며 전통적인 윤리를 뒤집어버릴 수도 있을 새로운 가치를 추구 해야 한다고 말한다. 셋째인 사회적 문제는 말 그대로 전통적인 윤리 속 에 놓여 있는 사회적 모순을 열거하고 있다.[27]

그렇게 보면 김우진은 개인의 생명이나 생명력을 전제로 한 뒤에 그에 대립되는 사회적 문제들을 문학적 테마로 설정한 것을 알 수 있다.

특히 김우진이 아버지로 대표되는 봉건적인 윤리와 유산에 대해 격심 한 심리적 고통과 갈등을 겪었다는 것은 대화의 형식을 빌린 수상(隨想)

---

27) 『전집』Ⅱ, 113~114쪽 참조.

「A Protesto」나 직접 내면을 토로한 일기에도 잘 나타나 있다.[28]

그리고 아버지와의 갈등을 직접적으로 표현한 다음의 시도 한 참조로 읽을 만하다.

> (…)
> 어쩌면 그같이도 따뜻하게
> 나의 몸을 겹쳐 안으면서도,
> 어찌면 그리도
> 나의 가는 등불에 바람질 하십니까.
> 징상스럽게도 흰 이를
> 아물며
> 어찌나 외포(畏怖)의 침을
> 그같이 뱉어 주십니까.
> 모든 지혜를 학대하려는
> 일광의 학살이야말로
> 다시 없이 밉지 않습니까.
>
> ― 「아버지께」 부분[29]

_____

28) 대화 형식의 수상인 「A Protesto」의 다음 부분을 보자. "너의 집 재산, 너의 가족과도 日後에 끊겠니? 영구히." 「아무렴. 영구히 끊겠다. 단언한다.」 「호―」 「(…) 나는 영구히 내 아버지까지도 잊어버리려고 한다. 그러기에 이 짓이지." (『전집』II, 214쪽)
그리고 일기도 참조할 수 있다. "그러나 父主라는 情愛, 비극의 hero에 대한 相情을 克勝할만한 힘이 내게 있나!" (『전집』II, 290쪽)
"나에게는 모든 것을 타파하고 나의 자아의 발전을 시킬 수 있는 힘이 필요한 거야. 특히 필요한 것은 父子間 · 親子間의 정애, 일종의 시멘트의 장벽을 타파할 수 있는 힘이 요구됨." (『전집』II, 290쪽)
"아아, 아버지시여. 이몸은 비극의 운명의 주인공이요. 당신으로 하여금 비극의 주인공으로부터 피하게 하시기 위해서는 나의 개성과 자아를 태워버리지 않으면 안되오." (『전집』II, 291쪽)
29) 『전집』I, 165~166쪽

4. 소멸과 죽음에의 함몰

절대적인 자유의지를 생명력의 요건으로 삼고 사회의 제도와 윤리에 저항하고 투쟁하는, 내포작가의 주관적 자아가 투사된 〈산돼지〉, 〈난파〉와 같은 김우진의 희곡의 인물은 필연적으로 좌절과 절망으로 기울어지고 생명력의 소멸과 죽음의 운명으로 빠진다. 현실에서 모든 윤리와 제도를 초월하는 개인의 자유의지란 사실 환상이나 낭만적인 이상에 불과할 것이다. 인간은 현실의 윤리나 제도와 충돌하고 갈등을 겪지만, 그 갈등과 충돌이 전적인 부정이나 거부의 차원은 아니다. 현실에 산다는 것 자체가 현실의 어떤 제도나 윤리의 암묵적인 수긍을 의미하기도 하고, 현실은 복합적인 세력들의 결합이고 전적인 거부가 아니라 지양되어야 할 것이기 때문이기도 하다. 물론 작품은 현실 그 자체가 아니므로 일정한 통일성을 가진 작품 속의 현실을 전적으로 거부하거나 극복하는 인물이 등장하고 상황이 설정될 수도 있다. 그런데 〈산돼지〉와 〈난파〉의 인물들은 자신들이 도전한 제도와 윤리의 장벽에 부딪혀 좌절하고 도피하며, 그 결과로 인물들의 생명력이 소멸하며 죽음으로 함몰하고 만다. 소멸과 죽음의 모티프가 두 희곡의 주인공들을 지배하는 것이다.

〈산돼지〉에서 최원봉은 마지막 장면에서 그저 봄날 산등에 있는 것으로 나타난다. 원봉은 사회적인 활동과 아버지의 유산 모두를 거부했다. 그러나 이 거부는 진정한 극복과는 거리가 멀다. 원봉이 오해를 받은 어떤 회(會)의 문제는 흐지부지되고 마는데, 결국 원봉은 이 문제에서 도피하고 있는 상태라는 것을 짐작할 수 있다. 그리고 아버지가 강요하는 동학의 유산도 원봉은 적극적으로 받아들이거나 극복하지 못하고 외면하고 있는 상태다. 이런 원봉의 상태는 생명력이 소진되어 있는 상태나 다름없다. 마지막 장면인 3막에서 원봉이 그저 산등에서 서성이고 있는 것은 그 자체 행동의 동력인 생명력이 소진된 상태이기 때문이다.

〈난파〉의 주인공 시인 역시 아버지로 대표되는 전통적인 윤리에 격렬하게 저항한다. 이 저항은 〈산돼지〉의 원봉보다 한층 격하다. 그러나 역시 시인이 마주친 벽은 견고한 것이다. 이런 견고한 벽에 맞선 시인은 도피를 하게 된다. 그 첫 대상이 백의녀나 비의녀와 같은 서구의 낭만적인 대상이다. 낭만주의나 상징주의가 풍미했던 1920년대 초의 우리 문단이나 지식계의 정신 상황을 간접적으로 보여주는 이런 도피는, 그러나 곧 좌절된다. 이들은 주인공 시인을 병적인 상태로 이끄는 건강하지 못한 존재들이기 때문이다. 다음으로 시인은 비비라는 영국 중류계급의 여대생복을 입은 여성에게로 도피한다. 이 비비는 시인에게 "일광처럼 밝게 살아보"[30]라는 희망을 제시한다. 비비 그 자신이 바로 건실한 부르주아의 상징이기 때문에 비비의 등장은 시인이 건실한 부르주아의 삶의 방식에서 구원을 찾는다는 것을 의미한다. 〈난파〉의 경우 인물들은 주인공 시인의 심리 상태의 표현에 불과하므로 비비 역시 시인의 이런 심리가 구체화된 존재인 것이다. 비비는 현실적이고 실용적인 삶을 제시하지만 이것이 시인에게 구원이 될 수는 없다. 비비는 "어떤 늙은 애란인 머리 속에서"[31] 나온 외국 여자이고, 비비와 동체인 카로노메가 "인제 축축하고 살진 경주유치원에 들"[32]었다는 표현에서 알 수 있듯이 우리의 현실에서는 무력한 존재이기 때문이다. 그러므로 이런 도피가 좌절된 시인은 결국 자신의 생명력의 본원인 모(母)의 품에 안겨 소멸(난파)하고 만다.

　　詩人　(밀며) 불에 물에요. 날 혼자 빠지게 해 주우. 아 난파란 것이 이렇게

30) 『전집』 I , 77쪽.
31) 『전집』 I , 78쪽.
32) 『전집』 I , 83쪽.

행복이 됩니까? 난파란 것이 이렇게 행복이 됩니까?

母   약속은 다 끝났다.[33]

〈이영녀〉의 경우는 위의 두 작품과 같은 맥락에서 볼 수는 없다. 위의 두 작품이 주인공의 절대적인 자유와 생명력을 추구하는 과정에서 전통적인 윤리와 부딪히는 과정을 극화했다면, 〈이영녀〉는 구체적인 현실 속에서 생활을 위해 싸우다 죽음에 이르는 한 여성을 극화했기 때문이다. 그러나 생명력의 소멸과 죽음이라는 모티프는 〈이영녀〉의 경우에도 동일하게 나타나고 있다. 이영녀가 극심한 경제적인 궁핍에 몰려 매춘에 나서고 유치장에 수감된 후 나와서 자본가의 성적 위협에 시달리고 결국 유서방의 성적 욕구를 견디지 못하여 죽는 과정은 곧 이영녀의 생명력이 고갈되어가는 과정이다. 처음에 굳세면서도 독특한 사랑이 넘치고 동작과 언어에 힘센 일종의 선율이 있는, 생명력에 넘치던 이영녀는 그녀를 둘러싼 현실에 마모되어 결국 "忽地에 먼나라의 꿈 안 동작 모양으로 힘없이 소리 없이 극히 자연스럽게 왼편으로 넘어"[34]져 죽고 마는 것이다.

김우진은 비평이나 수필 등에서 직접 죽음을 언급하지는 않지만, 은밀한 내면적 심리가 표현되었을 시에서는 죽음을 노래하고, 나아가 죽음에의 함몰을 유혹으로 느끼는 것들이 많다. 「사랑의 가을」, 「절망」, 「한 가지 기쁨」 죽음」, 「생과 사의 이론」 등이 그것들인데, 다음에 인용하는 시에도 현실의 윤리나 제도와 부딪혀 좌절한 생명력이 소멸하면서 죽음의 유혹을 느끼는 심리 상태가 잘 표현되어 있다.

에네르기의 배꼽지라고,

---

33) 『전집』I, 88쪽.
34) 『전집』I, 123쪽.

영광의 주류라고,
나는 네 이름만 부른다만,
네 이름만 부른다만
이 가슴 속을
네가 알아줄 수 있겠니.

부둥켜 쥐고서
터져라하고 울어보기도 하지만
그러나 아!
네 이름은!
네 이름은!
네 이름은!
나를 구원할 수 있을 것 같구나.

—「죽음의 이름」 전문[35]

5. 맺는 말

이 글은 김우진의 희곡을 세 가지 모티프의 관점에서 접근한 것이다.
절대적인 자유의지를 요건으로 한 생(生)이나 생명, 그리고 생명력과 생활
에의 의지는 김우진 희곡의 출발을 이루는 모티프이다. 그런데 이 생명력
은 그 생명력을 구유하고 실현하려는 인물과 그를 둘러싼 제도와 윤리와
충돌할 수밖에 없다. 이것이 김우진 희곡에 나타나는 두 번째 모티프이
다. 이 모티프는 내포작가의 주관적인 자아가 투사된 주인공이 등장하는
〈난파〉나 〈산돼지〉와 같은 희곡과 객관적인 현실 속에서의 생활의 문제
를 다루는 〈이영녀〉와 같은 희곡에서 다른 양상을 보여준다. 전자의 작품

---

35) 『전집』 I , 212쪽.

들에서 주인공은 주로 아버지로 대표되는 전통적인 윤리와 질서에 도전하고 저항하며 뒤의 작품에서 주인공은 당시의 경제 사회적인 현실과 윤리에 부딪히는 것이다. 이렇게 사회적인 제도나 윤리에 부딪힌 주인공들은 그것을 극복하지 못하고 좌절하여 생명력의 소멸과 죽음에 이르게 되는데 이것이 세 번째 모티프가 된다.

이런 모티프의 전개 과정을 우리는 비평이나 수필 등의 언술과 시를 참조로 하면서 밝혔는데, 논의의 과정에서 나온 두 가지 문제를 살피고 끝을 맺고자 한다.

하나는, 절대적인 생명력이라는 것을 내세워 전통이나 사회적인 힘을 보는 시각의 문제이다. 간단히 말해, 〈산돼지〉의 아버지가 남긴 동학혁명의 긍정적인 유산과 〈난파〉의 봉건적인 유산이 동질의 것으로, 다 같이 생명력에 대립되는 억압으로 취급되는 문제를 간과할 수 없는 것이다. 그리고 〈두더기 시인의 환멸〉에서 시인이 아내와 아이에 대한 자신의 현실적인 책임을 기피하고 외치는 자유는 공허한 환상에 불과하다는 것도 지적해야겠다. 이런 경우 모든 윤리나 제도 위에 서 있는 생(生)이나 생명력이라는 논리는 정당화되기 어려운 것이다.

또 하나는, 〈난파〉에서 볼 수 있는 외래지향성이다. 〈난파〉의 주인공 시인이 전통의 억압으로부터 도피하는 지향점은 이국 여성들로 상징화되는 외래적인 문화와 힘이다. 그것은 우리의 전통이나 사회적 힘에서 긍정적인 계기를 찾지 않고 모두 부정적인 것으로 파악하는 앞의 관점에서 필연적으로 파생하는 것일 터인데, 이런 자세는 진정한 도전이나 저항, 그로 인한 극복과 거리가 멀다는 점이다.

김우진은 그 자신과 시대의 부정적인 현실에 도전하고 저항하는 힘으로 생(生)과 생명력, 생활에의 의지를 내세웠다. 이런 힘이 기존의 낡은 제도나 타락한 윤리와 질서를 공격하는 차원에 초점이 맞추어질 때 그 정당성이 확보되지만, 무분별하게 모든 전통과 제도를 거부하고 현실을 외면하는 차원으로 행사될 때는 문제가 있는 것이다.

이런 점에서 우리는 김우진 희곡의 근대적이고 선진적인 문제의식과 함께 그 한계도 볼 수 있다 하겠다.

*이 글은 '제1회 김우진문학제'(2008년)의 발표문을 일부 수정한 논문임.

김우진 희곡의 새로운 구상과 표현주의극

김 성 희

1. 머리말

김우진(1897~1926)은 시대를 앞서 태어난 미완의 천재적 극작가로 평가된다. 1920년대 중반, 다섯 편의 희곡을 남기고 29세에 삶을 스스로 마감해버린 이 작가는 아직 근대극의 기틀이 닦이기도 전인, 오직 신파극만이 횡행하던 당대 연극계 수준을 독보적으로 앞지른 비평 이론과 리얼리즘 희곡, 표현주의 희곡을 남겼다. 짧은 생애지만 시대를 앞서간 선구적 사상, 박식하며 정곡을 찌르는 비평가로서의 활동, 시인과 극작가, 연극 운동가로서의 활동은 선구적일 뿐 아니라 시대적 수준을 훨씬 넘어선 성취를 보여준다. 전통과 현대의 갈등을 치열하게 앓았던 그의 생애의 궤적은 당대 식민지 지식인의 한 전형을 대표한다.

무엇보다 김우진을 한국 연극사상 가장 독보적인 극작가로 자리매김하도록 하는 것은 한국에서 표현주의 희곡을 최초로 쓴 작가라는 점에 있는게 아니라, 세계 연극의 새로운 동향을 동시대적으로 실험한 선구적 연극 감각과 그 성취에 있다. 현실 재현과 개연성의 논리를 거부하고 주관적인 새로운 세계를 창조하고자 한 표현주의 연극 운동은 본산지라 할 독일에서 1910년대부터 1920년대 초까지 약 10년간 열풍을 일으켰다. 이후 소련, 미국, 아일랜드 등에서는 1920년대에 표현주의극이 연출되거나 창작되었다. 일본에서는 1920년대에 쓰키지소극장을 중심으로 독일의 표현주의극이 공연되어 큰 반향을 불러일으켰다. 괴링의 〈해전〉(1917)이 쓰키지소극장 창립 공연(히지카타 요시 연출, 1924)으로 올려져 흥행에 성공했으며, 연이어 카이저의 〈가스〉, 〈아침부터 자정까지〉 등이 철저히 독일 표현주의극 연출 방식으로 공연되었다. 이후 쓰키지소극장은 가부키를 표현주의 연출로 개작한 〈수행승〉(쓰보우치 쇼요 작, 오사나이 가오루 연출, 1926)을 공연하는 등 표현주의극의 일본적 토착화를 꾀하기도 했다.[1] 김우진은 〈인조인간〉(카렐 차페크, 1921)의 쓰키지소극장 공연(1926) 관람평[2]을 쓴 일도 있었고, 표현주의극을 평론[3] 속에서 소개하기도 했다. 표현주의극의 성격을 정확하게 이해하고 있으며, 특히 유진 오닐 표현주의극의 한계를 날카롭게 비판했다는 점에서 보더라도 김우진이 표현주의극에 대한 원숙한 이해력을 갖고 자신의 극작품들을 창작했다는 것을 짐작할 수 있다.

이처럼 김우진은 경험적 현실 재현을 거부하고 주관적 세계를 창조하는 표현주의 연극 운동이란 세계적 흐름과 동시대적으로 당대 조선의 현실과 조선 청년의 내면 고통을 형상화했던 것이다. 따라서 김우진의 희곡사적 위상은 리얼리즘 극작술이 뿌리를 내리기도 전인 1920년대에 시대적 문제를 절실한 내면 의식의 문제로 받아들이고 그것을 주관적 내면세계의 표현으로 실험한 데서 드러난다. 자아분열의 문제나 소외의 문제를

---

1) 스가이 유키오, 『쓰키지소극장의 탄생』, 박세연 역, 현대미학사, 2005, 47~69쪽 참조.
2) 김우진, 「축지소극장에서 〈인조인간〉을 보고」, 『개벽』, 1926.8.
3) 김우진, 「구미(歐米) 현대극작가(소개)」, 『시대일보』, 1926.1~6.28.

주관주의적 기법으로 접근한 것은 바로 모더니즘 예술의 특징인 불안과 소외의 주제 및 기법과 동일한 표현미학을 보여주는 것이다. 그의 희곡은 주제나 내용 면에서, 혹은 현대적 인간형의 창조란 측면에서뿐 아니라 표현주의 양식이나 '몽환극'의 시도라는 형식적 측면에서도 당대 연극 현실을 앞서가는 혁신적인 새로움과 전위성을 보이고 있다. 그의 세 편의 장막극은 자연주의극, 표현주의극, 수정사실주의극 기법을 보여준다. 식민지 시대를 통틀어 김우진만큼 각각의 작품에 새로운 미학과 혁신적인 연극적 구상을 작품화한 극작가는 없었다. 〈이영녀〉는 출생과 환경이 인물에 미친 영향을 냉철한 객관성으로 탐구하는 자연주의 희곡이며, 〈난파〉는 꿈의 형식으로 주인공의 주관적인 내면세계를 탐구한 표현주의극이다. 〈산돼지〉는 사실주의적 세팅과 인물 속에 몽환극을 삽입하여 주관적 내면세계와 환상을 창조해낸 작품으로 수정사실주의극이라 할 만하다. 사실주의를 기본 뼈대로 하면서 표현주의나 상징주의 기법 등 주관적 현실 묘사 기법을 절충한 수정사실주의가 세계 연극사에 본격 등장한 것은 2차 대전 후인 1940년대 말[4]이므로 김우진의 이러한 연극 기법은 시대를 매우 앞서간 것이라 볼 수 있다.[5] 이 글은 김우진의 표현주의극 〈난파〉, 〈산돼지〉를 중심으로 작품에 나타난 내용과 형식의 현대성 및 새로운 기법과 미학을 고찰해보고자 한다.

---

4) 수정사실주의극의 대표작으로 1949년에 공연된 〈세일즈맨의 죽음〉(아서 밀러 작)을 꼽는 게 일반적이다.

5) 따라서 김우진은 당대의 연극 경향과는 별도의, 그리고 당대 연극 수준이나 역량을 훌쩍 뛰어넘는 희곡을 발표했고 젊은 나이에 요절했다는 점, 당대에는 공연되지 못하고 원고로만 남았다가, 후대에 발굴되어 표현주의극의 선구자로 평가되는 독일의 뷔흐너(1813~1837)와 비슷하다고 할 수 있다.

2. 표현주의 희곡에 구현된 새로운 미학과 현대성

1) 〈난파〉 : 꿈의 형식과 난해한 의미 구조

김우진은 〈난파〉(1926년 작, 미발표)에서, 내면세계를 꿈의 형식으로 탐색하는 표현주의극을 실험한다. 이는 1920년대 한국 연극이나 희곡들과는 완전히 다른 미학적 실험으로서 스트린드베리나 독일 표현주의극과 동궤의 것이다. 그가 독일 표현주의에 경도된 것은 표현주의가 젊은이들의 연극 운동이며 주로 부자간의 갈등[6]을 다룬 주제가 자신의 개인적 · 사회적 상황과 흡사했기 때문으로 보인다. 불안, 자아분열, 객관 세계의 해체, 물화, 주체 · 객체의 소외 등 독일 문학사에 최초로 강렬하게 등장한[7] 표현주의적 세계는, 예술가의 길을 가고 싶었으나 장남의 의무로 가업을 물려받아야 했던 김우진에게는 곧 자신의 내면 갈등을 연상시키며 강한 공감을 형성했으리라 짐작된다.

(1) 꿈의 형식과 등장인물

〈난파〉는 김우진의 중심 주제인 개인의 사회로부터의 소외와 그로부터 유발된 자아의 분열 의식을 본격적으로 펼쳐 보인다. 이 극의 공간은 전통적인 인간성의 무대가 아니라 중심 자아의 내면 무대이다. 중심 자아인 시인이 부딪치고 갈등하는 인물들은 모두 시인이 자신의 내면세계에서 불러내는 인물들이다. 망령(모, 신주, 악귀, 백의녀, 비의녀, 제1계모, 제2계모, 제3계모, 제4계모), 다른 희곡에서 차용해온 허구적 등장인물들(큰 갈에오

---

6) 김숙희, 「표현주의의 현대적 시각」, 박찬기 편, 『표현주의 문학론』, 민음사, 1990, 43쪽.
7) 앞의 글, 54쪽.

토, 비비), 오페라 아리아의 의인화된 인물(카로노메) 같은 비현실적인 인물들이 등장하고, 유령같이 등퇴장하며, 중심 자아의 주관에 따라 시공간이 자의적으로 변형되기도 한다. 장소도 마치 꿈속을 헤매듯 아무런 논리적 연관 없이 변하는, 왜곡되고 변형된 현실이다.

전 3막 2장으로 이루어진 〈난파〉는 꿈의 형식을 빌려 자아의 내면세계를 다룬다. 1막은 "커다란 조선식 집 앞. 마당, 밤"으로, 시인이 꿈꾸는 주관의 무대이다. 주인공 시인은 자신에게 '효'라는 유교적 규범을 강요하는 가족들로부터 도피하고자 한다. 이 가족들은 꿈이 그렇듯이 현실과 비현실이 복합된 인물들로 이루어져 있다.

> 母　(흰 옷, 유령처럼 점점 자세가 나타나며 걸어온다.) 아들아. 내가 너를 낳고 제일 미워하는 아들아.
>
> 시인　(발가벗고 창백한 몸으로 나타나며) 흥, 제일 미워한다면서 왜 그리 자주 불러내슈.
>
> (…)
>
> 시인　(입맞추며) 입맞추면 어찌도 이리 내 마음이 두근거립니까.
>
> 모　(깜짝 놀라며) 두근거리다니? 또 날 욕할 테로군.
>
> 시인　(소리를 버럭 지르며) 난 어머니를 욕하오. 저주하오. 이 인간을 왜 이 모양으로 만들어냈소. 당초에 고만두든지 그렇잖으면 어여쁘게 흠없게 모든 것에 꼭 들어맞도록 만들어 보지. 그러구도 어머니라 하오?

첫 장면을 보면, 모가 불러내어 시인이 등장하는 것으로 되어 있지만 이는 시인의 내면세계, 이를테면 꿈에서 일어나는 환상의 왜곡된 투영이다. 발가벗은 시인이 창백한 몸으로 나타난다든지, 모가 유령처럼 나타나는 것은 꿈의 형식과 일치한다. 극의 후반에 가면 드러나듯이, 모는 시인이 어릴 때 죽었고 모에 대한 기억은 모의 상여가 떠나는 걸 무심히 본 것밖에 없다. 이 모성 결핍이 모가 자신을 미워하는 것으로 전치되어 나타나고 애증의 양가감정을 품게 만든다.[8] 시인이 어린 시절 겪은 모와의 분리 체험은 그의 무의식에 원한과 증오를 남긴 중요한 외상(trauma)이 된 것이다. 그래서 시인은 모를 자꾸 욕하고 칼로 찌르려는 양태를 보인다.

꿈은 프로이트에 따르면 무의식의 표현이며 소원 충족의 욕구를 나타낸다. 꿈은 의식의 검열에 의해 왜곡되어 나타나는데, 왜곡되기 이전의 꿈은 잠재몽(潛在夢), 검열에 의해 왜곡되어 나타나는 꿈은 현재몽(顯在夢)이다. 따라서 우리가 꾸는 꿈은 잠재몽이 현재몽으로 왜곡되어 나타난 이미지이다. 대표적인 꿈 작업(dream-work)은 응축과 치환, 시각적 이미지로의 변환이다.[9] 이 극이 꿈의 형식을 따르고 있다는 관점으로 보면, 모와 시인의 심적 관계는 왜곡, 바로 응축과 치환이라는 꿈의 작용이 투영된 것이라 할 수 있다. 모나 비비(Vivie), 백의녀(白衣女), 비의녀(緋衣女) 등의 비일관적이고 왜곡된 형상, 부(父)·신주(神主)·계모 등 여타 인물의 유형(type)과 상징으로서의 성격은 바로 응축과 치환이란 꿈의 성격을 따른 것이라 볼 수 있다. 또, 모가 인습을 상징하는 부와 개인주의를 추구하는 시인의 싸움을 즐긴다면서도 시인이 백의녀나 비비를 쫓아다닐 때는 부와 연합하여 시인을 방해한다든지, 버나드 쇼를 연인으로 삼는다는 모의 내면(이는 물론 시인의 내면이 자리를 바꾼 것이란 점에서 환유이다)으로부터 비비가 출현했으나 모와 서로 대립한다는 모순, 비비가 갑자기 카로노메로 변신하는 점 등도 응축과 치환의 예이다.

---

8) 〈난파〉 3막에서 시인은 이복제(異腹弟)와 나누는 대화에서, "어머니 기억이란 다만 상여 떠나는 광경만."이라면서, 왜 얼굴을 기억 못 하냐는 물음에, "(아픈 소리로) 낳고 제일 미워하든 아들인데 그 어머니가 어떻게 기억에 드니?"라고 말한다. 이로 미루어보면, 시인은 일찍 자신을 떠나버린 어머니에 대해 애증 병존의 양가감정을 가지고 있음을 알 수 있다.

9) 응축은 몇 가지 관념이나 이미지를 공통점에 따라 혼성하고 압축하는 방법이다. 치환은 의식의 검열 작업 때문에 잠재 요소를 그와 연관이 없는 대리물로 암시하거나 인접한 것으로 바꾸는 것이다. 프로이트, 『정신분석학 입문』, 서석연 역, 범우사, 1990, 177~178쪽.

모나 시인의 특징은 둘 다 모순체라는 점이다. 모는 시인을 낳고도 제일 미워하는 아들이라 부르며, 시인 역시 저주한다면서도 입맞추면 두근거릴 정도로 모를 사랑한다. 그러나 사실 모는 시인의 주관성이 매개되어 등장한 존재이므로 시인의 자아 투영적 존재이다. 따라서 모의 모순은 어차피 중심 자아의 주관성 자체의 모순이라 할 수 있다. 모는 버나드 쇼의 〈인간과 초인〉에 나오는 돈 주안의 천국에 관한 말을 예로 들며 '불완전한 현실'이 오히려 가치가 있다는 것과, '생명력' 사상을 피력한다. 그리고 시인더러 현실 속으로 뛰어들 것을 종용한다. 그러나 시인은 자신이 불완전하기 때문에 현실과 부딪치는 것이 무섭다며 거부하고, 모에게 달려들어 치기까지 한다. 모는 사라졌다 다시 나타나 시인에게 현실과 부딪쳐 싸우는 자유의지('충동')를 가질 것을 종용한다. 시인은 인과율에 매인 자신의 현실을 원망하며 자신의 욕망과 어긋나는 모순적인 삶의 태도를 말한다.

한편 시인의 가족적 인과율을 상징하는 인물들인 부·악귀·신주·계모 등도 등장한다. 이들은 모두 시인의 의식의 흐름, 혹은 자유연상을 따라 출현한다. 부는 자신의 고생을 강조하며 효도해야 할 의무를 강요하고, 종손인 악귀가 나타나 서자인 부와 싸우고, 부의 어머니인 신주도 나타나 "시인은 시인 되기 전에 내 손자 내 아들의 자식 노릇을 해야 한다"고 가부장적 규범을 강요한다.

〈리골레토〉의 아리아 〈카로노메(Caro Nome, 그리운 이름)〉는 극의 중심 모티프를 이룬다. 이 노래가 들려오자 가부장적 규범을 강요하던 부와 신주는 질색을 하지만, 모는 시인에게 "나가서 이름 부를 사람을 구해라"라고, 시인의 자아 탐색을 독려한다. 〈카로노메〉 아리아는 시인에게 가부장적 의무를 탈피한 자아 탐색 여정을 유도하는 중요 모티프이며, 각 장면의 끝마다 반복 배열되어 음악적 리듬을 부여하는 미학적 장치로 기능한다.

(2) 죽음의 충동과 삶의 충동으로 분열된 자아

2막은 시인이 '이름 부를 사람'으로 선택한 두 명의 여자와의 만남과 비비와의 만남, 즉 시인의 사랑 추구를 보여주는 두 개의 장면으로 구성된다. 1장에서 시인은 병든 백의녀에게서 사랑을 구하나 부·신주·모가 따라와 시인이 백의녀의 병에 감염될까 봐 방해하고, 백의녀는 죽는다. 백의녀가 울창한 삼림 속에서 등장하고 "봄. 꾀꼬리. 춤"과 관련된 흰옷의 여인이라는 점에서, 이상이나 순수, 혹은 낭만주의 예술을 상징한다고 볼 수 있다. 그러나 그녀는 병들어 있고 손에선 검은 피가 흐른다는 것으로 미루어 그녀는 죽음의 충동과 관련된 데카당스(décadence, 퇴폐주의)적 인물로 볼 수 있다. 백색 옷은 상복의 색깔, 곧 죽음을 암시한다. 시인은 죽어가는 백의녀의 반송장 위에 얼굴을 대고 울면서 "붉은 피를 빨게 해줘요. 시커멓게 탄 가슴 선지피 속으로 날 집어넣어 주."라고 한다. 검은 피를 빠는 이미지는 성적인 상징도 갖지만 동시에 죽음을 상징한다.[10] 부는 죽음을 욕망하는 시인에게 '술'을 주며 쾌락으로 유도하고, '생명력'의 상징인 모는 시인보고 현실 속으로 나가 눈을 뜨라고 말한다.

2장의 첫 장면은 비의녀(緋衣女)와 육체적 쾌락에 탐닉하는 시인을 보여준다. 이처럼 2막의 두 개의 장면은 프로이트가 말한 바 있는 두 개의 본능, 즉 죽음의 충동과 에로스적 충동을 병렬시킨 장면이다. 젊은 시인은 자아 탐색의 여정에서 병든 여성을 사랑했다가 그녀의 죽음을 경험하면서 자신도 죽음 충동에 빠져든다. 죽음 충동을 극복하고자 다른 여성과의 쾌락에 몰두했다가 그를 찾아온 비비[11]를 만나면서 에로스적 충동에서 벗어

---

10) 아지자·올리비에리·스크트릭, 『문학의 상징·주제 사전』, 장영수 역, 청하, 1989, 196~197쪽.

11) 〈워렌 부인의 직업〉은 쇼의 초기작으로, 사회를 좀먹는 것은 어떤 개인의 악이 원인이 아니라 사회의 근본적인 모순임을 강조한 작품이다. 주인공 비비는 부와 교양을 겸비한 사교계의 주인공 어머니가 사실은 빈민굴 출신이며 매춘 행위로 치부

난다. 이처럼 2막 2장은 쾌락에 탐닉해보나 구원을 못 찾은 시인이 가족과 인연을 끊고 개인 중심의 삶을 살려는 욕망을 보여준다. 2장의 조명, '명멸하는 석회광'은 비사실적 분위기, 꿈의 분위기를 표현한다. 청백색의 창백한 조명은 흡혈귀 같은 비의녀와의 쾌락에 몰두하여 시인이 생명력을 상실해감을 상징하고, 비의녀의 옷 색깔인 붉은색은 쾌락을 상징한다.

비비는 시인의 의식의 한 분리된 측면인 동시에 버나드 쇼 희곡의 인물이며 '생명력'의 자아 투영인 점에서 모와 혼합된 존재이다.

> **비비**　나? 당신 어머니 속에서 왔소. 또는 당신 속에서 나왔소. (시인이 부정하려 한다.) 그것이 싫으면 어떤 늙은 애란인 머리 속에서 나왔다고나 해 둘까.

모는 비비를 보더니 유령처럼 사라진다. 모가 달아난 까닭을 묻는 시인에게 비비는 자신이 모보다 젊기 때문에 자신을 해치지 않을까 무서워하는지도 모른다고 말한다. 비비는 시인에게 인생은 중간에 머물러 있지 못하는, '군두(그네)뛰는 것'이라 하면서 인과율을 벗어나는 단호한 선택을 촉구한다. 가부장적 가족관계나 의무라는 인과율에서 벗어나기 위해서는 자신처럼 가족과의 이연(離緣)이 필요하다는 것을 가르쳐준다.

3막의 무대는 음침한 바람이 부는 밤, 해변이다. 가부장적 인과율을 표상하는 모·부·신주·계모 등이 등장하여 시인을 비비로부터 떼어놔야 한다고 말한다. '생명력'을 주장하고 현실과 맞서 싸우라던 모는 이 장면

를 했고 호텔 경영이라는 명목으로 지금도 유럽 전역에 연쇄 매춘업소를 운영하고 있음을 알게 된다. 어머니는 자신의 직업이 사회 자체의 모순에서 나온 것이지 자신은 책망받을 이유가 없다고 당당하게 말하고, 비비는 이에 감화되어 어머니의 과거를 문제 삼지 않는다. 그러나 그녀는 어머니 덕으로 받은 교육을 발판 삼아 독립할 것을 선언한다. 〈난파〉에 비비를 등장시킨 것은 가족과 인연을 끊지 못하고 갈등하는 작가 자신의 내면을 투사한 것으로 생각된다. 이근삼, 「창조적 진화과정의 초인과 여성상」, 『영미극작가론』, 문학세계사, 1987, 147~148쪽 참조.

에서는 다른 가족들과 마찬가지로 가족의 인과율을 표상하는 인물로 전치된다. 이복제(異腹弟)가 시인과 함께 등장하여 그 역시 가족의 억압을 토로한다. 시인은 그래도 이복제에겐 어머니의 사랑이 있지 않냐며 어머니의 상여가 떠나는 걸 본 기억을 얘기한다. 이 장면은 시인에게 있어 부재하는 어머니와의 결합이 시인의 운명이자 영원한 욕망의 대상임을 알려준다. 인생의 암초엔 사랑과 신, 둘이 있다면서, 무신론자인 시인은 사랑 때문에 아픔을 느낀다. 모가 나타나 시인의 죽음이 임박했음을 말한다. 시인은 더 살고 싶다고, 인생이 군두뛰는 것임을 알고 싶다고 말한다. 멀리서 〈카로노메〉 노래가 들리고, 시인은 고통과 환희가 혼재한 기대를 품는다. 이때, 호세 에체가라이(Jose Echegaray)의 희곡 〈큰 갈레오토〉[12]의 제목에서 차용해온 인물 '큰 갈레오토'가 아주 '속(俗)다운 의장(依裝)'으로 등장하여, 시인의 어머니의 명령으로 왔노라고 말한다. 이로 보아 그는 모의 분신이다. 그런데 원작의 내용과 〈난파〉의 '큰 갈레오토'의 성격이나

---

12) 호세 에체가라이(1832~1862)는 스페인의 근대극을 일으킨 작가로, 처음엔 주로 낭만주의와 통속적 요소가 짙은 극을 썼으나 후에는 입센의 영향을 받아 〈위대한 갈레오토〉(1881) 같은, 멜로드라마에 사회문제극적 요소를 결합한 작품을 썼다. 이 극의 내용은 다음과 같다. 노인 돈 줄리안은 젊은 테오도라와 결혼해 사는데, 같은 집에 사는 피후견인 에르네스토와 아내가 불륜의 관계라는 소문이 돈다. 돈 줄리안은 에르네스토의 도덕적 정직성을 확신하지만 점차 질투에 사로잡힌다. 에르네스토는 돈 줄리안의 집을 나오고, 테오도라의 명예를 모욕한 신사에게 결투를 신청하며, 테오도라는 그 결투를 막기 위해 에르네스토의 집에 간다. 줄리안 역시 아내의 명예를 지키기 위해 에르네스토보다 먼저 그 신사와 결투를 한다. 그 결투에서 부상당한 뒤 줄리안은 에르네스토 집에 가서 그의 방에 누워 있었다. 줄리안은 찾아온 테오도라를 보고 기절한다. 마지막 막에서, 에르네스토가 줄리안을 문병하러 그의 집으로 찾아온다. 줄리안은 아내와 에르네스토의 얘길 엿듣다가 새로운 질투와 분노에 빠지게 된다. 결국 테오도라와 에르네스토는 그들을 둘러싼 소문, 질투, 탐욕 등 세계의 어리석음 때문에 서로 사랑에 빠지게 된다. 선량한 에르네스토는 줄리안의 탐욕스러운 형제 돈 세베로에게 질타를 퍼붓고 마침내 테오도라와 결합한다. Shank, *A Digest of 500 Plays*, London: Collier Macmillan Publishers, 1974, pp.161~162.

극적 역할 사이에는 그다지 연관이 보이지 않는다. 원작은 근거 없는 소문이나 그에 근거한 질투, 탐욕 등 세계의 어리석음이 정작 정숙한 유부녀와 청년을 소문대로 결합하게 만든다는 내용이지만, 〈난파〉에선 큰 갈레오토가 "때가 되면 모든 것이 만나지고 이별해지고 낳고 또 죽어갑니다."라는 운명론을 고지하는 인물로 기능한다.

어두워진 무대에 〈카로노메〉 노래가 가까워지고 다시 밝아지면 옥색 옷으로 바꿔 입은 비비가 카로노메란 인물로 변신하여 등장한다. 비비가 19세기 영국 여성의 옷을 입고 등장하여 서구적 삶의 방식을 상징했다면, 카로노메는 희망과 건강한 삶의 상징인 옥색 옷을 입음으로써 비비보다 더 친화된 모습으로 등장한다. 그녀는 어머니와 인연을 끊고 나왔노라며 "튼튼하게 씩씩하게 살아야" 한다며 '생명력'을 강조한다. 그러나 시인은 급작스럽게 '이지의 환멸'을 느꼈다면서 암초에 걸려 난파한 조각 나무를 본다. 시인의 암초는 사랑이므로 시인은 결국 사랑에 목숨을 걸었다가 난파한 파편들을 보고 환멸을 느낀다는 의미를 전달한다. 그 파편들은 사람, 재물, 희망, 정인(情人), 구수(仇讐) 등으로 시인이 고통받아온 삶의 요소들을 상징하며, 이제 시인이 사랑에서도 구원을 찾지 못함을 의미한다. 시인은 부표라도 잡고 살아야 한다는 카로노메의 '생명력'을 거부하고, 인생을 '비꼰 야유'라고 인식하며 허무주의에 빠져든다.

시인은 카로노메가 제안한 것처럼 어머니와의 이연, 곧 그네를 뛰듯 생명력으로 인생을 헤쳐나가기보다는 죽은 어머니 생각에 빠져든다. 난파선의 소란과 〈카로노메〉 노래가 섞여 들리는 어둠 속에서 시인은 1막처럼 벌거벗은 채 앉아 있는 자신을 발견하며, 모와 다시 상봉한다. 시인은 죽음의 세계에서 온 모에게 자신을 데려가라고 조르고, 모도 시인이 인생의 순례('약속')를 다 마쳤다는 걸 인정한다. 시인은 죽음('난파')을 행복하게 받아들이면서도 생명력을 암시하는 〈카로노메〉 소리를 듣는다. 연극은 이렇게 끝나지만 시인이 난파, 곧 죽음을 선택했는지는 확실하지 않다. 시인은 죽은 어머니와의 합일을 욕망하면서도 동시에 인생을 '군두뛰게 할' 생명력, 그에게 삶을 약속하는 '그리운 이름'을 욕망한다. 죽음 충동과 삶의 충동 사이에서 군두뛰는 시인의 모습은 현대인의 분열된 존재성을 표현할 뿐 아니라 이러한 열린 결말은 관객에게 능동적으로 작품의 의미를 해석하게 하는 미학적 장치이다.

〈난파〉가 난해하고 비일관적인 구조 및 인물 창조에도 불구하고 인상적인 매력과 현대성을 드러내는 것은 중심 자아의 욕망의 구조를 드러내는 꿈의 형식으로 짜여 있기 때문이다. 각 장면은 시인의 욕망의 추구를 꿈의 작용처럼 시각적으로 변환한 것이며, 장면마다 시인이 부딪치는 인물들은 시인의 욕망의 연쇄 고리를 보여주는 환유이다. 라캉은 꿈이나 무의식이 언어처럼 구조되어 있으며, 인간이 언어를 통해 존재하는 이상 인간의 의식 역시 은유와 환유로 구조되어 있다고 말한다. 억압된 욕망이 무의식을 형성한다고 한 것은 프로이트이지만 라캉에 의하면, 의식이 헐거워진 틈을 타 무의식이 표층에 올라오듯이 욕망도 표층으로 올라온다는 것이다. 욕망의 구조는, 주체가 욕망을 느끼는 대상을 막상 얻는 순간 그 대상이 허상으로 느껴져 다른 대상으로 자리를 옮겨가며 끝없이 욕망을 추구하게 만드는 연쇄 구조이다. 인간의 욕망은 충족될 줄 모르고 끝없이 결핍을 느끼기 때문에 죽음이 와서야 비로소 끝나게 된다.[13]

〈난파〉에서 시인이 끝내 모의 품으로 회귀하면서 난파가 행복하다고 얘기하는 이유는 무엇일까? 시인은 자기에게 효와 장남의 의무를 강요하는 부(父)로부터 벗어나고자 하나, 정작 자신이 무엇을 원하는지는 잘 모른다. 시인은 어머니가 현실과 맞서라고 강요하자, 비로소 현실로 나선다. 시인은 자신의 욕망을 타자인 모의 욕망에 종속시키므로 줄곧 타자(모)의 시간에 머물러 있다. 시인이 백의녀나 비의녀, 비비와 사랑을 나누

---

13) 자크 라캉, 『욕망이론』, 권택영 역, 문예출판사, 1994, 18~19쪽.

려 하나 번번이 사랑을 이루지 못하고, 또 카로노메의 사랑을 거부하고 마는 것은 시인이 모가 불어넣은 욕망에 따라 움직이기 때문이다. 따라서 시인은 '사랑'을 자신의 인생의 유일한 '암초'라고 해석하면서도 사랑을 따르는 결단을 내리지 못하고 머뭇거리기만 한다. 백의녀·비의녀·비비와의 사랑을 떼어놓는 주된 존재가 모라는 것은 이 점에서 의미심장하다. 그는 처음부터 끝까지 자신의 욕망을 타자인 모의 욕망과 일치시키고 있기 때문에, 즉 상상계에 갇혀 있기 때문에 비비나 카로노메가 요구하는 '어머니와의 이연(離緣)', 즉 상징적 거세를 이루지 못한다.

한편 비비는 시인의 욕망을 지속시키는 동인이다. 물론 비비 역시 모(母)로부터 나온 존재이기 때문에 비비는 시인의 어머니에 대한 욕망이 분산됨으로써 만들어진 환상이다. 환상 속의 대상은 주체가 상징적으로 박탈당한 것을 대신하는 다른 요소이다.[14] 비비는 시인의 이상적인 여성으로 등장하나 비비 역시 시인의 모에 대한 욕망을 대체하는 대상일 뿐이다. 그러나 비비를 만나면서 시인의 욕망은 비비의 욕망으로 바뀐다. 모로부터 이연하여 '인생은 군두뛰는 것'이라는 비비의 욕망, 삶의 모험을 자신의 욕망으로 삼고자 한다. 이제 시인은 비비의 욕망에 따라 움직인다. 그러나 비비는 사랑의 아픔만 남기고 사라진다. 다시 카로노메가 나타나고 시인은 그녀를 갈망하면서 카로노메의 욕망을 따른다. 그러나 카로노메가 막상 그와의 사랑을 확인시켜주자 시인은 그녀가 허상인 것을 깨닫는다. 욕망의 대상이 멀리 있는 순간은 자신의 욕망을 완전히 채워줄 대상으로 생각하지만 막상 손에 쥐는 순간엔 허상이 되고 만다는 걸 깨닫는 것이다. 자신의 결핍을 그 어느 대상도 충족시켜주지 못하리라는 걸 깨달은 시인은 인생이 욕망하는 것을 얻을 수 있는 모험이 아니라, 모든 걸 허구화시키고 마는 '비꼰 야유'라고 생각하고 욕망의 연쇄고리가 끊어

---

14) 자크 라캉, 「욕망, 그리고 〈햄릿〉에 나타난 욕망의 해석」, 위의 책, 140쪽.

지는 유일한 대상인 죽음, 즉 모를 추구한다. 그러므로 비비·카로노메는 시인에게 상상계와 상징계의 순환을 겪게 하는 욕망의 대상-원인이라 할 수 있다.

(3) 표현주의극으로서의 성취와 한계

〈난파〉는 작가가 '3막으로 된 표현주의극'이란 부제를 붙인 본격적인 표현주의극이다. 앞에서 살펴보았듯이, 자아 탐색의 내면 무대를 꿈의 형식으로 추구한 점, 등장인물들의 주관성과 왜곡, 몽환적 분위기, 인물 성격의 상징성과 유형성 등의 특성은 표현주의적 성격을 구현한다. 김우진은 표현주의를 "자아의 절규"[15]를 다룬 문학이라고 이해하며, 생을 고민과 전투로서 인식하고 "미증유한-새 인생의 국면"을 진실하게 혁명적으로 표현한 것이라고 설명하는데, 이러한 그의 표현주의 연극관은 독일 표현주의극을 대상으로 한 것이다.[16]

독일 표현주의극은 주로 세대 간의 갈등을 그리더라도 현실을 기피하던 주인공이 현실을 긍정하는 성인으로 변화해가는 과정을 그리며, 니체의 짜라투스트라를 연상시키는 '새로운 인간'의 탄생을 그린다.[17] 〈난파〉에서, 시인이 모나 부를 칼로 찌르려 하는 반복적인 행동은 초기 독일 표현주의극에 자주 등장한 모티프인 '부친 살해'를 연상시킨다. 그러나 독일 표현주의극에서는 이 모티프가 미숙한 주인공이 성인으로 성숙하거나 자기실현을 이루기 위한 단계로 묘사된다.[18] 반면에, 〈난파〉에선 이 모티프가 주인공이 자신을 억압하는 가부장제의 굴레에 반항하고 탈출하려는 몸부림으로 표현되긴 하지만, 독일 표현주의극에서처럼 부친 살해가 상

---

15) 김우진, 「구미현대극작가론」, 『전집』 II, 21쪽.
16) 김우진, 「창작을 권합네다」, 『전집』 II, 111쪽.
17) 조창섭, 『독일 표현주의 드라마』, 서울대학교 출판부, 1991, 185쪽.
18) 위의 책, 174쪽.

징적이든 현실적으로든 일어나지 않는다. '칼'이 심리적으로 오이디푸스 단계를 벗어나는 '거세'의 도구 역할을 하지 못하는 것이다. 주인공이 끝내 모와 이연하지 못하고, 따라서 독일 표현주의극과는 달리 '새로운 인간'으로 거듭나지 못하고 오이디푸스적 고착에 머무르고 마는 결말을 이끌어내는 것이다. 그 결과 주인공의 자아 발견의 과정이나 변화 혹은 성숙의 과정이 나타나지 않고 죽음에 대한 열망만이 특징적으로 나타나게 되는 것도 필연적 귀결이라 볼 수 있다.

꿈과 같은 연극을 보고 있는 관객에게는 꿈의 논리에 신뢰를 주기보다는 꿈을 꾸고 있는 등장인물의 존재에 대한 신뢰를 줄 수 있어야 한다.[19] 꿈을 꾸는 주인공은 극의 주관적인 분위기를 유지시키고 몽환적 자아의 불안과 분열된 의식에 관객을 끌어들일 수 있는 등장인물로서의 힘을 가져야 한다. 그런데 시인을 비롯하여 모나 비비 등 등장인물들의 상징성이 뚜렷하지 않고 현실과의 연관도 불명확하며 그 상징성조차도 일관적이지 못하다. 시인의 무의식 세계의 인물인 모는 1막에선 시인을 현실과 직면하게끔 유도하는 '생명력' 혹은 현실을 표상하나, 비비의 등장부터는 서구적 개인주의 가치관과 '생명력'을 표상하는 비비를 떼어놓으려고 애쓴다. 그런 점에서 모는 부나 신주 등과 같이 전근대적 가치를 강요하는 '가족적 인과율'을 상징하는 인물로 의미가 바뀌고 만다. 그런가 하면 모는 3막에선 죽음으로 의미가 바뀐다. 모로부터 나왔다던 비비는 모와 대립하며 또 아무 이유 없이 사라져 카로노메로 변신한다. 카로노메는 처음엔 비비를 모른다고 하다가 자신이 '출가한 비비'라 한다. 시인은 막상 카로노메가 어머니와 절연하고 현실의 인과율을 끊는 인생의 모험을 하라고 하자 별다른 이유도 없이 갑자기 이미 늦었다고, 인생은 '비꼰 야유'라 말하며 어머니-죽음과의 결합을 추구한다. 앞에서 라캉식의 읽기를 통해

---

19) 스타이안, 『표현주의 연극과 서사극』, 윤광진 역, 현암사, 1988, 46쪽.

주인공의 이러한 급작스럽고 모순된 선회를 욕망의 구조라는 측면에서 해석을 시도해보았는데, 이는 어디까지나 텍스트 자체에 충실한 해석이었다. 그러나 작품 전체의 의미 구조라는 측면에서 본다면 이러한 결말은 자아 탐색의 순례라는 전체 의미의 맥락과 유리되는 것으로, 작품성에 손상을 입히는 허점이라 하겠다.

2) 〈산돼지〉: 표현주의 세계관과 '조선 현대 청년의 새 개성'

〈산돼지〉(『조선지광』, 1926.11)는 김우진의 마지막 희곡으로, 조명희의 시 「봄 잔디밭 위에」를 읽고 "내가 해석하는 대로, 그 기분, 그 정열, 그 영감에 살아나가려는 조선 청년(새 개성)"[20]을 그렸다고 하는 작품이다. 작가는 이 극이 "포부를 가지고 쓴 최초의 것"이며, "주인공 원봉이는 추상적인 인물이요. 조선 현대 청년 중의 어떤 성격과 생명력을 추상해본 것"[21]이라고 조명희에게 쓴 편지에서 밝히고 있기도 하다.

1920년대 조선 청년의 시대적 고민과 생명력 사상을 비교적 성숙하게 펼쳐놓은 이 작품은 일상적 현실의 심각한 재현과 당대의 유동적인 역사적 배경을 다루는 리얼리즘의 방법론이 표면적인 틀을 이루고 있다. 거기에 몽환극을 삽입시켜 현실을 객관과 주관의 양 측면에서 묘사하는 현대적 글쓰기를 보여준다. 주인공이 다른 인물의 심리를 직관하고, 출생의 비밀을 꿈을 통해 계시받고, 주인공의 의식이 다른 인물에 주관적으로 전이된다든지 하는 신비주의와 환상, 꿈과 현실의 교차 및 특이한 병치, 동시성과 불연속성 등의 표현주의적 특성은 현대적 미학을 보여준다.[22]

---

20) 조명희에게 보낸 1926년 4월 23일자 편지, 『전집』Ⅱ, 239쪽.
21) 1926년 8월 1일자 편지, 『전집』Ⅱ, 243쪽.
22) R.S. Furness, 『표현주의』, 김길중 역, 서울대학교 출판부, 1985, 97~99쪽.

(1) 표현주의 세계관과 자기소외의 성격

이 극은 여름, 서울 근교의 중류계급 가정집을 무대로 펼쳐진다. 청년회의 상무간사인 최원봉은 공금 횡령 혐의를 받은 일로 갈등하며, 이어 누이 영순을 놓고 친구 차혁과 삼각관계에 가까운 갈등을 드러낸다. 또 원봉의 애인 정숙이 청년회 간사인 광은과 일본으로 달아난 사실이 알려진다. 원봉은 자신을 사회에서 소외된 존재, 즉 산돼지로 인식하고 있다. 그 이유는 동학당이었던 부친이 자신에게 부친의 뒤를 이어 사회 개혁을 위해 일하라는 소명을 부여했기 때문이다. 부친은 원봉의 꿈에 나타나 원봉이 사회를 위해 일하지 않으면 산돼지탈을 벗겨주지 않겠다며, 그의 얼굴에 산돼지탈을 못박는다. 원봉은 자신이 사회를 위해 일하지 못하는 이유는 집돼지처럼 집 안에 갇혀 있기 때문이라 절규한다.

> **최원봉** (…) 저승에 들어가서라도 그 산돼지탈이 벗어지지 않게 얼굴에다 못박아두겠다고 대어들면서 그 부젓가락만한 왜못에다가 주먹만한 철퇴를 가지고 뎀벼드는구려. 아버지 뜻을 받어 사회를 위해 민족을 위해 원수 갚고 반역하라고 가리쳐 주면서도 산돼지를 못난이만 뒤끓는 집안에다가 몰아넣고 잡어 매여 두는구려. 울 안에다가 집어넣고 구정물도 변변히 주지 않으면서, <u>흐흐흐흐!</u> 산돼지 산돼지 산돼지!

그러나 극의 내용을 보면 그가 왜 집 안에 갇혀 있는지는 나타나 있지 않다. 그러나 이 절규는 식민지 현실로 인한 유폐 의식과 절망감을 드러내는 것으로 보인다. 또 어머니가 양모임을 어떤 계기로든 알고 있으며 모성 결핍을 느끼고 있다는 사실, 동학운동을 하다 죽은 아버지에 비해 자신은 사회 개혁을 전혀 실천하지 못하고 무기력하게 보내고 있다는 역사적 부채 의식이 그의 주관적인 유폐 의식과 관련을 맺고 있다. 그러나 원봉이 양자이고 최주사댁에게 그다지 애정을 느끼지 못한다는 가정적 조건으로 미루어보면 그는 얼마든지 집을 뛰쳐나가 사회적 행동을 실천할 수 있는 처지에 있다. 오히려 인습에 저항하는 '산돼지'로서의 삶을 사는 것은 원봉의 정신적 제자라 할 수 있는 신여성 정숙이다. 원봉으로부터 '여성해방주의'의 영향을 받아 현실 순응적인 삶의 태도를 버리게 된 그녀는 남자와 일본으로 달아나며, 거짓된 애정을 확인한 순간 다시 고향으로 돌아오고, 고향의 나쁜 평판과 부딪치자 다시 떠날 생각을 하는 등, 집 안에 갇혀 있다고 생각하는 원봉과는 전혀 다른 능동적 행동 양태를 보인다.

사실 원봉의 사회로부터의 소외 의식이나 유폐감은 애정의 대상인 정숙과 영순의 박탈감에서 촉발된 것으로 보인다. 그가 병이 난 것은 정숙의 배신, 그리고 자신과 혼약이 된 영순이 차혁과 가까워진 사실, 또 정숙이나 영순에 대한 애정을 사사건건 방해한 양모에 대한 증오 때문이다.

한편, 부친이 부과한 사회 개혁의 소명은 원봉의 유일한 사회적 활동인 청년회 활동과 관련을 가질 법하지만 청년회의 사회적 성격이나 목적이 드러나 있지 않다. 친구 차혁이 청년회 활동을 위해선 "굴종이나 치욕이나 심지어 위선까지라도" 수용해야 한다는 목적우선주의인 데 반해 원봉은 자신의 상처받은 자존심만을 내세우며 청년회를 그만두겠다고 말한다. 이러한 원봉의 소극적 태도는 사회 개혁의 소명에 짓눌리는 '산돼지탈'이 못박힌 자로서의 의식을 설명해주지 못한다. 김종철은 조선 청년의 소명을 동학이라는 역사적 과제와 결부시킴으로써 사회적·역사적 의미를 증폭시킬 수 있음에도 불구하고 원봉을 제약하는 조건이 가정 내에 있다고 하는 오류를 드러낸다고 비판한다. 주인공이 외부 세계 및 가정과 추상적으로만 대립해 있을 뿐 적대자의 모습이 분명치 않다든지, 동학의 역사적 성격이 추상화되고 현실성을 상실하고 있다든지 하는 작품상의 취약점이 김우진의 표현주의 수용에서 비롯한, 즉 표현주의의 한계에서 연유했으며 표현주의 수용이 결국 작가적 가능성을 차단한 결과를 초래했다는

것이다.[23]

그러나 이러한 비판은 작가의 창작 의도를 왜곡한 데서 나온 해석으로 보인다. 작가는 김종철이 지적한 바와 같이 동학운동이나 조선 식민지 현실을 타개할 수 있는 사회 개혁의 소명을 강조하기 위한 의도로 〈산돼지〉를 창작한 것이 아니다. 작가는 1920년대를 살아가는 조선 현대 청년의 개성과 내부 생명의 맥박을 표현하기 위해 표현주의 미학을 사용한 것이고, 동학운동은 모티프로 활용되었을 뿐이다.

(2) 몽환극과 동학

몽환극이 삽입되는 2막은 병든 원봉과 최주사댁과의 갈등이 벌어지고, 원봉의 친부모와 출생 과정 및 정숙이 일본에서 돌아온 걸 계시하는 꿈으로 구성된다. 병든 원봉의 모습은 사랑과 사회 개혁이 병들어 누워 있음을 표상한다. 원봉은 영순과 차혁과의 관계를 놓고 최주사댁과 갈등을 벌이는데, 자신과 영순이 친남매 사이가 아니라 혼약된 사이인 것을 알고 있다는 것이 암시된다. 그는 영순을 차혁에게 시집 보내는 일에 대해 삽살개의 비유를 들어가며 최주사댁에게 반발한다. 원봉은 영순에게 '나흐다질(밤주막)' 노래를 불러달라고 하는데 이 노래의 내용 역시 감옥에 갇힌 죄수의 처절한 유폐 의식으로, 원봉의 무의식을 표상한다. 이 노래가 모티프가 되어 원봉의 꿈이 펼쳐진다.

몽환 장면은 동학군 장면과 현실의 왜곡 장면, 두 가지로 이루어져 있다. 동학군이 퇴각하는 겨울 벌판을 배경으로 원봉의 생부가 병정에게 잡혀가고, 생모가 병정에게 겁탈당한다. 이어지는 두 번째 몽환 장면은 현실의 왜곡 혹은 환상 장면으로, 원봉이 자신의 출생의 비밀과 영순과의

---

23) 김종철, 「〈산돼지〉 연구」, 한국극예술학회 편, 『한국현대극작가론1 – 김우진』, 태학사, 1996, 157~167쪽.

혼약 사실을 알고 최주사댁에게 항의하고, 또 영순과 근친상간적 애정을 표현한다. 이 장면의 몽환적 성격, 그리고 앞 장면과의 주제적 변주라는 것을 작가는 공간의 중첩과 인물의 변신 기법으로 표현해낸다. 동학군 장면에서 원봉이네(생모)가 쓰러져 있던 자리에 원봉이 똑같이 쓰러져 있다. 최주사댁은 원봉이 병정에게 옆구리를 차여 쓰러져 있다는 것을 알고 원봉을 동정한다.

> **최주사댁** (들어와 일으켜 주며) 아 불쌍해, 가이없어라. 못 일어나겠니?
> **최원봉** 어머니, 왜 이 모양으로 날 내놨소. 산돼지 한 마리 내놓으면 무슨 극락세계로나 갈 줄 알았소?
> **최주사댁** 왼 몸이 아푸니? 옆구리가 그리도 아푸니? 그 무지막도한 병정 놈이 널 차 내부쳤구나. 염라국으로 쫓아 보낼 녀석 같으니, 오 불쌍한 원봉아.

이처럼 원봉의 생모는 원봉으로 변신하고, 최주사댁은 병정에게 차인 통증을 알아차린다. 이것은 응축이라는 꿈의 작용을 연상시키는데, 최주사댁이 앞 장면의 꿈의 내용을 알고 있는 것은 사실 원봉의 주관적 의식의 투영이며 전이라는 표현주의 기법을 구사한 것이다. 이 특이한 병치 장면은 원봉과 원봉의 생모를 중첩시킴으로써 원봉이 대결하는 시대적 문제가 곧 동학혁명에 가담하여 희생당한 부모의 그것과 동일한 것이며, 동학이 표상하는 사회 개혁이 원봉의 숙명적 과제임을 상징하고 있다.

원봉은 최주사댁에게 자신의 부모에 대해 질문하나 "영순이 어머니인 내가" 어찌 아냐며 대답을 회피한다. 그러자 원봉은 영순을 끌어안고 영적으로 가벼워져 하늘로 올라가며 그 밑의 먼지 쌓인 더러운 세계를 내려다본다. 이 장면에서 영순은 원봉에 대한 사랑을 매우 과장되게 표현하는데, 이는 원봉의 주관적 의식에 의한 현실 왜곡으로 꿈의 작용 혹은 표현주의 미학에 따른 것으로 볼 수 있다. 영순이 직관하는 현실세계의 고통

역시 꿈꾸는 자인 원봉의 주관적 체험이 전이된 것이다.

> **최영순** 아, 오빠! 괴로워! 아, 오빠 나하고 저리로 올러가요. 아, 괴로워! 여기는 다 올라가지 않고 중간이기 때문에 이렇게 괴로운 것 아니여요? 구만리장천 저 우에까지 같이 올러가요. 내 손 잡아줘요, 내가 끌어 올릴테니.
> **최원봉** 내 몸이 이렇게 무거운데 어떻게 연약한 네가 날 끄집어 올리니? 산돼지는 땅 위에서 밖에 못 큰단다.

하늘과 땅의 '중간', 곧 이상과 현실의 중간 지대에서 부유하기 때문에 괴롭다는 영순의 대사는 사회 개혁의 이상은 있으되 그 실천 방법을 갖지 못하고 그렇다고 현실 순응적으로 살지도 못하는 1920년대 식민지 지식인 청년의 내면 의식, 곧 현실적 무력감과 부유적 성격을 의미한다.

다시 병실로 무대가 바뀌고, 원봉이 꿈에서 깨어난다. 차혁이 찾아와 정숙이 일본에서 돌아온 사실과 원봉이 덮어쓴 공금 횡령 누명은 광은의 모함 때문이었음을 밝힌다.

원봉은 2막에서 꿈을 통해 생모와 생부의 동학 관련 사실과 죽음에 대해 알게 되고, 영순과 자신이 혼약된 사실, 자신에 대한 영순과 정숙의 헌신적인 사랑, 양모가 자신으로부터 정숙과 영순을 갈라놓으려고 애쓴 이유를 확인한다. 그는 이 꿈을 통해 상황에 대한 '승리자'가 된다. 가정 내의 갈등이나 애정 갈등에 대해 승리자가 되는 꿈의 내용은 꿈이 욕구 충족의 원리로 구성된다는 걸 말해준다. 생부가 부여한 동학의 이념과 그 역사적 계승이라는 과제는 그의 현실적 무력감에 대한 불안과 복잡하게 얽혀 있다. 이 꿈은 이 극의 주제가 사회적 책무와 애정 갈등 사이의 의식의 분열이라는 걸 표현하고 있는 것이다.

(3) 봄의 생명력과 모성

3막의 시공간은 계절이 봄으로 바뀐, 2막 몽환 장면과 동일한 벌판이다. 원봉의 생부와 생모가 관군에게 잡히고 겁탈을 당했던 동일한 역사적 공간에서 원봉은 이제 성숙한 현실 인식을 드러내 보인다. 병에서 쾌유한 원봉은 영순의 결혼을 담담하게 받아들이고 그녀와 함께 시「봄 잔디밭 위에」를 읽는다. 또 여성의 역할과 '생명력'에 대해 얘기한다. 원봉은 병을 계기로, 여성해방운동이 조선의 시급한 사회적 과제이지만 무조건 인습과 전통적 여성 역할을 거부하는 것은 '변태'라고 인식한다.

> **최원봉** (…) 요새 소위 신여성들이 바느질 할 줄 모르는 것을 예사로 알고 또는 당연한 것으로 아는구나. 이것은 역시 조선의 여성의 해방도 정에서 당연한 불가피의 길이다. 그러나 이것이 변태현상이로구나 하는 의식이 없는 이상 그 앞으로 더 큰 해방은 얻지 못하게 된다. (…) 다만 변태이군 하는 의식만 있으면 반드시 그곳에서 어떤 더 큰 힘이 나온다. (…) 이 힘과 영감이야말로 막을 수 없는 바닷물결 모양으로 완고한 암석 앞에 와서 부딪친다. (…) 싸우려고 사는 게 아니라 살려고 싸운다.

영순에게 '반동'이 되었다는 비판을 받을 정도로, 원봉은 여성이 여성 해방을 위해 싸우는 것은 당연하지만 인습이나 현실을 무조건 부정하는 것은 옳지 않다는 점진적 개혁 사상을 피력한다. 잘못된 현실을 먼저 인식하고 싸우는 데서 본래의 '생명력'이 용솟음쳐 나오게 되지만 이 싸움이 무조건적인 현실 거부나 인습 거부로 나가는 것은 '변태'라는 것이다. 원봉의 달라진 현실 인식은 어디에서 연유한 것이며 무얼 의미하는 것일까.

1막에서 원봉은 아버지 혹은 식민지 현실이 부여한 사회 개혁의 소명을 짐스러워하면서 자신의 행동의 결여를 가정 문제로 전가했다. 그러나 그는 병석에서 꾼 꿈을 통해 부성(父性)의 성격을 띤 사회 개혁이라는 소명의 뿌리가 동학과 관련되어 있음을 확인하며 동시에 거기에서 벗어난다. 그의 꿈에서 생모와 자신은 동일시되는데 생모는 동학운동의 희생자로 등장하기 때문이다. 꿈속에서 생모는 찾아 헤매던 남편과 조우하지만 병정에 쫓기던 남편은 아내를 부인하며, 뱃속에 든 아이에게 "나는 한번 보국안민포덕천하(報國安民布德天下)에 바친 몸이니 너나 잘 자라서 불쌍한 어머니 봉양해드리라"는 말 한마디만 해달라고 해도 거절한다. 아버지는 "처자가 다 무엇이냐!"며 달아나다가 포리에게 붙잡혀가고 만다. 아버지가 아내와 아들을 거부한 것은 뱃속의 아이를 위해 모든 굴욕을 감수한 생모의 태도와 확연히 대조된다. 원봉은 아버지의 비겁함을 보고서 동학이념의 높은 이상과 실천적 차원 사이의 괴리를 인식한다. 이는 원봉이 현재 처한 식민지 현실에서 사회혁명의 이상이 실천적 힘의 뒷받침 없이는 공소한 이상론에 그치고 말 것임을 깨닫는 것을 의미한다. 그는 계시적 꿈을 통해 앞으로 자신이 지향할 개혁의 성격을 통찰한 것이다. 혁명을 수행할 수 있는 실질적 힘을 기르지 못한 채 이상을 향해 돌진하는 급진적 개혁이 아니라 '천분과 재능에 맞는' 개혁이다. 원봉이 생모와 생부의 역사적 비극이 펼쳐졌던 동일한 공간인 봄 벌판에 앉아 봄의 '생명력'을 호흡하며, 그 생명력을 '모성'으로 인식하는 것은 바로 그 깨달음에서 연유한 것이다.

원봉에게 있어, 생명력이 부성의 사회 개혁이 아니라 둥근 여성성인 '모성'으로 표상된다는 것은 원봉이 현실과 이상의 괴리에 대해서, 그리고 인간은 "천분과 재능에 맞는 길"을 걸어야 한다는 인식을 가지게 됐다는 걸 의미한다. 그는 '산돼지'라는 소명 의식을 받아들이되, 이를 천분과 재능에 맞게 개혁해나가야 한다는 현실 인식을 갖게 된 것이다. 그가 자신의 천분과 재능으로 자각한 것은 동학운동이나 일제 저항운동 같은 정치적 실천운동이 아닌, 글쓰기를 통한 사회개혁이다.

최원봉 (⋯) 하지만 나는 이 현실 속에 떨어지면서부터 이 탈을 쓰고 나왔다. 이것을 벗으려고 하는 것도 헛 애쓰는 것이지만 동시에 그것을 안보려고 피하는 것도 가짓뿌렁이다.

흥미로운 인물은 원봉의 애인이자 제자인 정숙이다. 그녀가 현모양처라는 집돼지의 길을 못 가게 된 것은 원봉이 그녀에게 불어넣은 여성해방사상 때문이라며 자신에게도 산돼지탈이 못박혀 있음을 얘기한다. 원봉은 정숙에게 "백골만 남은 몇백만의 조선 여자를 위해서" 여성운동을 하라고 권유한다. 자신을 손가락질하는 고향을 떠나겠다고 말하는 정숙에게 원봉은 「봄 잔디밭 위에」라는 시를 읊어준다.

> 내가 이 잔디밭 우에 뛰노닐 적에
> 우리 어머니가 이 모양을 보아주실 수 없을까.
> 어린 아기가 어머니 젖가슴에 안겨 어리광함같이
> 내가 이 잔디밭 우에 짓둥구를 적에
> 우리 어머니가 이 모양을 참으로 보아 주실 수 없을까.
> 미칠 듯한 마음을 견데지 못하여
> "엄마! 엄마!" 소리를 내었더니
> 땅이 "우애!" 하고 하늘이 "우애!" 하오매
> 어느 것이 나의 어머니인지 알 수 없어라.

이 시의 중심 이미지는 '어머니'이다. 이 어머니는 자연과 일체가 되어 뛰노는 자식을 감싸안는 원형적인 어머니상이며, 우주의 중심, 우주에 충만한 어머니이다. 땅과 하늘이 호응하는 어머니, 그것은 자아와 세계의 분리가 아니라 완전한 통합을 이루고 있음을 상징한다. 이 시가 되풀이 읽혀지는 이 3막은 원봉이 자아와 세계의 불화에서 자아와 세계의 화해로 나아갔음을 보여준다.

원봉은 이 시를 왜 정숙에게 읽어주는 것일까. 이는 김우진이 이 시를 읽고 이 시로 촉발된 영감으로 〈산돼지〉를 썼다고 한 진술에 대한 사유이기도 하다. 첫째, 정숙이 여성해방운동이라는 소명과 현실로부터 도피하려 하자 그녀가 서 있어야 할 자리가 곧 이곳 현실이며, 그 현실은 곧 어머니요 조선임을 환기시키기 위한 의도라 볼 수 있다. 정숙이 '이곳=현실'을 버리고 어딘가로 떠나려 하는 것은 '산돼지'로서의 정체성과 뿌리를 부인하는 행위가 되어 영원히 자아의 분열을 피할 수 없다는 것이다. 둘째, 원봉은 이제 사회 개혁이란 이상을 자신의 천분과 재능에 맞게 펼쳐나가려는 의도를 내보인다. 그는 아버지가 부여했던, 자신이 도달할 수 없는 혁명가로서의 이상을 수정하여 '어머니-땅'에의 애정과 소속감을 기반으로 새롭게 재생시킬 것임을 암시하는 것이다. 셋째, 원봉은 자신의 여성해방주의 사상에 영향받아 인습에 저항하고 그 결과 사회로부터 소외된 정숙에게, 다시 어머니-땅에의 향수를 일깨워 여성운동에 헌신하게 하려는 의도를 암시한다. 넷째, 원봉은 자신의 사회 개혁 행동의 결여를 시-예술로 대체함으로써 새로운 돌파구를 찾아보려 한다.[24] 원봉은 '천분과 재능'에 맞는 산돼지의 길, 다시 말해 "현실의 가치와 새 의식을 찾는" 비평가의 길, 그리고 '어머니-땅'에의 애정을 일깨워 젊은이들이 사회 개혁에 힘쓰도록 감화시키는 시인의 길을 꿈꾸고 있음을 암시한다.

3. 맺음말

김우진은 1920년대 동시대 작가들과는 달리 서구 동시대 작가들과 나란히 표현주의를 시도했으며 종래의 인간형과는 다른 분열된 문제인물상

---

24) 김성희, 「산돼지의 의미론적 구조」, 『한국희곡과 기호학』, 집문당, 1993, 183~84쪽.

을 창조함으로써 근대 희곡사 초유의 현대성을 내보인 작가이다. 김우진은 분열과 소외로 수렴되는 현대 의식으로 작품 창작에 임했으며 다양한 현대적 미학을 표현해냈다.

김우진은 1920년대 신파극 중심의 기성 연극이 자신의 작품을 전혀 소화해낼 수 없으리라는 사실을 알고도[25] 표현주의극을 썼으며, 그 어느 작가나 비평가, 연출가와의 연대 의식도 없이 혼자 동떨어져 지방에서 2, 3년의 짧은 기간에 집중해서 극작 활동을 했다. 또 표현주의극을 무대를 통해 거의 접해보지 못하고 단순히 희곡과 표현주의 이론을 읽은 체험에 근거하여 표현주의 희곡 창작을 했다.

김우진은 대중극 계열의 멜로드라마 혹은 근대극의 재현 미학이 지배적이었던 1920년대, 반사실주의 연극 미학을 실험함으로써 세계 연극의 동향을 동시대적으로 실험했다. 아쉬운 것은 독보적으로 시대를 앞서 나간 김우진의 표현주의 미학이 당대 연극계와 연결고리를 갖지 못한 상태에서 행해진 것이어서 독일의 경우처럼 연극 운동으로 발화하지 못했으며 후계자 또한 갖지 못했다는 점이다. 극문학은 시나 소설과 달라서 공연을 통해 미학이 완성되고 수용되는 장르이기 때문이다. 그의 희곡들은 다소 구조적 취약성을 드러내고 있긴 하지만 내면의 분열과 자아 탐색을 그린 주제와 현대적 미학은 매우 독창적이고 다의적 의미 구조를 갖고 있어서, 오늘의 시대에도 연출가들을 매혹하여 새로운 해석과 미학으로 공연되곤 한다. 이처럼 희곡이 생산된 시대적 맥락이나 특수성을 뛰어넘는 생명력과 보편성이 김우진 희곡의 위상과 의의를 대변한다고 할 것이다.

연극을 이해하는 관중도, 배우도, 연출가도, 극장도 거의 없었던 시대,

---

25) 김우진은 〈산돼지〉를 탈고한 뒤 조명희에게 부친 편지에서, 이 원고를 잡지사에 주라면서 이렇게 말하고 있다. "이것의 연출은 지금 조선의 무대에서는 불가능하겠습니다. 첫째로 연출자, 둘째로 무대. 그러나 이것은 내 행진곡이요." 『전집』Ⅱ, 244쪽.

시대를 앞질러 태어나 일찍 난파할 수밖에 없었던 극작가가 바로 김우진이었다. 비록 그의 창조성과 재능은 미완의 실험으로 끝나고 말았으나 당대의 관습에 얽매이지 않은 분방한 스타일의 실험과 연극 정신은 한국 연극사에 길이 빛나는 별이 되었다. 천재 소설가 이상에 비견되는 천재 극작가 김우진이 존재했기에 한국 근대연극은 풍요성을 획득한다.

*이 글은 '제3회 김우진문학제'(2010년)의 발표문을 일부 수정한 논문임.

김우진 희곡에 나타난 작가 의식

이 은 경

1. 들어가는 글

3 · 1독립운동의 흥분과 좌절로 시작된 1920년대는 명목상 일제가 문화정치를 표방함으로써 문학 · 연극계에 큰 변화가 일어난 시기였다. 문학사적으로 문예 동인지 『창조』(1919), 『폐허』(1920), 『백조』(1922), 『장미촌』(1921)뿐만 아니라 종합지 『개벽』(1920)이 발간되어 근대문학 운동을 주도하고, 연극사적으로 학생 중심의 학생극 운동이 일어나 진정한 의미의[1] 신극 운동이 전개되었다. 이러한 시대 상황 속에서 근대문학 운동뿐만 아니라 신극 운동을 주도한 중심 인물이 김우진이다. 그는 동시대의 지성을 압도하는 어학 실력과 외국 문학에 대한 이해를 바탕으로 시 · 소설 · 희곡 · 평론 등 문학 전반에 걸쳐 탁월한 작품[2]을 발표하였을 뿐만 아니라

---

1) 일부 논자들이 고전극과 다른 형태의 연극으로 신파극 등장까지 끌어올리기도 하나 신파극은 일본 연극의 단순 이식 현상이기 때문에 진정한 의미의 근대극이라 할 수 없다.

2) 『김우진전집 I , II 』(전예원, 1983)에 수록된 작품들을 기준으로 살펴보면 소설 1

학생극 운동의 시발점이 된 동우회순회연극단의 자금 담당 및 연출자, 번역가로 활약한 작가이며 연극인이었다.

김우진은 현실에 대한 투쟁 의식을 작품에 구현했으며 당시의 상황에 가장 적합한 문학 경향이라 생각했던 표현주의를 작품으로 구체화시킨 작가이다. 자신의 사상을 실제 작품으로 완벽하게 표현해낸 작가라 할 수 있다. 그리고 선구적인 사상을 가졌을 뿐만 아니라 그것을 담아내는 형식도 근대적인 것을 지향했다. 폐쇄 형식의 희곡이 주류를 이루고 있던 1920년대 희곡 문단에 개방 희곡이라는 새로운 형태의 희곡 양식을 도입하고 대부분의 작가들이 단막극을 주로 발표할 때 장막극에 치중한 점에서 이를 확인할 수 있다. 결국 김우진은 진정한 의미의 근대극을 창작한 최초의 작가이다.

본고에서는 김우진의 희곡을 통해 작가 의식을 살펴보고자 한다. 그는 〈이영녀〉, 〈두더기 시인의 환멸〉, 〈정오〉, 〈난파〉, 〈산돼지〉 등 다섯 편의 희곡 작품[3]을 창작하였다. 근대 희곡의 선구자로 평가되는 그의 의식 세계를 작품을 통해 확인할 수 있을 것이다.

2. 작품에 나타난 작가 의식

1) 비판적 현실 인식

(1) 가정 해체로 인한 참상

일제 치하에서 가정 해체는 일반적인 현실이었다. 이로 인한 비극 역

편, 시 48편, 희곡 5편, 평론 11편, 수상 13편, 번역극 1편(미완성), 서간문, 일기 등이 있다.
3) 이 논문의 텍스트는『김우진전집』I, II이기에 본문의 작품 인용 출처는 생략한다.

시 식민 치하의 우리 민족이 감당해야 할 몫이었다. 이러한 현실이 김우진의 〈이영녀〉, 〈산돼지〉에 잘 묘사되어 있다. 두 작품 모두 사건의 동인이 가정 해체에 놓여 있다.

〈이영녀〉에서 주인공 영녀가 매음이란 부도덕한 방법으로 자신의 꿈인 아들 교육을 성취하려 한 것은 가정 해체로 인한 결과였다. 무능력하고 폭력적인 남편이 가출한 이후 '여편네란 것은 말짱 갈보'가 되어가는 세상에서 영녀가 선택할 수 있는 직업은 매음뿐이었다. 삯바느질을 하는 등 나름대로 현실 극복의 노력을 하지만 자녀 교육이란 목표를 추구하기에는 역부족이다. 2, 3막에서 보여지는 그녀의 변화도 광의에서는 매음의 범주에서 벗어나지 않는다. 자신의 성을 담보로 남성에 의존해 생활과 교육의 문제를 해결하고 있기 때문이다. 결국 영녀가 매음으로 나가서 죽음에 이르게 된 일련의 과정은 가정 해체라는 시대적 모순을 전제로 하고 있다.

또 임도윤 가족의 가정 해체는 빈궁에 기인한다. 두 명의 자식을 흉년에 굶겨 죽이고 아내를 청인에게 팔아버릴 수밖에 없었던 극한의 빈궁은 정상적인 가족의 유대를 불가능하게 한다.

안숙이네의 경우 매음에 종사하게 된 것은 부모의 강요에 의해서였다. 부모 자식 간이라는 천륜지정조차 현실의 부조리에 의해 파괴된다. 궁핍을 벗어나기 위해 행해졌지만, 이 역시 가족관계를 불가능하게 하는 해체의 양상이다.

〈산돼지〉에서는 사회 개혁의 기치를 드높였던 동학혁명의 실패로 인해 가정 해체가 이루어진다. 원봉의 부친 박정식은 동학도라는 죄목으로 죽음을 당하고, 원봉이네는 동학도의 아내라는 죄목으로 병정에게 능욕당한 채 죽음에 이른다. 자의에 의해 참가한 혁명의 와중에서 죽은 박정식이나, 동학도의 아내라는 운명에 의해 죽음을 맞은 원봉이네 모두 비극적인 인물이다. 이들의 아들인 원봉 역시 부모의 죽음으로 고아가 될 수밖에 없다. 물론 최주사에 의해 아들로 받아들여지지만 이것도 원봉 가족의 해체 상황을 회복시킬 수는 없다. 가정 해체로 인해 원봉의 출생 비밀이 은폐되고, 원봉의 고뇌가 시작되는 것이다.

혁명의 실패로 쫓기던 박정식은 병정에게 끌려가던 임신한 아내를 우연히 만나지만 그녀의 존재를 부인한다.

> 朴正植   세상이 하도 末世亂禍 속이 되니까 별꼴을 다 만나겠네. 공연히 앉인뱅이 마누라가 되려고 자청하는 이가 생기고. 그만한 얼굴에 그만큼 젊으니까 남편 될 이 없어서, 이것 놔요. 나는 싫으니까 가겠소. 에이라 이 팔 놓으라니까! 그러지 않아도 가기 어려운데.
>
> 元峯이네   그러면 대답 한마디만 해 주시오. 이 뱃속에 든 어린 애기에게 「나는 한 번 보국안민포덕천하(輔國安民布德天下)에 목숨 바친 몸이니 너나 잘 자라서 불쌍한 어머니 봉양해 드리라」고만 한마디만 해주고 떠나시오. 나도 원통치는 않겠소, 그 한마디만 들으면. 그 말 한마디만 내 가슴 속에 배겨(새겨의 오자)두고 이 애는 남녀간에 기어이 입신양명시켜 놀테니.
>
> 朴正植   아이, 왜 이러우? 그 뱃 속 애기 아버지는 나 아니라고 그래도 그러는군.

자신의 이상 실현을 위해 동학도가 되어 혁명에 동참하고, 이를 위해 가족의 인연까지 부정하는 박정식은 말 한마디만 남겨달라는 아내의 간절한 소망마저 거부한다. 이념 앞에서 가정의 중요성이 거부되는 것이다. 이처럼 모태에 있을 때 부에게 거부당하고, 왜곡된 현실에 의해 부모를 강제로 잃게 된 원봉은 현실 도피하는 소극적 인물이 될 수밖에 없다.

(2) 인습에 대한 거부[4]

〈이영녀〉에서는 남존여비 사상과 전근대적 결혼관이 비판된다. 어린

---

[4] 인습에 대한 거부는 희곡에서뿐만 아니라 그의 시 작품에서도 잘 나타나고 있다.

관구까지 "가시내는 모두 사내들의 종년"이라는 것을 사실로 받아들이고, 영녀 역시 이러한 생각을 받아들여 딸이 아닌 아들을 교육시킨다. 안숙이네 역시 관구를 편애하며 명순은 "일이나 하고" "남의 집에다 내다버리"는 게 낫다고 생각한다. 여성 스스로도 여성의 열등 의식을 당연하게 받아들이기에 이들의 운명은 절대적으로 남성한테 의존하게 된다. 그리고 결혼이란 사회적 규범에 의해 남성에게 예속된 여성은 그 굴레를 절대적인 것으로 받아들인다. 결혼 "한 번 가기만 하면 영영 떼장 밑에 들어갈 때까지 붙잡힌 셈이 된"다고 생각하는 것이다.

이러한 사고를 거부하는 것은 명순이다. 그녀는 남성 위주의 사고에 반발한다.

> **명순** 만만한 것이 나지. 가시내라고. 모두들 그래봐라. (소리내어 울면서) 나하나 못 잡아먹어서 곧 죽겠는 것이다. 요년 저년 하면서. 왜 나만 나 혼자만 못난이 노릇하고 있을 줄 아냐?

여성이라는 이유로 주위의 관심과 교육의 기회에서 소외된 데다 동생으로부터 비하당하자 "못난이 노릇"을 벗어나겠다고 다짐한다. 그리고 결혼에 구속당하지 않고, 자신의 의지에 의해 배우자를 선택하며, 또 이혼

먼저 「첫날밤」(1916)을 통해 구혼의 비극을 예감한다. 자신의 결혼 첫날밤 심경을 묘사한 이 시에서 볼 수 있듯이 화자는 아내와 합방하여 육체적인 결합을 이루었으나 감정적으로는 도저히 화합할 수 없는 거리감을 느끼고 있다. 그렇기에 이들의 미래는 파국으로 치달을 것이며, 이러한 운명을 예감하는 화자의 마음에는 절망감이 흐르고 있다. 자식의 인생을 자신의 관점으로 제한하려는 아버지에 대한 반발이 「아버지께」(1919)에서 잘 나타난다. 이어 「사상(思想)의 수의(壽衣)를 조상(弔喪)하는 수난자의 탄식」(1922)을 통해 인간을 탄식하게 만드는 기존의 관념에 대한 거부감을 나타낸다. 조혼, 기존 사상, 부친의 제약을 거부하던 시인은 총체적 의미로 낡은 모든 것에 대한 파괴를 선언한다. 「고(古)의 붕괴」(1923)에서 신구 질서의 교체는 자연의 순리이며, 이를 위해 옛것은 파괴되어야 한다는 것을 주장한다.

도 주저하지 않겠다는 적극적 태도로 발전한다.

〈두더기 시인의 환멸〉에서는 인습이 지배하는 가정의 모순이 제시된다. 풍자의 대상인 시인은 가정에서 전권을 행사하며 자신의 기분에 따라 마음대로 행동한다. 두 살 된 아들의 수면을 방해할 정도로 크게 연시를 읊조리는가 하면, 자신의 집으로 연애 상대를 거리낌 없이 초대한다. 또 여성이 결혼하면 "사람으로서의 자유는 없어"진다고 주장하며 아내의 외출까지 통제한다. 시인은 가정을, 사랑을 나누는 곳이 아니라 남성의 의지를 마음껏 행사할 수 있는 여성의 "감옥"으로 규정한다.

〈난파〉에서는 효·절대적 부권을 강조하고 축첩을 용인하는 유교 질서를 거부한다. "모든 것이 孝에서 시작"한다고 주장하는 부와 신주는 시인에게 자신들의 뜻에 따를 것을 강요한다. "〈양반가정〉, 〈신라성족의 후예〉"라는 권위 의식을 이어받고 아들 노릇·손자 노릇에 가장 힘을 기울여야 한다는 것이다. 시인이 이러한 강요를 거부하자 부는 신체적인 폭력을 가할 뿐만 아니라 "온갖 세상의 艱難辛苦를 겪"은 자신의 인생을 언급해 동정심을 유발하고 금잔이 의미하는 물질적 풍요로움을 제공하여 회유하려 한다. 시인을 자신의 뜻에 굴복시키기 위해서 수단 방법을 가리지 않는다. 그리고 서자 출신이라는 신분상의 열등감 때문에 종손인 악귀에게 시달리면서도 자신 역시 아내를 다섯 명이나 얻는 축첩을 한다. 그리고 축첩의 이유를 "개보다도 멸시"받은 어머니, 신주의 한을 풀어주려는 효심에서 출발한 것으로 설명한다. 이처럼 모든 사고의 근본을 효에 고정시키고, 부모의 뜻에 따르는 것을 미덕으로 생각하는 전근대적인 사고 체계는 결국 다음 세대인 시인에게 구속력으로 작용할 뿐만 아니라 고통의 근원이 된다.

〈산돼지〉에서도 역시 자식의 인생에 개입하려는 최주사댁이 비판된다. 그녀는 원봉이나 영순의 결혼 문제를 자신의 의도에 따라 조정하려 한다. 처음에는 남편의 유언에 따라 원봉과 영순을 결혼시키려고 이들의 애인인 정숙과 차혁을 비난하지만, 현실적인 안정이 위태롭게 되자 태도를 급변시켜 원봉과 영순을 갈라놓으려 한다. 최주사댁에게 자식의 결혼이란 부모의 의지대로 결정할 수 있다는 봉건적 사고가 있기 때문이다. 최주사댁의 의도는 성공하나 이로 인해 원봉은 현실 도피하는 비극적 인물이 된다. 기성세대가 신세대의 좌절을 조장한 것이다.

이처럼 김우진은 결혼, 남녀관계, 가족관계 등 기존 인습이 지배하는 세계에 대한 거부 의지를 적극적으로 표현한다.

(3) 남성 횡포에 의한 여성의 비극

〈이영녀〉에서 여성은 남성들에게 대등한 인격체로 인식되는 것이 아니라 성과 노동력의 효용 가치로만 인정된다. 그리고 이 작품에 등장하는 남성은 여성에게 신체적·정신적 폭력을 가한다.

영녀의 아들 관구는 열 살밖에 안 된 어린이면서도 "가시내는 모두 사내들의 종년"이라고 생각하며, 자신의 누이를 돌덩이로 때리려 할 정도로 폭력적이다. 더욱이 영녀의 부정적 직업(매음)의 악영향으로 "밤낮으로 말썽을 피우거나 싸우거나 하고 돌아다니"게 된다. 남편 청운 역시 영녀를 구타하고 "새끼질까지 늘어가지고 양식을 팔아오기는 커녕 쌀독까지 내다 팔아 먹"는 인물이다. 결국 객지에서 싸움으로 얻은 부상 때문에 죽는다. 매음 손님 정은 "건넛방에 앉아서 뭇 놈들을 번을 세우면서 들여 보내" 영녀에게 짐승이 된 듯한 모멸감을 느끼게 한다. 그리고 강영원은 영녀의 육체를 탐하지만 뜻대로 되지 않자, 자신이 운영하는 공장의 공장장을 시켜 영녀를 해고시키고 자신은 복직시키는 척 "한 번 얼러 보는 수작"을 벌여 자신의 욕구를 충족한 뒤 영녀네를 쫓아낸다. 유서방도 영녀가 병이 들어 성적 능력뿐만 아니라 노동력까지 상실하자 "주먹질"을 일삼고, 의붓딸 명순에게 흑심을 품고 덤벼들기까지 한다. 뿐만 아니라 임도윤은 빈궁의 극한으로 아내를 청인에게 팔아버렸으며, 차기일은 아내가 자기 의견에 반대할 때마다 폭력을 행사한다. 또 안숙이네는 수십 년 간 매춘에 종사하여 어느 정도 경제력을 갖게 되자 "순직한 생활"을 하려고 하였으나 "어느 부산 놈에게 창자를 긁아 먹힌 뒤" 어쩔 수 없이 다시 매음업에 종사하게 된다.

이처럼 남성은 모두 여성에게 부정적 삶을 강요하고 신체적인 폭력뿐만 아니라 모멸감을 느끼게 하는 역할을 한다. 그렇기에 여성은 남성을 향해 다음과 같은 분노와 함께 두려움을 토로한다.

> **기일이네** 그저 사내놈들은 올챙이 새끼 모양으로 발로 밟아 죽여야 싸지.
> ……그저 사내놈이란 것은 가까이 하지를 말어.
> **기일이네** 한 번 그놈들 눈에 띄면 진 날 개 사귀어 놓은 셈이야. 나중에는 주먹으로 얻어 맞지나 안하면 다행이지.
> **기일이네** 그랑께 사내놈들은 염라국에 들어가면 죄없는 놈이 없단다. 그 저 사내란 사내는 말케 잡아다가 동해 바다 물 속에 집어 넣어도 이가 닥닥 갈리지.

〈두더기 시인의 환멸〉에서 아내는 고등교육을 받은 지성인이었으나 남편인 시인의 전횡에 의해 무기력한 꼭두각시로 변모하였다. 남편의 말에 무조건 순종하지만 사랑받지 못하고 오히려 "천치"라고 조롱당한다. 시인은 자신의 외도를 감추지도 않고, 처의 동창생인 정자 앞에서 그녀를 노골적으로 비하하며 모욕감을 주어도 처는 남편의 횡포에 대항할 최소한의 자존심조차 없다.

〈산돼지〉의 정숙은 원봉의 가르침으로 개방적인 신여성을 지향하게 되었다. 하지만 불확실한 애정에 대한 반발 심리와 원봉을 고통스럽게 하려는 또 다른 남성의 술수에 의해 타락의 길을 걷는다. 즉, 원봉이 여성운동가인 '씽거부인이니 엘엔케이' 등에 관해 설교하고 남녀 동등을 가르쳐 개방적인 사고를 지향하게 해놓고 영순에 대한 연정 때문에 자신을 소홀히 대하자 정숙은 이에 반발하게 되고, 이때 원봉과 대립 관계에 있던 이광은이 단지 원봉에게 분풀이하기 위해 그녀를 유혹하자 함께 동경에서 동거한다. 결국 정숙은 남성들에게 이용당한 것을 깨닫고 자신의 인생이 "저녁 황혼의 세계에" 들었다며 절망감을 토로한다.

2) 유토피아 지향

(1) 새로운 사회의 전망 제시

〈이영녀〉에서 사실적으로 묘사되는 사회에는 빈궁으로 가정이 해체되고, 남존여비 사상이 존재하며, 기회주의자가 득세한다. 인습과 현실의 부조리가 공존하고 있다. 전근대적이며, 부조리한 사회는 변모해야 한다. 이러한 변모를 주동적으로 담당할 인물이 바로 영녀의 딸 명순이다. 명순은 남편의 횡포를 감내하면서 살아가는 영녀의 삶을 거부하며 이혼도 불사하는 적극적 삶을 선택한다.

또 기회주의자가 득세하는 사회의 모순을 지적한다. 안숙이네는 비참한 경험을 통해 물질 만능과 기회주의의 사고를 갖게 된다. "性에 눈뜨기전" 어릴 때부터 부모의 강요로 매음에 종사해온 그녀는 남성의 배신, 노력이 통하지 않는 현실에 의해 부정적인 현실 인식을 갖게 된다.

> 사람이 이 세상 살아가는 이상, 이상이니 선량이니 하는 것은 전혀 소용이 없다는 이치를 철저히 깨닫고 세상이 白이면 나도 白, 세상이 黑이면 나도 黑 아니면 이 세상에서 살아갈 길이 없다는 것을 믿게 되었다.

이처럼 옳고 그름의 판단 없이 현실 상황에 무조건 적응하려는 태도는 물질 만능의 사고와 연계된다. 돈을 벌어야 한다는 맹목적인 욕구 때문에 동물적인 혼음을 거부하는 영녀를 비난하며 '눈을 찔끈 감고' 지낼 것을 강요한다. 안숙이네의 유일한 인생 가치는 '돈'이기 때문에 돈을 위해서는 인간임을 포기해도 좋다고 생각하는 것이다. 안숙이네의 금전 만능 태도는 영녀를 '첫 희생'이 되게 한다.

권태 포만형 자본가 강영원은 "뒷심 있는 자본, 운동력 있는 수단으로 수 삼년간 엄청나게 벌어오다가 지금은 풍족과 포만에 차" 있다. 자신의 자본을 바탕으로 도평의원이 되고자 노력했지만 작년에 "품행이 만점이 못된 결과"로 낙선하자 다음 기회를 노리고 있다. "품행을 고쳐야 하겠다고 당국에 비공식으로 단언"하고 행동에 옮겼지만 이는 외적인 변모에 불과하다. 자신의 정치 야욕을 위해 자선을 베푸는 사업가로 위장하고 있을 뿐이다. 하지만 이러한 진실은 알려지지 않기 때문에 "차기 당선은 의심 없"는 상황이다. 부정적인 방법―"목화 판매에도 내용 아는 이는 密字빼고 그이의 成印을 생각않는 이는 없다"―으로 자본을 축적하고, 자신의 이익을 챙기면서도 자선으로 위장하는 그의 기회주의적 태도는 성공을 거둘 뿐만 아니라 사회지도층 인사로의 신분 상승을 가능케 한다.

이에 반해 한 번의 판단 잘못으로 가산을 탕진한 윤주사, "꾀가 없고 어리석어" 죽게 된 청운, 자식 "가르칠 욕심"으로 매음에 종사하는 이영녀뿐만 아니라 "자기만의 의견과 주장을 가지게 되"어 현실적인 불이익을 당하는 차기일 등은 현실과 야합하지 못해 소외되는 인물들이다. 이들은 사회부적응자로 패배하거나 죽을 수밖에 없다.

이렇게 현실적 기회주의자가 힘을 발휘하는 이유는 사회현실이 "땀 흘려 가면서 제 밥구녕 제가 뚫는 것보다 돈 있는 놈에게 알짱거려"야 살아가게 하기 때문이다. 있는 자는 점점 더 강해지고, 없는 자는 있는 자에게 기생해야만 살아갈 수 있다.

김우진은 〈이영녀〉를 통해 남성 우월의 사회를 탈피하고 여성 자신의 의지로 삶을 개척해야 한다는 여권 신장을 주장하며 가정 해체를 조장하는 사회, 속물적 기회주의자가 득세하는 사회를 비판한다. 결국 작가가 의도한 바람직한 사회는, 가족 구성원이 함께 생활하고, 노력한 만큼 보상받으며, 여성의 인권이 존중되는 곳이다.

〈정오〉에서 김우진은 위선적인 기성세대, 부패한 권력 계급 및 친일 인사가 공존하는 왜곡된 사회를 비판한다. 구레는 남의 돈을 횡령하고 배후를 과시하며, 없는 자에게 강하고 있는 자에게 약한 전형적인 속물인간이다. 그러면서도 학생 1, 2에게 금연하고 공부에 전념해야 한다며 모범 학생이 되기를 훈계한다. 자신의 비리는 인식하지 못하면서 신세대의 개방적인 모습에 거부감을 토로하는 구레는 가치 전도된 기성세대의 일면을 대표한다. 특히 작가는 일본인 하오리보다 더 강력하게 친일 한국인 구레를 비판함으로써 일제 치하라는 왜곡된 현실에 편승해서 우리 민족을 괴롭힌 친일 한국인에 대해 노골적인 거부감을 토로한다.

또 권력 계급을 대표하는 경찰의 부패상을 언급한다. 뇌물 성격의 향응을 제공받고 하오리의 비리를 눈감아주는 박순사와 고모리, 모군군의 사생활까지 제한하는 "곰보 얼굴의 제복 순사"는 권력을 남용하는 부패한 인물들이다.

결국 〈정오〉는 가치 전도된 기성세대와 친일 인물, 부패한 권력 계급 등을 비판함으로써 자유의지가 존중되는 정의로운 사회를 지향한다.

〈난파〉에서는 효, 양반 의식 등 기존 가치와 '인과율'을 강요하는 인습에 대한 거부가 두드러진다. 결국 인습의 질곡으로부터 해방된 자유로운 사회를 제시하는 것이다.

〈산돼지〉에서 김우진은 극단적 이기주의의 가치관을 비판한다. 대표적인 인물이 병정과 이광은이다. 병정은 인간의 생명을 돈으로 환산해서 계산할 정도로 비정한 기회주의자이다. 만삭의 원봉이네를 잡아가면서 생각하는 것은 상금으로 받을 "돈 쉰 냥"이다. "뱃속에 든 어린 애기"만은 살려달라고 애원하는 원봉이네에게 "역적 놈 애비를 둔" 것 자체가 죄라면서 "斯門亂賊"이라 정의하고, "홀애비 놈 청이나 들어"달라며 원봉이네를 능욕한다. 또 원봉이네를 폭행하고, 이로 인해 그녀가 기절하자 병정은 죽은 것으로 오인하지만 죽음에 애도하기보다 자기가 받을 상금이 날아간 것을 아쉬워한다. 이처럼 병정은 자신의 관점에서 현실을 규정하고, 자신의 욕구를 채우는 데만 급급하다. 이광은은 원봉에게 원한을 품고 있는 인물이다. 청년회 간사인 자신을 원봉이 욕한 데 앙심을 품고 모임의 간부들을 매수해서 원봉의 불신임안을 제출하게 한다. 또 원봉의 애인 정숙을 유혹하여 함께 일본으로 건너가는데 이 또한 정숙에 대한 애정 때문이 아니라 원봉에게 분풀이하기 위해서였다. 자신의 개인적인 감정을 해소하기 위해서 공공 단체인 청년회를 분열시킬 뿐만 아니라 한 여성의 인생을 훼손하는 것까지 주저하지 않았다.

이러한 이기적인 가치관의 소유자들은 처음에는 성공하는 듯하지만 결국에는 실패한다. 병정은 박정식에게 폭행당할 뿐 아니라 원봉이네가 죽은 것으로 오인하여 그녀를 버리고 감으로써 "역적 놈"의 아들 원봉이의 탄생을 막지 못한다. 이광은은 자신의 술수로 원봉을 괴롭히는 데는 일단 성공하나 원봉의 불신임안은 회원들의 반대로 통과되지 않았고, 정숙 역시 그의 의도를 알고 그를 떠나 귀국한다. 더군다나 차혁과 같은 인물의 분노를 일으켜 "악날한 청년회 놈들과 눈감고 그 놈들의 손가락에 놀아난 간부 놈들을 대소독"시키고 "처지와 주장이 태평양만큼 떨어져 있는 저 적군을 섬멸"할 기회를 제공했으며, 정숙과 원봉이 진정한 대화를 나누게 해 서로에 대한 이해를 가능케 했다.

이처럼 이기주의적 사고를 가진 인물들의 비양심적인 행위와 이로 인한 타인의 비극, 그리고 이기주의의 실패를 구체적으로 보여줌으로써 이기주의적 가치관이 팽배한 사회를 비판한다. 이로써 타인의 불행을 담보로 자신의 사사로운 욕구를 추구하는 이기주의가 없는 사회를 지향하는 것이다.

(2) 새로운 인간의 탄생 암시

〈이영녀〉의 명순은 기존의 남성 의존적인 삶에서 탈피하려는 적극적인 인물이다. 여성을 열등하게 생각하는 관념에 반기를 들고, 여성의 삶은 여성의 의지에 의해 결정되어야 한다고 생각하여 이혼까지 언급한다. 그녀의 삶이 구체적으로 제시되지 못한 아쉬움은 있지만 인습에 구속되지 않은 자유로운 여성의 삶을 예감하게 한다.

〈난파〉에서 시인은 모성 회복으로 인해 새로운 인간으로 탄생한다. 새로운 인간으로 탄생하기 위해 인습을 대표하는 부 · 신주 등과 치열한 갈등을 벌이고, 많은 여성들 사이에서 방황한다. 하지만 극한의 절망으로 난파하려는 순간 자신이 갈구하던 모의 사랑을 확인하고 새롭게 탄생하는 것이다. 시인은 비로소 인생을 고통스럽게 하던 모든 약속으로부터 해방된다. 그렇기에 가족관계로 대표되는 '인과율'과의 절연도 가능해진다.

그리고 행복한 난파의 순간 "그리고 카로노메 소리만! 카로노메 소리만!"이라고 외침으로써 시인이 지향할 미래의 모습을 제시한다. 현실 속의 시인은 합리적이기보다 감성적인 모에 의지한다. 그렇지만 카로노메를 외침으로써 이후에는 카로노메가 의미하는 삶의 모습을 추구할 것이다. 즉 합리적이며 이성적인 서구 지향의 사고방식에 기반을 두고 한국적 현실을 수용하는 삶이다.

〈산돼지〉에서 원봉은 아버지로부터 계승된 사회 개혁 임무를 인식하지만 영순과의 사랑의 실패, 혼돈된 가치관에 의해 현실 도피하는 소극적 인물이 된다. '조선 청년(새 개성)'을 묘사하려던 김우진의 의도는 성공적이지 못하다. 그렇지만 현실 사회의 개혁을 담당할 각성한 인물의 필요성을 강조하려는 작품임에는 틀림없다.

결국 김우진은 합리적인 서구 지향적인 사고로 현실 사회를 개혁할 인물의 탄생을 암시한다. 특히 여성 문제에 관심을 가지고 있던 그는 여성도 남성과 마찬가지로 자유의지에 의해 삶을 결정해야 한다고 주장한다.

3) 이중적 여성상의 제시

(1) 구원의 여성

〈난파〉의 모(母)는 시인에게 개성을 강조하고 부(父)로 대표되는 인습과 투쟁하기를 독려한다. 또 시인이 극심한 좌절감으로 난파하려는 순간 모성을 확인시킴으로써 난파를 행복으로 바꾸어버리고 인과율의 굴레를 벗어나도록 한다.

모의 성격은 복합적이다. 시인에 대한 감정은 애증이 교차한다. 두 번의 유산을 겪고 낳은 시인에게 수유를 거부할 정도로 미움이 내재해 있기에 "내가 너를 낳고 제일 미워하는 아들아"를 계속 반복하여 스스로 감정을 나타낸다. 하지만 시인이 자유로운 삶을 위해 노력할 때는 가장 적극적인 후원자가 된다.

母　애, 그런 말 마라. 나는 사람이 아닌 줄 아니? 난들 왜 너희들 원망을 얻을 이런 어머니 짓을 하고 있겠니. 내 속에서 올라오는 참을 수 없는 충동이 나를 식히는 게지. (…)

詩人　(퍽퍽 울며) 왜 요 모양예요. 왜 이리 아파요!

母　우는 것도 못 우는 것보다는 똑똑하다만 저 바깥으로 나가서 현실을 보려므나. 그리고 나와 같이 불완전한 더러운 다른 인간들과도 싸워 보려므나.

詩人　난 싫어요. 무서워요. 곳 무서워 못 견디겠어요. 왜 싸우라면서, 현실을 보라면서 이렇게 불완전하게 날 만들어 줬소!

母　에잇, 귀찮은 자식! 불완전하니까 싸우란 말야! 그래두 몰라? 흐린 자식!

詩人　(달려들어 치려한다. 그 순간에 母는 사라져 없어진다. 詩人 한숨을 쉬고 앉았다.)

母　(다시 나타나며) 또 이 버릇을 하는구나. 억만번 그래도 소용없어. 운명을 어떻게 하니? 나를 좀 봐라. 나는 충실한 이 책무를 다 하구

있는데, 너는 왜 그리 못난 짓을 하니?

이 대사를 통해 모의 역할과 미움의 감정을 나타내는 원인이 드러난다. 모는 시인이 불완전한 자신의 모습에 절망을 느끼면서도 적극적으로 투쟁하지 못하는 것에 분노를 느낀다. 모는 "부단한 생명력과 부단한 進化에 대한 신념"을 가지고 있기에 어렵게 낳은 시인이 완전을 지향하기 위해 자신과 함께 "불완전한 더러운 다른 인간들과 싸"울 것을 희망한다. 하지만 시인은 불완전한 자신의 모습에 집착하여 현실을 두려움의 대상으로 인식한다.

어쩔 수 없이 모는 시인을 완전하게 만드는 "책무"를 실현하기 위해 "원망을 얻을" 어머니처럼 행동하는 것이다. 모는 시인을 완전한 인간으로 탄생시키기 위한 역할을 감당해야 하며 이를 위해 미움의 감정을 내세우며 독려한다. 그렇기에 시인이 "이름 부름 사람"을 구하기 위해 겪는 통과의례의 과정을 지켜볼 뿐만 아니라, 시인의 결단이 요구되는 순간에는 조언을 아끼지 않는다.

母　　에구, 시어머니두. 아냐요. 詩人이 먼저 문제가 되어야 합니다.
　　　…… 그러나 모든 약속 밑에서 나온 저 애야말로 이 爭鬪의 장본인이외다.
母　　…… 그렇지만 너는 너다. 언제까지든지 너다. 네가 되어야 한다.
　　　죽든지 살든지 간에 네가 내('네'의 오자) 눈을 떠야 한다.
母　　잎이 피어야 꽃이 피지. 더구나 잎도 안 핀데서 씨를 받으려고?

이처럼 스스로의 노력에 의해 자아를 각성해야 하며, 이 과정에 성급하게 접근하지 말고 순서에 따라 행하라고 설득한다. 모의 이러한 태도는 시인이 나약해지고 좌절하려는 순간 큰 힘을 준다. 결국 시인은 어머니의 사랑을 확인함으로써 그에게 고통을 약속한 인생으로부터 벗어날 수 있게 된다. 모는 시인을 완전한 인간으로 탄생시켜야 하는 자신의 임무를 위해 미움의 감정을 내세우나 이러한 감정은 위장된 것일 뿐이다. 모는 무한한 사랑으로 시인을 구원하는 것이다.

〈산돼지〉에서 영순은 원봉을 구원하려고 한다. 아버지 최주사의 유언에 의해 원봉과의 결혼이 예정되어 있지만 이 사실을 알지 못하고, 친오빠로 믿고 있는 원봉에 대한 사랑으로 고통받는다. 하지만 자신의 감정을 억제하며 원봉을 위해 헌신한다. 원봉의 변덕스러운 신경질을 감내하고, 병 간호에 전심을 다하며, 원봉을 위해서라면 생명까지 내놓겠다고 약속한다. 더군다나 원봉의 꿈속에 등장하여 그를 이상 세계로 구원하려고 노력한다. 하지만 차혁과 최주사댁의 방해로 그녀의 노력은 실패하고 원봉은 "누른 먼지가 가득히 쌓인 세계"로 다시 추락한다. 이로 인해 원봉은 현실 도피하는 비극적인 인물이 되고 만다. 영순의 구원 노력이 외부의 압력에 의해 실패하지만 영순의 존재가 원봉에게 구원의 의미로 인식되는 것은 사실이다.

(2) 환멸의 여성

김우진 희곡에 등장하는 여성 대부분은 부정적인 인물로 묘사된다. 극작가 스트린드베리의 영향과 작가 자신의 개인 경험에 의해 여성에 대한 환멸감이 그대로 표출된 것이다. 특히 위선적인 신여성(정자, 정숙), 전통적인 여성(처, 기일이네 등), 속물적인 현실주의자(안숙이네, 최주사댁, 인범이네, 점돌이 할멈) 등이 부정적인 모습으로 그려지고 비하된다.

〈두더기 시인의 환멸〉의 정자나 〈산돼지〉의 정숙은 개방적인 신여성처럼 행동하면서도 전통적인 여성의 삶을 원해 사고의 불일치를 나타낸다. 자유연애를 지향하고 담배를 피우며, 남성과 외국에 함께 가는 등 분방한 삶을 살면서도 그들이 진실로 원하는 것은 가정에 정착하는 것이다.

貞　　……그래두 이렇게 뜻밖에 만나는 게 더 반갑긴 해. 참 부럽다. 유
　　　명한 詩人 남편에다가 옥동자까지 낳구.

貞淑　……남편 의복이나 잘 지어 주고 밥이나 맛있게 채려 주고 간지러
　　　운 웃음으로 살살거릴 수만 있으면 나도 행복시럽게 살아갈 수 있
　　　겠지.

이처럼 표리부동한 이들의 모습은 상대 남성에 의해 적극적으로 조롱
된다.

詩人　(휙 돌아 앉으며 詩人 독특한 영감에 쏘이어) 다시 이 化石에게 말해
　　　무엇하리! 이 生殖에 능하고 頭骨에 缺乏한 女子여.

元峯　홍, 지금 나는 너 같은 것이야 몇십 길 발 밑에 선 조그마한 벌거지
　　　로 밖에 안 보인다. 난 네 앞에 서서 넉넉히 자만할 만한 자격이 있
　　　는 산돼지다. 자, 그 밑에서 날 좀 쳐다 보렴. 얼마나 크고 높게 뵈
　　　이는 돼진가. 하하하하하.

이렇게 남성에게 조롱당하면서도 신여성들이 적극 대항하지 못하는
것도 바로 이러한 불일치 때문이다. 철저히 자기 중심적 사고에 따라 '몰
인정'하게 행동하는 시인에 비해 편의적 양심에 따라 자신의 행위를 제한
하는 정자는 소극적이 될 수밖에 없다. 그리고 자신 행동에 대해 스스로
책임지지 못하고 원봉을 탓하는 정숙 역시 무기력한 여성이다.
　표리부동한 신여성뿐만 아니라 인습에 얽매인 전통적 여성도 철저히
부정한다. 대표적인 인물은 〈두더기 시인의 환멸〉에 등장하는 처이다. 시
인에 의해 '허수애비', '벌거지'보다 못한 인물로 치부되는 처는 고등교육
을 받은 지성인이면서도 남편의 폭행을 감내하고 외출조차 제한받는 생
활을 하고 있다. 그러면서도 무조건 남편에게 순종하고 "기껏해야 "애매

한 나를 왜 이래요.""라고밖에 대응할 줄 모른다. 결혼으로 인해 자아를 완전히 상실해버린 여성이다.

〈이영녀〉에서는 이영녀뿐만 아니라 기일이네가 전통적 여인상을 대변한다. 이영녀의 삶이란 남편과 자식에게 의존하는 삶이다. 전통적 미덕인 희생을 실천하는 여성이기에 그의 삶이 행복할 수 없다.

기일이네는 남성에 대해 심각하게 반발하면서도 대항하지 못한다. 영녀에 대해 호감을 가지고 있는 남편에게 투정을 부리다가 남편이 폭력을 행사하려 하자 도망친다. "똥도 마음대로 못 누게" 할 정도로 남편이 행동을 규제해 불만을 토로하면서도 그 상황을 운명으로 받아들인다. 이렇게 행동하는 이유는 의식의 저변에 전통적 결혼관이 내재해 있기 때문이다. 결혼은 하기만 하면 어떠한 상황하에서도 번복할 수 없는 절대적 운명이라고 인식한다. "한 번 저질러 놓으면 큰 죄를 받을 수밖에 없"기 때문에 결혼하지 않는 것이 최선이라고 생각한다. 결혼 생활을 큰 죄 받는 것으로 인식하면서도 이혼을 감히 생각지 못하는 것은 바로 결혼을 운명으로 받아들이는 전통적 사고에 기인한다. 두 여성 모두 전통적 여성의 삶을 살기 때문에 비극적이 될 수밖에 없다. 이영녀는 죽음에 이르고, 기일이네는 욕구 불만에 빠져 있다.

또 속물적인 현실주의자들도 비판의 대상이다. 〈이영녀〉에서는 안숙이네, 인범이네, 점돌이 할멈이 이 유형에 속한다. 안숙이네는 자신의 비극적인 인생 경험에 의해 왜곡된 가치관을 가지게 된다. 그리고 자신의 가치관을 현실에 적용시킴으로써 영녀를 희생물로 만든다. 인범이네와 점돌이 할멈은 강영원의 요구를 거부하는 이영녀의 태도를 이해하지 못하고 오히려 비난한다.

인범이네　……官九 어매가 틀린 일이지, 그 괴로운 공장일을 그만 두게 하고 댁에 들어가 있으라는 데 안 그럴 것이 뭣이랑가? 되려 고

마운 일이지. 나 같으면 정든 서방이라도 내버리고 당장 들어 가겠네.

점돌이 할멈 空집에다가 空밥 먹고 있으면서 은혜풀이라도 시키는 대로 할 일이지 그것이 무슨 본따구 없는 마음씨란가!

인범이네의 경우 "적당할 만큼 날쌔고, 약고, 눈빠르"기 때문에 속물형 인간 강영원 밑에서 십수 년 살아왔으며, 평안한 생활을 위해서는 최소한의 윤리 의식마저 포기할 정도로 현실적이다. 점돌이 할멈은 안이한 현실 인식으로 인해 강영원의 위선을 파악하지 못하고 은혜로운 인물로 받아들이며, "돈 모우는 것"은 당사자의 능력이라고 생각해 "돈 있는 것"들을 비난할 수밖에 없는 현실을 이해하지 못한다. 현실적 처세술에 의해서이든, 무비판적인 현실 인식에 의해서이든 두 인물 모두 현실 적응력은 뛰어나다. 그렇기에 다른 인물들에 비해 편안한 생활을 유지하는 반면 이들에 의해 비난받는 이영녀는 비참한 상황에 놓인다.

〈산돼지〉의 최주사댁은 정의의 실현보다 현실적인 안락함을 택한 인물이다. 남편인 최주사의 유지를 받들어 원봉과 영순을 결혼시키고, 원봉으로 하여금 사회 개혁의 임무를 계승하도록 해야 하지만 이를 실천하지 않는다. 동학도의 가족이라는 비밀이 드러나 현실적인 안정이 깨어질 것을 두려워했기 때문이다. 최주사댁의 현실 지향적 사고로 인해 원봉은 영순으로부터 구원받지 못하고 목적 의식도 상실한다.

이처럼 대부분의 여성 역할을 부정하고 비판적인 관점에서 묘사함으로써 여성에 대한 환멸 의식을 노골화한다.

3. 마무리

지금까지 김우진 다섯 편의 희곡에 나타난 작가 의식을 살펴보았다.

1) 비판적 현실 인식을 나타내는데 이를 위해 가정 해체의 참상과 남성 횡포에 의한 여성의 비극을 묘사하고, 인습에 대해 거부한다. 2) 유토피아를 지향하여 새로운 사회와 인간에 대한 희망을 나타낸다. 3) 이중적 여성상이 제시된다. 여성의 역할이 구원의 여성과 환멸의 여성으로 대립적으로 설정된다.

김우진은 최초로 서구 근대극을 제대로 연구하고 영향받은 작가로서 본격적인 근대극을 썼기 때문에 그의 작품은 문제성을 띠고 있다.[5] 그의 작품은 생존시에는 공연되지 못했지만 오히려 현재 공연[6]이 될 만큼 현대성을 획득하고 있다. 시대를 뛰어넘는 작가로서의 재능이 만개하기도 전에 자살했기 때문에 김우진에 대한 연극사적 안타까움은 클 수밖에 없다.

*이 글은 '제2회 김우진문학제'(2009년)의 발표문을 일부 수정한 논문임.

5) 유민영, 『한국현대희곡사』, 홍성사, 1984, 132쪽.

6) 한국연극 100주년 기념사업 '젊은 연극인들의 고전 넘나들기'로 진행되기는 했지만 〈산돼지〉(김수연 연출, 극단 하얀코끼리)가 2008년 6월 공연되었다. 그리고 〈난파〉(이현찬 연출, 극단 그림연극)는 대학로에서 2008년 11월에 공연된 바 있다.

김우진의 〈산돼지〉
정본 선정을 위한 일고(一考)

김 일 영

1. 서론

> 고김수산씨의작년부터연속되어오든희곡「山되지」가이번호로써끗을막엇
> 다. 나는主人公元峯이의思想몰르며 아모것도解決되지아니하얏슬뿐아니
> 라雜多하게늘어노흔問題의不統一만을感得하얏슬뿐이다.

위의 인용문은 1927년 2월에 발간된 『조선지광』 64호에 발표한, 김기
진의 「문예시평(文藝時評)」 중의 일부분으로 김우진의 〈산돼지〉에 대한 평
전부이다. 이 글은 〈산돼지〉에 대한 최초의 언급이다. 이 「문예시평」은
1927년 1월에 발표된 작품들을 평하는 것이었는데, 이로 미루어 김우진
의 〈산돼지〉는 1926년 느지막한 시점에서부터 1927년 1월까지 『조선지
광』 지(誌)에 연속하여 발표했던 것으로 추정할 수 있다.[1]

---

1) 〈산돼지〉가 언제부터 연재되기 시작했는지는 알 길 없는데, 김우진 자신이 이 작
품의 탈고일을 1926년 7월 12일로 적어놓고 있으며 완성된 원고를 잡지에 게재한
점을 참조한다면, 1926년 11월경부터 연재되었으리라고 본다.

그런데 애석하게도 현재는 그 원본(原本)을 확인할 길이 없다. 작품이 발표되었을 것으로 추정되는 잡지를 구할 수 없기 때문이다. 그럼에도 불구하고, 1976년 10월에 어문각에서 발행한「신한국문학전집」17권『희곡선집 ①』, 한국연극사에서 1976년 12월에 간행한『한국희곡문학대계 I 』, 형설출판사에서 1979년에 간행한『김우진작품집』에 〈산돼지〉가 실려 있으며, 전예원에서 1983년에 간행한『김우진전집 I 』에도 이 작품이 실려 있다.[2) 이 작품집들은 현재 독자들이 가장 손쉽게 구할 수 있는 것들이기도 하다. 이 작품집들에서 원전에 관한 언급은 구체적으로 하지 않고 있다.[3) 간략하게나마 원전에 관한 언급은『김우진작품집』과『김우진전집』에 있는데, 김방한 교수가 유고를 내놓았다는 것으로, 그 내용이 매우 비슷하다. 그렇지만 이 네 개의 출판사에서 나온 책에 실려 있는 〈산돼지〉가

---

2) 1995년에 평양의 문학예술종합출판사에서 간행한『1920년대 희곡선』에도 〈산돼지〉가 김수산이 지은 것으로 실려 있는데, 이 작품은 이미 출간된 작품들에 비하여 결말 부분이 상당히 다르게 되어 있다. 이에 대해서는 따로 검토할 기회가 있을 것이다.

3) 현대문학사(現代文學社)에서 기획하여 어문각에서 간행한「신한국문학전집」17권『희곡선집 ①』의 희곡 부문 편집위원은 차범석이었는데, 이 책에도 원전에 관한 언급은 없다.
    『한국희곡문학대계』의 편집위원들은 김의경(金義卿), 김정옥(金正鈺), 백철(白鐵), 여석기(呂石基), 이근삼(李根三), 이두현(李杜鉉), 임영웅(林英雄), 전광용(全光鏞), 차범석(車凡錫) 등이었는데, 이 책에 실린 작품들의 원전에 대한 언급은 어느 곳에도 없다.
    『김우진작품집』은 유민영의 편저인데, 편저자는 여기에 실린 작품의 원전에 대해서 "이번에 유고를 쾌히 내놓으신 수산의 유일한 혈육 김방한(金芳漢) 교수님께 정말 감사를 드린다."(「머리말」끝부분)고 적고 있다.
    『김우진전집』은 도서출판 전예원에서 작업자의 이름 없이 펴낸 것인데, 서연호의 「유고해설(遺稿解說) I , II 」를 싣고 있으며, 다음과 같은 원전에 관한 글이 있다. "民族의 光復과 韓國戰爭의 渦中 속에서도 이 귀중한 遺稿를 반세기 동안이나 간직해온 焦星 선생의 遺族들에게 감사를 드리며 이 遺稿가 다시 태어나도록 허락해 주신 焦星 선생의 외아드님 金芳漢 박사님(서울대학교 人文大學 言語學科 교수)께 뜨거운 감사를 드리고자 한다."(「『김우진전집』을 내면서」끝부분)

한결같지 아니하다. 작품집에 따라서 작품의 단어, 어절, 문장 등이 다르거나, 문장이 더해지는 경우가 있다.

'아 다르고 어 다르다'는 말도 있거니와, 우리말에서 단어·어절·문장은 문맥의 의미를 결정하는 중요한 요소들이다. 특히 대화를 중심으로 한 극적 상황이 중요한 요소로 지적되는 희곡에서는 토씨 하나 문장 하나가 촌철살인(寸鐵殺人)의 역할을 할 수 도 있다.[4] 따라서 원본이 없으며, 출판된 작품들도 동일하지 않은 〈산돼지〉의 경우에는 어느 것을 정본(正本)으로 삼아야 할 것인가가 논의되어야 한다.[5] 이 작품이 작품집에 따라 동일하지 않다는 것은 유치진의 〈소〉의 경우와 다르다. 〈소〉는 발표된 원본이 있고, 작품집에 실을 때에 작가가 직접 손을 보았거나, 공연된 대본을 작품집에 실었다. 그래서 각 작품집에 실린 〈소〉는 작가가 인정한 이본(異本)이 된다.[6] 희곡 작품에서 작가가 인정한 이본이 생길 수 있는 까닭은, 희곡이 연극의 대본으로 쓰일 수 있기 때문이다. 연출가는 작가와의 합의에 따라 아니면 연출가 자신이 희곡을 대본 정리하여 공연할 수 있고, 연극은 시사성을 배제할 수 없으므로 공연할 때마다 그 대본이 바뀔 수 있는 것이다. 그러나 현재 발견되는 〈산돼지〉 작품들은 공연된 대본들이거나 작가가 인정한 이본들이 아니다. 따라서 어느 것이 정본인가 하는 점에 대하여 논의를 할 필요가 있다고 본다.

본고에서는 이러한 점에 착안하여 위에서 지적한 네 개의 작품집에 실린 〈산돼지〉의 텍스트를 자세히 살펴서 의미상 차이가 나는 대표적인 부분을 대조해보고, 작품 내적 논리로 보아 가장 적합한 단어나 문장을 찾아

---

4) '극적 상황'에 대해서는 이홍우의 「한국 사실주의 희곡 연구」(계명대학교 박사학위 논문, 1998.2)를 참고할 수 있음
5) 유종호는 『문학이란 무엇인가』(민음사, 1988)에서 원전 확정의 중요성을 강조하고 있다.
6) 김일영 편저, 『〈소〉 이본 연구』(중문출판사, 1998) 참조.

지정하고자 한다. 그럼으로써 〈산돼지〉의 정본을 확정하고, 희곡 연구가 사건 전개 양상이나 인물의 성격만을 고찰하는 데서 벗어나는 기회로 삼고자 한다.

2. 출판사별 작품의 차이점 대조

현재 시중에서 비교적 쉽게 구할 수 있는 작품집 네 개를 발간 순서로 늘어놓아 어문각본을 A, 한국연극사본을 B, 형설출판사본을 C, 전예원본을 D라고 하여 표를 그렸다. 여기의 표에 제시된 23개 항목은 문맥을 다르게 할 만큼 중요한 것들이다.[7]

항목	어문각본(A)	한국연극사본(B)	형설출판사본(C)	전예원본(D)
1	崔元峯 26세(5쪽)	최원봉(29세)(461쪽)	崔元峯 二五才(103쪽)	崔元峯(29)(11쪽)
2	중류계급의 견실 순박한 세간살이. 장독대, 뒤지, 찬장, 심지어 걸레질 잘 해놓은 마루바닥, 잘 쓸어놓은 마루 밑까지 나타나 있다.(5쪽)	중류계급의 견실순박한 기풍의 세간, 장독대, 뒤주, 찬장 심지어 걸레질 잘 해놓은 마루바닥, 잘 쓸어놓은 마루 밑가지에 낫 하나 있다.(461쪽)	중류계급의 견실 순박한 세간, 장독대, 뒤지, 찬장, 심지어 걸레질 잘 해놓은 마루바닥, 잘 쓸어놓은 마루 밑까지 나타나 있다.(103쪽)	중류계급의 견실순박한 기풍의 세간, 장독대, 뒤주, 찬장 심지어 걸레질 잘 해놓은 마루바닥, 잘 쓸어놓은 마루 밑가지에 낫 하나 있다.(461쪽)
3	영순이가 꿀물과 복숭아와 칼이 놓인 쟁반을 가지고 와서 옆에 놓는다.(6쪽)	榮順이가 밀수(蜜水)와 복숭아와 칼을 놓은 쟁반을 가지고 와서 옆에 놓는다.(462쪽)	영순이가 꿀물과 복숭아와 칼이 놓인 쟁반을 가지고 와서 옆에 놓는다.(104쪽)	榮順이가 蜜水와 복숭아와 칼을 놓은 쟁반을 가지고 와서 옆에 놓는다.(12쪽)

---

7) 네 개의 작품집에 실린 각각의 〈산돼지〉에서는 서로 다르게 표기된 단어, 어절, 문장부호 등이 수백 개의 항목에 이르고 있다. 이러한 항목에 대해서도 구체적인 연구가 필요하다고 여겨진다.

항목	어문각본(A)	한국연극사본(B)	형설출판사본(C)	전예원본(D)
4	원봉 : (바둑을 치우며) 얘, 이래뵈도 이 복숭아가 십 오전씩이란다. 천진수밀도야. 알기나 아니…… (6쪽)	崔元峯 : (바둑을 치우며) 얘, 이래뵈여도 이 복송아가 15전씩이란다. 밀도(天津水蜜桃)야, 알기나 아니?(462쪽)	원 : (바둑을 치우며) 얘, 이래 뵈도 이 복숭아가 십오원씩이란다. 천진 수밀도야 알기나 아니!(105쪽)	崔元峯 : (바둑을 치우며) 얘, 이래 보여도 이 복숭아가 15전씩이란다. 밀도(天津水蜜桃)야, 알기나 아니? (13쪽)
5	원봉 : 비위가 상해? (얼굴이 침통하게 변해지며) 개선장군이란 실상은 패전장군이란 말 뜻을 모르니? 게다가 목숨 붙은 장군이니까 죽어 자빠진 석상이란 말이야.(6쪽)	崔元峯 : 비위가 웨 상해? (얼굴이 침울하게 변해지며) 개선장군이란 실상은 패전장군이란 말 뜻을 모르니? 게다가 목숨 붙은 장군이 아니라 죽어 자뻐진 석상(石像)이란 말이야.(463쪽)	원 : 비위가 상해?(얼굴이 침통하게 변해지며) 개선장군이란 실상은 패전장군이란 말뜻을 모르니? 게다가 목숨 붙은 장군이니까. 죽어 자빠진 석상이란 말이야.(106쪽)	崔元峯 : 비위가 왜 상해?(얼굴이 침울하게 변지해며) 개선장군이란 실상은 패전장군이란 말뜻을 모르니? 게다가 목숨 붙은 장군이 아니라 죽어 자빠진 석상이란 말이야.(13쪽)
6	영순 : 이것밖에는 없는걸 어떻게 해요. 새로 장만하자면 또 돈 들지 않아요. 있는 것 먼저 입어버리지요.(7쪽)	崔榮順 : 이것 밖에는 없는 걸 어떻게 해요. 새로 장만하려면 또 돈 들지 않아요. 있는 것 먼저 입어버리지요. 고운 것 아낀다구 발가벗고 있을 수 있어요?(464쪽)	영 : 이것밖에는 없는걸 어떻게 해요. 새로 장만하자면 또 돈 들지 않아요. 있는 것 먼저 입어 버리지요.(106쪽)	崔榮順 : 이것 밖에는 없는 걸 어떻게 해요. 새로 장만하려면 또 돈이 들지 않어요? 있는 것 먼저 입어 버리지요. 고운 것 아낀다구 발가벗고 있을 수 있어요?(14쪽)
7	혁 : 왜 그런고 하니, 한 회의 회계상무간사로서 앉은 책임이 있는 것이니까, 설령 회계에 축이 났다 하더라도 제가 물어넣으면 그만일게 아니냐 말야.(8쪽)	車爀 : 왜 그런고 허니 한 회의 상무간사로서 앉은 책임이 있는 이니까 설령 회계에 축이 났다고 하드래도 제가 물어넣면 고만일게 아니냐 말이야.(466쪽)	혁 : 왜 그런고 하니 한 회의 회계상무간사로서 앉은 책임이 있는 것이니까, 설령 회계에 축이 났다 하더라도 제가 물어넣으면 그만일게 아니냐 말야.(109쪽)	車爀 : 왜 그런고 허니 한 회의 상무간사로서 앉은 책임이 있는 이니까 설령 회계에 축이 났다고 하드래도 제가 물어 넣으면 고만일게 아니냐 말이야.(16쪽)

항목	어문각본(A)	한국연극사본(B)	형설출판사본(C)	전예원본(D)
8	원봉 : 쓸데없는 궁리는 내지도 마라. 하여간 내가 좀 헤프게 쓴 것은 사실이야. 그러나 지금와서 숫자상으로 오십여원이나 된 것은 참 나도 놀랐다.(10쪽)	崔元峯 : 쓸데없는 궁리는 내지도 마라. 하여간 내가 좀 헤피 쓴 것은 사실이야. 그러나 지금 와서 수학상으로 50여 원이나 될 것은 참 나도 놀랐다.(469쪽)	원 : 쓸데없는 궁리는 내지도 마라. 하여간 내가 좀 헤프게 쓴 것은 사실이야. 그러나 지금와서 숫자상으로 오십여원이나 된 것은 참 나도 놀랐다. (113쪽)	崔元峯 : 쓸데없는 궁리는 내지도 마라. 하여간 내가 좀 해피 쓴 것은 사실이야. 그러나 지금 와서 수자상으로 30여 원이나 될 것은 참 나도 놀랐다.(19쪽)
9	원봉 : 소인? 너희들은 얼마나 위대한 대인이니? 이 에고이즘에 철저한 놈들! (달려들듯이) 일을 위해서는 위선까지 용서해야 한다고 그것이 너희들 주의로구나. (11쪽)	崔元峯 : 소인, 소인? 너희들은 얼마나 위대한 대인이니? 이 에고이즘에 철저한 놈들. (달려들 듯이) 일을 위해서는 위선까지 용서해야 한다고? 그것이 너희들 주의로구나. 더러운….(470쪽)	원 : 소인? 너희들은 얼마나 위대한 대인이니? 이 에고이즘에 철저한 놈들! (달려들듯이) 일을 위해서는 위선까지 용서해야 한다고 그것이 너희들 주의로구나. (115쪽)	崔元峯 : 소인, 소인? 너희들은 얼마나 위대한 대인이니? 이 에고이즘에 철저한 놈들. (달려들 듯이) 일을 위해서는 위선까지 용서해야 한다고? 그것이 너희들 주의로구나. 더러운…. (20쪽)
10	원봉 : 산돼지 미움이 어금니밖에 더 될까? (12쪽)	崔元峯 : 밉다고 하면 어떻게 할테니. 흥, 미움받는 것이 그리도 무섭? 산돼지 미움이 어금니밖에 더 될까.(472쪽)	원 : 밉다고 한다면 어떻게 할테니, 흥. 미움이 어금니밖에 더 될까.(118쪽)	崔元峯 : 밉다고 하면 어떻게 할테니. 흥, 미움받는 것이 그리도 무섭? 산돼지 미움이 어금니밖에 더 될까.(22쪽)
11	원봉 : 살아 있어서 내 가슴 속을 낫게ㅡ못한다면! 에잇! 못난 것!(121쪽)	崔元峯 : 살아 있어서 내 가슴을 낫게 못해 준다면? 흐흐흐흐, 무슨 소리야. 살아 있어서 내 가슴 속을 낫게 못한다면! 에잇! 못난 것.(474쪽)	원 : 살아 있어서 내 가슴 속을 낫게 못한다면! 에잇! 못난 것! (121쪽)	崔元峯 : 살아 있어서 내 가슴을 낫게 못해준다면? 흐흐흐흐, 무슨 소리야. 살아 있어서 내 가슴 속을 낫게 못한다면! 예잇! 못난 것.(24쪽)

항목	어문각본(A)	한국연극사본(B)	형설출판사본(C)	전예원본(D)
12	병 : 너 왜 그 애기가 죄가 없다고 그러니? 아 도적놈 애비를 둔 자식이 죄가 없어서? 그 따위 소릴 누가 하더니? 〈斯內亂賊〉이라는 죄명을 모르니! 경을 칠년 같으니!(발길로 찬다.)(21쪽)	兵丁 : 너 왜 그 애기가 죄가 없다고 하니? 아, 역적놈 애비를 둔 자식이 죄가 없어? 그따윗 소리를 누가 하드니? 문난적(斯門亂賊)이라는 죄명을 모르니? 경을 칠 년같으니. (발길질을 한다.) (486쪽)	병 : 너 왜 죄가 없다고 그러니? 아 도적놈 애비를 둔 자식이 죄가 없어서? 그따위 소리를 누가 하드니? 〈斯內亂賊〉이라는 죄명을 모르니! 경을 칠 년 같으니!(발길질한다)(137쪽)	兵丁 : 너 왜 그 애기가 죄가 없다고 하니? 아, 역적놈 애비를 둔 자식이 죄가 없어? 그따윗 소리를 누가 하더니? 사문난적(斯門亂賊)이라는 죄명을 모르니? 경을 칠 년같으니. (발길질을 한다.)(36쪽)
13	영 : 오빠 어머니가 있긴 어디있어요, 여기 계시지 않아요. (24쪽)	崔榮順 : 오빠, 어머니가 어대 있어요, 있긴. 여기 계시지 않아요.(490쪽)	영 : 오빠 어머니가 있긴 어디 있어요, 여기 계시지 않아요. (142쪽)	崔榮順 : 어빠, 어머니가 어대 있어요, 있긴. 여긴 계시지 않아요.(40쪽)
14	주 : 그런데 네 아버지는 어찌도 위인이 겁없고 힘세고 생각이 투철하던지 첫째로는 영순이 아버지 목숨을 구하려고, 둘째로는 그때 봉황산 사 쪽에 진치고 있었던 정부군과 일본군사의 내막을 정탐한 것을 전 봉준에게다 통고해 주려고 하룻밤에는 둘이서 탈옥을 했더란다.(26쪽)	崔主事宅 : 그런데 너 아버지는 어찌도 위인(爲人)이 겁없고 힘세고 생각이 투철하든지 첫째로는 榮順이 아버지 목숨을 구하려고, 둘째로는 그때 인이인(仁利仁) 봉황산(鳳凰山) 등지에 진치고 있었든 정부군(政府軍)과 일본군사의 내막을 전봉준(全琫準)에게다 통고해 주려고 하룻밤에는 둘이서 파옥(破獄)을 했더란다.(494쪽)	주 : 그런데 네 아버지는 어찌도 위인이 겁없고 힘세고 생각이 투철하던지 첫째로는 영순이 아버지 목숨을 구하려고, 둘째로는 그때 봉황산 춤편에 진치고 있었던 정부군과 일본군사의 내막을 정탐한 것을 전봉준에게다 통고해 줄려고 하룻밤에는 둘이서 탈옥을 했더란다.(148쪽)	崔主事宅 : 그런데 너 아버지는 어찌도 위인(爲人)이 겁없고 힘세고 생각이 투철하든지 첫째로는 榮順이 아버지 목숨을 구하려고, 둘째로는 그때 인이인(仁利仁) 봉황산(鳳凰山) 등지에 진치고 있었든 정부군(政府軍)과 일본군사의 내막을 전봉준(全琫準)에게다 통고해 주려고 하룻밤에는 둘이서 파옥(破獄)을 했더란다.(44쪽)

항목	어문각본(A)	한국연극사본(B)	형설출판사본(C)	전예원본(D)
15	원 : 영순이를 위주로 해서 날 생각하는 것이 미워요. 그것이 안미우면 어떤 것이 미운 것이 있겠오. 주 : 내가 영순이를 전혀 안생각했다는 것도 거짓말이겠지만 영순이 생각도 결국은 너까지 한꺼번에 생각한게 아니겠니? 너희 남매 둘을 다 행복하게 만들어야지 내 속도 편안해지지 않겠니?(27쪽)	崔元峯 : 榮順이를 위주해서 날 생각하는 것이 미워요. 그리고 貞淑이를 미워한 것도 그만큼 미워요, 미워요, 미워요, 그것이 안 미우면 어떤 것이 미운 것이 있겠소. 崔主事宅 : 내가 榮順이를 전혀 생각 아니 했다는 것도 거짓말이지만 榮順이 생각도 결국은 너까지 한꺼번에 생각한 끝이 아니겠니? 너의 남매 둘을 다 행복스럽게 맨들어 놔야지 내 속도 편안해지지 않겠니?(495~496쪽)	원 : 영순이를 위주로 해서 날 생각하는 것이 미워요. 그것이 안 미우면 어떤 것이 미운 것이 있겠소. 주 : 내가 영순이를 전혀 안 생각했다는 것도 거짓말이겠지만, 영순이 생각도 결국은 너까지 한꺼번에 생각한 게 아니겠니? 너희 남매들을 다 행복스럽게 만들어 놔야지 내 속도 편안해지지 않겠니?(150쪽)	崔元峯 : 榮順이를 위주해서 날 생각하는 것이 미워요. 그리고 貞淑이를 미워한 것도 그만큼 미워요, 미워요, 미워요, 그것이 안 미우면 어떤 것이 미운 것이 있겠소. 崔主事宅 : 내가 榮順이를 전혀 생각 아니 했다는 것도 거짓말이지만 榮順이 생각도 결국은 너까지 한꺼번에 생각한 끝이 아니겠니? 너의 남매 둘을 다 행복스럽게 맨들어 놔야지 내 속도 편안해지지 않겠니? (45쪽)
16	제2막 몽황장면이던 산등벌판. 봄의 앞잡이인 진달래가 여기저기 피어 있고, 초록빛 연한 잔디가 가득히 얼굴을 내밀고 있다. 초춘의 푸른 하늘이 높게 원봉이가 양지볕을 온몸에 받아가면서 혼자 기대고 있다. 기지개를 폈다가, 하품을 했다가, 일어서 거닐다가, 심호흡을 하다가 한다. 시계를 내보기도 한다.(30쪽)	제2막 몽환(夢幻)의 장면이든 산 등 벌판. 봄의 앞잡이인 진달래의 떨기가 여기 저기. 초록빛 연한 잔디가 다투어 얼굴을 내밀고 있다. 초춘(初旬)의 푸른 하늘이 높게. 元峯이가 양지볕을 온몸에 받아 가면서 혼자 기대고 있다. 기지개를 켰다가 하품을 했다가, 일어서서 거닐다가, 심호흡을 하다가 한다. 시계를 내 보기도 한다.(500쪽)	제2막 몽황장면이던 산등벌판. 봄의 잡이인 진달래가 여기저기 초록빛연한 잔디가 가득히 얼굴을 내밀고 있다. 초춘의 푸른 하늘이 높게. 원봉이가 야지볕을 왼몸에 받아가면서 혼자 기대고 있다. 기지개를 폈다가, 하품을 했다가, 일어나서 거닐다가, 심호흡을 하다가 한다. 시계를 내보기도 한다.(156쪽)	제2막 몽환(夢幻) 장면이든 산 등 벌판. 봄의 앞잡이인 진달래와 떨기가 여기 저기. 초록빛 연한 잔디가 다투어 얼굴을 내밀고 있다. 초순(初旬)의 푸른 하늘이 높게. 元峯이가 양지볕을 받아 가면서 혼자 기대고 있다. 기지개를 켰다가 하품을 했다가, 일어서서 거닐다가, 심호흡을 하다가 한다. 시계를 내 보기도 한다.(50쪽)

항목	어문각본(A)	한국연극사본(B)	형설출판사본(C)	전예원본(D)
17	영 : 그까짓것 물으셔서 무엇해요. 그만두세요. 그 시나 읽읍시다요. 원 : (일으키며) 　내가 이 잔디 위에 뛰노닐적에 　우리 어머니가 이 모양을 보아주실 수 없을까 　어린아기가 어머니 젖가슴에 안겨 어리광함과 같이 　내가 이 잔디밭 위에 기뚱거릴 적에 　우리 어머니가 이 모양을 참으로 보아주실 수 없을까. (30~31쪽)	崔瑩順 : 그까짓것 물으셔서 뭘 해요. 고만두세요. 그 시나 읽읍시다요. 崔元峯 (읽으며) 　내가 이 잔디밭 우에 뛰노닐 적에, 　우리 어머니가 이 모양을 보아 주실 수 없을까. 　어린 아기가 어머니 젖가슴에 안겨 어리광함같이 　내가 이 잔디밭 우에 짓둥그를 적에 　우리 어머니가 이 모양을 참으로 보아 주실 수 없을까. (501쪽)	영 : 그까짓것 물으셔서 무엇해요. 그만두세요. 그 시나 읽읍시다요. 원 (일으키며) 　내가 이 잔디 위에 뛰노닐적에 　우리 어머니가 이 모양을 보아주실 수 없을까 　어린아기가 어머니 젖가슴에 안겨 어리광함과 같이 　내가 이 잔디밭 위에 짓둥거릴 적에 　우리 어머니가 이 모양을 참으로 보아 주실 수 없을까. (157쪽)	崔瑩順 : 그까짓것 물으셔서 무엇해요. 그만 두세요. 그 시나 읽읍시다요. 崔元峯 (읽으며) 　내가 이 잔디밭 우에 뛰노닐 적에, 　우리 어머니가 이 모양을 보아 주실 수 없을까. 　어린 아기가 어머니 젖가슴에 안겨 어리광함같이 　내가 이 잔디밭 우에 짓둥그를 적에 　우리 어머니가 이 모양을 참으로 보아 주실 수 없을까.(51쪽)
18	원 : 그전 말이지, 지금은 내 생각도 변해졌다. 남녀가 한 지붕 밑에서 남편하는 일 아내하는 일 다 달라질 것 아니? 일전에 일본에서 온 어떤 신문에 보니까 여자가 자전거타고 가는 옆에 남자가 애기를 업고 터덕거리고 가는 만화가 있더라.(31쪽)	崔元峯 : 그전 말이지, 지금은 내 생각도 변해졌다. 이왕 남녀가 같이 한 지붕 밑에서 살어 가자면 남편 하는 일 아니 하는 일 다 달라질 것이 아니니? 일전에 일본서 온 어떤 신문을 보니까 여자가 자행차(自行車)에 타고 가는 옆에 사내가 애를 업고 터덕거리고 가는 만화가 있드라.(502쪽)	원 : 그전 말이지. 지금은 내 생각도 변해졌다. 이왕 남녀가 한 집붕밑에서 남편하는 일 아내하는 일 다 달라질 것 아니? 일전에 일본에 온 어떤 신문에 보니까 여자가 자행차고 가는 옆에 남자가 애기를 엎고 터덕거리고 가는 만화가 있드라.(159쪽)	崔元峯 : 그전 말이지, 지금은 내 생각도 변해졌다. 이왕 남녀가 같이 한 지붕 밑에서 살어 가자면 남편 하는 일 아내 하는 일 다 달라질 것이 아니니? 일전에 일본서 온 어떤 신문을 보니까 여자가 자행차(自行車)에 타고 가는 옆에 사내가 애를 업고 터덕거리고 가는 만화가 있드라.(52쪽)

항목	어문각본(A)	한국연극사본(B)	형설출판사본(C)	전예원본(D)
19	원 : 그런데 첫째 결혼 조건은 너도 알다시피 사랑이 제일이라고 생각한 나머지 그 조건 이하로 온갖 것을 다 희생해서라도 결혼을 했다고 하자. 그런데 그여자 너 모양으로 바느질하기 싫고, 또 그 까닭으로 바느질할 줄 모르는 여자라고 하자. (161쪽)	崔元峯 : 그런대 첫째 결혼조건은 너도 잘 알다시피 사랑이 제 일조가 되어야 하지 않겠니? 그러면 이 제 일조에 맞어서 제 이조 이하로 온갖 것을 희생해 가면서도 결혼을 했다고 하자. 그런대 그 여자는 너 모양으로 바느질하기 싫고 또 그 까닭으로 바느질할 줄 모르는 여자라고 하자. (504쪽)	원 : 그런데 첫째 결혼 조건은 너도 알다시피 사랑이 제일 조여 맞어서 제그조 이하로 온갖 것을 다 희생해서라도 결혼을 했다고 하자. 그런데 그 여자 너 모양으로 바느질하기 싫고, 또 그 까닭으로 바느질할 줄 모르는 여자라고 하자. (161쪽)	崔元峯 : 그런데 첫째 결혼조건은 너도 잘 알다시피 사랑이 제 일조가 되어야 하지 않겠니? 그러면 이제 일조에 맞어서 제 이조 이하로 왼갖 것을 희생해 가면서도 결혼을 했다고 하자. 그런데 그 여자는 너 모양으로 바느질하기 싫고 또 그 까닭으로 바느질할 줄 모르는 여자라고 하자. (54쪽)
20	정 : 업수이 여기지 말아요. 지금 앉아서는 그런 소리도 어줍잖게밖에 안 들려요. 원 : 그 전에는. 정 : 고만둬요. 젊잖지 않게 들려요. 원 : 그 전에는. 정 : 그만 둬요. 젊잖지 않게. 원 : 정숙이가 지금은 그렇게 젊잖아졌어. 더욱 축하해야 할 일이로군.(36쪽)	貞淑 : 업수이 너기지 말아요. 지금 앉아서는 그런 소리도 어저짠게 밖에 안 들려요. 崔元峯 : 그 전에는? 貞淑 : 고만둬요. 젊잖지 않게. 崔元峯 : 貞淑이가 지금은 그렇게 젊잖해졌구나. 더욱 축하해야 할 일이로군. (509쪽)	정 : 업수이 여기지 말아요. 지금 앉아서는 그런 소리도 어줍잖게밖에 안 들려요. 원 : 그 전에는. 정 : 고만둬요. 젊잖지 않게 들려요. 원 : 그 전에는 정 : 그만 둬요. 젊잖지 않게. 원 : 정숙이가 지금은 그렇게 젊잖아졌나. 더욱 축하해야 할 일이로군.(168쪽)	貞淑 : 업수이 너기지 말아요. 지금 앉아서는 그런 소리도 어저짠게 밖에 안 들려요. 崔元峯 : 그 전에는? 貞淑 : 고만둬요. 젊잖지 않게. 崔元峯 : 貞淑이가 지금은 그렇게 젊잖해졌구나. 더욱 축하해야 할 일이로군. (59쪽)

항목	어문각본(A)	한국연극사본(B)	형설출판사본(C)	전예원본(D)
21	원 : (외면을 하며) 그까짓 것 또 물어 뭣해! 모두 옛일을 가지고. 정 : 옛일이니까 지금 이야기해 보려는 것이 아니오? 내게는 소용이 단단히 있어요. 내게 대한 책임을 모르슈? 원 : (독하게) 거짓투성이! 누구에게다 미룰려고.(36쪽)	崔元峯 : (외면을 하며) 그까짓 곳도 물어 멀 해! 모두 옛일을 가지고. 貞淑 : 옛일이니까 지금 이야기 해 보려는 것이 아니요? 崔元峯 : 그까짓 것 무슨 소용으로. 貞淑 : 내게는 소용이 단단히 있어요. 내게 대한 책임을 모르슈? 崔元峯 : (독하게) 가짓뿌렁이! 누구에게다 밀려고.(510쪽)	원 : (외면을 하며) 그까짓 것 또 물어 뭣해! 모두 옛일을 가지고. 정 : 옛일이니까 지금 이야기해 보려는 것이 아니오? 내게는 소용이 단단이 있어요. 내게 대한 책임을 모르슈? 원 : (독하게) 거짓투성이! 누구에게다 밀려고.(169쪽)	崔元峯 : (외면을 하며) 그까짓 곳도 물어 멀 해! 모두 옛일을 가지고. 貞淑 : 옛일이니까 지금 이야기 해 보려는 것 아니요? 崔元峯 : 그까짓 것 무슨 소용으로. 貞淑 : 내게는 소용이 단단이 있어요. 내게 대한 책임을 모르슈? 崔元峯 : (독하게) 가짓뿌렁이! 누구에게다 밀려고.(59~60쪽)
22	정 : 향수바른 여자는 악인 같은 남자의 먹이가 되겠구려. 하나 가르쳐 주셔서 감사 무지하외다.(37쪽)	貞淑 : 향수 바르는 여자는 죄다 성인(聖人) 같은 남자의 유혹자가 되겠구려. 철리(哲理) 하나 가르쳐 주셔서 감사 무지하외다.(510쪽)	정 : 향수바른 여자는 악인 같은 남자의 유혹자가 되겠구려. 하나 가르쳐 주셔서 감사 무지하외다.(170쪽)	貞淑 : 향수 바르는 여자는 죄다 성인(聖人) 같은 남자의 유혹자가 되겠구려. 철리(哲理) 하나 가르쳐 주셔서 감사 무지하외다.(60쪽)
23	정 : (못 들은 척하는 얼굴로 일어나며 간다. 가다가 진달래꽃이 눈에 뜨이니까 그것을 한손으로 뜯어다가 원봉이 앞에 갖다가 뿌리며) 오늘이 삼월 삼짓날이야. 모두들 잊었소그려. 자, 이 꽃이나 갖다 상 위에다 놓아주오.(38쪽)	貞淑 : (못들은 척하는 얼골로 일어나서 간다. 가다가 진달래꽃이 눈에 떼이니까 그것을 한 손 뜯어다가 元峯의 앞에다가 뿌리며) 오늘 3월 삼짇날이야. 모도들 잊었소 그려. 자, 이 꽃이나 갖다가 상 위에다가 놔 주. 나는 이대로 우리 집을 갈 테니까.(513쪽)	정 : (못 들은척하는 얼굴로 일어나며 간다. 가다가 진달래꽃이 눈에 뜨이니까 그것을 한손 뜯어다가 원봉이 앞에 갖다가 뿌리며) 오늘이 삼월 삼짓날이야. 모두들 잊었오그려. 자, 이 꽃이나 갖다 상 위에다 놓아 주오.(173쪽)	貞淑 : (못 들은 척하는 얼골로 일어나서 간다. 가다가 진달래꽃이 눈에 떼이니까 그것을 한 손 뜯어다가 元峯의 앞에다가 뿌리며) 오늘 3월 삼짇날이야. 모도들 잊었소 그려. 자, 이 꽃이나 갖다가 상 위에다가 놔 주. 나는 이대로 우리 집을 갈테니까.(63쪽)

이상의 표를 유심히 보면 어문각본(A)은 형설출판사본(C)과 상당히 비

숫하고, 한국연극사본(B)은 전예원본(D)과 비슷함을 알 수 있다. 결국 원본의 출처를 밝히지 않은 어문각본과 한국연극사본은 원본의 출처를 밝힌 형설출판사본과 전예원본으로 바뀐 것으로 추정된다.

3. 단어 · 어절 · 구절이 다른 경우

위의 표를 통해서 볼 때, 각 출판사본마다 단어 · 어절 · 구절이 다른 경우는 1, 2, 3, 4, 5, 6, 7, 8, 13, 16, 17, 18, 19, 22번 항목이다. 이 항목들에 대하여 어느 표현이 적합할 것인지 논의해보기로 한다.

1. 최원봉의 나이는 29세로 보아야 할 것이다. 왜냐하면 차혁의 나이가 28세로 되어 있고, 차혁과 원봉이 다투는 장면에서 원봉이 차혁보다 손위인 것으로 등장하기 때문이다.

2. 무대 지문인 이 항목에서는 영순이 집안이 규모 있는 살림살이를 하고 있음을 적시하는 것으로 장독대나 뒤지 등은 "견실 순박한 세간"을 나타내는 것이고, 이러한 견실함이 "마루밑까지 나타나있다"는 표현으로 보아야 할 것이다. "낫 하나 있다"를 발음대로 적으면 '나타나 있다'가 된다.[8]

3. 이 항목에서는 "밀수(蜜水)"라는 단어와 피동태의 쓰임에 관한 것이 문제가 된다. 현재의 어휘를 고려한다면, '밀수'는 한자어로 '꿀물'보다 그 이전의 표기로 보인다. 또한 문장 서술 방식으로 보아 능동태가 피동태보다 이전의 것으로 보인다.

---

8) 이 작품이 게재되었던 것으로 추정되는 『조선지광』의 1927년 초 표기는 소리나는 대로 적는 표음 표기와 뜻을 구분하여 적는 표의 표기가 혼용되고 있다.

4. 이 항목에서는 "복송아"와 "십오전" 그리고 문장부호가 문제가 된다. '복송아'는 '복숭아'에 비하여 아어체(雅語體)이며 사투리이다. 〈산돼지〉에 쓰인 어휘들이 구어 중심이라고 볼 수도 있는데, '복숭아'는 3번 항목에서 '복숭아'로 표기되어 있다. 복숭아가 한 개에 십오 원 한다면 여덟 번째 항목에서 문제가 된 오십 원은 별것 아닌 것이 된다.

원봉의 "알기나 아니"라는 말도 영순이나 차혁에게 물음으로 제시된 것이 아니라 독백조로 제시된 것으로 보아서 그다음에 오는 문장부호는 말없음표가 되어야 한다고 본다. "알기나 아니?"라는 말은 듣는 이가 말하는 이의 뜻을 진정으로 아는가 하는 의미를 담고 있다.

5. 이 항목에서는 "비위가 상해?"와 "비위가 웨 상해?"가 문제가 된다. 그 부분을 적시해보자.

> **원봉** 자네나 너나 다 내앞에 절해야 한다. 위대한 개선장군 앞에 가서 두 애인이 손잡고 축복을 받으려는 것과 같이…
>
> **혁** 그런 히니꾸는 빼놓고 해라. 비위 상한다.
>
> **원봉** ㉠ 비위가 상해?
>
> ㉡ 비위가 웨 상해?

㉠ "비위가 상해?"는 비위가 상하지 않는다는 뜻이거나 상대방을 놀리는 의미를 갖는 표현이고, ㉡ "비위가 웨 상해?"는 그야말로 의문문이 된다. 즉 "비위가 왜 상하느냐고? 이러이러해서 내 비위가 상한다."라는 완성된 문장이 되어야 한다. 그런데 이 말을 하는 원봉의 심리 상태는 비위가 상하지 않는다는 것을 보여주려고 하고 있다.

6. 원봉이 영순의 옷차림에 대해서 나무라자 영순이가 "고운 것 아낀다구 발가벗고 있을 수 있어요?"라고 반문하는 것은 영순의 성격으로 보아 불가능한 표현이다. 영순은 원봉의 말 한마디에 울고 웃는 상태에 놓여 있다.

7. 동네 청년들의 모임이 회계상무간사를 둘 만큼 크거나 조직적이라고 할 수 없다. 청년회원 몇 명이 모여서 원봉이를 산돼지라고 하면서 야단을 떨었다는 표현이나, 회의 경비 오십 원이 축났기 때문에 세 사람이 고민하는 것 등이 이를 뒷받침해준다. 회계상무간사를 둘 정도의 조직이라면 재정 규모가 상당히 커야 할 것이다.

8. 이미 앞에서 축난 돈이 오십 원이라고 명시되어 있다. 그리고 "수학상으로 50여 원"보다는 "숫자상으로 오십여원"이라는 것이 구어적 표현이다. 또한 이미 지난 일에 대해서 "50여원이나 될 것"이라고 미래를 나타내는 관형형 어미를 쓰는 것은 적합하지 않다고 본다.

13. "어머니가 어대 있어요, 있긴"은 "어머니가 있긴 어디있어요"보다 '어머니가 없다'는 의미를 강하게 지니며, 후자는 어머니가 있는 장소를 지목하기 위한 전제 문장이 된다.

16. 이 항목에서는 "봄의 앞잡이인 진달래가 여기 저기 피어 있고,"와 "봄의 앞잽이인 진달래의 떨기가 여기 저기" 중에 어느 쪽이 합당한가에 관해 논의해야 한다. 이 두 문장의 의미는 같은 것이라고 할 수 있으나, 전자가 조금은 시적인 문장이라면, 후자는 서술적 문장이다. 그리고 다음에 오는 문장 가운데에 "가득히"와 "다투어"를 비교해보면 봄날에 들판에서 돋아나는 잔디의 싹을 표현하는 부사어로 "다투어"가 더 적합하다고 할 수 있다. 이 작품의 다음 장면이 조명희의 시를 낭송하는 것인데, 이와 연결시키면 서술적 문장보다는 시적 문장이 이 상황에서는 더 적합하다고 여겨진다.

그리고 다음에 있는 "초춘의 푸른 하늘"과 "초순의 푸른 하늘"은 객관적 논리로 보아 '초춘의 푸른 하늘'이 적합하다고 하겠다. 무대 설정으로 보아서도, 제3막은 봄날에 일어나는 일이기 때문이다.

또한 "기지개를 펴다"보다는 "기지개를 켜다"가 더 적합한 표현이라고 하겠다.

17. 원봉이의 행동을 지시하는 지문으로서 "일으키며"와 "읽으며"는 앞뒤의 동작을 연결시키는 데에 별 문제가 없다. 양지볕을 쪼이며 기대고 있던 원봉이 몸을 일으킬 수도 있고, 영순이로부터 시집을 받아서 읽을 수도 있기 때문이다. 그런데 몸을 일으키며 시를 읽는 것은 동시에 할 수 있는 동작이지만, 책을 받은 다음에 하는 동작을 "읽으며"로 표현하기에는 무리가 있다. 배역의 행동을 지정하는 표현으로는 "읽는다"가 적합할 것이다.

18. 두 남녀가 결혼하여 한 집에서 살자면 남편 하는 일과 아내 하는 일이 달라야 한다는 내용이다. 그리고 이 이야기가 전개되는 배경이 한반도로 돼 있다고 상정할 수 있으므로 "일본서 온 어떤 신문"이 적합한 표현이라고 하겠다.

19. 결혼의 첫째 조건은 두 사람 사이의 사랑인데, 그 사랑 때문에 다른 것은 다 버리고 결혼한다는 의미가 되어야 한다.

22. 향수 바르는 여자는 정숙이고, 성인 같은 남자는 원봉으로 파악된다.

4. 문장 첨삭이 있는 경우

위의 표를 통해서 문장 첨삭이 있는 경우로 볼 수 있는 항목은 9, 10, 11, 12, 14, 15, 20, 21, 23이 된다. 이 항목들에 대해서도 어느 표현이 적절한 것인지 논의해보기로 한다.

9. 이 항목은 원봉이 상무간사로 일하던 회에서 축난 돈의 처리를 놓고 원봉과 혁이 논쟁을 하다가 혁이 원봉에게 소인이라고 하자 원봉이 이에 대꾸한 말이다.

혁　(일어서며) 점점 타락해 가는구나. 잘 되어 간다. 산돼지나 되었으면 잡아 먹기나 하지만, 너는 그것도 못되는 소인이야.

　이 말에 대해서 원봉은 "소인?"이라고 의문형으로 확인을 하고 자신의 뜻을 피력해야 한다. "소인, 소인?"이라고 할 필요가 없다.

　또한 "달려들듯이"가 되어야 [달려들뜨시]로 발음되어 '지금 막 달려들 것처럼'의 뜻이 된다. "달려들 듯이"는 [달려들 드시]로 '달려드는 것처럼'의 뜻이 되어 의미가 약화된다. "달려들 듯이"는 "달려들듯이"의 '~듯이'를 의존명사로 보아 띄어쓰기를 했을 수도 있다.

　10. 이 항목은 영순이 원봉이에게 "(우는 소리로) 왜 그렇게 말씀하세요? 내가 그렇게도 미워요? 오빠."라는 대사 다음에 오는 말이다. 원봉이 자신은 다른 사람에게 미움받는 것이 두렵지 않은데, 그 까닭은 자신이 산돼지이기 때문이라는 것이다. 따라서 "산돼지 미움이 어금니밖에 더 될까?"라는 단순한 표현보다는 미움과 두려움이 결합된 표현이, 갈등하고 있는 원봉이의 마음을 더 잘 나타내는 것이라고 하겠다.

　11. 이 항목도 10번 항목과 같은 논리로 풀이할 수 있다. 영순이가 원봉에게 자신이 살아서 원봉의 가슴을 낫게 하지 못한다면 죽을 수도 있다는 말을 하자, 이에 비아냥거리는 투로 하는 말이다.

　12. 이 항목은 원봉의 생모를 끌고 가는 병정이, 원봉의 생모가 뱃속에 든 아기는 죄가 없으니 아이를 낳을 때까지만 살려달라고 애원하자, 내뱉는 말이다. 동학에 참여한 박정식이 역적이고 사문난적(斯門亂賊)이니, 그 아내의 뱃속에 든 자식에게도 죄가 있다는 말이다. 동학에 참여한 사람을 '도적'이라고 하는 것은 역사적 사실에 맞지 않는 것이고, '斯內亂賊'이라는 표현도 한자 용어로 적합하지 않다. 정보암은 '斯文亂賊'을 '斯門亂賊'으로 표현한 것에 대하여, '斯門亂賊'은 "가문을 어지럽히는 적"이라고 받아들일 수 있는데 이런 표현은 모국어 화자의 것이라기보다는 한국말을

외국어로 쓰는 사람의 말부림에 가깝다고 지적하였다.[9]

14. 이 문장은 원봉이 아버지의 사람됨을 말해주는 것이다. 네 개의 판본 모두 원봉이 아버지의 사람됨을 말하는 데에 문제는 없으나, "봉황산사쪽에"나 "봉황산寺편에"보다는 "인이인 봉황산 등지에"라는 표현이 자연스럽다.

"파옥"은 경과를 말하는 것이고 "탈옥"은 결과를 중시하는 의미를 담고 있는 것이라고 본다면, 여기에서는 "탈옥"이 더 적합하다고 하겠다.

15. 여기에 제시된 대사는 원봉과 영순의 어머니가 각각의 심정을 토로하는 것이다. 정숙과 연관된 영순 어머니의 행동을 싫어하는 원봉으로서는 "貞淑이를 미워한 것도 그만큼 미워요, 미워요, 미워요,"라는 말을 함으로써, 그런 말을 하지 않을 때보다 자기의 심정을 훨씬 더 잘 드러내게 된다고 하겠다.

또한 영순 어머니도 원봉과 영순을 똑같이 생각하고 있다는 뜻을 드러내기 위해서는 "너희 남매들을" "한꺼번에 생각한 게 아니겠니?"라는 것보다는 "너의 남매 둘을" "한꺼번에 생각한 끝이 아니겠니?"라는 표현이 더 적합한 것이라고 하겠다.

20. "어줍잖다"는 '어쭙지 않다'의 사투리로 보인다. '어쭙지 않다'는 '말이나 행동이 분에 넘치는 것 같다'는 뜻인데, 이 말을 하는 정숙이는 이미 원봉을 전과 같이 생각하고 있지 아니 함을 드러내고 있다. 그러자 원봉은 정숙에게 시험하는 투로 "그 전에는"이라는 말을 두 번씩이나 한다. 그리고는 정숙에게 "젊잖아졌어"라고 하면서도 "축하해야 할 일"이라고 비아냥거린다.

21. 원봉과 정숙의 대화 내용으로 보아서 원봉의 "그까짓 것 무슨 소용으로."라는 구절이 들어가야 그다음 정숙의 대화가 이어질 수 있다. "거짓

---

9) 정보암, 「김우진의 〈山돼지〉 연구」, 경상대학교 석사학위 논문, 1993, 13쪽.

뿌렁이"나 "거짓투성이"는 거짓말 자체를 말하지만, "거짓뿌렁이"가 듣는 이에게 부정적인 인상을 더 강하게 준다. 따라서 원봉이가 정숙이와 완전하게 화합하지 못하고 있는 상황에서는 "거짓투성이"라고 평범하게 말하는 것보다는 "거짓뿌렁이"라고 강하게 질타하는 것이 합당하다고 하겠다.

23. "한 손"은 '한 줌'의 뜻이다. 정숙이의 대사 마지막 부분에 있는 "나는 이대로 우리 집을 갈테니까."는 상당히 중요한 역할을 한다. 이 대사는 작품의 마지막까지 원봉과 정숙이 화합하지 못하게 될 것이라는 암시를 주고 있다. 작품에서 원봉과 정숙은 과거를 청산하고 가까워지는 듯하나 끝내 화합하지 못하고 있다. 정숙이 자신의 길을 가려고 하고 있고, 원봉이 정숙이에게 어디로 갈 것이냐고 묻지만 정숙은 대답하지 않는다.

위의 대조표에는 들어 있지 않지만 각 작품집마다 다른 것으로, 〈산돼지〉 제2막에서 원봉이 영순에게 불러주기를 원하는 〈나흐다질 노래〉 악보가 어문각본과 전예원본에만 있다는 점을 들 수 있다. 이 두 개의 악보는 음정과 박자가 동일하지 않다.

5. 작품 내적 논리에 따른 적합 문장

위에서 논의한 것을 근거로 하여 작품 내적 논리에 따라 적합한 문장을 찾아 보면 다음과 같다. 이 표에서 괄호 안에 들어 있는 A, B, C, D는 독자적인 판본을 의미한다. A+B는 어문각본이 중심이 되고 한국연극사본이 보태진 것을 말한다. B+A는 그 반대의 경우이다.

번호	내 용
1	최원봉(29세)(461쪽)(B,D)

번호	내 용
2	중류계급의 견실 순박한 세간살이. 장독대, 뒤지, 찬장, 심지어 걸레질 잘 해놓은 마루바닥, 잘 쓸어놓은 마루 밑까지 나타나 있다.(A)
3	榮順이가 밀수(蜜水)와 복숭아와 칼을 놓은 쟁반을 가지고 와서 옆에 놓는다.(B.D)
4	원봉 : (바둑을 치우며) 얘, 이래뵈도 이 복숭아가 십 오전씩이란다. 천진수밀도야. 알기나 아니⋯⋯(A)
5	원봉 : 비위가 상해? (얼굴이 침통하게 변해지며) 개선장군이란 실상은 패전장군이란 말 뜻을 모르니? 게다가 목숨 붙은 장군이니까 죽어자빠진 석상이란 말이야.
6	영순 : 이것밖에는 없는걸 어떻게 해요. 새로 장만하자면 또 돈 들지 않아요. 있는 것 먼저 입어버리지요.(A.C)
7	車嬸 : 왜 그런고 허니 한 회의 상무간사로서 앉은 책임이 있는 이니까 설령 회계에 축이 났다고 하드래도 제가 물어넣면 고만일게 아니냐 말이야.(B.D)
8	원봉 : 쓸데없는 궁리는 내지도 마라. 하여간 내가 좀 헤프게 쓴 것은 사실이야. 그러나 지금와서 숫자상으로 오십여원이나 된 것은 참 나도 놀랐다.(A.C)
9	원봉 : 소인? 너희들은 얼마나 위대한 대인이니? 이 에고이즘에 철저한 놈들! (달려들듯이) 일을 위해서는 위선까지 용서해야 한다고 그것이 너희들 주의로구나.(A.C)
10	崔元峯 : 믿다고 하면 어떻게 할테니. 흥, 미움받는 것이 그리도 무섭니? 산돼지 미움이 어금니밖에 더 될까.(B.D)
11	崔元峯 : 살아 있어서 내 가슴을 낫게 못해 준다면? 흐흐흐흐, 무슨 소리야. 살아 있어서 내 가슴 속을 낫게 못한다면! 에잇! 못난 것.(B.D)
12	兵丁 : 너 왜 그 애기가 죄가 없다고 하니? 아, 역적놈 애비를 둔 자식이 죄가 없어? 그따윗 소리를 누가 하드니? 사문난적(斯門亂賊)이라는 죄명을 모르니? 경을 칠 년같으니.(발길질을 한다.)(B.D)
13	영 : 오빠 어머니가 있긴 어디있어요, 여기 계시지 않아요.(A.C)
14	崔主事宅 : 그런데 너 아버지는 어찌도 위인(爲人)이 겁없고 힘세고 생각이 투철하든지 첫째로는 榮順이 아버지 목숨을 구하려고, 둘째로는 그때 인이인(仁利仁) 봉황산(鳳凰山) 등지에 진치고 있었든 정부군(政府軍)과 일본 군사의 내막을 전봉준(全琫準)에게다 통고해 주려고 하룻밤에는 둘이서 파옥(破獄)을 했더란다.(B.D)
15	崔元峯 : 榮順이를 위주해서 날 생각하는 것이 미워요. 그리고 貞淑이를 미워한 것도 그만큼 미워요, 미워요, 미워요, 그것이 안 미우면 어떤 것이 미운 것이 있겠소. 崔主事宅 : 내가 榮順이를 전혀 생각 아니 했다는 것도 거짓말이지만 榮順이 생각도 결국은 너까지 한꺼번에 생각한 끝이 아니겠니? 너의 남매 둘을 다 행복스럽게 맨들어 놔야 내 속도 편안해지지 않겠니?(B.D)

번호	내 용
16	제2막 몽환(夢幻)의 장면이든 산 등 벌판. 봄의 앞잽이인 진달래의 떨기가 여기 저기. 초록빛 연한 잔디가 다투어 얼굴을 내밀고 있다. 초춘의 푸른 하늘이 높게. 元峯이가 양지볕을 온몸에 받어 가면서 혼자 기대고 있다. (B+A)
17	영 : 그까짓것 물으서서 무엇해요. 그만 두세요. 그 시나 읽읍시다요. 원 : (일으키며) 내가 이 잔디밭 위에 뛰노닐적에 우리 어머니가 이 모양을 보아주실 수 없을까 어린아기가 어머니 젖가슴에 안겨 어리광함과 같이 내가 이 잔디밭 위에 기뚱거릴 적에 우리 어머니가 이 모양을 참으로 보아 주실 수 없을까.(A+B)
18	崔元峯 : 그전 말이지, 지금은 내 생각도 변해졌다. 이왕 남녀가 같이 한 지붕 밑에서 살어 가자면 남편 하는 일 아내 하는 일 다 달라질 것이 아니니? 일전에 일본서 온 어떤 신문을 보니까 여자가 자행차(自行車)에 타고 가는 옆에 사내가 애를 업고 터덕거리고 가는 만화가 있드라.(D)
19	崔元峯 : 그런대 첫째 결혼조건은 너도 잘 알다시피 사랑이 제 일조가 되어야 하지 않겠니? 그러면 이 제 일조에 맞어서 제 이조 이하로 왼갖 것을 희생해 가면서도 결혼을 했다고 하자. 그런대 그 여자는 너 모양으로 바느질하기 싫고 또 그 까닭으로 바느질할 줄 모르는 여자라고 하자.(B)
20	정 : 업수이 여기지 말어요. 지금 앉어서는 그런 소리도 어줍잖게밖에 안 들려요. 원 : 그 전에는. 정 : 고만둬요. 젊잖지 않게 들려요. 원 : 그 전에는. 정 : 그만 둬요. 젊잖지 않게. 원 : 정숙이가 지금은 그렇게 젊잖어졌어. 더욱 축하해야 할 일이로군.(A)
21	崔元峯 : (외면을 하며) 그까짓 것 또 물어 멀 해! 모두 옛일을 가지고. 貞淑 : 옛일이니까 지금 이야기 해 보려는 것이 아니요? 崔元峯 : 그까짓 것 무슨 소용으로. 貞淑 : 내게는 소용이 단단히 있어요. 내게 대한 책임을 모르슈? 崔元峯 : (독하게) 가짓뿌렁이! 누구에게다 밀려고.(B.D)
22	貞淑 : 향수 바르는 여자는 죄다 성인(聖人) 같은 남자의 유혹자가 되겠구려. 철리(哲理) 하나 가르쳐 주서서 감사 무지하외다.(B.D)
23	貞淑 : (못들은 척하는 얼골로 일어나서 간다. 가다가 진달래꽃이 눈에 떼이니까 그것을 한 손 뜯어다가 元峯의 앞에다가 뿌리며) 오늘 3월 삼짇날이야. 모도들 잊었소 그려. 자, 이 꽃이나 갖다가 상 위에다가 놔 주. 나는 이대로 우리 집을 갈 테니까.(B. D)

6. 결론

지금까지 네 개의 작품집에 실린 〈산돼지〉들의 차이점과 어느 것이 정본일 수 있는가에 대하여 논의를 해보았다. 이러한 논의는, 일회적인 것이 아니라 작품이 발표된 잡지가 발견되어 원본이 확정될 때까지, 끊임없이 이루어져야 한다. 그리고 이러한 작업이 우리말에 대한 사랑을 표현하는 또다른 방법이라고 믿는다.

논의에서 지적한 23개의 항목 가운데에 23번 항목은 상당히 중요한 것으로 파악된다. 그 항목의 마지막에 있는 '나는 이대로 우리 집을 갈 테니까.'라는 문장은, 그것이 있고 없음에 따라 등장인물들의 현재 심리 상태와 미래에 지향해야 할 바가 달라지기 때문이다. 이러한 점에 대해서는 계속하여 토구(討究)하고자 한다.

*이 글은 '제4회 김우진문학제'(2011년)에서 발표된 논문임.

김우진 희곡에 나타난 시대 의식과 유령성

박 명 진

1. 머리말

한국 희곡사 연구에서 김우진은 어떤 '대상'이라기보다는 어떤 '징후'
로서 기능한다. 이 말은 김우진의 희곡을 논의한다는 행위 자체가 독특한
연구사적 의미망을 형성함을 뜻한다. 즉 김우진을 논한다는 것은, 유치
진이나 송영, 또는 함세덕이나 오영진 등을 소환하는 것과는 다른 효과를
불러일으킨다. 왜냐하면 김우진은 사실주의극(또는 자연주의극)과 표현주
의극, 민족과 자아, 마르크시즘과 모더니즘을 넘나들며 1920년대 극예술
의 독특한 영역을 시도한 작가이기 때문이다. 이를테면, 김우진이란, 또
는 김우진의 극예술이란, 한국 근대 희곡사에 있어서 하나의 변이태(變異
態), 또는 매우 낯선 풍경으로 다가오는 어떤 '징후' 같은 것이다. 물론 이
낯선 풍경은 〈난파(難破)〉라는 표현주의극 형식의 생경함을 떠올릴 때 가
장 적합한 것이겠지만, 〈산돼지〉에서처럼 사실주의극 형식과 표현주의극
형식의 조합에서도 발견되는 것이다. 따라서 김우진을 논하는 것은 한국
근대 희곡사라는 흐름에 돌출적이고 우발적인 '사건'을 개입시켜 담론화

하는 것과 같다.

한국 희곡사 연구에서 차지하는 김우진의 공간이 유의미하다면, 어쩌면 그것은 그가 보여준 장르적 분열증, 또는 그의 페르소나(persona)들이 품어대는 경계례(境界例)[1] 환자의 증상들을 통해 한국 근대 희곡의 모더니티를 심문하게 인도하기 때문일지도 모른다. 여기에서 김우진의 희곡들이 유치진, 송영의 드라마투르기(Dramaturgie) 수준을 뛰어넘지 못하는 실험작에 그치고 있다는 사실이 더 중요해 보인다. 왜냐하면 그의 극적 실험과 시도들이 아이러니하게도 현재 희곡 연구자들의 이론적 접근 방식을 자극함과 동시에, 1920년대의 모더니티와 현재의 모더니티 사이의 연속성을 상상하도록 부추기기 때문이다.

이 글은 김우진의 희곡 〈이영녀〉, 〈산돼지〉, 〈난파〉를 중심으로 논의를 전개할 것이다. 이 작품들은 사실주의극과 표현주의극을 아우르면서 넘나들기까지 한다. 특히 〈산돼지〉는 서로 다른 양식의 극적 형식들을 조합시킨 작품으로 기억할 만하다. 이 글에서는 김우진의 희곡에 나타난 사회

---

1) 로버트 로마니신, 「전제적인 눈과 그 그림자-문자문화 시대의 미디어 이미지」, 데이비드 마이클 레빈 편, 『모더니티와 시각의 헤게모니』, 정성철 역, 시각과언어, 2004, 584~589쪽. '텔레비전'과 '시청자'를 '경계례'(신경증과 정신병의 경계 상태) 환자의 예로 풀어간 로마니신의 어법을 빌린다면 다음과 같이 설명할 수도 있을 것이다. 김우진이 희곡 〈난파〉나 〈산돼지〉, 또는 소설 「동굴 위에 선 사람」에서 보여주는 풍경은, 이를테면 데카르트가 추방했던 '유령', "자고 있는 것도 아니고 미친 것도 아닌, 깨어 있고 또 꿈꾸고 있는" 경계례 환자들의 내면을 전경화한 풍경이다. 그의 텍스트들은 1920년대와 작가의 가문(家門)의 역사를 아우르는, "각성과 수면 사이의 경계를 허문다기보다는 그 둘을 뒤섞는 초현실"을 만들어낸다. 다시 말해 그의 텍스트들은 "낯익은 서사 패턴을 붕괴시키고 꿈의 에피소드적인 패턴으로 그것을 대체함으로써, 근대의 자아를 새로운 시간 감각 속으로 밀어 넣"는다. 그의 페르소나와 만나는 일은 일종의 "너무나 충만하고 너무나 텅 빈 순간을 경험한다는 것이며, 추상적인 등장인물들이 사는 동화의 세계를 경험한 다음에 갑자기 피와 살로 이루어진 현실로 돌아오는 것"이다. 김우진의 텍스트들은 한국 근대 희곡사가 '사실주의극'으로 이어졌다는 명제(命題)에 균열을 내고, 한국 희곡사에서 '모더니티'의 한계성과 가능성을 심문하게 만든다.

개혁 사상의 주장과 개인적인 내면의 표출이라는 상이한 방식의 글쓰기에 주목하고자 한다. 또한 그의 작품들에서 재현되고 있는 망령이나 악귀들의 이미지를 '유령성'으로 풀어나가고자 한다.

2. '마르크스 보이'와 '햄릿'의 사이에서

1920년대의 식민지 조선(특히 경성)은 소위 '모던 보이', '모던 껄', '마르크스 보이' 등이 새로운 풍속도를 그려나가던 공간이었다. 이때 '모던'과 '마르크스'라는 수식어의 문화적 의미망이 전혀 다르지 않았음을 기억할 필요가 있다. 범속하게 말하자면 '마르크스' 사상도 어차피 근대적인 시대의 산물이기 때문에 큰 범주에 넣을 수도 있을 것이고, '모던 보이'나 '마르크스 보이'가 실제로는 서구 문명을 동경하고 그 개념을 직접 몸으로 재현해 보인다는 점에서도 근친성을 가진다고 볼 수 있을 것이다. 이른바 이 시기 조선의 '모던 보이'와 '마르크스 보이'는 하나의 시대적 유행, 또는 근대성을 상징하는 가장 인상적인 포즈에 불과했을지도 모른다. 이러한 상황은 유럽의 모더니티를 수용하고자 했던 일본이나, 이 일본을 통해서 유럽의 모더니티를 받아들이고자 했던 조선에 있어서 큰 차이점이 없었다.

일본인들에게 근대성이란 속도와 충격, 사건 및 상품들의 연속, 그리고 세상을 떠들썩하게 하는 화려한 구경거리로 받아들여졌다. 이런 근대성의 특징들은 종종 '모던걸', '마르크스보이', '엥겔스걸', 카페 웨이트리스 같은 주체들로 상징되기도 했다. 1920년대에 나타난 새로운 이미지들은 마르크스주의 비평가인 히라바야시 하쓰노스케(平林初之輔)의 표현에 따라, 종종 '문화의 여성화'로 규정되곤 했다. "우리는 수화기를 통해 '몇 번입니까'라고 말하는 여성들의 목소리를 듣는다. 전차에서는 여성 차장들이 표를 찍어

주고, 사무실과 은행에서는 자신감 넘치는 여성 타이피스트들이 일하고 있다. 소규모 업체에서조차 당신은 이 새로운 여성 직원의 존재를 발견하게 된다."[2]

실제로 당시의 지식청년들 가운데는 사회주의에 대하여 잘 알지 못하면서도 사회주의자연하는 태도가 일반적이었다. 이러한 청년들을 조소하여 일본경찰은 '마르크스 보이'라고 하나 껍질만 빨갛다뿐이지 속은 어디까지나 희다고 해서 '빨간 무우', '사과'라고 하였다. 이러한 시대적 분위기는 사회주의를 생리적으로 거부하는 사람이나 사회주의의 '착실한' 수용을 바라는 사람에게는 유행을 좇는 경박한 모습으로 보였겠지만, 이러한 모습이 바로 우리 사회에 '신청년'이 하나의 집단으로 형성되고, 이들을 통하여 사회주의가 시대의 풍조로 되는 모습이었다. 시대의 조류에 민감하고 전통적 틀에 저항적인 청년, 학생들은 사회주의를 통하여 '근대'라는 새로운 경험에 접하였으며, 그 속에서 일제의 식민지 지배에 대한 저항을 모색하였다.[3]

물론 위의 예문에서 볼 수 있는 '마르크스 보이'에 대한 당시의 냉소적 의미를 김우진에게 직접적으로 적용하기는 어렵다. 왜냐하면 위에서 조롱의 대상이 되는 '마르크스 보이'는 '모던 보이'의 한 종류로서 서구 문화를 동경하여 포즈로서의 근대적 지식인 흉내를 내는 자들에 대한 냉소적인 명칭이었기 때문이다. 김우진은 정식으로 일본 유학생 신분이 아니었던 시절에도 "유학생들의 정치적 집회에 수차 참여하고, 2·8사건에 관련되어 재판을 받거나 구속 수감된 유학생 대표들(崔八鏞, 徐椿, 白寬洙, 金度

2) 해리 하르투니언, 『역사의 요동(근대성 문화 그리고 일상생활)』, 윤영실·서정은 역, 휴머니스트, 2006, 235~236쪽.
3) 배성준, 「1920·30년대─모던 걸 마르크스 보이」, 『역사비평』 36호, 역사문제연구소, 1996, 154쪽.

演 등)을 위해 법정 혹은 감옥으로 수차 면회"[4]했을 정도로 사상적 경향성을 지니고 있었다. 이 논문에서는 축자적 의미로서의 '마르크스 보이'를 김우진에게 적용하고자 한다. 여기에서 굳이 김우진에게 '마르크스 보이'라는 수식어를 붙이는 이유는, 적어도 김우진의 세계관이나 사회의식에 있어서 마르크스 이론에 근거해 있고, 기성 계층이나 구습(舊習)과의 결별을 꾀하는 '청년 의식'을 지니고 있었던 '보이'[5] 였기 때문이다.

그러나 김우진을 소위 '정통 마르크스주의자'로 간주하기도 어렵다. 그가 여러 편의 평론에서 마르크스주의에 대한 주장을 내보이긴 했지만, KAPF의 이데올로기적 지형(地形, terrain)과도 일정한 거리를 두고 있었기 때문이다.[6] 우리는 여기에서 '사상, 또는 실천'으로서의 모더니티와 '형식'으로서의 모더니티를 상정해보자. 전자를 이론이나 철학의 차원에서 취급할 수 있다면, 후자는 일종의 문화적 일상성 또는 현실에서 재현되고 있는 삶의 공연성(公演性)이라 부를 수 있으리라. 소위 '모던 보이'와 '마르크스 보이'는 모더니티를 이미지로 소비하기도 했고, 삶의 형식으로 전화시켜 새로운 주체 구성을 추구하기도 했다.

그러나 무엇보다도 소위 '모던 보이'와 '마르크스 보이'에게는 또 하나의 공통점이 있었는데 그것은 새로운 형식의 시간 의식이었다. 이 새로운 방식의 시간 시스템은 이전 시기와는 전혀 다른 방식으로 받아들여진다. 그것은 '단절'과 '연속'이라는 모순형용 속에서 전개된다. 이 두 유형의 젊은이들은 '과거'라는 시간과 단절된 '현재'를 각인하기 시작했고, 이 두 시

---

4) 서연호, 「김우진의 동경유학기 체험과 문학사상」, 『한림일본학』 2호, 한림대학교 일본학연구소, 1997, 131쪽.
5) 이 논문에서는 '보이'라는 용어를 '청년(靑年)'의 동의어로 이해하고자 한다.
6) 김우진은 이광수류의 안이한 이상주의적 사상과, KAPF 계열의 사상적 불철저성 모두에 대해 비판적이었다. 이에 대한 내용은 김재석의 「김우진의 표현주의극 창작 동인과 그 의미」(『어문론총』 49호, 한국문학언어학회, 2008, 321쪽)에서 설명되고 있다.

간의 궁극적인 지향점으로 '미래'를 설정해두었다. '현재'의 '모던 보이'들은 '과거'의 비과학적이고 비합리적인 풍습이나 관습과 인식론적 단절을 감행했는데, 이 실천의 목적은 '미래'로 나아가기 위함이었다.

> 비평가의 시대적 사명은 전에 누누이 말해 왔지만 오늘의 문예비평가는 문예나 사사의 감상에서만 배회할 것이 아니다. 그런 감상적 혹은 인상적 비평은 전 세대식의 제2류 비평가에게 맡겨라. 비평의 창조가 있고 창작 그것만치 가치가 있다면 오늘 비평가는 확실히 一代의 민중의식, 계급투쟁의 지도자가 되며 선봉이 되어야 할 것이다. 無反省하고 無目的하여 가지고 우후죽순 모양으로 簇生하는 百鬼夜行의 이 문단, 이 황무지 벌판에 뽑을 것 뽑고 가꿀 것 가꾸어서 新原野, 新耕作地를 만들어 보지 않으려느냐. 비평가여, 나오라!⁷⁾

『공산당 선언』의 마지막 문장인 "만국의 프롤레타리아여, 단결하라!"⁸⁾를 연상시키는 김우진의 윗글은 그가 '모던 보이'보다는 '마르크스 보이'에 훨씬 더 가까운 사람이었음을 말해준다. 물론 그에게서는 '마르크스 보이'를 조롱기 섞인 의미로 호명했던 당시의 대중 정서에서 떼어놓아야 한다. 적어도 그의 '마르크스'는 당대 지식인들이 행했던 이국 취미의 대상이 아니었기 때문이다. 그는 조선의 비인간적인 구습을 신랄하게 비판하고, 식민지 시기의 계급사회에 대해 거침없는 공격을 쏟아부었다. 그런 의미에서 그의 사상에는 1920년대 전반기부터 불기 시작한 계급주의 사상에 기반을 둔 예술가들의 멘털리티(mentality)와 호흡을 같

---

7) 김우진(金祐鎭), 「我觀「階級文學」과 批評家」, 『김우진전집』 II, 전예원, 1983, 189쪽.
8) 칼 마르크스 · 프리드리히 엥겔스, 『공산당 선언』, 김기연 역, 새날, 1995(초판 4쇄), 72쪽.

이하고 있었다.

1920년대 초반, 3·1운동의 실패로 인해 지식인들은 허무주의나 패배주의에 빠져 자학과 피학의 악순환에서, 또는 애상미를 잔뜩 품고 있는 나르시시즘에 빠졌다. 이와는 반대로 사회 개혁을 목표로 하는 마르크스 사상이 수입되어 당대 삶의 물적 토대에 대해 진지하게 다가서려는 움직임도 있었다. 그런데 이 두 유형의 시대 대응 방식은 좀처럼 쉽게 대화의 장을 허용하지 못했다. 우리는 이 국면에서 '개인'과 '단체'의 치열한 길항 관계를 살펴보게 된다. 그 하나의 태도를 '내향적'이라고 부르고, 나머지 하나를 '외향적'이라고 불러보자.

김우진이 문제적 인물로 떠오르는 것은 이러한 시대적 배경에서 유래한다. 그는 진지한 '마르크스 보이'였으면서도 끊임없이 회의하고 주저하는 인간, '햄릿'이기도 했기 때문이다. 그는 계급 차별과 같은 사회적 모순에 분노했고, 개인의 자아를 가두려는 구습을 증오했다. 그가 희곡과 산문을 통해 '근대적 개인'을 끈질기게 주장했던 것도 이러한 이념 때문이었다. 그는 차가운 이성을 지닌 지성인으로서 당대 식민지 사회의 질곡과 모순을 향해 비판의 칼을 겨눈다. 동시에 그는 오이디푸스 콤플렉스와, 어릴 때 죽은 어머니에 대한 격정적인 반응으로 방황하는 자이기도 하다. 물론 이때의 오이디푸스 콤플렉스는 명문 가문의 종손으로서 견뎌내야 하는 자신의 운명에 대한 거부 반응에서 온 것이다. 그는 '김씨'의 문중 (門中) 사람에 속해 있거나, 그 가문의 사람으로 살아가야 하는 운명에 대해 강한 거부감을 보인다. 이때의 고통과 증오는 마르크스주의에서와 같은 사회과학적 분노로 표출되기보다는 지극히 개인적인 감정으로 표출된다.[9] 그는 작품 속에서 자신이 가장 비과학적이고 비합리적이고 가장 비

---

9) 김우진이 부르주아 개인주의적 세계관의 소유자였다고 주장하는 민병욱의 논거도 여기에 있다. 민병욱, 「김우진의 부르조와 개인주의적 세계관 연구(Ⅰ)—그의 비평담론을 중심으로」, 『어문교육논집』 제10집, 부산대학교 사범대학, 1988.

일상적인 상황에 놓일 때 '어머니'와 '시(詩)'의 세계로 달려 나간다. 그곳은 운문의 세계이고 무의식의 세계이고 이미 예전에 상실해버린 상상계이다.

계급에 대한 김우진의 입장은 여러 평론들과 희곡 〈이영녀〉, 〈산돼지〉에서 살펴볼 수 있다. 비록 호남 부호의 장손이라는 계급적 소속감으로부터 자유로울 수는 없었지만, 당시의 젊은 지식인들이 그랬던 것처럼 김우진도 사회에 대한 계급주의적 시각에 부정적인 것은 아니었다. 이때 김우진에게 타파의 대상이 되는 것은 전근대적인 가족제도와 아버지와 조상으로 대표되는 '상징계'의 명령이었다.

> **최원봉** 나는 어머니만큼이나 아버지도 원망이요, 아버지도! 자기는 동학(東學)인가 무엇에 들어가지고 나라를 위해, 중생을 위해, 백성을 위해, 사회를 위해 죽었다지만 결국은 집안에다가 산돼지 한 마리 가두어 놓고 만 셈이야! 반백이 된 머리털이 핏줄기 선 부릅뜬 눈 위에 허트러져 가지고 이를 악물고서는 대드는구려. "이놈 네가 내 뜻을 받어 양반놈들 탐관오리들 썩어가는 선비놈들 모두 잡어죽이고 내 평생 소원이든 내 원수를 갚지 않으면 … 흐흐흐흐, 산돼지 탈을 벗겨주지 않겠다."고 … 저승에 들어가서라도 그 산돼지 탈이 벗어지지 않게 얼굴에다가 못박아두겠다고 대어들면서 부젓가락만한 왜못에다가 주먹만한 철퇴(鐵槌)를 가지고 뎀벼드는구려. 아버지 뜻을 받어 사회를 위해 민족을 위해 원수 갚고 반역하라고 가리쳐 주면서도 산돼지를 못난이만 뒤끓는 집안에다가 몰아넣고 잡아매여 두는구려. 올 안에다가 집어넣고 구정물도 변변히 주지 않으면서, 흐흐흐흐![10]

주인공 최원봉은 민족과 백성에 대한 애정을 지니고 있지만, 동시에

---

10) 김우진, 〈山돼지〉, 『김우진전집』 I, 전예원, 1983, 28쪽.

그것을 강요하는 아버지와 선조들의 요구에 피로감을 느끼고 있다. 김우진에게 있어 아버지가 명령하는 '상징계'의 질서는 "다만 막무가내의 압박을 위한 법률, 도덕을 위한 도덕"[11]이기 때문에 인간의 본성을 가로막는 것으로 받아들여진다. 최원봉은 공적 공간에서 민족과 백성을 위해 투쟁해야 하는 의무를 띠고 있음에도 불구하고 가문(家門)이 그를 묶어두고 있다고 생각한다. 최원봉은 '가문'과 '사회, 민족, 국가' 사이에서 방황하는 자이다.

한편 〈이영녀〉에서는 '이영녀'라는 여인의 매춘 생활을 중심으로 식민지 시기 하층계급의 비인간적인 생활과, 여성이라는 이유 때문에 착취당하는 '내부 식민지' 상황을 비판하고 있다. 여기에서 작가는 '이영녀'라는 한 여성이 자신의 '몸'을 팔 수밖에 없을 정도의 경제적인 빈곤 상태에 빠져 있음을 고발함과 동시에, 가정의 경제를 책임지기 위해 그 '몸'을 파는 일에 매달릴 수밖에 없는 조선 여성의 열악한 환경을 환기시키고 있다.

주목할 만한 지점은, 이 작품 속에서 주인공 '이영녀'는 매춘 행위를 가족을 먹이기 위한 경제활동 그 자체로만 받아들이고 있다는 것이다. 그녀에게는 '매춘'이라는 돈벌이 방식에 대해 도덕적, 윤리적인 죄책감이 개입되지 않는다. 단지 고단한 돈벌이 중의 하나로 받아들여지고 있을 뿐이다. 이는 작가 김우진이 〈이영녀〉에 나오는 매춘 행위를 권위적인 남성주의 시선으로 바라보지 않는다는 사실을 말해준다. 작품은 여인의 '몸'을 사고파는 행위가 자연스러운 사회 현상이 된 상황을 비판하고 있는데, 이때 그 여인의 매춘 행위를 바라보는 시선은 식민지 자본주의 체제의 비인간적인 시스템에 대한 비판의식에 근거하고 있다.

---

11) 김초성(金焦星), 〈洞窟 위에 선 사람〉, 서연호 · 홍창수 편, 『김우진전집』 I , 연극과 인간, 2000, 258쪽.

林道允 靑雲네가 아들은 퍽 귀해 하는가 봅디다.

기일 귀해만 해서 뭣한다요. 가르쳐야지. 제 어미도 가르칠 욕심으로 별별 고생을 다 겪는 모양인데 워낙 에미라 놔서 어디 마음대로 되야지…

林道允 왜라우?

기일 왜는 무엇이요? 갈보짓 튼 것이 가르치기는 무엇을 가르친다우?

林道允 갈보? 靑雲네가 그럴까요?

기일 제끼, 요새 계집들이 갈보 아닌 것이 어디 있다요. 눈으로 갈보, 돈으로 갈보, 은혜로 갈보, 인정으로 갈보, 그보다도 이놈의 세상 때문에 갈보! 세상 여편네란 것은 말짱 갈보입니다.

林道允 청운네 같은 이가 설마 그럴 리가 있겠소?

기일 서방놈이 그런 바보고 자녀는 있고 해놓으니 보통 여편네 같으면 빌어 먹어가면서도 굶지만 않으면 그만이겠는데 제 주변에 어린 것들 가르친다고 그 모양이 됐지요.

(…)

林道允 지금도 그 전 버릇 그대로 남았소? 그러면?

기일 버릇이 다 뭣이요. 우리 같은 것은 눈 갓으로도 안 본다오. (슬쩍 쳐다본다.)

林道允 무식하면 그렇게 되는가.

기일 (소리를 버럭 지르며) 무식? 여보 말 마오. 모두 요놈의 세상이 시키는 줄을 모르시오. 우선 나부터라도 제 땀 흘려가면서 제 밥구녕 제가 뚫는 것보다 돈 있는 놈에게 알짱거려서 공것 먹으면 그만 아니오. 공것! 분수없는 공것 아니면 못사는 세상이니 누가 안 바랜다우![12]

여기에는 식민지 조선에서 광범위하게 허용되던 '매춘'의 가부장주의

---

12) 김우진, 〈李永女〉, 『김우진전집』 I, 전예원, 1983, 119~120쪽.

에 대한 작가의 비판 의식이 자리한다.[13] 경제력이 없는 여자 가장의 입장에서 자식을 키우기 위해 선택할 수 있는 직업이 몸을 파는 것이고, 그 직업은 철저히 남성들의 성욕을 충족시키기 위한 것이기 때문이다. 이와 같은 비판 의식은 비슷한 시기에 나온 김동인의 단편소설 〈감자〉에서도 제시된 바가 있다. 〈감자〉에서 복녀는 처음에는 쉽게 돈 벌기 위해 농장 주인과 관계를 맺다가, 나중에는 농장 주인이 다른 여자와 관계를 맺는 것에 질투를 느껴 대들었다가 파멸에 빠진다.[14] 김우진은 "만일 〈감자〉의 작가가 일정한 主義와 주장이 있는 이라면 〈감자〉보다 더 훌륭한 장편을 만들 줄"[15] 알았을 것이라면서 자신의 작가 의식과 차별화하고 있다. 또한 그는 〈감자〉가 "「예술가 자신의 막지 못할 예술욕에서」 창작하는 이"[16]의 스케치에 지나지 않는다고 비판한다. 〈이영녀〉에서 여주인공의 매춘 행위는 철저히 고단한 노동의 하나로 규정된다. 이영녀는 매춘 행위에 대해 어떤 개인적인 정념이나 애증을 가지지 않는다. 그녀에게 필요한 것은 매춘을 통한 '임금'을 확보하는 일과, 그 직업을 지속시킬 수 있는 자신의 '노동력'뿐이다. 그런 의미에서 이영녀는 남자에 대해 질투를 느끼는 복녀와는 달리 '매춘'이라는 직업에 종사하고 있는 여직원에 속할 뿐이다. 바로 이 점이 김동인과 김우진의 차이이다.

---

13) 김성진, 「희곡에 표출된 목포 이미지 고찰」, 『어문논집』 제37집, 중앙어문학회, 2007, 179쪽 참조.
14) 이은자, 「〈이영녀〉 연구」, 『한국극예술연구』 제1집, 한국극예술학회, 1995, 60쪽. 이은자는 〈이영녀〉에서 볼 수 있는 과도한 '지문'의 허용에 대해 "지문의 확장과 구성상의 중요성은 근대 이후 산문정신에서 비롯된 것이며, 극에서 나타난 서사성의 침투현상의 하나"라고 분석한다.
15) 김우진, 「我觀「階級文學」과 批評家」, 『김우진전집』 II, 전예원, 1983, 178쪽.
16) 위의 글, 같은 쪽.

3. '표현주의'라는 형식, 또는 유령들과의 싸움

〈난파〉가 '표현주의극' 양식을 채택했다는 사실에서부터 시작해보자. '표현주의' 또는 '표현주의극'이란 무엇인가. 이 사조는 1920년대 초반 독일에서 발생하여 1930년대 초반까지 이어졌던 하나의 '운동', 또는 '미학적 실험'으로 이해될 수 있다. 이 미학적 운동은 '아버지, 기성세대, 구습(舊習), 국가, 공적 단체' 등에 대한 전면적 거부와 '살부(殺父)' 의식의 미학적 형상화를 목표로 하고 있다. '표현주의' 운동이 표방했던 미학적 방식은 자연주의나 사실주의의 방식과는 정반대의 길을 선택하는데, 이른바 '내면의 표출'이 그것이다. '표현주의(表現主義, Expressionismus)'라는 용어에서 알 수 있듯이 이 운동은 외부 상황에 대한 관찰이나 묘사, 설명이라는 방식 대신에, 인간의 내면에 숨겨져 있는 '자아, 혼, 욕망, 무의식' 등을 밖으로 토해내는 방식을 취한다. 표현주의 정신이란 "도구화된 이성, 우상화된 과학, 실증을 통한 대상 파악에 대항하는 정신"[17]을 의미한다.

소위 '절규극(Schreidrama)'이라고도 불렸던 표현주의극은 실증주의적 세계관이나 자본주의, 기계 문명 등의 비인간성, 그리고 사회적인 모순이나 위기의식, 불안, 공포, 초조 등의 감정을 토로함으로써 인간의 가치를 복원시키려 시도했다. 그런 의미에서 표현주의는 니체의 유럽 문명 비판을 미학적으로 계승한 것으로 볼 수 있다. 김우진이 '생명 의지'를 여러 군데에서 강조했던 것도 이런 맥락에서 이해할 수 있다. 그의 '생명 의지'는 모든 굴레로부터의 해방을 의미하는 것이기도 하다.

그런데 문제는 1920년대의 독일 지식인들이 느꼈을 법한 유럽 문명에의 염증이나 싫증을 식민지 조선의 지식인 김우진이 어떤 방식으로 받

---

17) 최홍선, 「표현주의 문학생성의 정신사적 배경 I」, 『경기인문논총』 창간호, 경기대학교 인문과학연구소, 1990, 4~5쪽.

아들였느냐이다. 표현주의가 조선에 처음 수용된 것은 3·1운동 직후인 1920년대 초 현철과 김우진에 의해서인데, 그러나 "이는 직접 수용이 아닌 일본 유학파에 의해 간헐적으로 소개된 것이며 개론적이며 중역에 의존한 것"[18]에 머물렀다. 이는 곧 1920년대 독일과 조선의 모더니티 사이에 존재하는 차이점을 예측하게 해준다. 1920년대 독일 지식인들이 체험했던 유럽의 모더니티의 체감도와 같은 시기 조선의 그것이 동일했을 것이냐에 대해서는 회의적이 될 수밖에 없다. 1920년대 식민지 조선에, 니체가 그토록 떨쳐버리고자 했던 유럽의 세기말적이고 비인간적 모더니티가 존재하기나 했을까. 따라서 우리는 김우진의 '표현주의극' 선택에 어떤 내용이 들어 있는가를 물어보기보다는 '표현주의극'이라는 물질, 매체, 또는 그 형식에 대해 심문하는 것이 더 나을지도 모른다.[19]

우리는 1920년대 김우진의 '표현주의극'을 독일 '표현주의극'의 동시대적 '문화 번역'이라고 쉽게 정의하기 어려워진다. 김우진의 소위 '표현주의극'이란 1920년대 식민지 조선의 전근대성에 대한 작가적 반항 의지를 표출하기 위한 양식이었다. 김우진의 '표현주의극'이 공격하고자 하는

---

18) 장미진, 「우리나라 근대극 형성기의 독일 표현주의 연극」, 『독어교육』 제31집, 한국독어독문학교육학회, 2004, 433쪽.

19) 슬라보예 지젝, 『이데올로기라는 숭고한 대상』, 이수련 역, 인간사랑, 2002, 33~34쪽. "라캉에 따르면, 증상개념을 고안해낸 사람은 다름 아닌 칼 마르크스이다. (…) 상품분석과 꿈분석 사이에 근본적인 상동관계. 두 경우 모두 요점은 형식 뒤에 숨겨져 있다고 추정되는 '내용'에 대한 물신적인 현혹을 피하는 것이다. 분석을 통해 밝혀져야 하는 '비밀'은 형식(상품의 형식, 꿈의 형식)이 숨기고 있는 내용이 아니라 그 형식 자체의 '비밀'이다. 꿈형식에 대한 이론적인 이해는 외현적인 내용을 뚫고서 '숨겨진 중핵'으로, 잠재적인 꿈사고로 접근하는 것에 있지 않다. 그것은 다음과 같은 질문에 대한 해답 속에 있다. 왜 잠재적인 꿈사고는 그런 형식을 띠고 있는 것인가? 왜 그것들은 꿈의 형식으로 변환된 것일까? 이는 상품 분석에서도 마찬가지이다. 진짜 문제는 상품의 '숨겨진 중핵(그것이 생산되면서 소비되는 노동의 양에 의해 그 가치가 결정되는 것)' 속으로 들어가는 것이 아니라 왜 노동이 상품가치의 형식을 띠고 있는지를, 왜 그것은 오로지 생산물의 상품형식으로서만 자신의 사회적인 특성을 단언할 수 있는지를 설명하는 것이다."

대상에는 독일에서와 같은 '자본주의와 기계 문명에 대한 도전'과 같은 문제틀은 존재하기 어려웠다. 김우진에게 있어 '표현주의극'이란 "식민지 조선의 어려운 현실 여건 속에서 허덕이는 민중에게 희망을 전달할 수 있는 효과적 연극의 창출"[20]이라는 의미로 받아들여졌다. 게다가 당시 조선에는 독일 표현주의 작가들이 혐오했던 대상인 권위적인 '국가' 자체가 존재하지 않았다. 말하자면 김우진은 '국가' 대신에 '조상(祖上)'을 거부의 대상으로 선택할 수밖에 없었다. 그럼에도 불구하고 김우진의 내면 풍경이 독일 표현주의 작가들의 그것과 전혀 겹쳐지지 않았던 것만은 아니다. 그는 독일 표현주의 예술가들의 감정에 동일시했으나 표현주의의 역사성을 체화할 수는 없었다. 그는 나라 없는 식민지의 백성이었고, 당시의 조선에는 유럽에서 상상했던 것과 같은 모더니티의 역사가 존재하지 못했다. 따라서 김우진의 표현주의극에서 소환되는 '아버지'는 그의 삶을 옭죄는 '조상'들의 유령이기도 하면서, 김우진의 '자유의지'를 속박하는 그의 부친 김성규(金星圭)이기도 했다.

父　　　(나타나며) 너니? 내 아들이로군. 내 얼굴 좀 봐라. 주름 잡힌 이 얼굴, 온갖 세상의 艱難辛苦를 겪구, 온갖 세상의 현실의 길을 지내온 나를 좀 바로 쳐다 보렴. 보면 네 어미란 것과 같지 않아서 날 욕하지 않을 터이니.

詩人　　(눈물을 흘리다시피) 나는 인과율에 얽매인 사람이오. 당신이 나를 당신의 同情事를 만들구 싶으면 나에게 우는 그 불행한 얼굴을 보이지 마시오. 그리고 날 때려 주시오. 죽도록 때려 주시오. 그리고 날 때려 주시오. 죽도록 때려 주시오.

母　　　애 좀 봐. 모두 잊었나 보다. 너 어렸을 적에 너 아버지한테 대설대로 종아리 얻어 맞고 까무러친 것을 모르니?

---

20) 김재석, 앞의 논문, 334쪽.

詩人	그렇지. 이 건망증을 영광으로 생각하오. 그러나 매는 잊었어도 눈물은 잊을 수가 없어요. 날 때려 달라는 말은 당신의 그 〈양반가정〉, 〈新羅 聖族의 후예〉라는 자만을 내게서 뺏아 달라는 말예요.
父	(달려들어 한 번 내갈기며) 불효자! 모든 것이 孝에서 시작하는 것을 모르니? 孝! 서양놈 일본놈은 모르되 우리 조선사람은 충신도 효에서 治天下도 효에서 나오는 것이다.
詩人	(악에 북받쳐) 우주가 당신 명령으로 도는 줄 아오? 늙은 허수애비가!
父	이놈, 또 대설대로 맞아 보려니? 아직 기운은 있다. (달려든다.)
詩人	(칼을 빼어 달려들다가 탁 넘어지며) 오!
母	(빙글빙글 웃으면서 둘을 보고 있다가) 그렇지, 이게 내 책무야. 이걸 보려구, 이걸 보려구! 잘들 싸운다. 잘들 싸운다.
父	너두 내 매 좀 맞아 봐라! (〈惡鬼〉 나타닌다. 父가 詩人의 칼을 집어서 〈惡鬼〉에게 달려든다.) 이 놈! 독사같구 악마같은 놈!
惡鬼	네가 내게 아저씨뻘이 된다만 너는 庶子가 아니냐! 이놈 네 에미 년 肛門에서 너 같은 놈이 나왔기로 宗孫 없어질 줄 아니! (말리러 온 第一繼母에게 칼을 머리를 찍는다.)
第一繼母	(찔찔 울면서 달아나며) 이 몹쓸 귀신! (나간다.)
父	(〈惡鬼〉에게 덤비며) 이 놈! 이 惡鬼! 내 칼 맞아라! 하다못해 죽은 백골까지 파먹는 놈![21]

　그러나 〈난파〉에서 '유령'으로서의 '일제'가 소환되지 않는 부분에 주목해보자. 이 작품에서 주인공은 여러 유령들로부터 괴롭힘을 당하는데, 그 유령들 중에는 '일제'라는 의사(擬似) '아버지'가 누락되어 있다. 주인공을 괴롭히는 '유령'들은 그의 조상들이나 아버지, 어머니에 국한된다. 더 정확히 말하면, 그들이 주인공에게 강요하는 구습(舊習)이다. 일본 와세다

---

21) 김우진, 〈難破〉, 『김우진전집』 I, 전예원, 1983, 70~71쪽.

대학교 유학생 출신의 지식인에게 아버지를 포함한 가문과 조상들의 요구는 '뜬금없이 출몰하는 유령'과 같은 것이다. 〈햄릿〉의 유령이 선왕(先王)의 살인자를 수사하라고 요구하고 있다면, 〈난파〉의 유령은 악령처럼 주인공의 근대적 주체 구성 과정에 수시로 개입하여 방해한다. 이들의 유령이 '부재(不在)하는 현존(現存)'의 형태를 지니고 있음을 공통적이지만, 주인공들에게 강요하는 요청은 사뭇 다르다. 햄릿의 유령은 햄릿으로 하여금 과거의 비극적이고 비인륜적인 범죄에 대해 밝히기를 요청하고, 〈난파〉의 유령은 근대적 자아로 구성되고자 하는 한 지식인의 프로젝트를 방해하고 무시한다.

> 유령은, 그 이름이 가리키듯이 어떤 가시성의 출몰이다. 하지만 이 가시성은 비가시적인 것의 가시성이다. 그리고 가시성은 본질상 보이지 않으며, 현장 또는 존재자 너머의 것으로 남아 있다. 유령은 또한 다른 여러 가지 중에서 사람들이 상상하는 것, 사람들이 본다고 믿는 것, 사람들이 투사하는 것이다. 볼 것이라고는 아무것도 존재하지 않는 어떤 상상의 영사막 위로, 때로는 영사막조차 존재하지 않으며, 영사막이란, 그 밑바탕에서는, 바로 그것의 존재 자체인 밑바탕에서는, 사라지는 출현의 구조다. 하지만 여기서 사람들은 복귀를 지켜보아야 하기 때문에 더 이상 눈을 감을 수 없다. 이로부터 말 자체의 연극화가 비롯하며, 시간에 대한 공연화하는 사변이 비롯한다.[22]

따라서 〈난파〉에서의 '표현주의극' 양식의 정치성은 같은 시대 독일의 '표현주의극' 양식의 정치성과는 사뭇 다른 풍경을 담고 있다. 김우진의 '아비들'은 혈통적 선조들과 일제(日帝)라는 '대주체'로 균열되어 있다.[23]

---

22) 자크 데리다, 『마르크스의 유령들』, 진태원 역, 이제이북스, 2007, 201~202쪽.
23) 유령으로서의 일제(日帝)는 그의 희곡 작품에 등장하지 않는다. 이 유령은 그의 평론에서만 출몰하고 있을 뿐이다.

이 '아비들'은 김우진에게 있어 '혈통'과 '식민주의'라는 서로 다른 맥락으로 받아들여진다. 김우진이 '마르크스'의 유령과 '햄릿'의 유령 사이에서 배회하는 것, 다시 말해 니체의 퇴마사 역할을 수행하지 못하는 것은 그가 처한 역사적 위치 때문일 것이다. 그는 조선이라는 전근대적 사회 시스템의 아들이자, 식민지의 서자(庶子)이기도 했던 것이다. 김우진에게는 '족보', '가문', '봉건주의', '식민주의'라는 유령으로부터 끊임없이 괴롭힘을 당하는 지식인이었다.

그렇다면 〈난파〉는 김우진이 '대문자 주체(Subject)'를 뛰어넘고자 고투했던 결과물이 될 것이다. 라캉의 도식에 따르자면, 〈난파〉의 주인공은 '상징계'의 숨 막히는 고통 속에서 '상상계'라고 하는 이상향으로 탈주하고자 한다. 이때 '상징계'는 '법'으로서, '언어'로서, 결국은 부정적 의미의 '유령성'으로서 작동한다. 김우진은 〈난파〉에서 '부재하는 현존'으로서의 '유령' 때문에 고통 받고 그 '유령'과 투쟁하려 한다. 그러나 그 싸움은 성공하기 힘들다. 왜냐하면 '유령'은 언제, 어디에서나 예고 없이 출몰하는 존재이기 때문이다.

4. 결론을 대신하여

김우진은 시인이면서, 극작가이면서, 평론가였다. 이러한 경력이 김우진의 천재적인 능력을 증명하는 근거로서 다루어질 필요까지는 없다. 왜냐하면, 이광수, 김동인, 임화 등과 같이 1920~30년대의 대표적인 문인들이, 괴테의 경지까지는 아니더라도, 여러 장르를 두루 섭렵하는 것이 그리 낯선 풍경은 아니었기 때문이다. 그보다는 '시'의 세계, '희곡'의 세계, 그리고 '평론'의 세계를 넘나들면서 시대에 대응하려 했던 그의 내면 풍경, 다시 말해 어느 하나의 장르로서 포착하기 힘들 정도로 혼란스럽고 왜곡되었던 1920년대 한국의 식민지적 모더니티에 대한 작가의 고민의 흔적으로 접근해볼 필요가 있다. 말하자면 김우진은 희곡으로, 시로, 소설로, 문학평론으로, 또는 논문으로 그 시대의 모더니티를 탐색해보고 당대의 모순을 타파해보고자 시도했던 문인 중의 한 명이었다. 이는 곧 김우진이 1920년대라는 식민지 시기를 해석하는 과정에 다양한 모양의 지문(指紋)을 남겼다는 사실을 의미한다.

이는 곧 그의 내면이 어느 한 가지로 규명될 만큼 단순하지 않았다는 사실을 시사하는 것임과 동시에, 식민지 조선에서 연극 활동을 전개해나가는 과정에서 그가 택할 수밖에 없는 다양한 담론 투쟁의 방식들의 다양성을 말해주기도 한다. 그는 루카치적 의미에서의 '세계사적 문제적 인물'이 될 수는 없었다. 그는 루카치가 언명한 바 있는 '운동의 총체성'에서 자신의 존재 방식을 증명할 수 있음을 간파했을 뿐이다. 그러나 그 '운동의 총체성'은 '표현주의극'이라는 양식을 거치면서 왜곡되고 산란된다. 희곡 〈이영녀〉나 〈정오〉를 제외한다면, 작가 김우진은 대상으로서의 '세계'를 총체적으로 그려내지는 못했다. 〈난파〉에서 작가는 시선의 대상을 '작가 자신'의 내면에 집중시킨다. 그 내면은 김우진의 가문, 또는 그 가문의 외연으로서의 전근대적 한민족에 의해 할퀴어진 무의식의 세계였다.

그가 제시하는 유토피아는 '시'의 세계, 또는 '어머니'의 세계, 다시 말해서 지워질 수 없는 유년의 평화의 시기, 상상계의 공간이다. 〈난파〉에서 조상들의 유령들과 투쟁하면서 끝까지 포기하지 않는 목적지는 '어머니'의 세계, 동심의 세계이다. 그런 면에서 이 작품은 지극히 퇴행적이고 유아적인 판타지에 속한다. 흥미로운 것은 그의 작품이 1926년, 소위 KAPF의 결성과 동시에 조선 지식인의 의식을 마르크스주의로 채워주었던 시기에 창작되었다는 점과, 비슷한 시기에 사실주의 양식의 희곡 〈이영녀〉가 창작되었다는 점이다. 우리는 여기에서 김우진의 내면에 사실주의적 역사의식과 표현주의적 내면주의가 혼종적으로 섞여 있었음을 살펴볼 수 있게 된다.

그런 의미에서 김우진의 일련의 희곡 작품들은 작가의 작품 세계를 말해주는 것에서 그치지 않고, 그 작품들의 다양함 자체가 김우진이 감당했던 1920년대 조선의 왜곡된 근대성에 대한 환유가 아니었을까. 김우진의 내면을 채웠던 것, 그리고 그 내면을 '희곡'의 형식으로 재현되는 방식들, 이러한 것들이야말로 그가 살아내야 했던 시대의 식민지적 근대성의 증환(症幻, sinthome)[24]을 드러내는 방식 아니었을까 생각해 볼 수 있을 것이다.

여기 하나의 행위가 있다. 그 행위는 '희곡 쓰기'일 수도 있고, '연극하기'일 수도 있다. 서구의 산물인 'Foreign-made drama'(외국산 연극)의 조선적 번역(또는 일본을 경유한 '이중 번역')이라 할 수 있는 '연극'이란, 그 원래의 의미를 떠나 이미 '1920년대-식민지-조선'이라는 특수성을 관통해나갈 수밖에 없다. 그럼에도 불구하고 '희곡 쓰기'나 '연극하기'를 실천하는 조선의 지식인은 유럽의 발명품인 'European modern drama'의 보편적 의미 자체를 삭제할 수는 없다. 그렇다면 조선의 행위자는 유럽의 발명품을 통해 '1920년대-식민지-조선'을 분석하고 상상할 수밖에 없다. 이 지점에서 조선의 행위자는 'European modern drama'의 아우라를 거두어내고 대신에 '1920년대-식민지-조선'이라는 '증상'[25]을 덧붙여야만 한다.

---

24) 라캉에 의하면 증환(症幻, sinthome)은 "특수하게 '병리적인' 의미 형성물, 향락의 결박, 소통과 해석에 저항하는 불활성 얼룩, 담론의 회로나 사회적 결속의 네트워크 속에 포함될 수 없는 동시에 그것의 실정적 조건이 되는 얼룩"을 의미한다(Lacan, SOI;75. 토니 마이어스, 『누가 슬라보예 지젝을 미워하는가』, 박정수 역, 앨피, 2005, 164쪽에서 재인용).

25) 슬라보예 지젝, 『이데올로기라는 숭고한 대상』, 앞의 책, 133쪽. "증상은 세계가 실패한 곳에서, 상징적인 소통의 회로가 끊어진 곳에서 출현한다. 그것은 일종의 '다른 방식을 통한 소통의 연장'이다. 실패하고 억압된 단어는 코드화된, 암호화된 형태로 나타난다. 이는 증상은 해석될 수 있을 뿐만 아니라, 이미 그 해석을 목표

그렇다면 김우진에게 있어 '희곡 쓰기'나 '연극하기'는 일종의 '교통' 행위에 연루되는 것, 또는 '화폐나 언어나 무의식'처럼 하나의 매개물로서 의미를 생산해내는 것이 될 수 있을 것이다.[26] 이는 물론 김우진에게만 해당되는 사항은 아니다. 1920년대의 시인과 소설가, 그리고 극작가와 평론가들은 수입된 도구로서의 '근대문학'을 통해 의미를 생산하고 소통시키고자 했기 때문이다. 다만 여기에서 주목하고자 하는 부분은, 김우진이 1920년대 중반에 식민지 조선에서는 매우 낯설고 생경했던 '표현주의극'을 소통의 매체로 활용한 부분이다.

표제에 '표현주의극'이라는 명칭이 기재된 〈난파〉는 그의 다른 희곡 〈두데기 시인의 환멸〉, 〈이영녀〉, 〈정오〉 그리고 〈산돼지〉 등과는 매우 다른 목소리와 시선을 생산해낸다. 그렇다면 우리는 김우진이 〈이영녀〉류의 사실주의 연극, 서정시, 연극비평과 문학비평에서 미처 발화하지 못한 부분을 담당하기 위해 〈난파〉라는 양식을 채택했을 것이라고 추측할 수 있다. 〈난파〉를 통해 발화하고자 하는 대상은, 이른바 루카치가 언급했던 '대상의 총체성'이나 '운동의 총체성'을 빗겨가는 것이다. 그는 〈이영녀〉와 〈산돼지〉에서 보여주었던 역사학자, 사회과학자의 시선을 거두고, 갑자기 정신분석학자의 시선을 갖는다. 이때 정신분석학자로서의 김우진은

로 해서 형성되어 있다는 것을 함축한다. 그것은 그 의미를 가지고 있다고 추정되는 큰 타자를 향하고 있다. 다시 말해서 수신인이 없는 증상은 없다."

26) '교통'에 대한 의미는 가라타니 고진의 다음과 같은 설명을 참조할 것. "맑스는 교역이 공동체 '사이(間)'에서 시작된다고 말하고 있다. 그는 그 '사이'에서 수행되는 커뮤니케이션을 '사회적'이라고 부른다. 규칙을 공유하는 사람들 사이에 형성되는 관계는 '공동체'적이다. 한편 '사회적인' 관계는 우리가 의식하지 않음에도 불구하고 관계 맺어지고 있는 타자와의 관계이다. (⋯) 맑스가 "전쟁은 교통의 흔한 형태이다"라고 말했듯이, 우연적·무=근거적·횡단적·에로틱·폭력적인 뉘앙스가 포함되어 있다. '생산관계'의 개념이 폐쇄된 관계 시스템을 생각하게 하는 것에 비해 '교통'은 동적이고 우연적이다." 가라타니 고진, 『유머로서의 유물론』, 이경훈 역, 문화과학사, 2002, 35~36쪽.

작가의 페르소나로서의 극중 주인공을 관찰하되, 그의 외면만이 아니라 어둡고 음침한 내면까지 들여다보려 한다. 그런데 문제는 극중 주인공의 정체성이라는 범주에 선명하고 확고한 경계선이 그어져 있지 않다는 점이다.

* 이 글은 '제4회 김우진문학제'(2011년)의 발표문을 일부 수정한 논문임.

김우진 희곡에 관한 소론(小論)
주인공의 갈등과 여성상을 중심으로

오 혜 진

1. 들어가며

근대 희곡사에 있어 김우진이 점유하고 있는 위치는 적지 않다고 할 수 있다. 1920년대부터 서서히 일기 시작한 근대문학으로의 출발점에 김우진의 희곡은 그 지향점이나 표현 방식에서 그 궤를 같이하고 있기 때문이다. 과거 전통에 대한 전면적인 부정과 아울러 새것을 받아들이기 위해 안간힘을 쓰던 근대문학의 흔적이 김우진의 작품에도 고스란히 발견된다. 김우진의 희곡 작품은 그의 짧은 생애(1897~1926) 탓으로 인해 총 다섯 편에 불과하다. 그중 〈정오(正午)〉와 같은 작품은 거의 습작에 가깝다고 할 수 있다. 나머지 네 작품 역시 완성도 면에서 보았을 때 흡족할 만한 것들이라 하기에는 무리가 따른다. 문제시되는 것은 그러나 그 적은 작품들을 통해 김우진이 실현하고자 했던 근대적이고 실험적인 형식과 내용들이다. 선구적이라 할 정도로 그의 작품들은 근대성을 지향하고 있다. 젊은 시절의 초기작에 해당되는 다섯 편의 희곡 작품들은 김우진이라는 인물의 내적 고뇌의 토로라 할 정도로 작가의 모습을 고스란히 담고 있다.

이 글에도 김우진의 희곡들이 그의 생애와 상당히 근접해 있다는 전제 하에 작품 속에 드러난 등장인물들의 성격과 감추어진 욕망 또는 고통의 원인이 무엇인가를 추적해보고자 한다. 특히 작가의 분신이라 할 남자 주인공들의 가족관계와 애인이나 여동생으로 대변되는 여성상을 중심으로 살펴볼 것이다. 이러한 작업들을 통해 다시 역으로 작가의 내면의식과 가치관을 더듬어 보려 한다. 그의 다섯 편의 희곡 중 이 글에서는 〈두데기 시인의 환멸(幻滅)〉, 〈난파(難破)〉, 〈산(山)돼지〉를 기본 텍스트로 삼는다.[1]

김우진 희곡에 드러난 갈등과 여성상에 초점을 맞춘 연구들은 주로 그의 가족사나 생애와 관련하여 논의한 것들이 많다. 김우진의 작품에 여성 혐오 현상이 뚜렷이 나타남을 지적하며 서구적 여인형과 한국적 여인형 속에서 헤매고 있다고 지적한 정형상[2]과 작품 속 인물과 실존 인물 사이의 거리가 객관화되지 못했다는 조동숙[3]의 논의 등이 다소 부정적인 평가로 흐른다면 보다 최근의 연구들은 다른 측면에 주의를 기울인다. 이덕

---

1) 〈정오〉는 뚜렷한 중심 인물을 찾아보기 어렵고 일관된 가치관이나 욕망 등을 발견하는 것도 쉽지 않다. 〈이영녀〉는 그 외 세 편의 작품들과는 전혀 다른 표현 방식을 보이고 있고, 주인공이 여성이라는 점을 감안했을 때 논의의 초점이 흐려질 가능성이 있기 때문에 제외한다. 물론 〈이영녀〉에 나타난 등장인물들의 욕망과 성격 등을 통해 작가 의식을 추출해내는 것이 불가능하다는 말은 아니다. 단지 〈두데기 시인의 환멸〉, 〈난파〉, 〈산돼지〉와 같은 자서전적이고 생의 흔적이 깊숙이 담겨 있는 작품이 아니기 때문이라는 것을 미리 언급해둔다. 또한 이 세 작품은 발표 시기가 모두 1926년으로 알려져 있어 시기적인 변화보다는 작가의 내면의식의 양상을 살피기에 적당하기도 하다. 세 작품 모두『김우진전집』I (서영호 · 홍창수 편, 연극과인간, 2000)을 기본 텍스트로 삼았으며 작품 인용 시 쪽수만을 밝힌다.
2) 정형상, 「군두뛰기의 중간 위치 – 김우진의 작품에 나타난 여성상」,『국어교육』, 1983.
3) 조동숙, 「초성 김우진의 여성관 연구 – 희곡 〈난파〉와 〈산돼지〉의 인물을 중심으로」,『어문논집』제27호, 1987.

기[4]는 작품 속의 여성 형성화가 저항적 가능성을 띠고, 당대 여성이 처한 '모순'을 '모순'으로 파악하고 있다는 점에 주목한다. 김재석[5]의 경우 당대의 사회문화적 상황, 즉 입센이즘과 일본 잡지『세이토』의 영향하에 여성 인식을 입체적으로 분석, 김우진이 "식민지 조선의 사회적 환경을 의식하면서 창작에 임했음을" 주장했다. 이글은 앞선 연구들을 바탕으로 작가의 문제의식을 선명하게 형상화한 작품 속 남자 주인공의 상황과 의식에 주목하여 그 갈등과 여성상을 살펴보려 한다. 이를 통해 작가의 내면의식에 보다 치밀하게 다가서는 것이 이 글의 목적이라 하겠다.

2. 주인공의 좌절 혹은 퇴행

〈두데기 시인의 환멸〉, 〈난파〉, 〈산돼지〉에서 나오는 등장인물들을 개략적으로 정리해 보면 다음 표와 같다.

	주인공	어머니	아버지	애인/여동생	계모/아내	친구/남동생
山돼지	최원봉	원봉이네 (사망)	박정식 (사망)	정숙/ 최영순	최주사댁	차혁
難破	詩人	母(사망)	父(사망)	비비, 카로노메	제1,2,3,4계모	제1,2,3友/ 同腹弟, 異腹弟
두데기 시인의 幻滅	이원영	母(생존)	모름	정자	妻	

세 작품 모두 주인공은 젊은 남자들이다. 이들은 각기 다른 환경에도

---

4) 이덕기,「김우진 희곡의 여성 형상화 연구」,『한국극예술연구』제17집, 2003.
5) 김재석,「김우진의 여성 인식에 대한 비교연극학적 연구」,『한국극예술연구』제28집, 2008.10.

불구하고 성격 면에서 거의 한 인물인 것처럼 유사하다. 신경질적이며 우유부단하고 현실에 강한 불만을 가지고 있다. 끝없이 이상(理想)을 추구하지만 그에 상응하는 적극적인 태도나 행동은 보이지 않는다. 즉 세 주인공 모두 현실에 제대로 뿌리내리지 못한 공통점을 지닌다. 이 주인공들을 둘러싸고 있는 인물들은 모두 가족이나 친구, 애인들이다. 이는 주인공들과 갈등하고 마찰을 빚는 인물들이 매우 가깝고 뗄 수 없는 관계라는 것을 보여준다. 권명아는 "한 시대가 자신을 과거와는 다른 새로운 시대로 규정하기 위해서는 자신의 정체의 구심점(카리스마 혹은 신성한 것)을 재정립해야 한다. 이 과정에서 가족은 정치적으로 사고하기 위해 가장 쉽게 손에 넣을 수 있는 명확한 자료"[6]가 됨을 언급하였다. 김우진에게 있어 '가족'이란 이처럼 자신의 '정치적' 사고 또는 가치관의 정립을 이루어내기 위한 하나의 '장치'에 해당된다. 다시 말해 가족 간의 관계를 통해 혼란스럽고 불투명한 욕망과 고통의 근원지를 탐색하려는 작가 자신의 고투라는 것이다. 작가의 시선은 우선 어머니와 아버지라는 가장 밀접한 인물을 대상으로 삼는다.

1) 원망과 그리움의 원초적 대상, 어머니

〈산돼지〉와 〈난파〉에서 주인공의 어머니와 아버지는 생존해 있지 않다. 실제로 김우진의 어머니 순천 박씨(1864~1901)는 아버지 김성규의 둘째 부인으로, 그는 만 네 살이 되기 전의 어린 나이에 어머니를 잃고 만다. 그 뒤로 세 명이나 되는 계모와 이복(異腹)형제들 사이에서 자라게 된다. 김우진은 이복형제들까지 헤아린다면 총 3남 7녀 중의 장남인 셈이

---

6) 권명아, 『가족 이야기는 어떻게 만들어지는가』, 책세상, 2000, 23~24쪽.

다.[7] 어린 시절 생모의 죽음과 아버지의 거듭된 재혼은 김우진에게 깊은 상흔을 남겼으리라는 것은 어찌 보면 당연하다. 프로이트는 "현재의 강한 체험은 대부분 작가에게 어린 시절의 기억에 포함되어 있는 이전의 기억을 다시 일깨우는데, 이렇게 환기된 어린 시절의 기억에서 풀려 나온 욕망은 마침내 문학 창조 속에서 그 충족을 얻게 되는 것"[8]이라고 하였다. 생존해 있지 않은 부모이지만 이들의 존재는 주인공들의 잠재의식 속에 깊숙이 뿌리박고 있다.

〈산돼지〉의 최원봉 아버지는 동학운동을 하다 죽임을 당하고 어머니 역시 관아에 끌려가다 병정에게 치욕을 겪은 뒤 원봉을 출산하고 바로 세상을 등진다. 〈난파〉의 시인(詩人) 어머니 역시 시인을 낳고 나서 곧이어 죽음을 맞는다. 똑같은 부모의 죽음이지만 아버지의 죽음과 어머니의 죽음은 다른 의미로 주인공들에게 다가온다. 영국의 정신분석학자인 페비안은 유아가 초기 단계에서 엄마와 비자연적으로 분리되면 감정적인 박탈, 즉 사랑의 박탈을 느껴서 나쁜 자아 이미지를 경험하게 된다고 하였다. 그리하여 현실적인 어머니와의 관계에 실망하게 되면 혼자만의 세계인 상상의 세계, 공상의 세계로 빠져들게 되고 심하면 현실 감각 상실로 이어짐을 주장하였다.[9] 〈난파〉의 시인이 어머니에 대한 원망과 저주를 보내는 속에는 이렇게 자신의 완벽하지 못함과 현실 부적응에 대한 한탄이 담겨 있다.

> 詩人 (소리를 버럭질느며) 난 어머니를 辱하오. 咀呪하오. 이 人間을 왜 이모양으로 맨드러 냇소. 當初에 고만 두든지 그럿챠느면 어엽부게 곱게 痕處 업게 모든 것에 꼭 드러맛두룩 맨들어 보지. 그러구도 어

---

7) 김성진, 『水山 金祐鎭 硏究』, 중앙대학교 박사학위 논문, 1999, 31~32쪽 참조.
8) Sigmund Freud, 『창조적인 작가와 몽상』, 정장진 역, 열린책들, 1996, 92쪽.
9) 김종만, 『나』, 한림미디어, 1999, 243쪽 정리.

머니라 하오?(72쪽)

詩人　어머니 記憶이란 다만 喪興 떠나는 光景만.
異腹弟　그게 여섯 살 때 아니요? 그런대 왜 얼굴을 기억 못해요?
詩人　(압흔 소리로) 낫코 第一 미워하든 아들인대 그 어머니가 엇더케 記憶에 드니?
異腹弟　(알어채린 듯이) 아 어머니의 사랑!(91쪽)

　　시인은 유령이 되어 나타난 어머니를 향해 완전하지 못하게 자신을 낳았다며 저주를 퍼붓는다. 그러면서도 이복제와의 대화에서는 어머니에 대한 그리움을 차마 지울 수 없는 모습이 역력하다.
　　〈산돼지〉의 원봉이는 죽은 어머니에 대한 사랑과 그리움을 자신을 길러 준 최주사댁에게 환치시켜 드러낸다.

元　또! 또! 또 거짓말. 악까 무엇이라고 햇소? 義理 안인 나를 대려다가 키윗기 때문에 어머니 가슴 속 고생이 모모 생긴 게라고 하지 안었소? 그럿케 미웁게 나를 생각하시지 안엇소? 그런대 나를 생각한 곳에 貞淑이를 그럿케 미워하섯다고? 榮順이를 사랑햇기 때문에 嫉妬心이 나서 그럿케 미워한 것이라고 바로 대시요.
主　아 날 그럿케 미워할 게 뭐니?
元　榮順이를 爲主해서 날 생각하는 것이 미워요. 그리고 貞淑이를 미워한 것도 그만큼 미워요. 미워요! 미워요! 그것이 안 미우면 엇던 것이 미운 것이 잇겟소.(149쪽)

　　원봉은 최주사댁이 자신을 진정으로 사랑하지 않은 것에 대한 고통과 원망을 "미워요"라는 말로 표현한다. 이것은 곧 자신을 낳아준 생모에 대한 역설적인 그리움과 원망까지 아우르고 있는 것이다. 어머니에 대한 본능적이고 원초적인 그리움이 강한 만큼 원봉과 시인의 원망은 더욱 커지는 것이다.

2) 동경과 억압적 기제로서의 아버지

생모에 대한 감정이 거의 본능적이고 육친애적인 것이라면 아버지에 대한 감정은 그와는 다른 양상을 띤다.

> 元　(…) 일견에 내가 엇던 무서운 꿈을 꾼지 아시오? 나는 어머니만큼이나 아버지도 원망이요, 아버지도! 自己는 東學인가 무엇에 들어가지고 나라를 爲해, 衆生을 爲해, 百姓을 爲해, 社會를 爲해 죽엇다지만 結局은 집안에다가 山돼지 한 머리 가두어 놋코 만 셈이야! 半白이 된 머리털이 피스줄기 선 부릅뜬 눈 우에 헛트러져 가지고 이를 악물고서는 대드는구려, 「이놈 네가 내 뜻을 바더 兩班놈들 貪官汚吏를 썩어가는 선배놈들 모도 잡어죽이고 내 平生 所員이든 내 원수를 갑지 않으면…… 흐흐흐흐, 山돼지 탈을 벳겨쥬지 안켓다」고! (…) 아버지 뜻을 바더 社會를 爲해 民族을 爲해 원수 갑고 反逆하라고 가리쳐 주면서도 山돼지를 못나니만 뒤글는 집안에다가 모라넛코 자바매여 두는구려. (…) (125~126쪽)

〈산돼지〉의 최원봉에게 아버지는 하나의 억압이다. 동학운동에 몸을 바쳐 가족들을 버린 아버지이지만 그 '평생 소원'에 대한 태내에서부터의 명령은 원봉에게는 벗어날 수 없는 의무이자 악몽이다. 원봉에게 아버지는 이렇듯 책무를 떠넘긴 원망의 대상이기도 하면서 동시에 동경의 대상이기도 하다. 자신은 하지 못한 일을 했다는 데 대한 동경과 존경의 감정이 위의 대사 속에 스며들어 있다. 넘지 못할 벽, 그러나 반드시 넘어야 할 벽으로 아버지는 존재하고 있는 것이다. 프로이트는 아버지에 대한 아들의 이중적인 태도를 다음과 같이 풀이한다.

어린 아들은 아버지에 대해 커다란 관심을 나타낸다. 그는 현재의 아버지처럼 되고 또 그렇게 존재하기를, 모든 점에서 아버지를 대신하기를 원하게 된다. 그는 아버지를 그의 이상으로 삼는다고 유유히 말한다. 아버지에 대한(아니면 일반적으로 모든 다른 남자에 대한) 이 태도에는 수동적이거나 여성적인 면은 전혀 들어 있지 않다. 이 동일화는 이로 인해 생겨난 외디푸스 콤플렉스와 아주 잘 일치하고 있다.[10]

아버지와의 동일화 욕망은 이렇듯 아들 최원봉을 구속한다. 원봉은 그러나 자신의 수동성과 우유부단함으로 인해 '아버지처럼' 되지 못하는 처지를 원망하며 그 원인을 환경 탓으로 돌려버린다. 여기서 '산돼지'란 길들여지지 않은 야생의 자유의지를 가진 존재로 해석될 수 있다. 그렇다면 "'집안'에 있는 '산돼지'란 행동력이 결여된 자아, 있어야 할 곳이 아닌 곳에 있는 길 잃은 자아를 상징"[11]한다고 하겠다. 이러한 산돼지인 원봉이 최주사댁의 좁은 울타리 안에서 벗어나지 못한 채 한탄만 늘어놓는다. 나약한 지식인인 원봉은 아버지의 '평생 소원'을 이루지도 못하고 또한 그것을 털어버리지도 못한 상태로 머무른다. 원봉의 이 우유부단함과 소극성은 현실적인 문제(청년회에서의 갈등)조차 지극히 냉소적이며 자포자기식의 결정으로 귀착된다.

〈난파〉의 시인 역시 아버지의 억압으로부터 벗어나려 몸부림친다.

詩人　나는 이 健忘症을 榮光으로 생각하오. 그러나 매는 이겼어도 눈물은 이즐 수가 업서요. 날 때려 달라는 말은 當身의 그 「양반 家庭」 「新羅 聖族의 後裔」라는 自慢을 내게서 빼서 달라는 말애요.

父　（달녀들어 한 번 내갈기며）不孝子! 모든 것이 孝에서 始作하는 것을

---

10) Sigmund Freud, 『집단심리학과 자아분석』 제7장(Rene Girard, 『폭력과 성스러움』, 김진식 · 박무호 역, 민음사, 2000, 254쪽 재인용).
11) 윤금선, 「김우진 희곡 연구」, 『한국극예술연구』 제13집, 2001.4, 53쪽.

모르니? 孝! 西洋놈 日本놈은 모르되 우리 朝鮮사람은 忠臣도 효에
서 治天下도 효에서 나오는 것이다. (…) (77쪽)

父　　그렷소. 아들아, 내 가슴 속을 알어다우. 나는 忠君報國도 못한 罪
　　　人인데 어머니의게 徹天之恨을 먹음게 한 不孝子로구나. 忠君報國
　　　－요새 말로 社會 奉仕할 有爲之人은 너 外에 오늘 社會 다른 靑年
　　　들 中에서두, 또는 우리 子孫 中에서두 잇게지만 오늘 너는 내 아
　　　들, 怨恨 먹음은 네 할머니의 孫子가 아니니?(78~79쪽)

　시인의 아버지는 가문의 중요성과 부모에 대한 효, 즉 전통적이며 유
교적인 가치관을 대변한다. 아버지는 죽어서까지 시인 앞에 나타나 자신
이 못다 이룬 가문의 영광과 효를 다그친다. 시인에게 아버지의 이러한
요구는 필연적으로 자신의 개인적인 욕망과 상치된다. 또한 시인은 아버
지와 같은 '정신력과 시적 통찰력'을 가지고 있지 못하다. 프로이트의 "아
버지를 경쟁자로 여기며 제거하도록 부추기는 증오 곁에는 일반적으로
아버지에 대한 애정이 함께 있다"[12]는 말과 같이 시인은 경쟁자로 각인된
아버지를 넘어서고 싶지만 "존경과 순종의 마음"[13]으로 인해 아버지를 철
저하게 거부하지도 못한다.

　김우진의 부친인 김성규(1863~1935)는 18년간 관계(官界)에서 활약하였
고 실학 사상과 농협 개혁에 조예가 상당했다. 농업 개혁에 관한 부친의
지대한 관심은 장자인 김우진의 일본 구마모토현립농업학교(현재 구마모토
현립농업고등학교) 입학으로 연결된다. 유학을 마친 후에도 부친은 성실한
가업 경영과 가문 경영을 지속적으로 김우진에게 당부했다.[14] 이로써 부
자간의 내면적 갈등은 점차 깊어져만 갔다. 부친과의 원만하지 못한 관계

---

12) 프로이트, 『창조적인 작가와 몽상』, 163쪽.
13) 윤금선, 앞의 글, 51쪽.
14) 서연호, 『한국 근대 극작가론』, 고려대학교 출판부, 1998, 5~8, 16쪽 참고.

는 가장 자전적인 작품으로 꼽히는 〈난파〉에서 선명하게 부각된다.[15] 전통적 가치관을 내세우며 가문과 가업을 일구려는 부친의 요구 및 장자로서의 의무가 김우진을 압박했다. 여기에 연극 운동에 대한 열의, 창작에의 욕구, 애인 윤심덕과의 문제 등은 그를 '중간'에서 멈칫거리게 하는 요소가 되었고 시인에게 고스란히 그 모습을 투영시킨다. 하지만 김우진이 부친 김성규에 대해 가지고 있었던 감정이 이런 불편함만으로 설명되어서는 곤란하리라 본다. 아버지 김성규와 나누었던 많은 서신 교환이라든지, 가문 경영과 실학 및 농협 개혁에 뜻을 둔 사상적 깊이에 대한 동경은 부자간의 신뢰와 애정이 전혀 없었다고 하기에는 무리가 따른다.

이렇듯 자신을 억압하면서도 동시에 넘어서기에는 힘에 겨운 아버지의 모습은 근대화의 길목에 서 있는 김우진에게는 상징적인 의미로 작용한다. 여러 작품 속에 지속적으로 드러나고 있는 "낡은 인습에 대한 비판과 열정적인 근대 인식에의 지향"[16]은 곧 아버지에 대한 부정으로 표면화된다. 전통과 낡은 사상에 젖어 있는 부친을 극복한 후에야 새로운 삶, 근대로 나아갈 수 있는 길이 열린다. 김우진의 근대로 나아가려는 지향성은 그렇기 때문에 끊임없이 아버지와 충돌하고 또 작품 속에도 되풀이되는 것이다. 문제는 김우진이 그것을 완전하게 극복하지도 못한 채 좌절하고 만다는 데 있다. 따라서 현실의 문법과 자기 내면의 명령 사이의 불일치

---

15) 〈난파(難破)〉는 작가 스스로 표현주의극이라고 언명하였다. 표현주의적 성격에 맞추어 논한 연구들도 많음은 이 작품의 성격이 단순히 작가에 의해서만 명명된 것이 아님을 알 수 있다. 이 글은 〈난파〉를 표현주의적 성격에 따라 규명하는 것이 아니므로 자세한 언급은 피한다. 단지 표현주의 연극이 "일종의 저항극으로서 가족제도와 관료제도의 권위, 완고한 사회질서, 산업사회와 삶의 기계화에 도전하는 것이다. 이런 도전은 흔히 극 속에서 기성 세대에 대한 젊은이의 격렬한 저항으로 표출되고 하였다."(배봉기, 『김우진과 채만식의 희곡 연구』, 태학사, 1997, 81쪽)는 간명한 설명만으로 김우진의 〈난파〉가 표현주의적 색채를 강하게 띠었음을 대신한다.

16) 서연호, 앞의 책, 14쪽.

또는 불협화음을 "김우진의 비극은 햄릿의 운명론적 비극"[17]으로 해석하는 것이 가능한 것이다.

〈산돼지〉의 원봉은 아버지와의 관계를 정확하게 해결하지도 못한 채 유아기적 어머니 품으로 돌아가려는 퇴행 현상을 보인다. 아버지와 직접 부딪쳐 싸운 후에 얻은 새 삶인 근대가 아니라 어머니에 대한 원망, 아버지에 대한 회피로 슬그머니 뒤로 물러선다. 〈난파〉의 시인 역시 아버지와의 '투쟁'을 감내하지 못한 채 어머니 품으로 '난파'하고 만다.

> 詩人 難破란 것이 이럿케 幸福이 됨닛가?
> 母   너 아버지 안 보겟니? 네 繼母들을? 네 동생들을?
> 詩人 (밋치며)불에 물애요. 날 혼져 빠지게 해 쥬. 아 難破란 것이 이럿케 幸福이 됨닛가? 難破란 것이 이럿케 幸福이 됨닛가?(100쪽)

'불에 물'과 같은 아버지, 계모, 동생들과의 관계를 끊어버리고 시인이 가는 곳은 죽은 어머니의 품이다. 곧 죽음이다. 작품에서조차 극복하지 못했던 아버지라는 벽은 김우진의 삶이 정말로 '난파'되는 비극으로 끝을 맺는다. 아버지를 넘어선다는 것, 근대를 향해 돛을 올린다는 것이 얼마나 험난하고 무서운 일인지 우리는 1920년대 한 지식인의 삶에서 그것을 다시 확인한다.

3. 여성들, 현실과 구원의 사이

세 희곡에서 어머니를 제외한 다른 여성들, 애인이나 여동생은 주인공

---

17) 박명진 · 조현준, 「김우진과 식민지 모더니티」, 『어문론집』 제53집, 2013.3, 323쪽.

들이 어머니와 아버지에게는 얻지 못했던 애정을 갈구하는 인물들이다. 또한 근대적 경험과 모순과 혼란을 드러내는 데 있어 그러한 모순과 혼란을 체현하는 존재로 여성을 택하였다[18]는 지적과 같이 김우진 자신의 혼란스러움과 근대가 지닐 수밖에 없는 모순을 지닌 여성들이기도 하다.

〈산돼지〉에는 원봉의 여동생 영순과 애인인 정숙이 등장한다. 원봉의 여동생인 영순은 그러나 전혀 피가 섞이지 않은 남이다. 원봉의 영순에 대한 감정은 상당히 복잡하면서도 미묘하다. 이상적인 여성상이자 여동생으로 또한 최주사댁의 사랑을 독차지하는 경쟁자로 한편으로는 남녀 간의 애정이라고 불릴 정도의 집착이 그것이다. 여기서 가장 눈여겨보아야 할 것은 바로 이상적인 여성상으로서의 영순이다. 생모는 자신을 낳고 무책임하게 죽어버리고 기른 어머니인 최주사댁은 영순으로 인해 자신에게 깊은 애정을 쏟지 못한다고 원봉은 생각한다. 원봉은 영순을 '진주'나 '금은보화'로 지칭하며 그녀에게 집착한다. 생모가 또는 기른 어머니가 주지 못한 지극한 정성과 순결한 사랑을 영순에게 희구하는 것이다. 환몽 장면 중에 영순과 함께 천상으로 오르려고 시도하는 원봉이의 모습에서 이것은 극대화된다.

> 榮　아 옵바! 괴로워! 아 옵바 나하고 져리로 올너가요. 아 괴로워! 여귀는 다 올나가지 안코 中間이기 때문에 이럭케 괴로운 것 안이여요? 九萬里長天 져 우에까지 갓치 올너가요. 내 손 잡버줘요. 내가 끌어 올릴 테니.
>
> 元　내 몸이 이럿케 무거운대 엇덕케 연약한 네가 날 끄집어 올리니? 山돼지는 땅 우에서 박에 못 큰다.
>
> 榮　그래도 내 힘껏 끌어볼 테야! 아 날 놋치 마러요. 이 팔을 꼭 붓드러요. 이 팔을!. 아 옵바!(144쪽)

---

18) 이덕기, 앞의 글, 144쪽.

청년회 간부로서의 좌절, 정숙과의 이별, 생모에 대한 원망과 생부의 의무를 감내하지 못하는 원봉은 영순과 함께 현실을 벗어나려 한다. 환몽은 그러나 영순의 애인인 차혁에 의해 저지당한다. 환몽 장면은 원봉의 욕망과 좌절을 뚜렷이 환기시킨다. 태어나기 전 상황부터 비롯되는 환몽 장면은 그 처절한 고통을 겪기 전으로 돌아가고픈 원봉의 욕망이다. 시원으로의 퇴행, 즉 어머니의 자궁으로 다시 들어가고자 하는 원봉의 욕구는 자신을 믿고 따르는 영순과 천상으로 오르려는 행위로 대치된다. 그렇지만 원봉의 지점은 '중간'이다. 완전히 현실을 벗어나지도 못하고 그렇다고 무거운 몸을 끌고 천상으로 오르려는 각고의 노력 또한 없다. 중간 지점에 원봉은 서있다.

그러다 결국 영순은 차혁에게 가고 만다. 현실로의 회귀인 것이다. 원봉은 이제 자신을 떠난 영순이 아니라 되돌아온 정숙을 통해 이상을 실현코자 한다. 정숙과 원봉이 함께 부르는 조명희의 「봄 잔디밭 위에」는 여전히 원봉이 현실세계보다는 어머니와 맞닿아 있는 아이로 돌아가고픈 심정을 잘 나타낸다.

> 내가 이 쟌듸밧 우에 뛰노닐 적에
> 우리 어머니가 이 모양을 보아주실 수 업슬가.
>
> 어린 아기가 어머이 젓가슴에 안겨 어리광함갓치
> 내가 이 쟌듸밧 우에 짓둥그를 적에
> 우리 어머니가 이 모양을 참으로 보아 주실 수 업슬가 (…) (156쪽)

"어머니 젓가슴에 안겨 어리광"을 부리고 싶은 것이 바로 원봉의 가장 기본적인 욕망이다. 아버지의 억압적인 의무도 없고 현실의 오해나 질타도 없는 그런 어머니 품으로 돌아가고 싶은 것이다.

신여성으로 등장하는 정숙은 원봉을 떠나지만 다시 돌아온다. 그녀는 전통과 구습, 타인의 이목에 굴하지 않고 자신의 욕망에 따라 움직이는 주체적이며 이지적인 여성이다. 순종적이며 지순한 사랑을 베푸는 영순에 비해 정숙은 훨씬 현실적이며 능동적이다. 원봉이 영순으로부터 정숙으로 옮아가는 감정의 물줄기는 현실을 대하는 태도부터 다르게 돌아간다. 원봉은 다시 돌아온 정숙과 함께 새 삶을 계획하려 한다. 그 새 삶이 어떠한 것인지는 구체적으로 암시되어 있지 않다. 하지만 봄의 들판에서 나누는 두 남녀의 대화는 그들이 현재의 삶에 구속되지 않고 새로운 생활을 개척해나가려는 의지로 해석된다. 천상으로의 도피나 어머니 품으로의 퇴행 욕망은 정숙이라는 한 여성을 통해 어느 정도 보상을 받으며 현실에서 새 삶을 일구어나가려는 한줄기 희망으로 연결된다.

정숙과 같은 여성상은 〈난파〉를 통해서도 어느 정도 그 윤곽이 구체화되었었다. 비비는 김우진이 번역을 시도했던 버나드 쇼의 〈워렌 부인의 직업〉에 나오는 인물이다. 쇼 작품과 비슷한 이미지의 비비는 이성적이고 지적인 조작을 통해 만들어진 여성상이다. 비비는 작품에도 언급되었듯이 어머니의 다른 모습이다. 시인과 어머니 간의 애증이 제거된 객관화된 어머니인 것이다. 어머니와는 다른 겉모습, 젊고 합리적이며 서구 여성인 비비와의 대화를 시인은 시도한다. 비비는 가문과 효에 집착하는 아버지와는 전혀 다른 의견을 제시한다.

> 비비　　글새 나 모양으로 只今이라도 離緣을 햇버려요. 因緣을 끄어 버려요. 그러면 날보고 다라나듯이 當身의게 어머니 權利는 못 내둘을 테닛까. 군두뛰는 것으로만 아라닛까 그래!
>
> 詩人　　當身은 제법 똑똑하구료.
>
> 비비　　난 똑똑 소리도 안 내요. 남이 아러쥬거나 못 아러쥬거나 난 단지 내 生活에만 熱中합니다. 그것도 맥물갓히, 챠게.(88쪽)

유령인 어머니와 시인은 모자간이라는 질척한 인연의 끈으로 서로 욕만 해대며 감정을 속인 데 비해 어머니의 변이태인 비비는 그 어머니와의 인연을 끊으라고 냉정하게 말하다. 비비의 말은 어머니와의 인연만이 시인을 둘러싸고 있는, 고통의 근원인, 모든 가족관계를 끊어버리라는 의미로 압축된다. 어머니라는 이름으로는 차마 할 수 없었던 말들을 비비는 태연히 내뱉는다. 시인이 바라는 냉철한 이성을 지닌, 합리적이며 지적인 여성이 비비를 통해 구현된다.

문제는 시인의 망설임과 현실 부적응이다. "내게도 그럴 힘이 있을까요."라는 시인의 체념은 비비의 "사람이란 군두뛰는 거예요. 중간에 머물러 있지를 못해요."라는 독촉을 이겨낼 힘이 없음을 증언하고 있다. 원봉과 같이 중간에서 주춤거리는 시인 역시 차마 가족 간의 인연을 끊지도 못하고 그렇다고 수용하지도 못하는 상태이다. 비비의 급진적인 생각에 찬동하면서도 섣불리 실현하지 못하는 시인 앞에 이제 비비는 없다.

대신 어머니를 미워하는 비비의 다른 모습인 카로노메가 등장한다. 베르디의 오페라 〈리골레토〉에 등장하는 카로노메는 비비와 어머니의 중간적인 여성이다. 이 여성의 성격은 정확히 비비도 어머니도 아닌 다소 모호한 인상을 풍긴다. 그것은 시인과의 대화에서 특별히 그녀만의 개성을 찾을 수 있는 부분이 없기 때문이라 여겨진다. 시인은 어머니, 비비, 카로노메 등의 어머니 또는 다른 모습의 여성들을 통해 자신이 결국 아버지와 같은 전통을 고수하고 "세상의 온갖 艱難辛苦를 겪"을 수 있을 만큼의 힘을 지니지 않았음을 통감한다. 시인의 욕망을 일깨워주는 존재들이자 좌절을 깨닫게 해주는 여성들인 것이다.

또 다른 시인인 〈두데기 시인의 환멸〉 이원영에게는 박정자라는 애인과 처라는 두 여성이 존재한다. 박정자는 〈산돼지〉의 정숙과 〈난파〉의 비비와 같은 성향의 여성이다. 신여성이자 자유로운 사상을 가진 박정자는 시인에게는 "靈은 뛰여서 天馬가 空中을 다라나듯이 詩를 맨들"게 해주는 존재이다. 열정과 사랑을 주는 욕망의 대상이자 동시에 "뱀파이어, 낡은 신여성, 누이, 흉측한 여자"로도 지칭되는 여성이기도 하다. 이것은 이원영이 신여성에게 이중적인 잣대를 들이밀고 있다는 증거이다. 이원영은 "어엽부고 졈고 父母兄弟 업서 自由롭고, 子息男便 업서? 귀찬치 안쿠. 게다가 봄꽃에 나븨 모이듯 天下의 才士名人 모여"드는 박정자에게 동경과 찬미를 한껏 선사한다. 그러면서도 그녀를 자신과 뭇 남성을 유혹한 요부로 몰아세우고 "구역질나는 「新女性」의 말솜씨"를 신랄하게 비난한다. 애정과 동경 그리고 저주와 멸시의 복합적이고도 흥분된 감정의 노출이다.

그에 비해 자신의 처를 대하는 이원영의 시선은 싸늘하다.

> 元   (…) 화를 내도 녜 녜. 까닭업시 나무래도 녜, 녜, 욕을 해주어도 녜 녜, 甚至於 따구를 붓쳐도 녜 녜 녜, 기껏해야 「애매한 나를 웨 이래요.」라지 이게 사람이 當할 노릇이요. 손끗흐로 건다리기만 해도, 꿈틀거리는 벌거지를 못 보았소. 차라리 벌어지와 同居하는 게 낫지.(21쪽)

처를 오로지 자식에게 젖이나 주고 반발조차 못 하는 '벌거지'보다 못한 존재라고 비꼬아 말한다. 가정에 붙들려 가사과 육아에만 전념하는 여성에 대한 통렬한 비판은 그러나 작가의 동정과 안쓰러움의 역설적 표현임은 정자와 처와의 대화를 통해 드러난다. "관객의 수용을 고려하여 경순에게 관객의 동정이 주어질 수 있도록 극중 상황을 조성"[19]하였다는 지적과 같이 작가는 원영의 이중성을 통해 당대 남성중심주의를 공격한다. 원영의 처와 여학교 시절 동창생임을 알고 난 후부터 정자는 원영을 공격한다. 원영이 가지고 있는 이중적이고 가부장적인 가치관이 정자와 원영 자신의 입을 통해 공개된다.

---

19) 김재석, 앞의 글, 139쪽.

元　　家庭이란 監獄이란 게 내 主義야. 아모러한 女子일지라도 한 번 妻
　　　가 되면 사람으로서의 自由는 업서지는 게야. 女性의 永遠한 生命
　　　은 이곳에 잇단 말야. (…)

貞　　(同時에) 왠 主義야! 그래서 아들 나케 하구, 옷 꿰매주게 하구 밥 지
　　　어주게 하구, 그리고 나서는 自己는, 自稱 詩人은 無所不爲로—그
　　　게 詩人이요 남 一生은 犧牲을 맨드러놋코 나서는, 自己 혼자만 天
　　　堂에서 하누님과 갓치 노래한다는 두데기 詩人?(29쪽)

　가정이나 가문의 멍에를 언제나 무겁게 인식하고 있었던 작가 김우진
은 사랑 없이 결혼하여 구속된 삶을 살아가는 여성, 즉 처에게 깊은 동
정과 함께 죄의식을 느끼고 있었던 것이다. 결국 언제나 '중간'의 위치에
서 서성대며 자신의 자리를 찾지 못하는 시인, 곧 작가의 분신들은 '두데
기'(누더기)일 수밖에 없다. 애인과 처 모두에게 비난받을 수밖에 없는 이
원영은 곧 작가의 표상이며 환멸이다.

　정숙과 비비, 카로노메 그리고 정자는 모두 주인공이 사랑하는 여성이
다. 주인공들은 이 여성들을 욕망의 대상으로 사랑하고 또 상처받는다.
그녀들은 쉽사리 주인공들에게 포섭되지 않고 굴복하지도 않는다. 자신
의 삶에 대해 충분히 합리적이며 이성적인 판단을 내리고 그것을 주인공
들에게 다그치기도 한다. 하지만 이 여성들을 통해 주인공들은 완벽한 행
복을 이루거나 사랑을 맛보지 못한다. 그녀들을 욕망하지만 또 그녀들을
통해 좌절의 아픔을 겪고 만다. 원봉을 떠나간 정숙, 힘이 없음을 토로하
는 시인을 비난하고 결국은 사라져 버리는 비비, 원영의 모순됨을 신랄하
게 비난하는 정자 모두 사랑과 현실 사이의 어그러짐이다.

4. 마치며

김우진의 자서전적인 요소를 많이 드러내는 세 작품을 통해 이 글은 주인공의 근친과의 갈등과 여성상을 살펴보았다. 일찍 세상을 떠난 어머니에 대한 그리움과 원망으로 점철된 주인공들은 아버지에게 있어서 또한 부여받은 책무의 억압으로 인해 괴로움을 겪는다. 나약하고 행동력이 결여된 주인공들은 그러나 아버지의 벽을 결국 뛰어넘지 못한 채 '난파' 되는 운명에 처한다. 이는 바로 작가 김우진이 아버지라는 실질적인 대상과 구습을 버리고 근대로 향해가는 험난한 벽을 넘지 못했음을 상징적으로 보여준다. 주인공들은 사랑하는 여인들에게서 현실의 뛰어넘지 못할 벽 앞에서 서성이는 자신을 이끌어주길 원한다. 그조차 쉽사리 이루어지지 못한 상태에서 주인공들은 좌절하고 만다.

이 글은 작품에 드러난 주인공들의 욕망과 갈등 관계를 중심으로 분석하였지만, 작가의 일기나 여러 비평 활동을 다루지 못한 관계로 한 일면만이 강조된 맹점이 있다. 이는 앞으로의 연구 작업을 통해 좀 더 이루어져야 하리라 생각된다. 김우진이라는 한 근대적 지식인을 만나면서 다시한 번 우리에게 근대란 무엇이며 또 그것을 넘기 위한 지난했던 과정들을 되돌아보아야겠다는 생각을 마지막으로 덧붙인다.

*이 글은 '제7회 김우진문학제'(2014년)에서 발표된 논문임.

김우진 희곡 〈이영녀〉 연구

김 영 학

1. 들어가며

김우진 희곡 〈이영녀〉는 지난 2015년에 국립극단에 의해 공연된 바 있다. 쓰여진 지 90년 만이다. 김우진의 다른 작품들에 비해 오늘날 관객들과 소통할 여지가 많은 점이 공연 배경이 아닐까 싶다. 또 이 작품 고유의 암울한 분위기[1]가 발산하는 아우라도 무대화에 큰 역할을 했으리라 사료된다.

이 작품에 대해서는 "하층 사회의 밑바닥을 리얼하게 묘파한 사회문제극이며 자연주의 계열에 드는 본격적 작품",[2] "형식적인 면에서는 매우 참신하고 설득력 있는 리얼리즘을 성취"[3]시킨 작품, "환경에 지배되는 인

---

1) 작품의 이런 분위기를 살리려 했던지 〈이영녀〉를 최초로 연출한 박정희는 "사실주의적 희곡을 '어두운 표현주의'로 변환해 어색하지 않게 만들었다."는 평가를 받았다. 김미경, http://www.edaily.co.kr/news.rlaalrud, 2015.06.29.
2) 유민영, 『한국현대희곡사』, 기린원, 1991, 135쪽.
3) 서연호, 『김우진』, 건국대학교 출판부, 2000, 93쪽.

간의 숙명이 자연주의적 방법으로[4] 그려진 작품이라고 선행 연구가들이 고찰한 바 있다. 즉 김우진의 자연주의적 연극관과 사실주의적 연극관이 혼효된 작품으로 진단한 것이다.

그러나 필자는 이 작품을 거듭 읽으면서 종래의 자연주의 및 사실주의 계열 작품과는 결이 다른 점이 있다는 생각을 떨치기 어려웠다. 당시 풍속을 뛰어넘는 비정상적인 윤리 의식이 작품을 관통하고 있었고, 인물들도 매우 충동적이면서 폭력적으로 그려졌기에 그런 생각을 한 것이다.

본고는 이런 점에 주목하며 〈이영녀〉에 나타나는 윤리적 일탈과 가학적 인물상이 표상하는 의미를 규명하고자 한다. 나아가 근대 희곡으로서 차지하는 위상과 작품적 성취를 고찰하는 것이 이 글의 최종 목적이다.

2. 윤리적 일탈

〈이영녀〉는 〈난파〉나 〈산돼지〉에 비하면 재현에 충실한 희곡이다. 그렇지만 작품 속 세계상은 온전하지 않다. 이 작품에는 언어적 파격과 일탈된 행위가 일관되게 나타난다. 1920년대 희곡의 경향인 사실주의적 계몽이라는 도식적인 틀을 과감히 벗어던진 결과일 것이다.[5] 지금으로서도 파격적인 소재인 매춘을 대담하게 그리고 있기에 작품을 읽다 보면 지금 우리의 모습을 들여다보는 것 같은 착각이 들 정도이다.

주인공 이영녀는 유부녀의 몸으로 매춘을 업으로 삼고 있지만 죄의식

---

4) 김성희, 「김우진 희곡의 현대성과 그 방법적 특성―그의 현대의식과 리얼리즘 희곡을 중심으로」, 『김우진』, 연극과인간, 2010, 161쪽.

5) 그는 이광수로 대표되는 당대의 계몽주의적 작가 의식을 철저히 배격했고, 대신 쇼펜하우어와 니체에게서 영향받은 '생명력'과 '자유의지'를 자신의 창작관으로 표명하고 있다. 그의 비평이나 작품 도처에서 이 사상이 피력되고 있다. 김성희, 위의 책, 155쪽.

은 느끼지 않는다. 다만 성매수남이 여러 남자들과 집단적인 성관계를 요구하자 거부하는 정도의 윤리 의식만 보일 뿐이다. 유교 사회의 윤리가 여전히 존재하던 1920년대 풍속을 떠올리면 영녀는 당대 풍속에서 일탈된 삶을 살고 있다고 볼 수 있다. 특히 자녀들 교육을 위해 매춘을 한다고 설정되었기에 영녀의 성 윤리는 문제성을 드러낸다. 삯바느질로 생계를 꾸리는 평범한 여성이 매춘이라는 사회적 금기를 범하면서도 죄의식을 크게 느끼지 않기 때문이다. 이런 작품의 일탈된 세계상은 이웃 사람 기일의 말로 더욱 강조된다.

> 琪   제—기 요새 개집들이 갈보 안인 거시 어대 잇다요. 눈으로 갈보,
>   돈으로 갈보, 恩惠로 갈보, 人情으로 갈보, 그것보다도 第一 이놈의
>   世上 때문에 갈보! 世上 女便내랑 거슨 말케 갈봄니다.[6]

기일이가 영녀 남편이 죽은 사실을 알리고자 방문한 임도윤에게 하는 말로, 세상의 여성들이 모두 갈보로 산다며 한탄한다. 갈보라는 단어는 여성에게 할 수 있는 최악의 막말이다. 매춘은 자신의 몸을 파는 행위로 여성으로서 자존감을 가장 크게 훼손당할 수 있는 단어이고, 법으로도 금지되어 있기 때문이다. 그럼에도 기일이 처음 만나는 도윤에게 세상 모든 여성을 갈보라고 매도하기에 작품의 뒤틀린 세계상이 강조되는 것이다.

이런 세상에 사는 인간들이 온전할 리 없다. 거의 대부분의 인물들이 유교적 가치관을 거역한다.

> 인   할멈은 그런 소리만 또 하시오. 官九 어매가 틀닌 일이지. 그 괴로
>   운 工場 일을 고만 두게 하고 댁에 드러가서 잇스라는 데 안 그럴
>   거시 며시랑가. 되려 고마운 일이지. 나 것트면 情든 書房이라도 내

---

6)   서연호·홍창수 편, 『김우진전집』 I , 연극과인간, 2000, 58쪽.

뻐리고 當場에 드러가겟네.⁷⁾

영녀의 이웃 인범이네가 남편이 버젓이 있는 영녀가 집주인 강영원의 첩살이를 해야 한다고 말하는 장면이다. 그러면서 자신 같으면 정든 남편을 버리고 당장 첩살이를 하겠다고 말한다. 더욱 놀라운 점은 함께 있던 여성들인 기일이네와 점돌이 할멈이 인범이네의 말에 은연 중에 동조한다는 점이다. 이렇듯 작품에 등장하는 인물들의 성 윤리는 모두 정상의 궤도를 벗어난 것이라고 할 수 있겠다.

작품의 윤리적 일탈은 성에 국한되지 않고 풍속의 차원으로까지 확대된다. 작품 결말에 영녀가 죽고, 명순과 기일네가 등장해 나누는 대화는 결혼 풍속에 대한 일탈을 주장하기에 눈길을 끈다.

> 기 별소리 다 한다. (웃는다) 제멋대로 서방을 밧굴 수만 잇스면 좀 좃켄냐. 그렇께 너는 시집가지 말난 말이다. 한 번 가기만 가면 永永 떼장 밋해 드러갈 때까지 붓잡힌 셈이 된단다. 明 앗다 離婚햇 버리면 고만이지.⁸⁾

기일이네는 조선에서 결혼해 사는 여성 삶의 고단함을 늘어놓다가 명순에게 시집가지 말라고 권하고, 명순은 이혼하면 된다며 대수롭지 않게 말한다. 이 작품이 혼인을 미덕으로 여기고, 일부종사라는 풍속을 여전히 중시하던 때 쓰인 점을 감안하면 시대를 한참 거스르는 생각이다. 이는 김우진이 「생명력의 고갈」(1926.3)이라는 글에서, 당대 조선의 현실이 "변혁을 구한다. 어떤 전혀 새로운 세계를 요구한다."라면서 어제가 신의 위업을 찬미하고 숭배하는 시대였다면, 오늘의 시대는 과거의 "신에게 반항

---

7) 앞의 책, 49쪽.
8) 위의 책, 67쪽.

하고 그이에게 의문이나 질문을 하는 대신에 그 신의 座台를" 엎어야 하는 시대이며, "종교도 과학도 제도도 문예도 다 그 요구와 충동"을 따라야 한다[9]는 자신의 신념을 작품에 구현한 것으로 이해할 수 있겠다. 낡은 가치와 전통에 온몸으로 맞서왔던 김우진이기에 창작을 하면서 기존 관습과 가치관을 거역하는 것은 당연한 일이었다. 그렇다보니 작품에 윤리를 거스르는 사태가 빚어진 것이다.

그런데 이런 '윤리 거스르기'는 작품의 희극성을 고양시키는 데 일조한다.[10] 관극하는 동안 윤리 때문에 억압받았던 자아가 해방되면서 웃음보를 터트리고, 기대하지 않았던 장면들을 접하면서 웃음에 전염되기 때문이다. 김우진은 박제화된 근대적 질서에 맞서려고 작품에 윤리적 일탈을 장착해놓고, 한편으로는 유머러스한 장면을 곁들여 작품에 활력을 불어넣고 있는 것이다.

3. 가학적 인간상

작품은 영녀의 아들인 관구가 포주인 안숙이네에게 엄마 어디 갔냐고 물으며 시작한다. 두 사람의 대화에 관구의 누나인 명순이 끼어들면서 오누이의 싸움으로 번진다.

이 오누이의 언쟁과 행동은 도를 넘기에 낯설게 보인다.

---

9) 김성희, 앞의 책, 155~156쪽.
10) 베르그손은 "상황이 뒤집혀지게 하고 역할을 전도시킴으로써 우리는 희극적 장면을 얻을 수 있다"면서 "결국 '역전된 세계'라고 분류되는 것에 대해서 사람들은 웃는다."고 말한다. 앙리 베르그손, 『웃음―희극의 의미에 관한 시론』, 김진성 역, 종로서적, 1997, 59쪽.

明順 (실쥭실쥭 울면서 쟝독대 밋헤 죠구리고 안즈면서) 맨맛한 것이 나
      지. 가시내라고. 모도들 그래 바라. (소리를 내여 울면서) 나 하나 못
      자바머거서 곳 죽겟는 것이다. 요년 져년 하면서. 箐九 이놈우 子
      息! 내일 나한테 견대 바라. 아가리를 쭉쭉 쟈바뜨더 버리지 안는
      가. 왜 나만 나 혼쟈만 못나니 노릇하고 잇슬 쥴 아냐.
官九 (마루 우에서 뛰여내릴 듯이) 그래 너까짓 가시내가 못나니지 멋이
      여. 가시내는 모도 사내들 죵년이란다. 엄마한테 무러 바라, 안 그
      러능가.
明順 (다시 확 이러서서 달녀드러 얼굴을 쥐여박으며) 이놈우 색기 너하
      고 나하고 오늘 쥬거보쟈. 쟈 죵년이다. 엇절내. 아나. (官九 가마니
      안져서 當하드니 忽地에 엽헤 잇는 돍덩이를 드러내 때릴녀고 한
      다. 안숙이네는 말길려고도 안는 드시 하나 危險一 髮에 明順이가
      휘쟈버서 돌덩이를 官九의게 내붓친다. 官九, 억개를 맛고 엎디려
      진다. 明順이는 한다름에 사립 밧갓흐로 다라나 뻐린다. 官九 우름
      이 터진다. 우 房 안에서 쟘들엇든 어린아의 우름이 또 터진다.)[11]

   열 살 관구와 세 살 많은 명순의 대화라고 믿기 어려울 만큼 언행이 드
세고 난폭하다. 명순은 동생의 입을 쭉쭉 잡아 뜯어버린다고 하고, 동생
관구는 여자는 모두 사내들 죵년이라고 놀린다. 남매가 나눈 대화라기엔
너무 매몰차고, 어린 나이를 감안하면 발언 수위가 위험하다. 특히 관구
가 돌로 자신을 내리치려 하자 명순이 돌을 빼앗아 관구 어깨를 때리고
있어 난폭성이 극에 달한다.
   관구와 명순은 어른들에게도 함부로 말하고 있는데 귀를 의심할 정도
로 발언이 드세고 거칠다.

   官   (힐겨보고) 고만 둬야. 너보고 누가 참견하라고 하냐. 호랭이 깨무러

11) 서연호 · 홍창수 편, 앞의 책, 38쪽.

갈 년![12]

관구가 점돌이 할멈에게 하는 말이다. 반말을 할 뿐만 아니라 욕까지 하고 있어 눈살을 찌푸리게 한다. 명순도 3막에서 유서방과 기일이가 영녀를 두고 뒷말을 하다가 퇴장하자 "비러먹을 쟈식들!"이라고 말한다. 어른들이 욕 먹을 짓을 했더라도 아이들의 욕설이 정제되지 않은 채 구사되었기에 굉장히 낯설게 느껴진다. 이런 낯섦 때문에 관객은 웃겠지만 뒷맛은 씁쓸할 것이다.

작품에 등장하는 성인들 역시 대부분 상대를 차갑게 대하며 학대한다. 영녀가 성매수남이 요구한 집단 성관계를 거부하고 귀가하자 안숙이는 못마땅해한다. 하지만 영녀가 안숙이네의 질책에 반기를 들며 절규하자 히스테릭해져 면박을 준다.

> **안**　(風雨前과 갓히 고요히 잇다가 고만 벌덕 이러나) 에잇 망할 년! 나가그라. 나가! 내일이라도 房 내놋코 빗 내놋코 나가면 고만 아니냐. 널더러 누가 빗지라고 하드냐. (뜰로 내려오며) 쥬겨너분 년이 쥬겨넙다 쥬겨넙다 항깨 인제 별짓을 다 할라고 드눈구나. 아니꼬운 년![13]

비록 명순에겐 앙칼지게 대하지만 관구는 자식처럼 애정을 담아 돌보고, 영녀의 삶에 대해서도 걱정하는 투로 일관하다가 갑자기 히스테릭해지는 장면이다. 영녀가 자신의 뜻을 받아들이지 않자 그동안 보였던 인정은 내팽개치고, 자신의 집을 나가라며 갑질한다. 자신의 경제적 이익에 해를 끼치는 타자의 행위에 대해서는 가차 없이 내치는 태도를 보이기에

---

12) 앞의 책, 55쪽.
13) 위의 책, 45쪽.

극의 분위기는 더욱 암울해진다.

그렇게 1막 결말에 안숙이네에게 버림받은 영녀는 다행히 2막에서는 경찰서장의 도움으로 재력가 강영원의 집에서 기숙하며 지낸다. 그러면서 강영원의 공장에 다니지만 이곳 형편도 녹록치 않다. 강영원이 영녀에게 자신의 첩으로 들어오지 않으면 쫓아내겠다고 통보한 상태에서 공장에서도 해고되었음을 알린다.

> 永　(琪―이는 못 본 체하고) 오늘 또 工場監督하고 싸우고 왔소. 엇지 사람을 개 돼지 모양으로 부리는지 멋멋시 공론을 하고 對句를 해줫다우. 사람이 참을 수가 잇서야지. 괜시리 남을 이리 오라 저리 오라 해 놋코는 족곰만 허는 말을 안 드러도 당장에 벼락이 나오 그려. 竹橋理에 잇는 이는 고은 그 볼퉁이를 빨갓케 더 맛고 쫓겨낫다우.
>
> 琪　다 다 다 그런 속이 잇단 法이야. (몸짓을 하면서) 다 그러코 그러코, 아는가 자네. (仁범이내 등을 툭 한 번 치고 나간다.)
>
> 인　아냐 망할 子息! 엇더케 때렷당가! (등을 만지며) 제 게집이나 때릴나면 때리지 왜 남을 때려![14]

영녀가 공장 감독에게 대들었다가 공장에서 쫓겨난 후에 귀가해 동네 사람들과 나누는 대화이다. 공장 감독이 동료 여공의 볼을 빨개지도록 때렸다고 말하고 있어, 노동자를 가학적으로 대하는 관리자의 폭력성을 고발하고 있다.

또 기일이가 인범이네 어깨를 툭 치고 나가자 인범이네가 "망할 자식!"이라며 과민하게 반응한다. 짧은 대사로 이루어진 위 장면에서 우리는 직장 내 폭력과 일상생활에서 남성의 폭력, 그리고 이에 대응하는 여성의

---

14) 앞의 책, 51쪽.

언어 폭력을 날것으로 접하게 된다. 이렇듯 작품에 그려진 세계는 폭력으로 얼룩져 있다.

그런데 기일이의 인범이네에 대한 구타는 장난기의 발동이라 할 수 있고, 인범이네의 과민반응 때문에 이 장면은 관객의 웃음을 유발하리라 사료된다. 기일이가 여성인 인범이네의 등을 툭 한 번 치고 나가는 설정이 의외적으로 일어나기에 관객의 웃음을 유발할 수 있는 것이다. 아리스토텔레스는 그의 『시학』에서 희극적인 것은 우스꽝스러운 것의 일종이라면서 "우스꽝스러운 것은 일종의 결함이며 창피스러운 점이기도 하다. 그러나 고통이나 파괴의 성질을 띠지는 않는다."고 했다. 희극에도 어느 정도의 괴로움이 개재되지만 불안과 초조와 두려움을 자아내는 정도로 상황이 치달으면 희극성이 희석되는 점을 우려한 것이다. 위의 기일은 충동적으로 인범이네를 가볍게 치고 퇴장하기에 관객의 웃음을 유발하는 것이다.[15]

琪   내가 당신들 무서워서 냅뺀 줄노 아능만. (걸터안즈며) 오줌 눌나고 나가는 길에 會社 支配人이 털네털네 드러가대, 參事丈 잇느냐고 뭇길내 잇다고 햇드니 담박질하고 드러가니, 이거시 官九어매한테 도로오는 수가 아니고 무슨 수랑가.
기   그런데 그거시 무슨 수여 수는. 에이 허겁도 떤다.
琪   왜 이 모양이여, 너는 가만이 한 쪽에 끼여 안젓서. 팬시리 납띠다가는 뚝거비가 납잡이가 되도록 눌너 놀 것잉깨. (여러 사람이 웃는다. 琪ㅡ이는 깜작 말 실수를 아라차리고) 발로 눌너준단 말이여, 이 발로 꾹![16]

기일이가 회사 지배인을 목격한 후에 영녀에게 닥칠 일을 염려하자 그

15) 아리스토텔레스, 『시학』, 이상섭 역, 문학과지성사, 2011, 26쪽.
16) 서연호 · 홍창수 편, 앞의 책, 53쪽.

의 아내 기일네가 괜한 걱정이라며 면박을 준다. 그러자 다시 기일이가 아내를 납작하게 눌러버린다고 허세를 부린다. 기일의 앞의 말이 끝나면 지문에 "여러 사람이 웃는다."고 쓰여 있는 것으로 보아 기일의 대사는 작가가 웃음을 유도하기 위해 구사한 것임을 알 수 있다. 이를 통해 기일이는 작품에 활력을 불어 넣는 어릿광대임을 알 수 있다.

琪　　(永女가 이약이가 다 끝낫다는 드시 이러나가랴난 것을 또 치맛자
　　　락을 잡아 안치며) 자 그러니 내 말이 거짓말이 아니지라우[17]

　　　(…)

기　　(男便을 비우스며) 그래도 곳장 내기에 젓스면 조켓지. 응큼헌 마음
　　　을 가주고.

琪　　(주먹을 들고 홀적 도라본다. 그때 벌서 기일내는 다름질해 나가 버
　　　렷다) 이 찌저 죽일![18]

　　기일이 이웃집 아낙인 영녀의 치맛자락을 잡아 앉히거나, 아내에게 욕설을 퍼부으며 불같이 화를 내는 장면이다. 그런데 기일의 이런 살벌한 언행은 관객의 웃음을 유발할 소지가 있어 보인다. 이미 앞 장면에서 기일 부부의 갈등이 관객의 웃음보를 터트렸기에 이 부부의 이번 다툼은 반복[19]의 효과를 내 관객의 웃음보를 터트릴 수 있기 때문이다.

　　기일의 이런 언행은 투박하게 사는 도시 하층민의 삶을 전경화하는 데 한 몫을 하면서 극의 희극성을 고양시킨 것이다. 이렇듯 기일은 희극적

---

17) 앞의 책, 54쪽.
18) 위의 책, 55쪽.
19) 베르그손은 희극의 첫 번째 특성으로 반복을 들면서 동일한 사건이나 에피소드를
　　재생시키는 수법이라고 정의했다. 그러면서 "반복되는 장면이 보다 복잡할수록
　　그리고 보다 자연스럽게 이루어질수록 그만큼 더욱 희극적인 것이 된다."고 했다.
　　기일과 기일이네의 갈등은 이런 반복의 효과를 내며 작품에 웃음을 선사한다. 앙
　　리 베르그손, 앞의 책, 57쪽.

인물이지만 2막의 결말에서는 충동적인 행동으로 극의 긴장감을 배가시킨다.

永　（걸터 안즈며 한숨 쉰다） 아이고. （시장해 못견대는드시 몸에 풀이 탁 죽는다）

明　（거는방으로 드러가서 커—다란 툭백이 한 개, 적은 것 한 개를 가지고 나온다） 내가 안宅에 드러 가서 밥 어더 옥개요. （永女를 불상한 드시 바라보다가 뒤로 나간다）

琪　（드러온다） 엇더케 됫소?

永　（官九 우름 소리를 듯고 힘업시 이러서서 방으로 드러가랴고 한다） 되기는 머시 엇더케 돼라우. 애매한 사람이 죄를 입을랍듸가.

琪　（火를 벌덕 내이며） 기어코! （번게갓치 뒤로 쪼처가서 주먹을 높이 들다가 다시 내려트리고 엽구리를 미러 내부친다） 에—그! 못난 김 생!

永　（겨우 소리를 내며） 아이고머니! （기운업시 너머진다. 아랫 방에서 官九 우름 소리가 높허지며）[20]

　　기일이가 집주인 강영원을 만나고 온 영녀에게 폭력을 휘두르는 장면이다. 기일의 충동적인 행동으로 2막이 닫히고 있어, 김우진이 종결 위치 원리[21]를 염두에 두고 극작한 것으로 볼 수 있겠다. 기일의 폭행 때문에 쓰러진 영녀의 육체 위로 아들 관구의 울음소리가 흐르면서 2막 결말은 더욱 애잔해 보이기 때문이다.

---

20) 서연호 · 홍창수 편, 앞의 책, 60쪽.

21) 극작에서 "종결 위치 원리는 가장 중요한 단어, 생각, 이미지, 표현을 문장의 맨 뒤에 두는 것이다. 이 원리는 문장뿐만 아니라, 극단락과 장, 막에서도 적용된다. 숙련된 극작가는 종결 위치 원리를 의식적이고 지속적으로 사용한다." 김우진은 각 막이 끝날 때마다 인물을 등장시키거나 음향효과를 첨가하여 관객에게 강한 충격을 주는 식으로 종결 위치 원리를 능숙하게 활용하였다. 샘 스밀리,『희곡 창작의 실제』, 이재명 · 이기한 편역, 평민사, 1997, 208쪽.

기일의 영녀에 대한 폭행은 영녀가 강영원의 동침 요구를 받아들인 것에 대한 분노를 표출한 것으로 이해할 수 있겠다. 이런 기일의 행동은 그동안 영녀에게 대하는 태도와는 사뭇 다르기에 낯설다. 즉 기일은 주인공 영녀의 이웃 차원에서 이제 영녀를 애욕의 대상으로 바라보는 차원으로 변태된 것이다. 기일의 이런 변태는 관객의 호기심을 자아낼 수 있는 매우 흥미로운 상황이라 할 수 있겠다.

작품에서 가장 가학적인 인물은 3막에서 영녀와 동거하는 유서방이다.

> 柳　아―닐세. 아―니여. 内外 재미난 고사하고 밤낮 져 모양이니 나 혼자 견대낼 수가 잇서야지. 요새는 제멋대로 술도 먹을 수 없고.
>
> 琪　(房안을 들여다보고) 오늘도 못 이러나시오. 엇져 여러 날을 그러신단 말이요.
>
> 柳　못 이러나는 것이 다 무엇시오, 죽은 송장이나 한가지지[22]

3막에서 병으로 누워 지내는 영녀를 두고 유서방이 하는 말이다. 환자를 두고 부부간 성관계 못 한 탓을 하며 푸념을 늘어놓는다. 아내 병 걱정은커녕 병든 아내를 송장 취급하고 있다. 기일이네와 명순의 대화를 통해 영녀가 병을 앓게 된 것은 유서방의 육욕과 폭행 탓이라는 사실이 밝혀지기에 유서방이 한 위의 말은 더욱 파렴치해 보인다. 이뿐 아니라 의붓딸인 명순을 겁탈하려다 실패한 전력이 있을 정도로 인면수심의 사내이다.

영녀는 세파를 헤치며 살아왔지만 결국 유서방의 학대로 죽음을 맞는다. 그녀는 남편에게 버림받고, 자산가인 남성에게 유린당하다 결국 동거남 때문에 세상을 하직하게 된 것이다. 딸 명순과 이웃 기일이네가 영녀의 죽음을 인지하지 못한 탓에 막이 내릴 때까지 주검은 무대에 방치된다. 그럼으로써 영녀의 죽음은 더욱 애잔해 보인다.

---

22) 앞의 책, 63쪽.

4. 나오며

김우진은 시대의 이단아였다. 일제강점기에 살면서도 구습에 젖어 안일만을 추구하는 문화예술인들을 선봉에 서서 질타했고, 직접 자신의 예술혼을 불사르는 작품을 창작해 보였다. 희곡은 비록 다섯 작품만 남겼지만 우리 희곡 문학사에 한 획을 그을 만한 수준이었다.

본고에서 살핀 〈이영녀〉도 사실주의와 자연주의 문학의 경계를 넘나들면서도 독특한 아우라를 발산하는 작품이다. 당시 풍속을 뛰어넘는 윤리적 일탈이 작품을 관통하고, 인물들도 서로 가학적으로 관계한다는 점에서 1920년대 희곡과는 차별화된 독특함을 구현하고 있었다. 본고는 이런 점에 주목하며 〈이영녀〉에서 나타나는 윤리적 일탈과 가학적 인물상이 표상하는 의미를 규명하고자 했다. 또 작품의 암울한 분위기와 희극적 상황이 교차하는 극작술의 의미를 해명하고, 작품의 장르적 성격을 밝히려 했다.

연구 결과 김우진은 윤리적 일탈과 인물들의 가학적 성향으로 극을 암울하게 이끌지만, 한편으로는 희극성을 발아시키기도 했다. 작품의 이런점이 1920년대 우리 리얼리즘 희곡이나 자연주의 희곡과는 차별화된 점임을 알 수 있었다. 즉 박제화된 근대적 질서에 맞서려고 작품에 윤리적일탈을 장착해놓고, 한편으로는 유머러스한 장면을 곁들여 작품에 활력을 불어 넣은 것이다. 이런 점 때문에 〈이영녀〉는 오늘날 일상극이 추구하는 희비극적 성격까지도 내포하고 있음을 알 수 있었다.

*이 글은 제9회 김우진문학제(2016년)의 발표문을 일부 수정한 논문임.

김우진의 현대 의식과 리얼리즘 희곡

김 성 희

1. 머리말

김우진은 그의 생전에는 극작가로서 별다른 평가를 받지 못하다가 뒤늦게 그의 작품들이 발굴되면서 명성을 얻게 된 작가이다. 그가 "20년대 최고의 연극인인 동시에 선구적 지식인"이며, "근대 지식인이 직면한 사회와 개인의 문제에 도전하다가 해결하지 못하고 패배한 모델케이스로 역사 속에 매몰된 요절 천재"[1]라거나, "우리 연극사, 문학사에서 가장 진지하게 자신의 삶과 예술적인 창작 의욕을 희곡장르를 통해 본격적으로 표현하려 했던 최초의 극작가",[2] 또는 "5편의 희곡은 한국 근대극의 발생을 알리는 기념비적인 작품일 뿐 아니라 특히 그의 표현주의극은 현재까지도 동종의 유일무이한 창작희곡으로서 그 가치를 빛내고 있다"라고 평

1) 유민영, 『한국현대희곡사』, 홍성사, 1982, 131쪽.
2) 서연호, 『한국근대희곡사연구』, 고려대학교 민족문화연구소, 1982, 111쪽.

가되는 사실이라든지,[3] 가장 많이 연구되는 근대 극작가 중의 하나라는 점이 이를 입증한다.

김우진의 희곡이 비록 당대나 후대의 연극인들에 의해 활발히 무대화되지는 못했지만,[4] 학단의 연구자들에 의해 지속적인 관심과 주목을 끄는 이유는 무엇 때문일까? 바로 그 이유는 그의 희곡이 가지고 있는 '현대성'에 있다 할 것이다. 그의 희곡의 현대성은, 기성 극계에 신파극만이 횡행하고 아직 리얼리즘 희곡의 극작술이 뿌리를 내리기도 전인 1920년대에 시대적 문제를 치밀한 리얼리즘 정신으로, 또는 주관적 내면세계의 묘사로 실험한 데서 드러난다. 당대의 여성 문제와 빈민층의 문제를 사회극적 시각으로 접근한 〈이영녀〉 같은 작품은 1920년대 다른 희곡들에선 찾아보기 힘든 성숙한 리얼리즘 정신과 현대 의식을 보여주고 있다. 그런가 하면 표현주의 계열의 희곡 〈난파〉나 〈산돼지〉는 자아분열이나 소외의 문제를 주관주의적 기법으로 접근한 작품으로 모더니즘 예술의 특징인 불안과 소외의 주제나 기법과 동일한 궤도를 보여주고 있다.

이 글에서는 기존의 연구 중 아직 부족하다고 생각되는 다음과 같은 측면을 중심으로 탐구하고자 한다. 첫째, 그의 희곡에 대한 연구는 엄밀히 따져보면 현대성에 대한 높은 평가만 주로 이루어졌지 김우진의 작품이 갖고 있는 현대성의 면모가 어떠한 것인지, 또 문학적 성취는 어떠한

---

3) 한상철, 「김우진의 비평」, 『한국연극의 쟁점과 반성』, 현대미학사, 1992, 41~42쪽.

4) 김우진의 희곡 다섯 편 중 두 편 〈두더기 시인의 환멸〉과 〈산돼지〉만이 각각 『학조』(1926.6), 『조선지광』(1926.11)에 발표되었다. 나머지 세 편은 1982년과 1983년에 간행된 『김우진 작품집』(유민영 편, 형설출판사)과, 『김우진전집』 I (전예원, 1983)에 함께 수록되었다. 1994년에 와서 〈난파〉가, 1996년에 〈두더기 시인의 환멸〉이 공연된 바 있다. 이후 〈이영녀〉, 〈난파〉, 〈산돼지〉는 여러 연출가들에 의해 재해석되어 공연되고 있다. 국립극단은 2015년, '한국근대극의 재발견' 시리즈로 〈이영녀〉(박정희 연출)를 공연하면서 표현주의 미학과 이미지 중심의 연출로 동시대성을 표현해내어 호평을 받았다.

지에 대한 보다 깊이 있는 연구가 부족하다. 둘째, 그가 한국 최초의 표현주의 극작가라는 점에서 대체로 그의 표현주의 희곡에 연구가 집중되어 온 경향을 보여왔다. 그리고 리얼리즘 희곡에 대한 연구도 주로 구조적 분석이나 내용 분석에 치우쳐왔다. 그 때문에 그의 희곡이 평가받는 근거인 리얼리즘 정신이나 '현대성'을 구현하는 방법적 특성이 제대로 구명되지 못했다.

이 글은 동시대 작가들과 김우진을 갈라놓는 작가적 위상의 바탕이 되는 현대성의 면모를 구명하면서 동시에 희곡적 성취에 대한 적절한 해석과 평가가 필요하다고 보는 관점에서 출발한다. 그의 리얼리즘 희곡 또한 표현주의 희곡 못지않게 현대성의 면모를 지니고 있는바, 이는 리얼리즘 위주의 우리 근대극에서 독특한 위상을 점하고 있는 측면이다. 그의 〈이영녀〉는 그 희곡적 수준이나 리얼리즘 세계관 및 방법적 특성에 있어 그의 희곡들 중 대표적 위치를 점할 뿐 아니라 1920년대 우리 근대극의 수준에서 탁월한 성취를 보이고 있다. 바로 그 이유로 해서 그의 리얼리즘 희곡의 현대적 성격의 규명과 방법적 특성에 대한 치밀한 분석이 더욱 요구되며, 그에 합당한 평가가 주어져야 한다고 생각된다. 사실 김우진의 리얼리스트로서의 면모는 그의 선구적인 표현주의 희곡들에 가려 제대로 평가되지 못한 실정이다. 그의 리얼리즘 희곡이 1920년대의 다른 극작가들의 작품보다 그 수준을 높게 평가받을 수 있는 근거는 무엇보다도 그의 투철한 현대 의식과 리얼리즘 정신 및 기법적 현대성에 있다고 하지 않을 수 없다. 물론 그의 희곡들은 습작기를 벗어나지 못한 듯 미숙한 극작술을 드러내고 있는 게 사실이지만 선정성과 자극과 감상성을 내세우던 1920년대의 극작술을 거부했다는 데서 그 시대적 의미를 높이 평가할 수 있는 것이다.

2. 김우진의 현대 의식과 '생명력' 사상

1) 현대 의식

우리가 '현대극'이라 부르는 새로운 경향의 연극은 흔히 19세기 말에 구체화된 사실주의극 운동과 20세기 초의 반사실주의극으로부터 시작된 20세기 연극을 아우르고 있다. 그러나 이를 세분화하여 리얼리즘극을 '근대극'으로, 리얼리즘에 반대하여 나온 반사실주의극을 총칭하여 '현대극'으로 부르기도 한다. 이때 'modern theatre'는 근대극과 현대극을 동시에 일컫는 용어이므로 혼란을 주기도 한다. 마찬가지로 'modernity'란 용어도 우리에겐 근대나 현대란 시대적 상황과 결부되어 '근대성'이나 '현대성'이란 의미로 번역되어 사용된다. 이 글에서는 '현대극'의 개념을 광의의 현대극 개념, 즉 리얼리즘극부터 표현주의를 비롯한 반사실주의극을 아우른, 근대극과 현대극을 포괄한 개념으로 받아들이면서 논의를 진행할 것이다. 그런데 우리가 통상적으로 근대극과 현대극을 구분하는 기준은 현대극이 근대극의 구성 방식과 기존의 관습을 전적으로 파기하고 완전히 새로운 문법에 따라 창조한 극으로 근대극과 뚜렷이 다른 관점과 형식을 내세우는 극이라는 점이다. 마찬가지로 '근대성'과 '현대성'의 개념의 차이도, 근대극의 특성과 현대극의 특성이 내포하는 개념의 차이와 그다지 먼 거리에 있지 않다. 김우진의 극이 1920년대 다른 작가들의 희곡들과 구별되어 논의되는 소이는 사실주의양식에 충실한 근대극적 형식보다는 반사실주의극적 양식을 보여준 데 있다. 그러므로 경험적 현실의 논리적 제시 대신, 경험적 현실이 파기되고 대립적 세계관이 혼재하는 비합리의 세계상을 제시한 그의 희곡 세계의 특성은 '근대성'과 구분되는, 엄밀한 의미의 '현대성'이라 부를 수 있다.

김우진은 낡은 관습과 계몽적 작가 의식에 사로잡혀 있는 당대 한국

연극에 새로운 현대적 연극을 소개하면서 연극인과 관객의 의식을 개혁하고자 했다. 그는 「소위 근대극에 대하여」(1921.6), 「자유극장 이야기」(1926.5) 등의 글을 통해 리얼리즘극과 근대극 운동을 자세히 소개했고, 또 「구미현대극작가론」(1926.1~5)이란 글을 통해 피란델로, 차페크, 유진 오닐 등 반사실주의극을 쓴 현대극 작가를 상세히 소개했다. 또한 그는 「아관(我觀) '계급문학'과 비평가」(1925)나 「이광수류의 문학을 매장하라」(1926)라는 과격한 제목의 글에서 낡은 계몽주의 문학을 비판했다.

> 거기에는 봉건생활, 가족주의 생활에서 지리멸렬하게 된 생활을 무의식적으로 겪어오다가 청천벽력으로 세계의 변화하는 조류의 파급에 눈뜨자, 자기 주위에는 역시 예전 봉건제도와 가족주의 생활의 공기가 사라지지 않고 그대로 남아 있는 동시에, 근대적 독연기가 다시 밀쳐오는 중에 있는 것을 발견했다. 그것은 즉 소위 근대문명이 산출한 자본주의 제도이다. (…) 과도기인 까닭으로 자유, 파괴, 혁명을 부르짖으나 어떠한 자유, 어떠한 파괴, 어떠한 혁명을 요구할 것인지는 도무지 모르는 것 같다.[5]

> 조선이 지금 요구하는 것은 형식이 아니오, 미인이 아니오, 才華가 아니오, 백과사전이 아니오, 다만 내용, 거칠더라도 생명의 속을 파고 들어 가려는 생명력, 우둔하더라도 힘과 발효에 끓는 반발력, 넓은 벌판 위의 노래가 아니오, 한 곳 땅을 파면서 통곡하는 부르짖음이 필요하다.[6]

이처럼 그는 당대의 시대적 문제를, 봉건제도나 인습은 그대로 남아 있는 가운데 근대 자본주의가 뿌리를 내리면서 일어난 사회경제적 변화, 또 서구로부터 이입되어온 자유·파괴·혁명의 이념이 봉건 의식과 혼효됨으로써 벌어진 혼란으로 파악했다. 그는 이런 시대 인식을 가지고 이광

---

5) 「아관 '계급문학'과 비평가」, 『김우진전집』Ⅱ, 전예원, 1983, 180쪽.(이하『전집』Ⅱ)
6) 「이광수류의 문학을 매장하라」, 『전집』Ⅱ, 163쪽.

수로 대표되는 당대의 계몽주의적 작가 의식을 철저히 배격했고, 대신 쇼펜하우어와 니체에게서 영향 받은 '생명력'과 '자유의지'를 자신의 창작관으로 표명했다. 그의 비평이나 작품 도처에서 이 사상이 피력되고 있다. 그는 '생명력'을 '자유의지'와 동일시하면서, "살려는 맹목적, 결정적, 숙명적인" 생명의 힘[7]으로 파악한다.

그는 「생명력의 고갈」(1926.3)이라는 글에서, 당대 조선의 현실이 "변혁을 구한다. 어떤 전혀 새로운 세계를 요구한다."라면서 어제가 신의 위업을 찬미하고 숭배하는 시대였다면, 오늘의 시대는 과거의 "신에게 반항하고 그이에게 의문이나 질문을 하는 대신에 그 신의 座台를" 엎어야 하는 시대이며, "종교도 과학도 제도도 문예도 다 그 요구와 충동"을 따라야 한다고 주장한다. 이 주장은 니체의 『차라투스트라는 이렇게 말했다』의 차라투스트라의 사상과 놀라울 정도로 똑같다. 실제로 그는 그의 평문 여기저기에서 차라투스트라와 거의 동일한 사상을 피력하고 있다. 차라투스트라가 기성 사회질서, 기독교, 민주주의 이념, 마르크스주의를 비판하고 당시의 시대를 극복하려고 한 미래의 인간의 비전[8]을 내세웠기 때문에 낡은 전통과 가치의 억압에 짓눌리던 김우진이 특히 공명했을 것임은 쉽게 추측할 수 있다. 니체가 주장한 정신의 자유, 당위에 반대하는 의지, 권위에 대한 반항, 전통에 대한 새로운 가치는 김우진에게 더없는 복음이었을 것이다.

김우진은 바로 기존 관습과 가치관에 반역하는 요구와 충동이 현대 예술가의 충동이라고 보았으며, 오늘의 조선에 부족한 것은 바로 "이 요구나 생의 충동이 부족한 것이 아니라, 그것을 실현코자 하는 힘이 부족"하다고, '생명력'의 고갈을 날카롭게 비판했다.[9] 그는 1920년대 식민지 현

---

7) 「자유의지의 문제」, 『전집』Ⅱ, 207쪽.
8) 조창섭, 『독일 표현주의드라마』, 서울대학교 출판부, 1991, 28쪽.
9) 「생명력의 고갈」, 『전집』Ⅱ, 224~225쪽.

실의 시대적 문제를 빈곤층과 자본 계층의 격심한 대립, 신구 가치관의 대립, 인습과 근대 의식과의 갈등, 사회에 소외된 자아의 내면적 분열 등의 이원적 대립으로 파악하고 '가장 단적인 예술가적 자극'의 방편인 자연주의와 표현주의양식을 자신의 창작 과제로 삼았던 것이다.

김우진이 처한 계급적·사회적 현실 또한 그에게 자아와 세계와의 이원적 대립[10]을 심각하게 인식하게 했다. 그가 "대지주의 장남으로서는 재산 관리를 위해 농업을 공부해야 한다는 부친의 엄명"[11]에 따라 구마모토 농업학교를 졸업했으며, 와세다대학 영문과를 졸업한 후에는 목포로 내려가 부친이 설립한 상성합명회사 사장으로 근무해야 했던 사실은 예술가적 삶을 꿈꾸었던 그에게 심각한 갈등과 자기 분열을 겪게 했던 것이다. 비단 지식인층이 아니더라도 식민지 상황과 함께 몰아 닥쳐온 서구적 개화 사상, 급작스러운 근대 산업 자본 사회로의 이동, 봉건적 신분 질서에서 새롭게 개편되는 시민사회로의 변동은 당시 모든 대중에게 물질적으로나 정신적으로 지금까지와는 다른 시대로 들어섰음을 인식하게 했을 것은 당연하다.

이러한 본질적인 이분법, 전통과 현대가 공존하는 두 세계에 동시에 살고 있다는 바로 그 깨달음에서부터 현대화와 모더니즘이 구체적으로 등장하게 된다.[12] 김우진의 이원적 분열 의식은, 그가 특권으로서보다는

---

10) 그는 1922년 11월 20일자 일기에서, "여명에 서 있는 이 사람. 낡은 전통은 아직 완전히 가시지 않고, 새로운 생활은 명백히 밤과 같은데, 숨막힌 데다 더욱 무엇인가를 구하고 싶은 회색, 짙은 적색의 가운데 서있는 조선의 이 사람."이라고 쓰고 있다. 그는 자신을 전통과 현대성의 경계선에 서있는 사람으로 인식하면서, 자신이 처한 이원적 분열의 상태에서 빠져 나와 새로운 광명의 세계로 들어갈 만한 지혜와 용기가 있는가를 자문한다. "생활력인가 이성인가(life force, reason!)"라고, 생명력을 따를 것인지, 이성을 따를 것인지의 고민을 피력한다. 『전집』II, 288~289쪽.

11) 유민영, 「초성 김우진 연구」(상), 『한양대논문집』 5집, 1971, 81쪽.

12) 마샬 버만, 『현대성의 경험』, 윤호병·이만식 역, 현대미학사, 1995, 14쪽.

생명력을 질식시키는 구속으로 생각했던 대지주의 장남이란 자리에서 느낀 심한 갈등에서 비롯됐음을 쉽게 짐작할 수 있다. 특히 그가 집에서 뛰쳐나온 뒤 쓴 「출가」나 「A Protesto」라는 산문에서 토로하고 있는 '출가의 변'이, 초자아를 표상하는 분신과 자아와의 대화 형식으로 쓰여 있는 것도 그가 느끼고 있던 이원적 분열 의식의 구체적인 단서가 된다고 할 것이다.

> 아무리 못난이라도, 영웅·천재 아닌 사람이라도, 제각기 제멋대로 제 특징과 가치만에 의해서 살아야 한단 말이다. 수천장 되는 폭포도 제 힘에 넘쳐 뛰어 내리고 있지. 그와 동시에 적은 시냇물도 제가 어찌할 수 없는 힘에 몰려 흐르고 있지 않나? (…) 그런데 사람만은 그렇지 못하고 있구나. 인습과 전통과 도덕에 얽매여 있구나. 나는 이 모든 외부적인 것에 대한 반역의 선언을 지금 행동화하고 있다. 그러니 내 행동은 논리가 아니고 공리가 아니고 윤리가 아니다.
> 나는 다시 한번 너에게 실생활의 처지에 앉아서 생각을 다시 해보라고 권고한다.[13]

그런가 하면 자전적 계열의 희곡들 세 편에서는 주인공들이 모순된 심리적 경향들을 드러내며 사회로부터의 소외를 느낀다. 감정적 갈등이 심하고 모순된 충동을 가지며 개성 자체가 와해되며 성격의 통일성이 분해되는 이 주인공들은 바로 내적 분열을 느끼는 현대적 문제인물상인 것이다.[14]

그가 표현주의극에 경도된 것도 그가 느끼고 있었던 본질적인 이원성, 즉 낡은 세계와 새로운 세계가 뒤섞여 있는 세계에서 살고 있으며 낡은

---

13) 「A Protesto」, 『전집』 II, 214~215쪽.
14) Arnold Hauser, 『문학과 예술의 사회사―현대편』, 백낙청·염무웅 역, 창작과비평사, 1977, 144~145쪽.

세계의 억압 때문에 생명력의 고갈을 느껴온 자신의 절박한 위기의식에서 비롯했다고 할 것이다. 그는 「창작을 권합네다」(1926)라는 평론에서 당대 조선현실에서 가장 참다운 의미 있는 활동은 바로 표현주의 희곡의 창작일 것이라고 피력했다. 그는 독일 표현주의 희곡이 나오게 된 배경으로 독일인이 겪은 미증유의 전쟁과, 특히 니체의 철학, 쇼펜하우어의 철학, 마르크스의 혁명을 꼽았다.

> 전쟁, 즉 제국주의, 자본주의, 살육, 철퇴, 기아, 개인과 사회, 민중과 압박자의 딜레마, 거기에 인하여 나오는 모든 쓰림과 아픔을 맛보는 독일인에게 만일 힘이 없었다면, 「생각」이 없었다면 표현주의 희곡이라는─것이야말로 미증유한─인생의 국면이 출현할 리는 만무했을 것이외다. 이 점에서 나는 우리 사이에서도 창작생활이 나오기를 열망합니다. (…) 개혁이나, 진보나 실제적이니 똑똑하니 하는 것보다도 무질서하고 힘센 혁명이 필요합니다. 이 혁명은 단지 총칼 뿐으로만 생각하지 마시오. 예술가는 혁명가라고 합니다. 창작은 인생의 혁명가의 폭탄이라고 합니다.[15]

그는 "모든 부자유, 압제, 고민 속에 든" 조선의 창작가들은 바로 독일인들처럼 깊이 사색하고, 생명력에 대해 자각하고, 인생에 대한 예리한 감각과 통찰을 통해 '새 인생의 국면'이며, '무질서하고 힘센 혁명'인 표현주의 희곡을 창작해야 한다고 주장했다. 여기서 그가 표현주의 희곡이 바로 자신의 생명력 사상이나 낡은 인습에 대한 혁신이란 시대적 소명과 부합된다고 본 점에 주목할 필요가 있다.

---

15) 「창작을 권합네다」, 『전집』Ⅱ, 110~111쪽.

2) 생명력 사상

김우진은 앞에서도 살펴보았듯이 자신의 사상을 버나드 쇼와 니체에게서 영향 받아 나름대로 구체화시킨 '생명력'과 '자유의지' 사상으로 결집시켰다. 거의 모든 평문에 이 사상을 피력하고 있으며, 그의 전 희곡에서 '생명력'을 등장인물들의 입을 통해 주장하고 있다.

그런데 그의 생명력 사상은 버나드 쇼의 '생명력(Life Force)' 사상과 다르다. 쇼는 우주의 존속과 인류의 진화를 가능케 하는 불가사의한 근원의 힘을 '생명력'이라 불렀다. 그리고 여성은 보다 나은 종족을 번식시키기 위한 자연의 의지, 즉 생명력을 대행하는 존재라는 것이다. 쇼가 말하는 '초인(Superman)'이란 건강하고 두뇌가 명석한 남성을 붙잡고자 하는 맹목적인 여성의 추격을 피해 창조적인 행동을 하는 남성을 말한다.[16]

그러나 김우진은 '생명력'을 쇼펜하우어의 영향이라 할 수 있는, 맹목적인 살고자 하는 의지로 파악하며 더 나아가 낡은 전통과 인습과 도덕에 반역하는 생명의 요구, 자기 자신의 의지대로 살고자 하는 생명체의 자연적인 힘으로 파악한다. 이는 운명이나 고통과 마주쳐서 더욱 강해지려 하고 더욱 상승하려는 적극적인 힘에의 의지를 주장한 니체의 창조성과 생명력 사상과 통한다.[17] 김우진의 생명력 사상은 버나드 쇼가 통찰한 생식 본능을 넘어선, 곧 현실의 모순을 직시하고 그와 맞서 싸우는 힘찬 '살려는 힘'이다. 그의 이러한 '생명력' 사상은 기존 질서나 가치관, 권위에 대한 존경심의 몰락과 자의식의 강조를 주장하는 현대 의식[18]의 소산이라 할 수 있다.

---

16) 이근삼, 「창조적 진화과정의 초인과 여성상」, 김우탁 외, 『영미극작가론』, 문학세계사, 1987, 152쪽.
17) 니체, 『차라투스트라는 이렇게 말했다』, 정성호 역, 오늘, 1993, 269쪽.
18) 피터 포크너, 『모던이즘』, 황동규 역, 서울대학교 출판부, 1980, 27~28쪽.

논리적으로 우리의 주위 모든 가치는 전환해야 하겠습니다. 「동방예의지국」이라는 一語안에 우리의 과거사회, 따라서 현재 생활 속에 잠겨있는 惡毒의 전체가 방불하오. 어머니 姦하는 자가 날 만큼, 그리고 그 행동의 윤리적 가치가 생겨야 할 만큼, 우리의 생활은 변해야 하겠읍니다. (…) 내가 지금 너의 母와 姦하라 하면, 그 말을 들은 이는 곧 창칼을 들고 일어서겠지요. 그러나 몇 대 후엔 그것을 도리어 정당한 자식의 길로 알 때가 아니올 줄이야 누가 단언하겠소. 다만 우리는 현재 우리 주위의 생활이 害毒, 생명 없어진 껍데기만의 윤리적 古談을 탐구하여야 합니다. 이 탐구에서 우리 생활을 변혁시키고 새 길을 인도해 주는 창작이 생겨야 합니다.[19]

그는 어머니를 간하는 극단적인 비유를 들면서까지 모든 가치의 전복, 특히 인류 사회의 기초를 이루는 윤리적 가치관에 있어서의 혁명적 발상의 전환을 강조하고 있다. 무릇 창작하는 자는 이처럼 주위의 생명 없는, 껍데기만 남은 과거 인습이나 전통에서 벗어나야만 새로운 생명력을 깊숙이 불어넣어 사회를 변혁시킬 수 있다고, 절대적으로 "자유롭게" 창작할 것을 주창하고 있는 것이다.

그는 희곡에서도 '생명력'을 대표하는 인물들을 창조하여 자신의 '생명력' 사상, 곧 인간의 자유의지나 개성의 힘 혹은 '생의 리듬'을 강조하고 있다.

굳세면서도 남을 한품에 끌어 안아서 어루만져 위안을 줄 듯한 어떤 여성의 독특한 사랑이 넘친다. 동작과 언어에는 힘센 일종의 선율이 있다. 이것은 생활상, 매매상, 노역상으로 받은 고난과 또는 다수한 남자와 교제한 끝에 자연히 나온 자기방위의 숙련으로 인하여 얻은 개성의 힘이다.
　　　　　　　　　　　　　　　　　　　　— 〈이영녀〉, 1막

---

19) 「창작을 권합네다」, 『전집』 II, 113~114쪽.

〈이영녀〉에서는 환경에 지배되는 인간의 숙명이 자연주의적 방법으로 그려지고 있다. 그러나 단순히 환경의 힘에 지배되어 동물적으로 타락해 버리는 인간형 대신 환경에 패배는 하되 타락하지는 않는, 자신의 내면에 '생의 리듬'을 간직한 인간형을 그리고 있다.

> 정자　(…) 나는 내 양심을 희생해 가면서도 감정에 철저하지 않아요. 사람이란 제각기 제 생활을 지배하는 이가 아니면 안되어요.
> 　　　　　　　　　　　　　　　　　　　— 〈두더기 시인의 환멸〉

　자전적 희곡인 〈두더기 시인의 환멸〉에서는 김우진의 자아의 투영이라 할 수 있는 시인 원영의 허위 의식을 신여성 정자의 입을 빌려 조롱하고 있다. 자전적 인물에 대한 마조히즘적 조롱은 이상과 현실의 괴리에 고뇌하면서도 용기가 없어 집을 뛰쳐나오지 못했던 자신에 대한 자기 혐오의 표현인 동시에 김우진의 이원적 분열 의식을 드러내는 증좌라 볼 수 있다. 어쨌든 원영이 관념적으로 시와 여성해방과 개성에 철저한 자유로운 인생을 주장하면서도 실제로는 아내를 죄수처럼 유폐하고 그녀의 개성을 말살하는 자기 기만을 드러내는, 생명력의 정신을 고갈시키는 자이기 때문에 조롱되는 것이다.

> 비비　글쎄 나 모양으로 지금이라도 離緣을 해버려요. 인연을 끊어 버려요. 그러면 날보고 달아나듯이 당신에게 어머니 권리는 못 내두를 테니까. 군두뛰는 것으로만 알라니까 그래!
> 시인　당신은 제법 똑똑하구료.
> 비비　난 똑똑 소리도 안내요. 남이 알아주거나 못 알아주거나 난 단지 내 생활에만 열중합니다. 그것도 맹물같이 차게.
> 　　　(중략)
> 카로노메　(…) 나는 인제 습기있는 땅으로 옮겨 심은 나무예요. 참 양분되는 수기를 마음껏 빨아들여야 해요. 살아야 합니다. 튼튼하고 씩

씩하게 살아야 합니다.

— 〈난파〉

　세대간의 갈등을 문제삼고 있는 〈난파〉에서는 봉건적인 가부장제 가치를 강요하는 가족들로부터 도망쳐서 '새 인생의 국면'을 찾으려는 시인이 등장한다. 루카치는 극적 테마로서 세대 간의 갈등은 새로운 드라마에 나타난 가장 현저하고 극단적인 예에 해당한다고 지적한 바 있다. 세대 간의 갈등은 보편적인 현상이지만, 현대극에서는 바로 시간을 달리하는 두 쌍의 세계가 한 무대에 병존하고 있음을 보여주고 있기 때문이다. 새로운 드라마는 개인주의의 드라마이다. 예전의 드라마에서는 개성의 실현이나 삶 그 자체의 표현, 즉 개성이 아직 문제적인 것으로 떠오르지 않았지만 현대 드라마에서는 그것이 가장 중심적인 테마가 되고 있다는 것이다.[20] 낡은 전통과 인연을 끊고 새 인생의 국면을 찾으려는 시인에게 희망을 던져주는 존재는 버나드 쇼의 희곡 〈워렌 부인의 직업〉에서 차용한 인물인 비비이다. 비비는 매춘업으로 자신을 교육시킨 어머니의 경제력과 인연을 끊고, 바로 그 교육의 힘으로 "현실을 타개할 지혜와 능력과 용기를 가진"[21] 현대적 여성상으로서, 김우진이 지향하는 개인주의와 '생명력' 사상의 대변자로 등장하고 있다.

　　최원봉 (…) 죽지 않고 살어있는 인생인 이상 반드시 더 큰 힘과 영감이 나온다. 이 힘과 영감이야말로 절대다. 이 힘과 영감이야말로 막을 수 없는 바닷물결 모양으로 완고한 암석 앞에 와서 부딪친다. 싸우려고 와 부딪치는 게 아니라, 부딪치려고 와 싸운다. 싸우려고 사는

---

20) Georg Lukacs, "The Sociology of Modern Drama", Eric Bentley ed., *The Theory of the Modern Stage*(New York: Penguin Books, 1968), pp.426~428.

21) 서지문, 「초인과 사랑 : 버너드 쇼의 애정관」, 여석기 외, 『환각과 현실』, 동화출판공사, 1982, 348쪽.

게 아니라 살려고 싸운다. 이 싸움이 우리가 억제치 못할 것인 이상
누가 선악을 말하겠니?

— 〈산돼지〉, 3막

정숙 (…) 그런데 그 이상야릇한 정신상의 영향으로 해서 나는 두 발을 꼼
      짝할 수 없이 구렁창으로만 자꾸 끌려 들어갔소. 사실로 理知라든
      지 의지라든지가 간섭못할 구렁창 속에다가 당신이 일부러 집어 넣
      고 움직이지도 못하게 두 발등에다가 못질을 해 놨구려. (…) 만일
      내가 당신 말 모양으로 다만 여성 본능으로만 지내는 저급한 동물
      만 되었어도 이렇게 당신 앞에 얼골을 들고 다시 안 나타났겠소.

— 〈산돼지〉, 3막

〈산돼지〉는 가장 원숙하게 자신의 '생명력' 사상을 펼쳐나간 작품이다.
주인공 원봉이나 정숙이 사회로부터 소외당하고 자신에게 '산돼지'탈이
못박혀 있다고 인식하는 소외 의식은 그의 작품 중 가장 구체화된 현대적
인물의 이미지를 제공한다. 불안과 소외 현상, 사회로부터의 고립 의식은
바로 현대성의 주된 특성이기 때문이다. 소외란 자신의 가족, 사회 등 통
상적 연결로부터 이탈되어 분리되는 것을 일컫는 것으로, 특히 이 소외는
현실과의 관계에서 불안으로 나타난다.[22] 그러나 원봉은 소외와 자기 분
열의 상징이라 할 수 있는 병과 몽환을 거쳐 자신이 발을 딛고 있는 현실
과의 유대감 혹은 정체성을 확립하게 된다. 즉 이 극은 개별화되고 고립
되었던 주인공이 고립의 원인을 하나하나 찾아나감으로써 결국 소외를
극복하고 자신의 정체성을 회복하는 내용을 다루고 있다. 이 개성의 실존
혹은 자아실현은 살기 위해 싸우는 고유의 생명력에 대한 영감과 힘을 회
복함으로써 가능하며, 그 회복을 위해선 원봉처럼 '상징적인 죽음'을 통

---

22) 정문길, 『소외론연구』, 문학과지성사, 1983, 28~30쪽.

과해야 하는 것으로 표현된다.

　이상에서 살펴본 바와 같이 김우진의 현대 의식은 낡은 인습과 전통, 도덕으로부터의 반역으로부터 나오며, 그것은 그가 처한 시대가 낡은 세계와 새로운 세계가 공존하고 있는 이분적 세계라는 분열 의식, 곧 현대성의 자각에서 비롯된다. 그는 낡은 세계를 깨뜨리고 새로운 세계로 가기 위해서는 거칠지만 맹목적일 정도로 살려는 의지, 곧 생명력이 필요하다고 주장했다. 그리고 그 생명력은 낡은 현실과 가치에 대항하여 혁명적인 투쟁을 벌여나가는 것이며, 외적 상황과 자아와의 투쟁을 통해 분열과 소외를 극복할 수 있는 힘과 용기로 보고 있는 것이다. 그리고 그는 내적 생명력을 예술적으로 형상화하기 위해서는 "자연주의극, 상징극, 표현주의극"[23]을 기법으로 활용해야겠다고 자각하고 실천에 옮긴 것이다.

3. 김우진의 리얼리즘 희곡에 나타난 현대성과 그 방법적 특성

1) 사회극과 서사화 경향 : 〈이영녀〉

(1) 당대 사실주의 희곡과의 차이를 통해 본 작품의 위상

　〈이영녀〉(1925, 미발표)는 김우진이 창작을 권하며 추천한 테마 중, "계급적으로 우리는 눈 뜰 필요가 긴박하오. (…) 사회 중의 어떤 지위 있는

---

23) 김우진은 탈고한 희곡 〈산돼지〉와 함께 조명희에게 보낸 편지(1926.8.1)에서 이렇게 말한다. "(…) 선을 굵게, 힘있게, 素畵로 쓰기를 애썼습니다. 이 까닭은 철저한 자연주의극은 우리의 오늘 내부 생명의 리듬과 같지 아니함이외다. (…) 일후에 어떤 걸 쓰던지, 이곳에서 출발한 자연주의극, 상징극, 표현주의극 어느것이 되든지간에 주의해둘 것이요."『전집』Ⅱ, 243~244쪽.

이들의 계급, 지식계급과 무식계급" 등 계급적 측면에서 접근한 사회문제나, "성적으로, 이건 다시 말할 것도 없이 연애, 결혼, 모성, 여성의 경제적, 사회적 문제"[24]를 다루어야 한다는 자신의 이론에 부응한 사회극이라 할 수 있다.

이 극에는 다양한 계층의 인물이 등장한다. 그러나 직접 무대에 등장하는 인물들은 모두 최하층에 속하는 인물들로, 매춘부, 포주, 인력거꾼, 문간지기, 행랑어멈, 노동자 등이다. 이러한 인물 구성은 전형적인 자연주의극의 특성에 부합한다. 자연주의극이 일반적으로 환경을 성격과 행동의 결정 인자로 강조하여 무대배경을 중요하게 취급한 것처럼,[25] 〈이영녀〉에는 김우진의 다른 극과는 달리 마치 소설의 자세한 배경 묘사와 성격 묘사를 방불케 하는 지문이 나온다. 이처럼 무대배경의 묘사는 소설의 묘사에 상응하는 연극의 요소로, 막이 올라가 있는 동안 관객의 눈앞에서 생생한 모습을 계속 유지하는 등장인물의 배경이자 환경이다.[26]

사실 조명희, 김정진, 김우진을 비롯한 1920년대의 극작가들은 우리 근대극 사상 처음으로 사실주의극에 대한 의식을 가지고 등장인물의 '환경'을 생생하게 묘사하는 노력을 보여주었다. 그러나 조명희의 〈김영일의 사(死)〉(1923)나 김정진의 〈기적 불 때〉(1924)가 서민 혹은 하층계급의 삶을 사실적으로 그리려 하면서도 아직도 낭만주의적 감상성이나 혹은 신경향파의 생경한 현실 고발과 저항을 직설적으로 드러내고 있는 것과는 달리, 〈이영녀〉는 등장인물의 운명과 환경의 상관관계를 냉정한 자연과학적 시선으로 탐구하고 있다. 더구나 이 극은 인간의 행동이 생활의 물질적 조건에 의존한다는 사실을 그리면서도 그 조건들이 불변의 결

24) 「창작을 권합네다」, 『전집』 II, 113~114쪽.
25) O. G. Brockett, 『연극개론』, 김윤철 역, 한신문화사, 1989. 425쪽.
26) J.L. Styan, 『근대극의 이론과 실제』, 원재길 역, 문학과비평사, 1988. 21쪽.

정 인자라고는 보지 않는다. 이영녀는 김동인의 소설 〈감자〉[27]의 복녀처럼 환경의 타락에 따라 인간성까지 타락하는 면모를 보이는 인물이 아니다. 이영녀는 생활의 방편으로 매음은 하지만 자식에게 교육을 시키려는 목적을 갖고 있으며, 부당한 성적 착취나 비인간적 대우에 저항할 줄 알며, 첩이 되는 것도 거부한다. 극의 전개는 환경의 힘이 더욱 강해지는 과정과 상응한다. 그러나, 영녀는 그 환경에 따라 타락하는 대신 죽음을 맞이함으로써 환경의 질곡을 벗어난다.

또한 이 극은 영녀의 딸 명순을 어머니와는 달리 여성의 억압 현실을 자각하고 그에 적극적으로 투쟁할 인물로 암시함으로써 현재의 비관적 태도를 미래의 낙관적 태도와 결합시키고 있다. 그런가 하면 김우진은 당대 리얼리즘을 지향하는 다른 극작가들처럼 압도적인 환경의 힘 앞에서 거칠게 분노하며 저항하는 인물들을 그리는 대신, 사회적 변동에 민감하게 반응하는 여러 하층인물들의 생생한 생활 세부의 묘사를 통해, 또한 자연스러운 일상어와 방언을 구사하여 한 사회의 밑바닥을 회화처럼 생동감 있게 제시한다.

(2) 서사적 구조

목포의 빈민들의 삶을 활력적인 지방색으로 그려내는 이 3막극은 시간과 공간이 넓게 분산된 구조를 가지고 있다. 1924년 여름부터 1925년 겨울까지의 시간을 다루고 있는 각 막들은 모두 긴밀한 극적 연결성을 가진

---

27) 김우진은 김동인이 '계급문학'에 대한 자각이 없이 단순히 예술지상주의적 태도로 썼다고 비판했다. "예술가 자신의 막지 못할 예술욕에서」 창작하는 이는 〈감자〉 같은 스케치 밖에 못쓴다. 그만큼 암시 깊고 풍부한 내용을 가진 테마로도 고만 한숨에 내려 읽고 나서는 '고것 묘한 걸, 제법 썼는 걸.'하는 暫間氣安한 감정밖에 못 주게 되고 만다. 만일 〈감자〉의 작가가 일정한 주의와 주장이 있는 이라면 〈감자〉보다 더 훌륭한 장편을 만들 줄 안다." 김우진, 「我觀 '계급문학'과 비평가」, 『전집』Ⅱ, 178쪽.

게 아니라 이영녀의 삶을 지배하는 '환경'을 제시하려는 의도에 따라 배열된 장면들이다. 따라서 중요한 사건들은 오히려 막간으로, 즉 이면에서 일어나는 것으로 처리되어 현대극의 중요한 특성 중 하나인 서사화의 경향을 보인다. 각 장면이 사회적 모순을 제시하는 만큼 중심 인물의 중심 갈등은 막 뒤로 숨어 있게 되고, 그 결과 전통적인 줄거리가 해체되는 현상을 보인다. 장면들이 긴 시간적 간극에 의해 조각나게 되면 각 장면은 그 장면의 이전 사건과 결과를 극의 외부에서 갖게 되므로 개개의 장면들이 독립적이 된다. 따라서 공간적인 분열은 시간적 분열과 마찬가지로 서사적 자아를 전제하게 된다.[28]

극의 서사화가 구체적으로 나타나는 양상은 핏스테르에 의하면 세 가지로 요약된다.[29] 첫째, '결말 지향성의 원칙'이 해소된다. 전통적인 연극은 극의 각 부분을 종결부를 향해 점층적으로 연결시켜나가지만, 서사적인 드라마는 '부분의 독자성'을 추구한다. 개별 장면들이 상대적으로 독자성을 지니며 장면들끼리의 연결성이 더 중요시된다. 둘째로, '집중의 원칙'이 깨어진다. 극적 집중과 압축을 목표로 삼는 전통적 극과는 달리, 현실을 세세하게 묘사하는 데 힘을 기울이며 어떤 대표적인 단면을 총체적으로 묘사한다. 또는 광범한 시간 공간 구조와 수많은 등장인물을 통해 외연적 총체성을 겨냥하기도 한다. 셋째로, 소설에만 특유한 '매개적 의사소통 체계'가 극에 나타난다. 브레히트가 서사극에서 사용했듯이 해설자, 프롤로그, 노래, 몽타주, 배역에서 떨어져 나오기, 연극 도구를 의도적으로 드러내기 등 여러 수법을 구사하여 연극 안에 매개적 의사소통 체계를 활성화한다.

〈이영녀〉에서는 바로 서사화 경향 중 첫 번째와 두 번째 양상이 나타난

---

28) P. Szondi, 『현대 드라마의 이론』, 송동준 역, 탐구당, 1983, 17쪽.
29) M. Pfister, Das Drama—Theorie und Analyse, 3, 송전, 『하우프트만의 사회극 연구』, 한남대학교 출판부, 1991, 61~63쪽에서 재인용.

다. 1막은 이영녀가 포주 안숙이네에 고용되어 매음을 하는 상황을 그리는데, 윤간을 요구하는 손님들의 청을 거절하고 돌아온 이영녀가 밀매음의 죄목으로 고발되어 경찰에 잡혀가는 내용을 다룬다. 매음을 하다 포주 겸 뚜쟁이가 된 안숙이네와 영녀의 삶의 태도의 차이, 그리고 영녀의 아들 관구와 딸 명순의 성격 차이가 이 장면의 중심 갈등을 이루고 있다. 안숙이네는 돈을 벌기 위해선 선악이나 윤리 따위를 따질 필요가 없으며 수단 방법도 물론 가릴 필요가 없다는 인생관을 가진 반면, 영녀는 강한 자존심과 함께 자식을 잘 교육시켜 자신의 계급을 벗어나게 하려는 희망을 가진 인물이다. 관구는 어리광쟁이로 남성우월주의적 사고를 가지고 있고 명순은 엄마의 매음을 눈치채고 그에 반발하며 또 전통적인 남성우월주의에 대한 저항의식을 가지고 있다.

2막은 1막으로부터 거의 1년 후로, 면화공장 사장 강영원의 집이 배경이다. 영녀가 공장 감독의 비인간적 대우 때문에 싸우다가 해고당해 집으로 돌아온 뒤, 강영원이 불러 그를 만나러 가지만 복직을 미끼 삼은 매음을 거부하고 돌아온 사실이 암시된다. 또 영녀의 남편이 죽은 사실이 남편 친구의 전갈을 통해 전해진다. 이 2막은 영녀에 관한 주변 인물들의 대사가 주를 이루며, 그 때문에 영녀의 행동은 오히려 희미하게 취급되어 있다. 강영원의 집에 행랑살이하는 하층 인물들의 대사를 통해 영녀의 처지가 간접적으로 전달되는 구조를 취하고 있는데, 이는 전통적인 줄거리의 해체 현상, 서사화의 경향을 보여 주는 것이다. 또한 중심 인물의 운명에 집중하기보다는 한 개인이 속해 있는 사회집단과의 상대적 관계를 그리는 데 치중하고 있다.

기일이네 내쫓기는 왜 내쫓는당가? 친한 체 하고 불러들일 때는 언제 마음이고 내쫓으려 할 때는 언제 맘이당가?
인범이네 앗다, 내 집 두고 내 맘대로 하는데 어쩐 상관이여. 기왕 공로나 잊지 않아야 사람 도리지.

점돌이 할멈 앗다, 인범이네 말이 옳지 않다는 것이 아니더라도 사람 심보가 그래서 쓴당가? 암만 돈 있고 부귀를 누린다기로 제 욕심대로 하는데가 어디 있단가?

인범이네 할멈은 그런 소리만 또 하시오. 관구어매가 틀린 일이지, 그 괴로운 공장일을 그만 두게 하고 댁에 들어가 있으라는데 안 그럴 것이 뭣이랑가? 되려 고마운 일이지. 나 같으면 정든 서방이라도 내버리고 당장 들어가겠네.

기일 (소리를 버럭 지르며) 이것이 다 무슨 멍텅구리 소리여! 돈 있는 놈은 뭐 하늘서 떨어졌단가? 엉터리없는 도둑년을 만들어서 감옥 속으로 내쫓는 것이 도로 낫지.

2막의 첫 장면은 이처럼 영녀가 감옥에서 나온 뒤 강영원의 행랑에 세 들어 살며, 강영원의 공장 여공으로 취직했다는 것, 그리고 이 모든 배려는 기실 강영원이 영녀를 첩으로 들어앉히려는 의도에서 나왔다는 것이 알려진다. 따라서 이 주변 인물들은 영녀의 '환경'을 제시하는 배경 인물인 동시에 서사적 자아로서의 역할을 수행하는 셈이다. 주동 인물 대신 줄거리 기능을 주변 인물들이 서사적으로 담당하고 있는 것이다. 인범이네를 제외하고는 모든 인물들이 강영원이 영녀를 쫓아내려고 하는 비인간적 처사를 비판하고 있는데, 특히 기일은 "아무리 돈없고 힘없는 인생이라도 그런 욕" 즉 첩으로 들어앉는 일을 당해서는 안 된다고, 차라리 감옥에 가는 게 더 낫다고 윤리적 삶을 주장한다. 사실 이 장면의 중심 인물은 기일인데, 그는 영녀에게 동정 이상의 감정을 품고 있다. 그는 인력거꾼으로 돌아다니며 길거리나 점방, 청년회 마당 등에서 열심히 지식인들의 사상을 귀동냥하여 제법 자기만의 의견과 주장을 가진 인물로 설정되어 있다. 이처럼 계급에 걸맞지 않게 진보적 사상을 가졌기 때문에 그는 영녀의 행동에 대해 이중적 태도를 보인다. 사장이 영녀를 부르자 몸을 팔면 복직될 거라며 수를 알려주는 척하지만, "아무리 힘없는 여편네라고 돈 가진 놈 꾀에 넘어가 눌리다니. 차라리 몸을 팔아서 개 돼지한테 주지."라면서 비꼰다. 영녀 남편의 친구 도윤에게는 영녀의 매음 사실과 자기네들 같은 하층계급은 상대하지 않는다고 말하며 넌지시 영녀에 대한 욕망을 드러낸다. 영녀가 사장을 만나고 돌아와 해고되지 않았다고 대답하자 "에키! 못난 짐승!"이라며 영녀에게 주먹질한다.

이처럼 2막은 영녀가 사장에게 몸을 팔고 안락한 삶을 얻을 것인가 하는 문제가 중심 갈등을 이루고 있다. 그러나 이야기의 축을 끌어가는 것은 기일이를 비롯한 주변 인물들이며, 그만큼 영녀의 성격이나 행위는 희미하게 처리되어 있다. 따라서 영녀가 과연 기일의 생각대로 해고당하지 않기 위해 사장에게 몸을 팔고 왔는지, 아니면 거절했는지도 제대로 나타나 있지 않다. 영녀가 힘없이 돌아온 모습, 해고당하지 않았다는 말로 보면 기일의 추측을 뒷받침하는 것 같다. 그러나 다음 장면이 영녀가 그 집을 쫓겨나 재혼해 사는 빈민굴이 배경이고 보면 거절한 것이 확실한 것 같다. 이와 같이 영녀의 행동과 그 행동의 동기가 분명하게 그려지지 않았기 때문에 자연주의적 충실성에도 불구하고 계급적 성격이나 환경의 힘이 미치는 파괴력이 피상화되고 만 것이다.

생활의 방편으로 매음을 직업으로 삼았던 영녀는 여공이 되자 매음에서 손을 뗀다. 이 대목은 할 수만 있다면 건실하게 살아가려는 그녀의 자존심을 보여준다. 그러나 해고된 뒤 복직 여부가 다시 매음에 달려 있다면 그녀로서는 심각한 갈등에 빠지지 않을 수 없다. 그러나 이 극은 바로 그 극의 중요한 동인이 될 수밖에 없는 문제를 기일이라는 서사적 인물의 시각에 넘겨 애매하게 넘어가버리고 만다. 그 때문에 영녀의 환경과의 싸움이라는 중심 문제는 이면으로 숨고 만다. 또, 그녀가 사장에의 매음을 거절하고 쫓겨나 가난한 노동자와의 재혼을 선택할 수밖에 없는 과정은 운명으로 작용하는 환경과의 싸움을 그려내기 위한 중요한 자연주의적 계기가 될 수밖에 없다. 그러나 이 극에서는 이 점이 그녀의 성격이나 심리적 동기를 통해 그려져 있지 않다. 이런 측면이 종결 지향의 구조가 아니라 과정의 제시에 치중하고 관객에게 그 갈등 요인의 해결을 떠넘기는 서사적 사회극 형식의 특성에서 연유했다고 이해하더라도, 이 극의 구조적 취약성을 상쇄시켜주는 것은 아니다.

(3) 미완의 종결과 그 의미

3막은 근대 산업 문명의 부산물이라 할 수 있는 환경인 목포 유달산 기슭의 빈민굴로, "비위생적이고 돼지우리만한 초가집"에서 벌어진다. 병이 든 영녀와 "부릅뜬 두 눈에는 육욕이 끓는 힘"이 넘치는 노동자 남편과의 갈등, 영녀의 죽음, 영녀를 돌봐주러 온 기일이네가 명순과 조선 여성의 결혼 생활에 대해 나누는 얘기가 중심 줄거리이다. 따라서 이 장면도 긴밀하게 연결된 행동 대신 줄거리 기능을 담당하는 주변 인물들의 대사를 통해 주동 인물이 처한 공간적·사회적 환경을 관객이 통찰해볼 수 있게 한다.

유서방은 영녀의 병 때문에 혼자 돈을 벌어야 하는 일과 육욕을 채우지 못하는 일이 불만이고, 심지어는 의붓딸 명순의 육체를 넘보는 색한이다. 동물적 본능을 드러내는 전형적인 자연주의적 인물인 것이다. 결국 유서방과의 혹독한 생활로 병을 얻은 영녀가 마침내 죽음을 맞이하는 장면은 다른 등장인물들에게 전혀 알려지지 않은 채로 처리된다.

> **영녀** (힘없이 눈동자를 옮겨 또 한참동안 동트는 편을 바라보고 앉았다. 얼굴에 두 눈에 점점 생기가 돌아온다. (…) 극히 느린 그 동작에는 형편없는 정령의 존재만이 보이는 것 같다. (…) 점점 무대가 밝아온다. 흰 얼굴 위에는 死面 같으나 생의 리듬이 돈다. 忽地에 먼나라의 꿈 안 동작 모양으로 힘없이 소리없이 극히 자연스럽게 왼편으

로 넘어진다. 아주 정밀한 수 분간.)

주인공의 죽음이 직접적인 반향을 불러일으키지 않으며 갈등이 해소되지 않은 채로 극이 끝나는 처리는 1920년대 당대 희곡에서 찾아보기 힘든 극히 예외적인 것이다. 이처럼 갈등이 해소되지 않고 주인공의 죽음이 갈등의 중심을 이루지 못하는 구성은 단적으로 전통적 의미의 극 줄거리가 해체되는 현상을 보여줌과 동시에 극의 흐름을 '개방형 종결부'로 나아가게 한다. 환경을 벗어나는 유일한 가능성이 영녀의 죽음으로서만 가능하다면, 남겨진 명순이나 관구는 자신의 환경을 극복할 수 있을 것인가, 아니면 영녀와 같은 삶을 계속해나갈 것인가 하는 질문이 관객에게 떠넘겨지는 것이다.

영녀가 죽은 직후 마침 등장한 기일이네는 영녀가 죽은 줄도 모르고 명순과 조선 남성의 횡포에 대해 얘기를 나눈다. 영녀가 죽는 순간 그녀의 얼굴에 '생의 리듬'이 역설적으로 떠올랐듯이, 작가는 비관적인 환경의 거대한 힘 앞에서도 그 환경에 의해 타락하지 않고 자신의 자존을 지킬 때, 즉 그 파괴적인 힘 앞에 굴복하지 않는 '생명력'을 가질 때 그 환경을 뛰어넘을 수 있다는 것을 암시한다.

기일이네 (…) 그렇게 너는 시집가지 말란 말이다. 한번 가기만 하면 영영 떼장 밑에 들어갈 때까지 붙잡힌 셈이 된단다.

명순 아따! 이혼해 버리면 그만이지.

기일이네 이혼을 어떻게 해야? 너도 참! 할 마음이 있어도 할 줄 알아야 하지. 조선 여편네는 그런 것도 마음대로 못 한단다. 그저 내 말만 믿고 당초에 너는 시집가지 마라.

명순 다른 이한테 물어서도 못 한대요?

기일이네 글쎄 이혼하는 절차야 알 것이지만 그래도 세상 일이라는 것이 맘대로 안된단다. 한번 저질러 놓으면 큰 죄를 받을 수 밖에 없단다. (…)

명순   (한참 있다가) 어머니는 왜 저런 놈하고 같이 산다요?

기일이네 얼굴이 예뻐서 홀린 것이지. (무섭게 웃는 소리) 아이고! 예편네
         얼굴 예쁜 것이 큰 화지. (…) 네 어머니 만큼 이뻐도 저 신센데
         이쁠수록 시집 안가야지. 너의 어머니는[네 아버지가: 필자의 삽
         입] 타관에서 저렇게 횡사를 당하고 나니 혼자 어쩔 수가 있다
         냐? 더구나 아들 학교 보낼 욕심까지 있고…

이 극의 마지막은 '해결'이 아닌 '미완의 종결'이다. 결혼이나 여성의
억압, 영녀의 운명에 대해 나누는 명순과 기일이네의 대화는 영녀의 죽음
을 모르고 나누기 때문에 아이러니를 형성한다. 동시에 당대 환경에 대한
예리한 비판과 사회의 모순에 대한 극복 의지를 담고 있다는 점에서 현대
의식을 나타낸다. 그러나 영녀의 죽음은 작가의 의도만큼 관객에게 큰 충
격으로 전달되지 못한다. 영녀의 죽음이 그녀를 둘러싼 사회집단의 파괴
적인 힘과의 싸움에서 비롯한 것으로 그려졌을 때 비극성이 구축되는 것
이고, 또 환경과의 싸움이라는 극적 사건들을 통해 영녀의 성격이 힘있게
형상화되었어야 관객의 강력한 정서적 공감을 창출할 수 있기 때문이다.

(4) 리얼리즘극으로서의 성취와 한계

위에서 살펴본 바와 같이, 작가는 주인공 이영녀를, 비록 매음부이지
만 '개성의 힘'을 가진, 현대적 인물로 그리고 있다. 또한 1920년대의 다
른 극작가의 리얼리즘 희곡과는 구별되는 사회극적 시각과 동시에 현대
극의 한 형식적 특성인 서사적 구조를 사용하여 현대성의 면모를 뚜렷이
드러내고 있다. 그러나 문제는 극의 중심 인물인 이영녀에게 리얼리즘 희
곡에 걸맞은 생동감 있는 성격 묘사가 결여되어 있다는 점이다. 자연주
의 연극의 주창자 에밀 졸라는 연극의 진정성에 대한 최상의 척도로서 성

격 묘사의 중요성을 강조한 바 있다.[30] 환경의 압도적인 힘이 어떤 식으로 주인공을 몰락시켜 가는가에 대한 물리적 사회적 영향의 검증이 〈이영녀〉의 중심 의도이지만, 그 의도가 영녀의 성격과 행위를 통해 충분히 형상화되지 못한 것이다.

영녀는 환경에 의해 인간성이 타락하거나 부자의 첩이 되는 등의 안일한 삶을 선택하지 않는다는 점에선 분명 개성을 부여받고 있으며 다른 하층계급의 인물들보다 높은 수준으로 형상화되어 있다. 그러나 그 환경을 변화시키려 하거나 환경을 극복하려는 용기를 지니지는 못했다. 특히 영녀의 성격이 지문에서 자세히 묘사된 것과는 달리 행동을 통해서는 생생하게 형상화되지 못한 것이 가장 커다란 약점이다. 1막에서만 주동 인물일 뿐, 2, 3막에 올수록 그녀의 행동은 미약해지고 점점 더 주변으로 밀려나버린다. 자유의지를 가진 인물로서 환경을 인식하거나 극복에 대한 전망을 드러낼 만한 극적 계기를 마련하지 않고 거의 주변 인물들의 대사를 통해 영녀의 성격을 간접적으로 그렸기 때문에, 당대 현실에 대한 매우 자연스럽고 치밀한 묘사와 주변 인물들의 생동성에도 불구하고 극적 힘이 약화되고 만 것이다.

그러나 이 극은 김우진의 자연주의 혹은 리얼리즘 작가로서의 가능성을 크게 보여준 작품인 것은 분명하다. 1920년대의 리얼리즘 계열의 희곡들, 예컨대 김정진 · 조명희 · 박승희 등의 작품과는 달리 과장된 감정 묘사와 멜로드라마적 구성이나, 서스펜스에 의존하는 플롯의 포기는 〈이영녀〉의 작품적 위상을 독특하게 자리매김해주는 요인이다. 그뿐만 아니라 단조롭고 무미건조한 생활 세부의 묘사라든지 인물 창조에 있어 선악 어느 한 면만의 강조를 피한 점, 이데올로기와 선전과 계몽성의 배제, 다루어진 사실에 대한 직접적 해석을 피하고 열린 결말을 보여준 점은 구조적

---

30) J. L. Styan, 앞의 책, 21쪽.

취약성에도 불구하고 이 극이 가진 중요한 미덕이며 현대성이라 할 것이다.

그런가 하면 개인의 삶의 양상이 개인의 의지에 따라 만들어지지 못하고 개인을 둘러싸고 있는 사회적 상황에 따라 결정된다는 점을, 사회 고발적인 시각이 아닌 사회집단 간의 갈등 관계를 통해 보여주고 있다는 점에서 사회극으로서도 의미 있는 위치를 차지하는 작품이라 할 수 있다.

2) 분열된 자아와 양가감정 : 〈두더기 시인의 환멸〉

단막극인 〈두더기 시인의 환멸〉(『학조』, 1926.6)은 철저히 시인 원영의 이중적 태도에 대한 풍자에 초점을 맞춘, 논제극의 범주에 들어가는 단막극이다. 이 작품은 관념적일 뿐 아니라 군데군데 보이는 다른 희곡에서 따온 대사들, 또 설득력 있게 형상화되지 못한 성격 창조 등 극작상의 미숙함을 드러낸다. 그러나 다음 〈난파〉나 〈산돼지〉를 예고하는 주제 의식과 성격이 표현되어 있다는 점에서 주목할 만하다. 신여성과의 윤리를 초월한 낭만적인 사랑을 원하면서 동시에 아내에게는 가부장적 권리를 행사하는, 당대 지식인 남성의 한 전형이라 할 만한 원영의 분열적 태도가 다음 작품들의 주인공들에 발전적으로 계승되고 있는 것이다. 또 이들 작품에서는 종래의 인간상과는 다른 새로운 관점, 즉 분열되고 모순된 성격으로 그려나간 내용적 측면에서의 현대성과 형식적 면에서의 독특한 현대성이 드러나고 있다. 사회로부터의 소외가 자신의 내적 분열에 대한 의식을 낳고 그 자기 분열에 대한 의식이 곧 현대적 문제인물상을 만들어내고 있는 것이다.

원영은 아이가 울건 말건 연애시를 읽으면서 애인 정자를 기다리고 있다. 그는 누더기같이 초라한 현실을 잊기 위해 '님'과의 낭만적이고 진보적인 사랑을 꿈꾼다. 그러나 초대받고 온 신여성 정자는 스캔들을 일으킬 정도로 분방한 이성 교제를 하면서도 원영의 바람과는 달리 가정 있는 남자와는 양심을 속이는 연애를 하지 못하겠다고 하면서 갈등을 벌인다.

정자가 원영의 구애를 거부하고 자꾸 부인에 대한 동정을 내보이자 원영은 부인이 사람이 아니라 자기 주장을 갖지 못한 허수아비라 매도하며, 급기야는 가정에 얽매이지 않고 개인주의자로서 살아가고 싶은 자신을 이해하지 못하는 정자와 날카롭게 대립한다. 그는 부인을 동정하는 정자를 "낡은 탈 쓴 '신여성'에 불과"하다고 비판하고, 정자는 처자에게 고통을 안기면서까지 개인주의적 연애에 매달리는 남성들을 야유하고, 그런 시인이 쓰는 시는 두더기(누더기) 시일 뿐이라고 비판한다. 이때 부인이 들어오고 그 부인은 뜻밖에도 정자의 여학교 동창이라는 사실이 밝혀진다. 따라서 갈등은 두 여성과 한 남성이 벌이는, 조선 남성의 가부장적 횡포에 관한 것으로 바뀐다.

> 원　　가정이란 감옥이란 게 내 주의야. 아무러한 여자일지라도 한번 처가 되면 사람으로서의 자유는 없어지는 게야. 여성의 영원한 생명은 이곳에 있단 말야.
>
> 처　　저게 주의래요.
>
> 정　　(동시에) 웬 주의야! 그래서 아들 낳게 하구, 옷 꿰매주게 하구 밥 지어 주게 하구, 그리고 나서는 자기는 자칭 시인은 무소불위로―그게 시인이요. 남 일생은 희생을 만들어 놓고 나서는 자기 혼자만 천당에서 하느님과 같이 노래한다는 두더기 시인?
>
> 원　　그렇지 나는 시인야. 두더기 시인이래도 좋아. 여하간 시인야. 다만 이런 여자로 해서는. 가정을 만든 게 저게 불행이라면, 그것이 즉 제 운명야. 왜 사내란 사내만 보면 고인지 잉언지 죽자살자 해! 그것도 제게 마땅한 점을 가진 사내를 골라 내지 않구.

이 마지막 장면은 원영의 이기적 남성으로서의 허위의식을 극명히 드러내는 장면이다. 동시에 여성이 결혼으로 인해 불행해지는 원인은 자신에 맞는 남편을 선택할 줄 모르는 안목의 미숙성 때문이라는 점도 지적되고 있다.

이 극에 나오는 세 명의 등장인물은 모두 진보적 교육을 받았으면서도 전통적 규범이나 인습을 벗어나지 못한 신구 가치의 모순체라는 공통점을 가지고 있다. 원영은 개인주의적 자유 사상과 여성관을 가지고 있으나 그것을 아내와 애인에게 이중적 잣대로 적용한다. 그는 정자가 자신의 애정을 받아들이지 않자 심한 여성 혐오증을 드러낸다. 이 극의 중심 갈등을 이루고 있는 양성 간의 성적 투쟁은 스트린드베리의 희곡과 비슷한 양상을 보인다. 원영이 보이는 심리적 변화의 궤적은 바로 자기 분열이며, 정자의 일관되지 못한 성격 또한 자기 분열이다. '처' 역시 신교육을 받고 학교 시절 정자와 인생과 미래를 논했으며 시인의 시에 반해 결혼을 한 신여성 출신임에도 불구하고 결혼 후에는 '허수아비'처럼 절대 복종하며 살아왔다는 것을 보면 그녀 역시 전통과 현대의 혼합체라 할 만하다.

이 극에서 특징적인 것은 원영과 정자 간의 애증 공존의 양가감정(ambivalance)이다. 이들의 양가감정은, 그들이 양상은 다르지만 근본적으로는 매우 비슷한 허위의식과, 지식과 행동의 불일치, 현대적 사고와 인습적 삶의 태도를 모순되게 가지고 있다는 걸 직관하기 때문에 자신에 대한 증오를 타인에게 투사시킨 성격의 증오이다. 이들의 서로에 대한 공격은 사회로부터의 소외로 기인한 것이고 그것이 결국 내적 분열에 대한 의식을 낳는, 현대적인 문제인물상을 보여준다. 이들의 성격은 〈난파〉의 '시인'이나 '모(母)', 〈산돼지〉의 원봉과 정숙의 성격처럼 과장되고 과시적 형태의 분열적 성격과 감정의 양가성, 잔인성과 마조히즘을 드러낸다.

그런데 문제는 분열과 모순의 인간성격에서 오는 성적 투쟁이 내부적 문제로서 보다 압축되고 내적 변화를 유발하는 힘을 발휘하는 게 아니라 단순히 인물들 간의 냉소적 대사의 교환으로 설교에 가까운 외향적 투쟁에 머무르고 있다는 점이다. 왜 정자가 원영의 초대를 받아들여 방문하고서도 계속 그에게 냉소를 퍼붓는 것인지, 유부남과의 교제로 스캔들을 일으킨 전력이 있음에도 원영의 부인을 동정하여 자신의 감정보다는 양심을 따르는지, 원영은 왜 아내에겐 죄수와 같은 생활을 강요하는 주의를 갖고 있는지, 아내는 왜 반항을 하지 않는지 등이 명확하게 동기 부여되어 있지 않다. 따라서 이들의 양가감정에도 불구하고 내적 움직임이 결여된 플롯으로 인해 공소하게 느껴지는 것이다. 다시 말해 이들의 투쟁은 서로가 서로에게 치기 어린 말솜씨로 상처를 주는 데 머물러 있을 뿐, 자신의 허상이나 딜레마에 대한 자기 인식의 차원으로 이르게 하는 강력한 충동 또는 내적 · 외적인 변화를 주지 못하고 끝나고 마는 것이다.

4. 맺음말

이상에서 김우진의 사실주의 희곡 〈이영녀〉와 〈두더기 시인의 환멸〉을 중심으로 분석하면서 그의 현대 의식과 작품적 성취를 살펴보았다.

그의 현대 의식은 낡은 인습과 전통, 도덕으로부터의 반역으로부터 나오며, 낡은 세계와 새로운 세계가 공존하고 있는 이분적 분열 의식, 곧 현대성의 자각에서 나온다. 그는 낡은 세계의 억압 때문에 생명력의 고갈을 느끼고 자신의 '생명력' 사상을 발전시켰다. 그의 생명력 사상은 니체나 쇼펜하우어의 영향이라 할 수 있는 "맹목적인 살려는 의지" 또는 '자유의지'로서, 외적 상황과 자아의 투쟁을 통해 분열과 소외를 극복할 수 있는 힘과 용기이다.

〈이영녀〉는 운명과 환경의 상관관계를 자연주의 양식으로 그린 사회극으로, 서사화의 경향과 미완의 종결이라는 현대 희곡의 한 특성을 드러낸다. 개인의 삶의 양상이 개인의 의지에 따라 만들어지지 못하고 개인을 둘러싸고 있는 사회적 상황에 따라 결정된다는 점을 사회 고발적인 시각이 아닌, 사회집단 간의 갈등 관계를 통해 보여주고 있다는 점에서 사회극으로서 의미 있는 위치를 차지하는 작품이다. 당대 현실에 대한 자연스럽고 치밀한 묘사와 주변 인물들의 생동성은 김우진의 자연주의 혹은 리얼리즘 작가로서의 가능성을 크게 보여준다. 그러나 주인공의 성격이 자신의 행동을 통해 힘 있게 묘사되지 않은 점이 약점이라 할 수 있다.

〈두더기 시인의 환멸〉은 인물들 간의 애증 공존의 양가감정을 그려내어 내적 분열을 보이는 현대적 인물상을 제시하며 동시에 그들을 풍자하고 있다. 그러나 분열과 모순의 성격에서 오는 성적 투쟁이 내부적 문제로 보다 압축되고 내적 변화를 유발하는 힘을 발휘하지 못한 한계를 드러낸다. 인물들이 냉소적 대사를 교환하며 관념적인 사상을 피력하는 외향적 투쟁을 벌임으로 해서, 관념을 위해 인물이 희생된 결과가 되고 말았다. 그러나 이 작품은 김우진의 후속 작품인 표현주의 희곡 〈난파〉와 〈산돼지〉의 분열된 인간형과 비합리의 세계를 예고하고 있다는 점에서 주목된다.

이상에서 고찰한 김우진의 〈이영녀〉와 〈두더기 시인의 환멸〉의 희곡사적 의의는 신파극이 횡행하고 감상적인 현실 고발이나 직설적인 현실 비판을 다룬 사실주의극이 주류를 이루었던 1920년대에, 현대 희곡의 한 특성인 서사적 구조와 미완의 종결, 주변 인물들의 생동적 묘사 등의 기법을 구사하여 현대 의식을 구현한 점, 분열된 성격 혹은 환경의 억압과 싸우는 개성적 성격의 제시로 현대적 인물형을 창조한 데 있다 하겠다. 이는 완성도가 다소 떨어짐에도 불구하고 1920년대의 다른 희곡들보다 성숙한 리얼리즘 정신과 방법적 우수성을 보여준 것이다. 당대 희곡 전체의 수준에서 볼 때 현실 고발과 피상적 인물 묘사에 머무르던 근대 희곡의 영역을 현대적 세계로 한 단계 끌어올린 것으로 그 중요성을 인정받을 수 있다.

그러나 요절로 인해 자신의 참신한 재능과 현대적 상상력과 방법적 우수성을 더 갈고 닦지 못한 점, 또 지면 발표를 활발히 하지 않은 점, 당시의 낙후된 연극 수준에 대한 실망으로 공연 활동을 벌이지 않은 점 등의 이유로 당대 근대극에 즉각적인 기여를 하지 못한 사실은 결과적으로 김우진의 극작가로서의 위상에 유보감을 남기는 요인들이다. 그러나 독보적으로 현대 의식을 가지고 인간의 의지와 환경 사이의 갈등과 현대적인 분열된 인간상을 그려낸 방법적 우수성은 바로 당대의 연극적·문학적 상황과 관련해 상대적인 가치평가를 할 때 그 의의를 인정하지 않을 수 없는 것이다.

김우진의 시대를 앞서는 현대적 극작가로서의 독보적인 면모는 물론 그의 표현주의 희곡들에서 더 뚜렷이 드러난다. 그러므로 그의 현대성의 면모는 표현주의 희곡 분석을 통해 더욱 선명해지리라 본다.

*이 글은 '제9회 김우진문학제'(2016년)의 발표문을 일부 수정한 논문임.

제2부

김우진의 담론과 문학관

김우진의 문학과 문단사적 위상

이 명 재

　오늘, 필자는 함평 태생 문학도의 한 사람으로서 여러분과 더불어 예향인 목포문학관에서 제3회 김우진문학제에 참여함을 매우 뜻깊게 생각한다. 따라서 여기에서는 목포가 낳은 한국 신문학의 선구자인 수산(水山) 김우진(金祐鎭, 1897.9.19~1926.8.4)의 문학이나 문단사적 위상(位相)에 대하여 재음미해보고자 한다. 김우진이야말로 이 고장의 신문학뿐만 아니라 특히 한국의 초창기 근현대 극문학을 이론과 실제 면에서 올바로 이끈 선도자였기 때문이다.

　필자가 이 자리에 서게 된 연유는 동향의 후배 문학도로서 한국 문학사를 전공했던 이유만이 아닌 것 같다. 1990년에 우리문학기림회의 일원으로서 직접 대상 문인의 생활과 창작 무대인 목포시 북교동 소재의 현 북교천주교회 안에 위치한 옛 성취원(成趣園) 뜰을 답사하고 극작가 김우진 문학의 산실이던 '백수재(百壽齋)' 앞에 처음으로 수산을 기념한 표지비를 세운 정성도 참작되었다고 생각한다.[1]

---

1)　김성진, 「문학사 김우진을 고복하다」, 『문화무안』, 2009.

따라서 필자는 김우진 문학 전공자가 아니지만 1회째부터 이 문학제에 참가한 경험과 평소 객관적으로 파악해온 김우진의 문단적 위상을 문학사적 측면에서 밝혀보려 한다. 먼저 그의 문학과 삶의 본거지인 향토–지방문단 중요성을 들고 나서 수산 김우진 문학의 문예사회적 의미를 중앙 내지 지방문단과의 관계를 대비적으로 접근해본다.

1. 향토문단의 중요성

우리는 목포문학관 현장에서 이 고장 출신 문인의 문학제 행사에 임하고 있으니만큼 먼저 향토문학(＝지방문학＝지역문학)의 의미와 중요성부터 살펴두어야 할 것 같다. 요즘 정치에서도 풀뿌리 민주주의는 지방 소선거구로부터 이루어진다는 것처럼 남도문학이나 한국문학을 넘어 동양문학과 세계문학도 자신의 본고장으로부터 비롯되기 때문이다. 흔히 지칭되는 지방이나 지역 또는 향토 문단이라면 자칫 배타적이고 후진 단위라는 선입견이 따르는 통념도 없지 않음도 사실인 것이다. 이런 고정관념은 여기에서 곧 탈피하게 마련이다. 그리고 실상은 이런 지방문학의 개념을 터득하고 향토 사랑과 해당 지역 나름대로의 문화적 긍지를 지녀야 바람직한 문학의 길을 지향해가는 열쇠를 찾게 마련이다.

여기에는 중세 유럽에서도 단테(1265~1321)가 연인인 베아트리체를 위해 의미 중심의 라틴어로 쓴 서정시를 모은 야심작 『신생(新生)』을 실패한 대신에 지옥–연옥–천국편을 만년의 13년 동안에 걸쳐 완성한 『신곡(神曲)』에서는 한사코 현지 주민들의 몸에 밴 프로방스 지방의 토스칸(Tuscan) 사투리로 발표하여 구구절절 심금을 울리는 시로서 성공한 실례도 참고된다. 단테는 이 전범을 자신의 평론인 「속어론(俗語論)」(1304)으로 제기하여 중세 유럽 시와 소설에 로망스어를 중심한 지방어문학(Vernacular language literature) 시대를 열어 문어체(文語體)인 라틴어 전용의 로마 문학 판도를 혁파한 것이다. 이런 사실은 후에 무엇보다 제 나름의 특성적인 민족성을 중시하는 헤르더(1744~1803)가 정립한 민족문학(National literature) 이론과 전 인류적인 보편성을 중요시하는 괴테(1749~1832)가 창안한 세계문학(World literature) 개념에 직결되기도 한다.

우리나라 경우 역시 일찍이 이방의 뜻글자인 중국 한자(漢子)에 우리말 표기를 대신할 신라 향가(鄉歌)나 이두(吏讀)에서 그 모범을 보였지만 조선시대의 김만중이나 박지원 또는 정약용 등도 한국 사람은 우리다운 글을 써야한다고 주장하며 실천해온 바 있다. 이들 선배 문인들 역시 한결같이 정체성 있는 민족문학론을 구현한 선구자들이다. 그런 의미에서 늘 강변(强辯)되어 온 바처럼 오늘의 한국문학은 T.S. 엘리엇 등도 유명한 평론「전통과 개인의 재능」 등에서 강조한 민족문화적인 개성을 지닌 고전문학의 전통을 지녀야 한다. 마찬가지로 광주·전남은 예부터 시가(詩歌)와 가사문학(歌辭文學)의 본산지로서의 시문학 정통성을 지켜온 향토문학의 특장점을 높이 평가해야 한다.

한국문학은 역시 팔도강산의 지방(지역)적 특성을 지닌 채 세계 사방으로 열린 보편성으로 이루어진 문화공동체인 것이다. 광주-전남을 주로 한 남도문학도 전북을 아우른 호남 지방의 개성을 살리면서 영남이나 기호, 서북, 관동, 관북 지방 문학 등과 상생(相生) 교류함과 동시에 세계문학의 길로 나서는 한국문학의 한 축을 이루고 있는 것이다. 따라서 근래의 남도문단도 보다 향상된 민족문학 발전을 위해서는 어느 정도 각 지방이나 지역문단과의 문예지 운동과 문단 활성화 양상도 대비적으로 살펴봄이 필요하다. 이제는 재래의 중앙집권적인 서울 중심의 문단을 혁파하고 빛고을과 전남문단은 그야말로 세계(global)화와 지방(local)화 합성어인 글로컬(glo-cal) 시대에 걸맞은 주인의식으로 개선해가야 할 것이다.

그리고 우리 문학은 남도 특유의 냄새가 물씬한 개성을 지녀야 마땅하다. 듬뿍 담아내야 규모 큰 서울에 맞설 수 있음은 물론이다. 가장 지방적인 풍물이 가장 세계적인 것이라는 괴테나 앙드레 지드의 지론이 통하는 연유가 여기에 있다. 저마다의 지방이나 지역적 특성은 제 고유의 역사와 풍토에 바탕을 둔 지방 사투리에 이르도록 문화적 전통에 이어져 있게 마련이다. 이런 면에서 우리 지방 특유의 향토문단을 새롭게 논의하게 되는 것이다. 개성 있는 지방문단이나 지역문단이 활발한 조건 속에서 바람직한 한겨레문학을 거쳐서 환영받는 세계문학으로 발전해갈 수 있는 것이다.

2. 문학사에서의 기술 현황

우리 고전문학에서 백광홍 · 정철을 비롯한 가사문학과 송순 · 윤선도 등의 시조 내지 판소리 문학을 화려하게 꽃피운 이 고장 문단은 고전문학에서 근현대 문학기로 넘어오는 신문학기(新文學期)에 접어들며 상이한 양상을 드러낸다. 특히 조선조 중 · 후기에 와서 번창한 위 장르들로써 개화기를 맞았지만 원활한 문학으로의 연결은 이뤄내지 못한 편이었다. 그럼에도 한국의 현대문학사에서 남도의 문단은 그 중요성을 간직한 채 적잖은 우여곡절을 겪으며 그 위상을 드높이고 있다. 개화기 이후 신문학 초기에는 영향력 면에서 상대적으로 이 고장이 우리나라 문단의 주도권을 한동안 타 지역에 내어준 양상을 드러냈다. 그러나 1930년대나 1950년대 내지 1980년대에 들어서는 남도문단이 한국문학의 주류를 형성하여 본디의 위상을 되찾아 지켜왔다고 생각된다. 이런 점은 전체적으로 한국문단의 형성, 발전 과정에서 이 고장 문학의 역할을 점검하는 데 필요한 접근 시각이라 여겨진다.

사실 지정학적으로 한반도의 서남쪽에 자리한 광주-전남 중심의 남도 문학은 신문학 초기에 문단의 주류에서 소외되어 있었다. 그것은 개화기에 경기 지역 문인인 이해조, 이인직, 안국선, 최찬식 등의 신소설 작가와 최남선의 신체시로 강세를 드러낸 사실만이 아니다. 남도 지방이 초기 문단에서 소외된 현상은 1920년 전후에 쏟아져 나온 초창기 문예 동인지 분포에서 극명하게 드러난다. 일찍이 서양 기독교의 세례와 더불어 문명 개화에 앞선 평안도 출신의 서북 문학청년들에 의한『창조(創造)』동인이 신문학의 꽃망울을 터뜨리기 시작했었다. 기독교 집안의 청소년이던 김동인, 주요한, 전영택 등은『창조』후신인『영대(靈臺)』지(誌)까지 간행하며 초창기 문단을 이끌어왔다.

3·1운동 직후 이들 문단 세력에 라이벌 격으로 나선 서울 지역 청년 동인들은『폐허(廢墟)』지를 간행하며 대치하는 구조를 이루었다. 염상섭, 황석우, 남궁벽, 오상순, 나혜석 등이 그들이다. 이어서 '자유시(自由詩)의 선구(先驅)'라는 깃발을 내걸고 나온 한국 최초의 시 전문지『장미촌(薔薇村)』과『백조(白潮)』지가 등장하지만 이들 문예지 잔치에 호남 출신 문사는 한 사람도 발견되지 않는다. 로만주의적인 성향의『백조』동인으로는 서울의 나도향, 박영희, 박종화 등과 경기 지방의 홍사용, 충북의 김팔봉 외로 영남 태생인 이상화, 현진건 정도일 뿐 호남은 소외되었다.

신문학의 초기 문단에서 다른 지역에 비해 상대적으로 소외된 남도 중심의 호남 문사들은 수년 후에 창간된 종합문예지『조선문단(朝鮮文壇)』을 통해서 등단하기 시작했다. 특정 지역과 교우 관계 및 교파(敎派), 학연(學緣) 등으로 이루어진 당시 동인지의 폐쇄성을 탈피하여 이광수, 방인근 등이 자신의 문예지에 범문단적인 인재 등용을 표방한 덕택인 셈이었다. 이 문예지 발간 초기인 1920년대 중엽에야 영광의 조운(曹雲), 익산의 이병기(李秉岐)가 시조를, 목포의 박화성(朴花城), 군산의 채만식(蔡萬植)이 소설을 추천받아 중앙문단에서 활동하기 시작했다.

그렇지만 이 무렵, 같은 고향 출신으로서 동경 유학을 해서 이런 중앙의 문예지가 아닌 국내 신문이나 일본 현지의 잡지에 문학작품을 발표하고 해당 분야에서 창조, 폐허, 백조 동인들보다 더 선구적 역할을 한 경우는 자랑스럽다. 1920년대 초에 동경에서 극예술협회를 조직하여 순회공연을 한 목포의 김우진은 동경 유학생 회지인『학지광(學之光)』에 근대극에 대한 평론을 발표하는 한편 손수 〈이영녀(李永女)〉 등을 창작하여 극문학을 개척했었다. 또한 김진섭(金晉燮)은 일본 유학 시절『해외문학』발족 무렵『동아일보』에 토마스 만 예술론을 발표한 이래 한국 수필 문단 정립에 앞장서온 바 있다.

　이런 초창기 중앙문단의 활동상을 감안하면 정작 광주·전남·전북을 아우른 호남의 문학은 1920년대가 다 가도록 다른 지역의 시단(詩壇)은 물론이요 희곡이나 평론 분야에 견주어 겉으로는 취약하게 보인다. 물론 1920년대 후반에『조선일보』지면에 시조를 발표하기 시작한 조종현 등의 활약을 감안하더라도 그렇다. 이런 대비적으로 열세를 보인 문단의 불균형 현상은 무엇보다 초창기 당시의 중앙무대였던 여러 문예 동인지의 발표지면에서 실제로 소외된 게 직접적인 원인임은 더 말할 나위 없다.

　하지만 초창기 문단이 서울의 폐쇄적인 문예 그룹 위주로 전횡돼온 여건 속에서도 결코 남도 문단은 위축되어 쇠락해버리진 않았다. 사실 1920년대 당시에 광주-전남에서는 척박한 식민지 상황 속에서 나름대로 몇 군데 동인지 운동을 통해서 앞날의 한국문학을 위한 문학의 못자리를 가꾸어왔던 것이다. 1920년경 강진에서 김윤식(영랑), 김현구, 차부진 등이 결성한 동인지『청구(靑丘)』나 1922년 조운에 의해 설립된 영광 중학원(中學院)의 '자유예원(自由藝園)' 서클은 이 지역 문단의 기름진 텃밭 노릇을 해왔던 것이다. 여기에다 1920년대 중엽에 김우진이 일본 유학을 마치고 돌아와 목포를 중심으로 조직 발간한 습작지『Société Mai』등의 역할이 큰 몫을 했음은 물론이다. 이런 일련의 이 고장 문학 동인 활동을 통한 노력들은 드디어 빛고을 출신이 주도한 한국문학의 중흥기를 이루게 되었다.

1930년대에 들어서면서 광산 태생의 용아(龍兒) 박용철(朴龍喆)에 의해 서울서 창간된 문예지 『시문학』과 『문예월간』에 이은 『문학』은 실로 당대의 한국문단을 획기적으로 변혁시킨 기념비적 순문예지였다. 이전의 이념적인 계급주의를 배제하고 기교적인 순수 본격문학을 지향한 시 전문 성향의 이들 문예지는 예의 폐쇄적이고 진부하던 중앙문단을 새롭게 하였다. 초창기에 철저하게 배제되었던 이 고장 출신 문인이 중앙문단을 일신시키며 그 주류로 자리하게 된 것이다. 박용철 자신을 필두로 그 스스로 남도적(南道的) 리리시즘을 선보인 강진 태생의 김영랑(金永郎)을 새로 가입시킨 데다 충북 출신의 정지용을 새로 가입시키며 트로이카 체제를 이루고 해외문학파를 영입한 필진(筆陣)들마저 한국을 대표하고 남는다. 여기에는 트로이카 말고도 정인보, 이하윤, 변영로, 신석정, 허보, 김현구, 유치환, 이은상, 김기림, 김상용, 조운 등이 참여했다. 비록 3, 4호로 그친 이들 문예지일지라도 전국 각 지역의 주요 문인들을 필진으로 동원하여 여느 동인지와는 차별성을 보이고 있다. 이 무렵 김태오가 동시들을 발표하여 아동문학계에 등단한 사실도 참고 된다.

그러나 1940년대에 넘어와서는 그 전반기가 일제강점의 발악기인 데다 빛고을 문단도 침체한 모습을 드러낸다. 일제 말엽이던 1943년에 김일로, 이동주 등이 문예 동인을 조직하여 광복 직후에 목포에서 타블로이드판의 『예술문화』를 낸 정도뿐으로 파악된다. 이 기간은 아직 관계 자료가 부족한 탓인지 모르겠으나 아무래도 전통적으로 예향(藝鄉)이며 의향(義鄉)이라는 이 고장 특성과는 어울리지 않게 앞뒤 시대에 비해서 문단 활동이 미약해 보인다. 더욱이 항일문학을 해오다가 광복 전에 옥사(獄死)한 예의 신채호나 이육사, 윤동주는 물론 끝까지 절개를 지키다 숨겨간 이상화, 한용운, 심훈, 심연수(연변 용정) 같은 다른 지역 문인들에 비해서 이 고장 문단은 반성할 수모(受侮)의 연대라 생각된다. 이 기간에 이 지역 문단에는 통틀어보아도 동학운동과 광주학생운동, 5월민주화운동의 진원지다운 기개(氣慨)는 보이지 않는다. 그 많던 항일 문인 가운데 조명희, 김남천, 임화, 박세영 같은 저항 문인 한 사람 발견되지 않아서 새삼 문학사적 공백감을 더한다.

하지만 광복을 맞이한 이후 전남-광주 중심의 남도문단은 점차 의욕적인 문예 동인 활동을 펴면서 어두운 침체의 늪을 벗어나서 재기하는 모습을 보인다. 목포에서는 해방 전부터 이루어져온 김일로, 백두성, 이동주 등이 1945년에 타블로이드판의『예술문화』를 펴내고 문학 열정 넘친 조희관, 박기동, 박화성, 이가형, 차재석 등이『보국문학(報國文學)』을 발간하였다. 또 드물게 해군 정훈실의 위촉을 받아 전시하의 월간지로 펴냈던『갈매기』와 주간지『전우(戰友)』역시 다른 동인지인『밀물』과 함께 습작문단의 활성화를 기하였다. 이 무렵 광주에서는 조선대학교 문학도들이 습작지『청춘수첩(靑春手帖)』을 통해서 글쓰기를 모색해왔는데 대체로 목포보다 문학열이 뒤처진 면이 짙다. 그것은 당시만 해도 광주에는 목포의 박화성 같은 영향력 있는 문인이 부재한 때문일 것이다. 해방 직후 광주에는 작품 발표 지면이 일간지『호남신문』과 주간지『전남신문』문화면뿐이라서 스스로 동인지 등을 이용해 문학 활동을 준비하는 게 제격이던 것이다.

이런 남도문단이 다시 한국문단에서 제 빛을 발휘하기는 1950년대에 접어들어서이다. 전쟁 중인 당시 서울에서 간행되던 종합문예지『백민(白民)』폐간에 이어『문예(文藝)』또한 정간 중인 과도기의 일이다. 특히 1951년에 수복 직후의 광주에서 창간하여 1954년까지 4호를 냈던『신문학(新文學)』은 실로 빛고을 문단의 구심점으로서 전시하의 전국 종합문예지 역할을 도맡아 왔다. 용아(龍兒) 미망인(박정희[林貞姬] 여사)의 출판 지원도 받으며 손재형 제자(題字)에 천경자 표지화로 된 이 문예지에는 값진 작품들이 게재되었다. 일제의 신사 참배 거부로 옥고를 치르고 절필해오던 김현승(金顯承)이 주간을 맡으며 시「눈물」등을 발표하여 문단 생활을 다시 시작했고 서정주의「무등을 보며」도 이 문예지에 실렸다. 여기에 참여한 필진에는 이 고장 문인을 제외하고라도 시에 구상, 이상로, 서정주, 신석정, 김종문, 소설에「소나기」를 발표한 황순원, 평론에 조연현 등이 참여했다. 이렇게 전란 중의 공백기를 메우며 문단을 이끌어온『신문학』은 휴전 이후 창간된『문학예술』,『현대문학』및『자유문학』등에 한국문단 주도권을 넘겼다.

당시 이 고장 문예지가 중앙문단의 그것처럼 서울 등 전국적인 필진을 수용하여 규모를 늘린 예는 목포서 발행되던『시정신(詩精神)』도 마찬가지였다. 1952년에 창립되어 5호까지 간행된바, 작품 게재 문인들은 태반이 호남권 밖의 필진임을 본다. 시인만 하더라도 최남선, 유치환, 이설주, 김상옥, 박양균, 김용팔 등이다. 이 문예지는 1953년에 창간되어 11집까지 속간된 바 있는 당시의『시(詩)와 산문(散文)』이 그 집필진을 오직 전남과 전북 문인들로만 채우고 있던 경우와 대조를 이루었다. 지방문단 육성에 열심이었던 조희관과 차재석이 발간한『새벌』에는 목포 지방 문인들은 물론 학생들의 습작품까지 실었다.

휴전 이후에는 그 잔혹한 분단 이데올로기와 황폐한 현실 속에서도 이 고장 문학도들은 남달리 문학적 열정을 지핀 흔적을 보인다. 오히려 위기에서 문학을 통한 희망 찾기 열망은 청소년 학생들의 노력부터도 단연 기호 지역이나 영남 지역을 넘어서고 있었다. 목포고 학생들의 습작 동인지인『시와 산문』, 목포사범 학생들의 문예반 회지인『벌판』,『별밭』, 목포여고의『은원』, 목포상고의『여울』,『풀잎』동인 및 각 고등학교 문예부장을 아우른 시 창작 습작지『청도문학』을 다섯 번 낸 활동이 눈길을 끈다. 이 무렵 여수고 중심의 동인 시집『순아』에서 습작기를 거치고 조선대학교 문과 중심으로『동인문학(同人文學)』을 낸 문청(文靑)들의 활약 등은 호남

문학의 저력(底力)을 다지는 증좌가 되고 남는다. 이 밖에 수많은 학교에서 행해진 실적은 자료 미비로 이루 다 들 수 없다.

또한 성인문학 경우 역시 목포의 『각서(覺書)』와 『낙서(落書)』 동인 밖에 문인협회의 전신으로 1958년에는 목포문협이 결성되어 기관지 『목포문학』 발행과 동시에 해마다 박화성 백일장을 열어 꾸준히 계속하고 있음은 주목된다. 이 밖에 강진의 모란촌동인회 전신인 『직전』, 여수의 종합지 『여항(麗港)』과 문협의 『여수문학』, 함평문림회의 『문림(文林)』 등이 출간되어왔음은 남도 지방 문단 활성화의 저력을 담보한 것이었다. 물론 당시 회원을 광주와 전남으로 넓힌 초점시 동인회의 『초점(焦點)』도 없지 않았으나 남도문단은 무엇보다 활발한 동인지 활동을 통해서 발전해왔음을 보여준다. 그 가운데 영남이나 기호 지방보다 전남-광주 지역의 동인 운동이 상대적으로 가장 원활했던 1950년대를 집중 조명해본 것이다.

특히 주목할 일은 1955년에 광주에서 결성한 『영도문학(零度文學)』 탄생과 시 동인 활동의 파장이다. 목포에 비해 열세로 보이던 광주 지방의 문예 활동을 만회하고 남을 만큼 전국적인 질적 결정체로 평가된다. 이 동인지야말로 한창 문학에 대한 순수 열정을 쏟아낸 이 고장 문학청년들의 작품 경연장이었다. 창립 동인은 박봉우, 박성룡, 강태열, 김정옥, 장병희, 정현웅, 주명영, 이일인데 후에 손광은, 이성부 등이 가담했다. 당시에 이들은 거의가 박흡, 이동주, 이수복 등에 이어 중앙 무대에 진출한 정예들이기도 했다. 이들 활동은 상대적으로 『현대문학』 등에 호남의 질박한 전라도 방언을 많이 쓴 오유권과 여성지 등에 섬세한 갈등 양상을 자주 발표하던 최미나 등의 소설 작단 활동과는 대조적으로 시 문단의 활성화를 이루었다.

또한 여기에서 참고할 바로, 광주-전남문단이 한국문학 전반에 걸쳐 이룩한 업적 두 가지는 특기할 사항이다. 1930년대 당시에 현대 시론과 창작을 겸비한 데다 서울의 주류 문단에서 손수 『시문학』 등의 중요 문예지를 관장한 용아 박용철(광주)이 한반도 전역에 순수 본격문학 시대를 열었다는 문학사적 공적(功績)이 그 하나이다. 또 다른 하나는 1950년대 전반의 한국전란 당시 김현승 시인을 비롯한 이 고장 문인들이 광주에서 펴낸 『신문학』과 목포에서 낸 『시정신』이 한국문단의 보루로서 공백기를 메우는 역할을 맡아냈다는 사실이다.

그리고 우리 고장의 문단은 대개 2, 30년 주기로 성쇠부침(盛衰浮沈)하는 굴곡 현상을 보이는데 오히려 위기의 혼란 속에서 남다르게 거듭나서 문단이 활성화된 점도 확인된다. 일제강점기 상황에서 남북한 각 지역이 다 함께 전쟁의 소용돌이를 거쳤음에도 광주―전남은 많은 문예지와 동인지를 잇달아 냈다. 그리고 숱한 어려움을 이겨내며 중 · 고 · 대학생들이 문학 서클을 열며 습작을 계속해왔다. 그 결과 휴전 이후인 1950년대에 중앙지에서 행한 신춘문예의 거의 전 장르를 석권(席卷)하기에 이르렀다. 그들 당선자와 문예지의 추천 및 신인상으로 등단한 문인들은 한국문단의 중심으로 활동하였다. 박봉우, 권일송, 오유권, 천승세, 차범석, 김포천, 최일수, 장백일 등이다.

여기에서 유의할 점들로서는 다음 몇 가지를 들 수 있다. 우리 고장 문단은 역시 외적인 도전을 받는 위기에 더 활성화되었는데 그 매개체로는 꾸준하고 열정적인 동인지 활동이 뒷받침된 것이었다. 그 성과 많기로는 평소 문단의 선두에서 인재들을 알뜰하게 지도해낸 목포의 김우진(金祐鎭)을 위시한 박화성(朴花城, 1904~1988), 차범석(車凡錫, 1924~2006) 등이 활약한 산문 분야에 많은 인재를 배출한 목포가 단연 두드러진다. 그 가운데 일찍이 중앙문단에 작가로 등단하여 작품 활동을 해온 박화성도 사실은 같은 지방의 7년 선배로서 동경 유학생인 김우진을 통해서 영어와 근대 서구 문학 세례를 받은 사실도 참고된다. 그것은 동향에서 20년 연상의 박화성 작가의 감화를 받으며 1950년대에 중앙문단에 등단한 차범석 작가 역시 마찬가지다.

또한 신문학 초기인 1920년대 전반의 김우진과 1950년대 이후의 차범석 경우처럼 어느 분포보다 적은 극문학 분야의 대표적인 두 인재를 목포에서 탄생시킨 사실은 주목된다. 물론 맨 먼저 척박한 문화의 텃밭을 개간하여 어렵사리 신문학을 움틔워 실하게 열매 맺던 김우진은 이미 1920년대 중엽 당시에 우듬지가 꺾인 채로 우리 문단에 거목으로 상존하고 있다. 그리고 오랜 기간에 걸친 작품 창작으로 뒤따르던 박화성과 차범석 등은 그 터전의 문학 나무에 화려하게 꽃피우고 튼실한 열매를 맺어 우리 문단에 이바지한 셈이다.

이에 견주어 광주의 경우는 목포보다는 그 연대가 늦은 대로 1930년대 서울서의 박용철(1904~1938)이나 김현승(1913~1975) 등의 역할에 힘입어 전통적인 시가문학의 고장답게 시 분야 인재 배출이 눈에 띈다. 그리고 분명한 점 한 가지는 남도 여러 지방의 꾸준하고 왕성한 문예 활동에 비해서 오히려 조건 좋은 광주가 뒤떨어져왔다는 사실이다. 여러모로 광주는 문예작품의 원산지이기보다는 각 인접 고을에서 올라온 다양한 문학 인재들이나 그들 작품을 모으고 연결하는 집산지 역할을 한 요소가 짙다.

이들 목포와 광주의 문단 인재 배출 분포에 비해서 최근 문학 특구로 지정된 장흥군 경우도 참고될 만하다. 시골에 위치해 있는 농어촌 지역인데도 여러 문인들을 다수 배출하고 있는 것이다. 특히 이청준, 송기숙, 한승원 등에 이르는 소설 장르 중심으로 한 대형 작가군의 등단 현황은 관심을 모은다. 조선조에「관서별곡」으로 가사문학을 연 백광홍의 영향만은 아닐 터이므로 새 모델로서 접근해볼 대상이 됨직하다. 이 문제는 앞으로 바야흐로 글로벌 문학 시대에 대응해서 지역문단과 향토문학 육성책 모색에 참고할 사안이기도 하다.

3. 김우진 재평가와 연구의 자리매김

　이상에서 개화기 이후 신문학이 형성된 한국 문학사상의 중앙문단과 남도문단의 관계를 보다 구체적으로 조명한 것은 그 분포와 역학 관계를 거시적으로 파악해보면서 목포문단과 더불어 중심 문인인 김우진의 위치를 종횡으로 보다 넓게 가늠해 보기 위해서이다.

　그런데 위와 같은 한반도의 문학적 지형도를 살펴보면 김우진을 비롯해서 남도 출신 문인들은 신문학 초창기 주류 문단에서 타 지역에 비해 철저하게 소외된 처지였다. 그것은 아무래도 지정학적으로 거리를 두고 있는데다가 문화 교류가 원활하지 못한 때문일 터이다. 그 대신 초기에 해당하는 동시대에 걸쳐서 개인적으로 뛰어난 근대문학의 전문성을 지닌 일부 동경 유학생들은 오히려 변두리서 중요한 역할을 해왔다. 주류 문단 밖의 유학생 잡지나 신문 등을 통한 활약에 힘입어 각 분야를 대표할 만큼 주요한 위치를 차지해온 게 사실이다.

　1920년대 초엽에 서구 문예이론이나 창작에서 희곡의 선구자인 수산(水山) 또는 초성(焦星) 김우진이 그 대표적인 인물이다. 알려진 대로 구한말 당시 장성군수로 있던 김성규(金星圭)의 장남으로서 그곳 관아에서 태어난 그는 부친이 손수 설립한 호남선우의숙이나 동산의숙(東山義塾)에서 신식 교육을 받고 11세 때 가족을 따라 목포로 이사 와서 지냈다. 목포 공립심상학교를 졸업하고 일본 구마모토(熊本)농업학교로 가 공부하고는 졸업 후에 가업을 맡아서 농업을 경영하라는 부친의 뜻을 거역한 나머지 와세다대 영문과에 진학했다. 거기에서 구미 이론을 섭렵하며 재학 중 1920년에는 손수 극예술협회를 결성하고 이듬해에 순회연극단을 주도하여 적극적인 연극 운동을 펼쳤다. 김우진은 서울의 또래들이 어설픈 문예 동인 활동을 하는 동안에 표현주의나 서양의 정통적인 최신 희곡론을 익히고 올바른 평론과 실험적인 창작도 겸했던 것이다.

김우진은 일찍이 한시, 일문시를 포함해서 50여 편의 습작시와 습작품인 「공상문학」(1913) 등의 소설 세 편 외로 수필, 일기 등에 이르도록 많은 유고를 남겼고 일부는 당시 신문이나 잡지 등에 활자화했다. 그리고 「소위 근대극에 대하여」(『학지광』, 1921), 「'조선(朝鮮) 말 없는 조선문단'에 일언(一言)」(『중외일보[中外日報]』, 1922.4.14) 등, 여러 논문들과 평론들을 써냈다. 특히 목포를 배경 삼고 자전적이거나 표현주의적인 실험성을 지닌 다섯 편의 희곡 — 〈정오(正午)〉, 〈이영녀(李永女)〉, 〈난파(難破)〉, 〈두데기 시인(詩人)의 환멸(幻滅)〉(『학조[學潮]』, 1926.6 창간호), 〈산(山)돼지〉 등은 여러모로 깊은 연구 대상이 되고 있다.

더욱이 이런 김우진 작품에 대하여 평가한 유민영의 견해는 시사하는 바 많다.

> 이상 못지않을 만큼 시대를 앞서 갔던 그는 몇 편의 비평문과 희곡 작품을 통해 당시 우리 문화가 가야 할 방향을 정확히 제시하고, 근대극이 혁파해야 할 문제점도 투명하게 지적한 바 있다. (…)
> 분명히 그의 희곡은 당시의 문예 수준으로 볼 때 수십 년 앞섰고 따라서 근대 연극사의 폭과 깊이를 더해 준 경우였다고 하겠다.[2]

신문학 초기 당시에는 중앙문단에서 소외된 채 주변부에 밀려나 있던 김우진은 선구적인 혜안과 진지성으로 인해서 오히려 뒤늦게까지 제대로 빛을 발휘하고 있는 편이다. 그것은 특별한 김우진의 죽음으로 인한 세속의 선입견 탓으로 문학사에서마저 버려져 있던 가치의 실체를 발견한 몇 사람의 노력에 의해 뒤늦게 제값을 인정받게 된 결과이다. 먼저 1966년 들어 이두현이 『한국신극사연구』를 통해서 김우진을 신극 운동의 선구자로 들은 데 이어 1971년에 유민영이 논문 「초성 김우진 연구」 등으로 기존

---

2) 유민영, 『한국근대연극사』, 단국대학교 출판부, 1996, 676쪽, 717쪽.

자료를 섭렵하여 새롭게 접근하고 1980년대에 와서 서연호는 여러 유고들을 활용하여 『극작가 김우진론』 등의 논문들을 낸 것이다. 김우진은 그야말로 인생은 짧고 예술은 길다는 명제를 실증한 문인으로 환생했다.

더욱이 1983년에는 김우진 작가의 유족에 의한 자료집인 『김우진전집』 두 권이 출판되면서 이후에 본격적인 연구도 활성화되었다. 수십여 편에 달하는 석사학위 논문은 물론 1990년대 이후에는 김성희(1991)의 「김우진, 유치진 희곡의 기호학적 연구」에 이어 이은경(숙명여대, 1995), 손필영(국민대, 1999), 김성진(중앙대, 2000), 윤진현(인하대, 2002) 등에 의해 박사학위 논문이 발표되었다. 1998년에는 1937년에 편찬된 김성규 중심의 『초정집(草亭集)』이 출간되었고, 2000년에는 『김우진전집』(1~3권)이 출간되어 새 자료로 활용되었음은 물론이다. 이런 연구와 함께 근래 출간된 『현대희곡문학사』, 『한국근대연극사』 등의 장르별 문학사나 『한국현대문학사』, 『한국문학통사』 등의 통합 문학사에 김우진 항목이 제대로 반영되고 있는 편이다. 그리고 2008년에는 김우진연구회(회장 한옥근, 총무 김성진)도 발족하여 자리잡아가고 있는 중이다.

위에서 필자는 문단 선후배 여러분과 더불어 일찍이 한국 신문학에서 극문학을 선도한 이 고장 출신 김우진의 문학과 문단사 내지 문학사적 위상을 살펴보았다. 아울러 광주-전남문단의 지방문학적인 중요성과 이를 통해서 우리 문단의 문학사 지형도를 점검해보고 내일을 위한 소견을 펴보았다. 그리하여 신문학 이래 100여 개의 나이테를 새겨온 한국 현대문학사에서 우리 향토문학의 자화상과 더불어 앞으로 나갈 방향을 논의해보았다. 아무쪼록 경향 각지의 일선에서 노력하며 바람직한 문단을 전향적으로 이루어가는 여러분께 다소의 참고가 되었으면 한다.

*이 글은 '제3회 김우진문학제'(2010년)에서 발표된 기조발제문임.

김우진의 비평 담론과 연극비평론의 실체

민 병 욱

1. 문제의 제기

지금까지 김우진에 관한 선행 연구들은 희곡 문학에 대부분 집중되어 있는 반면, 그의 연극론에 관해서는 거의 지나치고 있다. 더구나 연극론에 관한 선행 연구들도 그의 희곡 작품을 이해하기 위한 전제로서 연극관을 다루고 있거나, 연극사 서술 방법론을 모색하기 위해서 다루고 있거나, 1920년대 전반기 근대 연극(운동)론이나 연극비평사의 일부분으로 다루고 있을 뿐이다.

이에 본고는 1920년대 전반기 연극계에서 가장 주도적인 역할을 담당한 김우진의 비평 담론과 연극비평을 대상으로 그의 세계관, 연극(운동) 이론 체계, 그 실천 전략 등을 밝혀보고자 한다.

2. 부르주아 개인주의적 세계관과 하위 범주

1) 증거물로서의 가치 갈등

김우진의 문학과 삶에 대한 선행 연구들에 있어서 가장 중요한 해석의 준거틀은 그가 설정한 '창작의 테마의 범위'이다. 그 범위는 요약한다면, ① 계급에 대한 자각과 고뇌, ② 우리 주위 모든 가치의 논리적 전환과 이에 따른 우리 생활의 변혁, ③ 여성의 경제적 사회적 문제, ④ 이러한 테마들 속에서 우러나는, 반드시 상대적 생활 속에서 관념 속에 나타나는 모든 이념적 테마이다. 이러한 창작의 테마를 설정하면서 첫째, '나의 일 개인의 선택으로 정해본 것'이라는 의미에서 그 선택에 관여한 것이 그의 세계관임을 명백히 하고 있으며, 둘째, '창작품을 내 속생활에 결정이란 뜻'으로 정의하고 있듯이 창작은 자신이 가지고 있는 특정한 이데올로기적 양식임을 명확하게 나타내고 있다. 이러한 '창작의 테마의 범위'에서 우선 주목할 수 있는 것은 '테마'나 '테마의 범위' 자체보다도 그것들의 관념적 토대이다.

> 인생철학, 생명, 죽음, 神, 理想 등, 이것은 필경하건데, 前記 諸테마(계급에 대한 자각과 고뇌·모든 가치의 논리적 전환·여성의 경제적 사회적 문제: 인용자) 속에서 우러나는 테마외다. 다만 주의하여야 할 것은, 내가 여러분에게 권고하려는 것은, 이런 모든 이념적 테마는 절대적이 아니라, 반드시 상대적 생활 위에서 우리의 관념 속에 나타나는 것이라는 점이외다. 불교에서 「眼識」[생각]과 「心識」[정신]의 관계를 말하여, 후자는 전자를 제약한다는 등, 혹은 이데아는 transcendentals라는 등의 세계를 우리는 버려야 합니다. 왜 그런고 하니, 그러한 超越的, 절대적 생각도 역시 우리와 동일한 耳目口鼻를 가진 인간의 머리 속에서 나타난 것인 까닭이외다. 하늘에서 신이 졸지에 뚝 떨어뜨린 것이 아니요. 사람 생명이 몇 십 년 가면 죽는 것 같이 그런 절대적 생각도 몇 백 리 안가서 잊으면 4분의 1세기 못 되

어서 시들어집니다. 끝까지 자유롭게 창작합시다. 철저하게 창작합시다. 많이 창작하면 나오게 됩니다. 땀 흘립시다.

그의 이러한 발언은 '절대적이 아니라 상대적 생활'이라는 상대주의와 '초월적, 절대적 생각도 우리의 관념 속에 나타나며, 이데아도 초월적인 것이 아니라 인간의 머릿속에 나타나는' 주관적 관념론의 견지에 있다.

상대주의가 인간 인식의 상대성과 가치의 역사성을 주장하여 초인간적 가치의 원천을 부정하고 있다면, 주관적 관념론은 일체의 사물을 개인의 주관적인 관념으로 이해하여 그러한 주관이나 의식을 초개인적 가치의 원천으로 여기고 있다. 상대주의와 주관적 관념론은 이러한 의미에서 초개인적 가치의 존재에 있어 서로 대립적인 이념이다. 따라서 그는 초개인적 가치와 가치의 역사성 사이의 가치 갈등을 가지고 있다(그의 이러한 가치 갈등은 그의 전기적 정보에서도 확인될 수 있을 것 같다).

그의 이러한 갈등은 자신이 속해 있었던 집단의 하부구조(계급적 토대)와 자신의 행동을 뒷받침하고 있는 상부구조(의식) 사이의 갈등이라고 할 수 있다. 그 갈등은 그의 경제적 물질적 토대와 관념 간의 대립에 의해서 형성된 것이며, 그는 초개인적 가치와 가치의 역사성에 대한 상호 모순적인 이념을 가지고 있다.

2) 결정론과 반결정론의 양가성

그렇다면 그의 상호 모순적인 이념은 어떻게 범주화되고 있는가? 그가 '난설난설(難說亂說)이 많이 있는' 자유의지에 대해 자기의 견해를 밝히는 자리에서 명증하게 드러난다.

개인의 집단인 민중이나 사회에서도 인과율이 지배한다. 민중심리가 그러고 사회의식이 그렇다. 역사란 인과율의 간단없는 반복이다. 사회제도의 변천이 그렇다.(…) 그런데 인과율의 지배를 아니 당하는 현실이 한 가지 있다. (…) 이것이 생물인즉 생물 중에서 제일 영장이라는 인간 속에 제일 강렬하게 이 현실이 있다. (…) 이것은 자유의지다. 살려는 맹목적, 결정적, 숙명적인 자유의지다. 아무것도 지배할 수 없고 아무 힘도 결박하거나 죽이지 못할 생명의 힘이다.

국민적 비극의 출처는 계급적 우매에서 생긴 것이나, 개인적 비극은 더구나 자기 속에서 생기는 것임.

그는 개인에 대해서는 의식적-심리적인 것으로, 개인의 집단인 민중, 역사, 사회, 국민에 대해서는 계급적인(사회구조적인) 것으로 설명한다. 곧 그는 개인의 자유의지에 대한 반결정론을, 민중심리, 사회의식에 대한 결정론을 함께 가지고 있음을 알 수 있다. 그의 이러한 서로 모순, 대립되는 의식은 첫째, 개인의 자유의지를 통해서 삶의 사실들 간의 인과관계를 거부하고 세계를 무질서한 그 자체로 드러내려는 것이며 둘째, 민중심리와 사회의식을 통해서 삶의 사실들 간의 인과관계를 세우고 당위적인 것을 재발견하려는 목적 지향적인 것이다.

3) 개인적 자발성과 역사적 결정성

자유의지/민중심리, 사회의식에 대한 그의 양가적 태도의 실체는 무엇인가?

우선 사람이 進化라는 궤도를 밟는 것은 이것이 있기 때문이라고 말해두자. 하느님이 만일 있다면 이 불완전한 인간을 만든 불만을 이 한 가지로 갚을 수 있을 것이다. 그런데 인간이란 역시 불완전하니까 이것을 천시하고 경시하고 혹은 악마시하고 타계시할 뿐 아니라 심지어 이것의 존재를 마비시키려 든다. "신은 네 속에 있다."하고 옛사람은 말했다. 이것이야말로, 자유의지야말로 참의 神이다. 불완전한 인간의 본체이다. 이것은 사람 자신이 가진 것이 행인지 불행인지 복인지 화인지를 모르겠다. 그러나 숙명이며 正體다. 이것을 이용하고 배양시키는 것 외에 무슨 삶이랴.

역사는 필연이고 결정이고 과정을 가진 軌路이다.

Locke나 Hume 아니고도 인생은 功利인 것은 확실하다. 그러나 우주는 異常이다. 공리를 벗어난 혼의 기적이다. 유물론의 공적은 공리에 있다. 그러나 공리 이상의 세계가 근본적으로 있는 것을 잊지 마라!

그는 자유의지가, 완전한 하느님과 참의 신처럼, 불완전한 사람에게 있어서 참되고 완전히 절대적인 가치임을 전제로 하면서 '인간의 본체, 숙명, 정체'라고 주장함으로써 개인의 자발성을 인식한다.

반면 그는 역사, 인생 등에 대해는 '필연, 결정, 인과법칙, 공리, 대립, 본상, 진리' 등으로 설명함으로써 역사적 결정성을 인식하고 있다.

따라서 그는 개인의 자유의지에 대해서 반결정론적 관점을, 역사와 사회 등에 대해서만 결정론적 관점을 가지고 있다.

4) 극단적인 주관론적 현실 인식

그가 개인적 자발성과 역사적 결정성을 동시에 인식하고 있다는 것은 절대적 위치에 있는 개인과 상대적 위치에 있는 사회 · 역사 사이에 필연적으로 대립, 갈등이 일어날 것임을 이미 예견하고 있는 태도이기도 하다.

개인의 생의 힘은 영원하다. 그러나 사회의 법칙은 한번 있게 되면 그대로 존속하여 가려고 한다. 여기에서 개인과 사회의 충돌은 필연적으로 일어난다. 우리는 사회주의니 四海同胞니 민주주의니 하지만 거기에서 개인의 사회에 대한 반항을 보아야 한다.

그의 이러한 발언은 궁극적으로 사회나 현실이 개인의 자유의지를 실현하는데 장애가 되고 있음을 전제로 하고 있다.

그렇다면 그가 삶이나 인생을 포괄하고 있는 현실을 어떻게 인식하고 있는지가 문제시된다. 그는 '독일인 처지와 비슷한 우리 생활'이라고 하여, 조선의 현실을 이해하는 준거 모델로서, 표현주의 희곡의 발생 토대가 된 '제1차 대전 후의 독일'을 예로 든다.

> 그러니까 저만큼이나 전쟁, 즉 帝國主義, 자본주의, 살육, 鐵槌, 饑餓, 개인과 사회, 민중과 압박자의 딜레마, 거기에 因하여 나오는 모든 쓰림과 아픔을 맛보는 독일인에게 만일 힘이 없었다면, 「생각」이 없었다면 표현주의 희곡이라는―이것이야 말로 미증유한…새 인생의 국면이 출현할리는 만무했을 것이외다.

그가 '독일' 모델을 이해하는 방식은 독일 사회의 전체적 구조(즉, 제국주의, 자본주의, 개인과 사회, 민중과 압박자의 딜레마)라기보다는 이러한 구조에 의해서 형성된 독일인의 의식이나 정서(즉, 쓰림과 아픔)이다. 그의 이러한 이행방식은 '독일' 모델에 대한 사회구조적 관점이 아니라 관념론적 관점이다.

> 그러나 우리 사는 곳이 지옥도 아닌 것은 사실이다. 꽃도 피고 하늘도 맑고 내가 흐르고 여성이 어여쁘고 사랑이 있고 성공이 있고 安樂이 있는 것을 보면 이것이 지옥도 아닌 것이 분명하다. 이것이 永遠에서 불어오는 그 어느 것도 잡을 수 없는 현실의 바람결이다. 우리는 그 전날을 모르거든 하물며 내일을 어떻게 알랴. (…)
> 지옥과 천당 사이에 있는 이 현실, 영원에서 영원으로 불어 가는 바람! 이 바람, 이 현실의 경우 어느 때에는 순하기도 하였지만 오늘은 매우 惡하고

거칠고 세고 쓰리다. 어느 때에란 것보다도 더 자세히 비면 순한 겨를이 없다고 해도 좋다. 쾌락은 순간이고 고뇌는 영원하다고 한다.

'지옥과 천당 사이에 있는 이 현실'은 그 자체의 구조에 의해서 '지옥과 천당 사이에 있는' 것이 아니라 '어느 때의 의식과 봄'에 의해서 그 사이에 있다는 것이다. 현실은 현실 속에서 살아가는 사람의 의식과 심리에 의해 결정된다.

현실에 대한 그의 이러한 태도는 현실의 변혁이 현실 자체의 내재적 조건에 의해서가 아니라 사람의 '요구·열망의 정도'에 의해서 가능하다고 인식하는 것에 다르지 않다. 그는, "역사적으로 현실 변혁에 의해 유토피아를 요구하는 것은 그 당대의 필연적인 사실에 기인하고 있지만", "조선이 지금 요구하는 것은 생명력"이라고 주장한다.

> 생명의 지침은 의식이다.「생명의 의식」은 세계의 파괴요 또는 창조다. 그러니까 개조라는, 개혁이라는 말 위에 머물러 서지 말라.
> 「생명의 의식」, 나는 이것에 희망을 둔다. 적어도 우리는 이곳에 운명의 전환을 보아야 한다.

그의 이러한 발언은, 의식이 자연현상과 세계의 창조를 결정짓는 것이며, 현실 자체의 개조나 개혁을 현실에 대한 의식의 변화로 이해하는 극단적인 주관론적 현실 인식이다. 극단적인 주관론적 현실 인식은 현실의 구조적 현상이나 객관적 현상을 인간의 의식, 의식적 결정 능력, 자연적 재앙 등 개인의 심리적 수준과 자연의 임의적 수준으로 해석하는 것이다. 그가 '정치적 운동도 쓸데없다'고 하거나, '정치적 자유보다도 영혼의 자유를 구함에 경청'하거나, '인간의 행동—모든 현실화는 반드시 의식적 감촉에서 결과된다'고 하는 것도 이러한 문맥에 있다.

5) 형이상학적 도피로서의 예술

그렇다면, 그에게 있어서 현실에 대한 의식을 변화시킬 수 있는 것이 무엇인지, 어떻게 변화될 수 있으며 되어야 하는지가 문제된다. 그는 우선 시를 '온갖 것, 온갖 것을 할 힘이 있다'고 여기면서 문화와 예술에 대해서도 다음과 같이 말한다.

> 인생은 살아가는 물질이고 과학이다. 예술은 靈이고 정신이고 순정이고 또 철학이다. 육체와 영혼이 개인을 성립시키듯이, 인생없는 예술도 예술없는 인생처럼 허수아비□□□□□□답지 않음을 면치 못한다. 그렇다면 예술이 자신 독립의 의미를 가진 인생의 全局으로서의 예술다운 후에 비로소 의미를 생산한다. 그래서 인생은 예술인 것임.

> 신진대사는 육체의 갱신을 의미하면, 文藝는 정신의 갱신을 취급한다. 양자에게 대한 갱신의 의미의 중요한 것은 동일하다. 문예와 사명은 무의식적으로 그 자신의 존재에 있는 것이 아니오, 의식적으로 정신의 갱신을 의미한다. 하지만 잊지마라, 문예는 동시에 정신적 활동의 환희의 하나이다.

그는 인생에 대한 문화의 기능 및 예술의 기능과 그 상관관계를 물음으로써 문화예술과 인간, 인간의 삶 간에 맺고 있는 의미 연관을 중심으로 문화예술의 기능 방식을 묻고 있다. 이것은 문화·예술에 대한 그의 기본적 사유 형태가 무엇이 아니라 어떻게에 초점을 두는 기능주의적 문화 전략의 양식이라는 것이다.

아울러 "문예는 정신의 갱생"이라는 발언을 "인생은 예술을 모방한다", "예술의 생활화보다 생활의 예술화가 나의 근본이다"라는 발언과 연관하여 본다면, 그는 문화예술을 인간 생활을 변화시키는 학습이며 프로그램 혹은 도구적 존재로 인식하고 있다. 도구적 존재로서 문화예술은 '정신의 갱신'과 같이 현실 변혁이 아니라 의식 개선, 개량이다.

이로써 볼 때, 그가 제기하는 것은 사실 문제가 아니라 정당성 문제이며 그 정당성을 준거로 하여 조선문단을 다음과 같이 분류, 비판하고 결론을 내린다.

분류	가치·신념 체계	작가·작품	비판 (1. 언어 레프터리 2. 명제)
육체 없는 정신을 믿는 고답파	문예의 영원성 무경향, 무주의, 무파의 문학과 삶 인간의 영원성과 초월성	이광수의 「무정」, 「개척자」, 「혈서」 김동인의 〈감자〉, 「전화」	1. 쁘띠 부르주아지·서울 중류계급·값싼 눈물·호기심·계몽적·안이한 인도주의·평범·생활의 단편·고고학자와 풍속연구자의 자료, 필연성, 상대성, 비영원성 2. 문학의 효과를 生할 수 있는 문학·작자와 작품을 지배하는 주형으로서의 경향주의자
회색 문예 작가	계급의 존재와 계급투쟁에의 믿음 문예의 제2차성	(실례가 없음)	1. 불철저한 현실 의식·스켑틱한 소질·배회 방향·어떤 의혹과 가치 없는 도피·겁쟁이·하우·알고 못 믿으며 못 행하는 태도 2. 의식적으로 아는 것이 참 앎이다. 인간의 행동─모든 현실화는 반드시 의식적 감촉에서 결과된다.
계급 문학론자들	자유·파괴·혁명에 대한 믿음	「전투」, 「붉은 쥐」	1. 불소화한·추상론·개념상·개념적·의식마비·기교·달착·지근한 묘사·몽롱한 설명체의 묘사 2. 모든 예술에 있어서 기교나 형식은 절대적인 것이 아니라 중대한 것이다.

위의 표에서, 정당성의 준거틀을 비영원성, 상대성, 필연성 및 (계급 및 현실)의식, 내용, 형식, 기교 그리고 효과, 경향, 주의파 등으로 설정함으로써 그는 미학적 신비화의 경향에 대한 비판적 인식과 문예의 정치적 가치 및 미적 가치에 대한 서열적 인식을 통하여 문예의 사회적 경향성과 기능론적 효용성에 대한 믿음을 가지고 있음을 알 수 있다.

그 믿음을, 그는 '비평가의 출현'으로 실현하려 한다.

비평가를 부르는 요구는 특별히 오늘 朝鮮文壇에서, 우리 사회에서 필요하다. (…) 그러나 어떤 이는 비평가의 출현을 그다지 바라지 않는 이가 있다. 그이의 安心은 대세의 필연적 진행에 두는 것 같다. 진실한 비평가가 민중의 代言者가 되며, 프롬트퍼가 되는 데는 결국 그 사회와 민중의 「生의 힘」 문제에 있다는 이유다. (…) 한편으로 자연적, 社會相 進化의 경로를 믿는 소극적 태도보다도 프로메테우스의 반벌력과 생명력과 의욕력이 더 인생과 사회에 가치가 있다. 민중은 가만히 있지 못한다. 자극과 고무를 바란다. 여기서 힘이 난다. 집과 하늘과 수목과 산천을 태워 버리지 아니하면 못 놓는 기개가 생긴다.

그가 비평가를 민중의식, 계급투쟁의 지도자, 선봉자로서 지식계급에 설정함으로써, 민중의 중심 역할을 주변화시키거나 무시하고 있는 낭만적 엘리트 의식을 보여준다. 그 의식은 예술에 있어서 미학적 신비화를 비판하면서도 '예술은 영원히 있다. 온갖 물질의 모든 힘도, 영혼의 창조에까지 미치지 못하니까' 하여 예술적 힘에 믿음을 보여주는 것으로, 조선의 새 예술과 근대극의 이상을 '영혼의 해방과 구제'에 두고 있는 것으로, "俗流는 시를 嘲한다 하여도 나는 시인이 될 것을 바란다. 불만족, 증오한 현실을 避逃하여 나의 갈 바는 이 환각의 세계뿐이다."라고 표현한다. 따라서 그에게 예술은 현실로부터의 형이상학적 도피를 매개하는 이데올로기적 양식이다.

3. 이념극 운동론과 공리주의 미학

1) 낭만적 엘리트 의식과 신파극 관객 집단의 비판

부르주아 개인주의적 세계관 아래서 그의 연극비평은 어떻게 구체화되는가?

그는 먼저 동시대 신파극 운동을 포함한 연극계를 비판한다. 그는 동시대 연극계가 유희 상태이며, 그 원인으로 '연극계에 관련된 전문 연극인들의 결함'을 들면서도 가장 큰 원인으로는 신파극 관객 집단을 들고 있다. 그는 '극장과 희곡가와 관중을 불가리할 세 솥발', 그중 가장 중요한 요소를 관중으로 보면서 다음과 같이 비판한다.

> 오늘 관극하는... 이들은 그 대부분이 기생연주회나 신파극이나 남사당패 노름이나 또는 창루에 가는 호남자들, 한량꾼, 외입장이들, 호사기분으로 행동하는 소위 향락주의자들... 그러한 이와 동일 레벨에서 일보도 더 나아가지 못하는 군중들이다... 오늘 이 관중을 그대로 앞에 두고 무대를 공개한다면 그것은 극히 무의미한 일이 되거나...

> 무지한 속중- 그들은 다만 연극뿐 아니라 모든 문화적 시설과 가치 있는 인류활동의 대적이다... 아무리 다수한 속중일지라도, 귀중한 인류의 영혼의 창조를 희생할 수 없다. 모든 문화사는 영웅, 천재의 속중에 대한 승리자의 기록에 불과하다.

그는 '영혼의 창조'를 '영웅, 천재/신파극 관객'으로 옹호/비판하면서 신파극 관객을 '무지한 속중'으로 규정하고 있다. 그의 이러한 태도는 신파극 공연에 관련된 사회문화적 연극미학적 근본 원인에 대해서는 오히려 침묵하고 은폐함으로써 '무지한 속중'의 신파극 참여와 이로 인하여 파생되는 부정적, 퇴폐적 현상만을 더욱더 비판할 뿐이다. 뿐만 아니라 '신파극 관객'의 부정적인 현상만을 비판함으로써 그는 무지한 속중에 대한 예술적 천재, 곧 지식인 계급만이 연극을 비롯한 '가치 있는 인류 활동'에 대한 새로운 전망을 열 수밖에 없다는 논법을 더욱더 강화할 수 있게 된다.

따라서 신파극 관객에 대한 그의 태도는 지식인 계급을 연극을 비롯한 가치 있는 인류 활동의 주체 세력으로 설정하고 대중의 역할을 주변화하거나 무시하고 있는 낭만적 엘리트 의식을 내재하고 있다.

2) 형이상학적 도피로서의 이념극 운동

낭만적 엘리트 의식의 시각으로 동시대 신파극계를 비판한다면, 그에게 관객의 대립적인 지점에는 각본의 사활이 자리잡고 있으며, 근대 신극에 있어서는 작가와 작가 정신, 곧 연출가와 극작가 및 그 정신이 위치하고 있다는 것이다.

> 소위 신극운동이 일어나기 전에는 배우 중심이 세어졌다. 관객은 희곡 그것을 보러 가는 것이 아니고 그것에 출연하는 주역, 즉 화형배우를 보러 갔었다... 각본의 사활은 문제가 되지 않고 주역 그 사람의 성공에만 가치와 표준을 두었었다... 따라서 이 속성의 예술에 대해서 특별한 전문적 지식이나 고려가 필요치 않았다. 그러나 근대극에 와서는 작가가 배우의 상위에 서게 되어 그 작가의 정신을 살리기 위해서만 배우가 있고 장치가 있고, 효과가 있고 배광과 음악이 있게 되었다.

> 우리의 극작 활동은 실상인즉 독일사람 모양으로 세계 대전 전부터 나타나야 하였을 것입니다... 괴이한 자위적인 몇 개 작품 외에 없었고... 소위 신사상, 신문예란 것이 들어오긴 전혀 일본을 거쳐 들어왔습니다... 일본, 앵화국, 대화라는 그릇을 거쳐서 들어 온 조선예술가, 사상가, 주의자들은... 도국민성을 본 받아 천박 부화하고 불철저한 피상적 향락적 사상과 문예 밖에 안 나오게 됩니다... 헛된 향락주의, 피상적인 인도주의, 이상주의에 드러누워서 완농에 여념이 없습니다. 이런 정도로 나간다면 조선이란 참 가련하게 되겠습니다.

조선연극의 "극장과 희곡가와 관중의 세 솥발"에서 볼 때, 그는 근대 신극(운동)에 있어서 가장 선행되어야 할 것이 희곡작가의 영역임을 강조하게 된다. 그 영역은 "헛된 향락주의, 피상적인 인도주의, 이상주의의 배제"라는 범위로 한정하여 구체화한 결과, 그는 '창작의 테마의 범위'를 설정한다. 이렇게 '창작 테마의 범위'를 한정한 것은 그가 동시대 극작가들에게 어떤 특정한 이념을 미리 정하여 그것을 작품 속에 구현해야 한다는 창작방법론을 제시한 것이다. 이것은, 동시대 희곡 문학이 낡은 이념과 새로운 이념 간의 갈등을 극적 주제로 설정하면서 낡은 이념을 무효화시키고 새로운 이념을 제안하거나, 이에 따른 새로운 가치를 제시해야 한다는 것이다. 따라서 창작 테마의 범위를 통해서 그가 제창한 것은 이념극 운동이다.

그가 이념극 창작의 모델로 내세우는 것은 표현주의 희곡이다. '독일인 처지와 비슷한 우리 생활'이라고 전제하면서, '제1차 대전 후의 독일'을 실례로 들면서 그는 이념극 운동을 현실 자체의 내재적 조건에 의해서가 아니라 극작가 개인의 '요구, 열망의 정도'에 의해서 가능하다고 인식하며, 이념극의 발생 가능성을 동시대 사회구조에서 찾으려는 것이 아니라 동시대 극작가들의 개인적인 의식이나 의지에서 찾으려 하는 것이다. 따라서 그의 이념극 운동은 의식의 변화와 지적 쾌락을 궁극적인 목적으로 설정하고 있으며, 그 이면에는 의식의 변화를 통해서 동시대 조선 사회의 변화를 추구하려는 태도가 내재해 있다. 그에게 이념극 운동이란 현실로부터의 형이상학적 도피를 매개하는 이데올로기적 양식이다.

3) 전문성의 확보와 공리주의 미학

문제는 이념극 운동이 동시대 조선 대중들의 의식을 변화시키기 위해서 수행해야 할 그 실천 방안이 무엇인가 하는 것이다. 그는 '신극에 대한 정열의 일반화, 외국극과 창작극, 무대예술가의 양성, 소극 장식과 회원제'라는 항목으로 나누어서 이념극 운동의 구체적인 실천 방안을 제시하고 있는바, 이 항목들을 연극 공연이라는 기준으로 관객 집단과 전문 연극인 집단과 연극작품 및 극장의 문제로 재편성하면 다음과 같다.

첫째, 관객 집단의 문제는, "신극 운동의 실제화에 있어서 관중이라는 것을 제일 먼저 예상하여야 할 것이다."라고 언급한 것과 같이, 그가 가장 중요하게 다루는 문제이다. 동시대 신파극 관객에 대한 그의 태도는 이미 살펴본 바와 같으며, 관객 집단의 문제에 대하여 그가 제시하는 것은 '관중의 양성, 각성, 소환'이다. 그가 궁극적인 목표로 삼는 관중의 표준은 다음과 같다.

> 이런 치두의 민중(=향락주의자적인 관중)을 구수하고 신극운동의 기 아래서 같이 일하고 같이 자극하고 같이 힘 얻을 선구자가 되기를 바랄... 관중의 양성... 근대극이란 어떠한 경로를 가져 왔으며 오늘 우리의 처지로 앉아서 어떤 이상으로 우리가 창작하고 연출해야 할까를 같이 토구 선전할 동지의 단결에 불과하다.

에서 근대 신극 운동은 단순히 관극만을 하는 평범한 관객이 아니라 운동 주도 세력들과 함께 극의 창작과 연출 등을 논의할 수 있는 전문 연극학적 소양을 가진 전문적인 관객을 필요로 하고 있다. 그가 요구하는 관객 집단이란 연극적 수용 능력의 최대치를 가지고 있으면서 극적 생산 능력의 최대치까지 가지고 있는 전문적인 관객이다.

이러한 전문 관객 집단의 형성 방법을, 동시대 관객들이 대부분 사도로 들어간 관중이기 때문에, 그는 개별적인 관객 한 사람부터 시작하여 '회원제'를 만들어가야 한다고 본다. 그 결과 회원제가 이루어지면 그 회원들이 곧 극단을 만들어서 신극 운동의 성공을 가져올 것이라고 기대하는 것이다. 그는 프랑스와 독일의 자유무대 등등을 그 실례로 들면서 관객이 극단을 만들고 연극 운동의 주도 세력으로서의 역할까지 담당하리라고 믿는다. 이러한 믿음은 전문적인 관객 집단을 그가 주장한 연극 운동 주도 세력이 속해 있는 지식인 계급으로 이미 전제하고 있다는 것이다.

따라서 그는 전문적인 연극적 소양을 갖춘 지식인 계급을 이상적인 관객집단으로 상정하고 있다.

둘째, 전문 연극인 집단의 양성 문제인바, 전문 관객 집단의 양성은 그 집단을 훈육하고 함께 극적 활동에 참여하여야 하는 전문적인 연극인의 양성 문제로 이어진다. 그가 요구하는 연극인이란 "일평생 전업으로 심신을 받치고 예술가적 통찰과 불요불굴하는 기백을 구비한 이", "경리적 수완을 가진 동시에 예술적 천품을 구비한 사무적 예술가, 예술적 천부가 풍부한 무대 감독자"이다. 말하자면 그가 요구하는 연극인 집단은 연극 전문가이면서 예술적인 천재이다.

셋째, 예술적 천재에 의해서 공연되고 이상적인 관객이 관극해야 하는 연극 작품은 어떠한 작품은 어떤 극장에서 공연되어야 하는가? "신극 운동상 재래의 전통에서 얻을 아무것도 없는 황무지 벌판"이기 때문에 창작만, "우리 작가만 찾다가는 커지고 성할 것은 황무지 잡초"뿐이기 때문에, 그는 우선 '외국 선진 극단의 근대극'으로 시작하여 '창작극' 공연으로 나아가자고 제언한다. 아울러 극장도 '프랑스의 자유극장, 독일의 자유무대, 영국의 독립극장'과 같이 먼저 극단을 조직하여 근대극 운동을 전개하면서 근대극의 문화사적 의미를 배육할 공간을 마련하고자 하는 것이다.

첫째, 둘째, 셋째에서와 같이, 그가 제안한 이념극 운동의 실현 방법론은 지식인 계급을 중심으로 연극 전문 집단을 형성하자는 것이다. 그 전문 집단은 예술적 천재와 그 천재의 사명인 '영혼의 해방과 구제'를 실현할 수 있는 외국 선진 근대극과 그러한 극장 및 그 천재성을 최대한 수용할 능력을 갖춘 관객들로 만들어진 집단이다. 이러한 집단론의 결과, 그는 다음과 결론을 맺는다.

근대극은 결국은 인류의 영혼의 해방 구제를 사명으로 하여 교련있고 수완 있는 예술적 지배자의 극적 표현을 중심으로 하여, 또 사회적 민중의 교화와 오락을 목적으로 하여 인류의 공동생활에 공헌하는데 그 의미의 전적 존재를 인정할 수 있다.

에서 그는 동시대 조선사회의 특수한 현실을 제거하면서 '민중 교화와 오락'기능을 통하여 근대극이 '인류의 영혼과 공동 생활'에 이바지하여야 한다는 공리주의적 태도를 가지고 있다. 따라서 그가 제안한 근대극의 실현 방법은 공리주의적 미학의 이데올로기를 내재하고 있는 것이다.

지금까지 살펴본 바와 같이 김우진의 이념극 운동은 의식의 변화와 지적 쾌락을 궁극적인 목적으로 설정하고 지식계급에 기반을 둔 전문적인 연극 집단과 관객 집단을 그 주체 세력으로 상정하여 동시대 조선 사회의 특수한 현실과 그 현실 속에서의 대중의 사회적 역할을 부정하면서 현실로부터의 형이상학적 도피를 시도하는 공리주의적 미학의 이데올로기를 내재하고 있다.

4. 김우진의 연극비평사적 의의

김우진은 개인과 사회, 역사 사이에는 필연적인 대립 갈등이 존재함으로써 사회는 어떠한 방식으로든지 변화되어야 하며, 그 변화가 의식의 개선이나 개량이라는 부르주아 개인주의적 세계관을 가지고 있다.

그는 이러한 세계관 아래서 1919년 3·1운동의 사회문화적 충격에 대해서 신파극 운동론자들이 자기 옹호와 변명의 논리 속에 매몰되어 있을 때, 근대 신극(운동)론을 제창하여 조선 사회와 연극 간의 방향성을 주도하기 시작했다.

그는 동시대 사회 주체 세력으로서의 역할이 제거된 식민지 중산층으로, 3·1운동 이후 동시대 현실이 요구하는 반제운동과 반봉건운동을 문화운동으로 해결할 수 밖에 없는 계급적 한계를 가지고 있었다. 이에 서구 근대극 훈련을 받은 그는 연극의 현실 기능적 가치를 수용하여 조선 연극과 연극운동의 방향성을 가늠하고자 하였으며, 서구 근대극과 근대 운동론을 준거틀로 설정하여 개인과 민족의 의식 개혁이라는 이념을 그 방향으로 설정하였다.

이에 따라서 그는 이념극 운동을 명제로 하여 그 실천 전략으로 전문 연극인 집단과 전문 관객 집단의 형성 및 연극 전용 극장의 건립 등을 그 실현 방안으로 제시했다.

그러나 그가 '서로 사랑하는 마음으로, 서로 도와서 살아가려고 하는 뜻으로, 조선 민족'이라는 이름 아래서 민중 집단을 교화의 대상으로 삼지만, 민중 집단은 결코 근대적 가치를 전달하는 문화 운동—연극 운동의 주체로서 기능하지 못한다. 그가 기반으로 삼았던 관객 집단은 지식인 계급의 수준으로 향상되지도 못하고 언제나 '무지한 속중'으로 남아 있게 된다. 그 결과 그는 근대 신극(운동)론을 더욱더 관념론적인 문화이론으로 내성화하게 된다.

따라서 그는 전시대 신파극 운동을 비판하면서 전문 연극인 집단을 형성하여 연극 전문화와 근대 신극의 방향으로 나아갔지만 그의 죽음으로 그 방향은 끝까지 이어지지 못한다.

그가 떠난 후 아쉬운 것은 근대 신극(운동)론자들이 관객 집단을 연극의 주체로서 인식하지 못하여 KAPF 연극(운동)론자들에게 그 주도권을 넘기게 된다. 나아가서 근대 신극(운동)론자들은, KAPF 연극 운동이 일제에 의하여 좌절되자 그 이념적 맥락을 1930년대 극예술연구회에게 전승하게 된다.

---

* 본 발표문은 발표자의 논문 「김우진의 부르조아 개인주의적 세계관 연구(1)」(『어문교육논집』 10, 부산대학교 사범대학 국어교육과, 1988, 169~186쪽)과 「1920년

대 전반기 한국 근대신극운동론 연구」(『한국문학논총』16, 한국문학회, 275~309쪽)을 수정, 가필한 것임.

* 이 글은 '제1회 김우진문학제'(2008년)에서 발표된 논문임.

김수산은 왜 이광수류의 문학을 매장하고자 했는가

윤 진 현

1. 비평가 김수산

원봉 비평가?

그것은 될 듯 싶다. 현실의 가치와 새 의식을 찾으려고 애쓰는 점에서는.

영순 의심 중이오그려.

원봉 의심 중은 아니어도 내 본 길 전부는 아니다.[1]

    수산의 비평적 역량에 대해서 앞선 연구들은 이미 충분히 긍정적인 평가를 내려왔다. 그러나 여전히 비평가 수산의 면모를 일목요연하게 드러내는 데는 충분하지 않다. 이것은 어쩌면 "비평가라면 될 듯싶기는 하지만 그것이 자신의 길 전부는 아니"라고 생각했던 수산 자신의 입장 때문일지도 모른다. 그런 의미에서 수산의 비평만을, 그중에서 한 편만을 따

---

1) 김우진, 〈산돼지〉, 『김우진전집』Ⅱ, 연극과인간, 2000, 162쪽(이후 『전집』Ⅱ).

로 떼어 살핀다는 것이 다소는 소모적인 일일 수도 있다.

수산에게 비평가란 소크라테스, 루터, 예수, 공자, 볼테르, 루소, 마르크스, 간디와 같이 시대의 비평가여야 했으며 과거의 계급과 사회에 대하여 전투할 뿐만 아니라 일반 민중의 이해와 복리를 위해서 선도자가 되고 프롬프터가 되는 일대의 민중 의식, 계급투쟁의 지도자가 되어야 할 사람이었다. 그에게 '감상적 혹은 인상적 비평'은 전(前)세기의 제2류 비평가의 작업이면 족한 것이었다.

그리고 이조차도 수산에게 전부는 아니었다. 그는 '할 일을 일러주는 프롬프터'에 그치는 것이 아니라 '할 일을 해내는 창조자이며 실천자'여야 했기 때문이다. 이는 1926년 『시대일보』, 『조선일보』, 『조선지광』 등에 평론을 발표하며 중앙문단에서 관심을 모으던 그가 굳이 출분하여 자신이 포부를 갖고 쓴 첫 번째 작품으로 〈산돼지〉를 내놓는 정황으로 충분히 설명될 터이지만 이 같은 실천적 태도는 사실 예민하고 소극적인 그의 성격에도 불구하고 그의 오랜 신념에서 비롯된 것이었다.

예를 들면 사회적으로 의미 있는 최초의 발표 글은 1921년 『학지광』에 발표한 「소위 근대극에 대하여」였다. 그리고 이는 그가 행한 최초의 공개적 실천이라 할 수 있는 1921년 7~8월간의 동우회순회연극단 활동에 연속되어 있다. 1924년 귀향하여 일종의 적응기를 거친 후 그가 시도한 일은 오월동인회를 결성하고 기관지 『Société Mai』를 발간한 것이었다. 그리고 이 무렵 〈정오〉, 〈이영녀〉, 〈두데기 시인의 환멸〉 등이 씌어졌고 출분 후, 신극의 발전 방향을 구상한 「우리 신극운동의 첫 길」(『조선일보』, 1926.7~8)이 발표된 시기는 〈산돼지〉의 집필 시기와 일치하고 있다.

1924년 목포에서 가업을 돌보고 있는 수산에게 포석 조명희가 편지를 보낸다. 포석의 편지는 남아 있지 않지만 수산은 답장에서 자기 생활의 목표를 밝히고 있다.

만일 일후의 내의 프로그램을 좃차 생활해 나가면 몇 년 후엔 큰 시대적 −현대조선 불좌짐 청년, 인텔리겐찌아 계급의 청년의 내면 생활의 맥박을 다 집흘 줄 믿습니다. Strindberg가 30대 때의 Sweden 사회적 분위기를 맛본 것 갓흔 큰 걸작이 지금 일 소(小) 브르조아(bourgeoi) 가정 안에서 생활하는 내게 도라올 것이외다. 나는 숙명론자요, (후래로) 이 숙명을 버서나지 못할 줄 암니다마는 한가지, 이 how의 생활에서 내 가치를 낫해내고져 함니다. 요새 이 실상을 더욱이 알게 되엿습니다.[2]

집에서 재산이나 관리할 것이냐는 조명희의 질문이 있었음직한데 수산은 부르주아적인 실제 생활을 경험하고 여기에서 자신이 생각하는 '어떤(how)'의 생활을 실천하려고 했던 것이다. 그리고 일후의 자기 프로그램에 따라 생활해가다 보면 몇 년 후에는 현대 조선 부르주아 청년, 인텔리겐차계급 청년의 내면을 짚어내고 그려낼 수 있을 것으로 낙관하고 있다. 갓 귀향한 청년의 원대한 포부와 자신만만한 의욕이 선명하다.

그리고 이 계획의 첫 번째 외현이 바로 오월회의 결성이었던 것이다. 1925년 6월 수산은 『Société Mai』를 발간하기 시작하며, 목포 지역 청년회에 관심을 갖기도 하는 등 여러 가지 활동을 개시한다. 『Société Mai』는 1926년 3월까지 발간된 것으로 판단되는데 1집(1925.6)과 2집(1925.8)의 간격은 2개월, 2집과 3집(1925.9)의 간격은 1개월이지만 총 몇 호가 발간되었는지는 알 수 없으며 현재 수산의 글만이 출처가 밝혀진 채로 남아 있을 뿐이다. 지역의 청년들과 어울려 만든 것으로 보이는데 그의 평론 「창작(創作)을 권(勸)함내다」에 "우리 회(會)의 잡지는 아즉 세상에 발표하거나 경찰의 눈에 띄일 염려는 업스닛가, 또 출판할 때에도 공식으로 하는 것이 아니닛가, 자기의 주장이나 태도에 아무 주저할 필요 업시 합시다."라고 쓰고 있는 점으로 보아 가벼운 등사물 형태의 팸플릿 수준이었을 것으

---

2) 『전집』Ⅱ, 508쪽,

로 추정된다.

초보적인 형태지만 동인을 구성하고 동인지를 발간한다는 발상 안에는 능동적인 지적, 문학적 공동체의 결성과 운영이 있었음이 분명하다. 비록 그가 반도의 최남단, 목포에 거주하고 있었다고는 하나 그의 입장에서 발표지면을 얻는 것은 그다지 어려운 일이 아니었다. 이는 「구미현대극작가(소개)」(『시대일보』, 1926.1~6), 「이광수류의 문학을 매장하라」(『조선지광』, 1926.5), 「우리 신극운동의 첫 길」(『조선일보』, 1926.7~8), 「자유극장 이야기」(『개벽』, 1926.5) 등에서 볼 수 있듯이 당시의 유수한 매체에 그의 평론이 실리고 있는 것에서도 확인되는 바이다. 그의 글이 1926년이 되어서야 중앙문단에 발표되기 시작한 것은 그가 귀향 후, 집안 사업과 지역 활동에 집중하고 있었기 때문이었을 것이다. 그럼에도 그가 글쓰기에 관한 한 그다지 높은 수준이었을 것으로는 추정할 수 없는 지역의 청년들과 모임을 만들고 순수한 창작이 시기상조라고 생각하는 주변 환경에도 불구하고 '조선문학'에 대한 치열한 학습을 기반으로 과제를 제시하며 창작을 힘써 권하는 모습에서 무샤노코지 사네아쓰의 '아타라시키무라(新しき村, 새마을)운동'의 의욕이 연상된다.

이 시기 그의 정치적 행보나 지역 활동의 내용에 대해서는 별다른 정보가 없지만 이 시기의 수산을 이해하는 데 필요한 수다한 평론과 그의 희곡 작품은 그의 의욕과 구상이 어디로 향하고 있는지를 분명하게 보여준다. 앞서 거론한 그의 주요 평론을 제외하고도 『Société Mai』에 실린 「'조선말 업는 조선문단'에 일언」(1집, 1925.6), 「곡선의 생활」(1집, 1925.6), 「아리스토텔에스의 '형식논리'」(1집, 1925.6), 「노래 몃 낫」(2집, 1926.8), 「창작을 권함내다」(3집, 1925.9), 「생명력의 고갈」(호수 미상, 1926.3), 미발표 또는 발간 연대 미상인 「아관 '계급문학과 비평'가」(1925.4), 「신청권(新靑卷)」, 「기록의 마력」, 「자유의지의 문제」, 「Jus Primae Notice(초야권)」 등도 주목해볼 만한 평론이다.

수산은 1925년 2월 『개벽』에 실린 「계급문학 시비론」을 보고 「아관 '계급문학'과 비평가」를 집필한다. 여기에서 수산은 당시 문단의 계급문학 인식의 저열함을 통렬히 비판하며 자신의 혁명관과 비평가의 역할을 역설한다. "육체없는 정신을 믿는 고답파"는 계급문학을 부인한 이광수, 김동인, 염상섭 등을 지칭하는 것으로 이들을 아메바와 같다고 냉소적으로 비판하며, 나도향과 김석송은 회색 문학 작가로 분류한다.

이광수, 김동인, 염상섭 등 기라성 같은 한국문학 최고의 작가들을 아메바와 같은 단세포동물에 비하는 것도 과격한 일이지만 이들에 대한 비판은 상대적으로 덜 심각한 셈이다. 수산이 주로 문제삼고 있는 것은 계급문학을 시인한 김기진, 박영희, 박종화 등의 단순 반영론적 관점이다. 이들은 계급문학에 대해 단순하게 접근하고 개념적으로 계급문학을 분석할 뿐이며 단선적으로 해결책을 제시하고 있는바 이에 대해 수산은 정확하게 현실을 분석하며 당대의 과제를 도출해내고 있다.

> 거긔에는 봉건 생활, 가족주의 생활에서 지리멸렬하게 된 생활을 무의식적으로 격거 오다가 청천벽력으로 세계의 변화하는 조류의 파급에 눈 뜨쟈, 자기 주위에는 역시 예전 봉건제도와 가족주의 생활의 공기가 그대로 사라지지 않고 그대로 나머 잇는 동시에, 근대적인 독연기가 다시 밀쳐오는 중에 있는 것을 발견했다. 그것은 즉 소위 근대 문명이 산출한 자본주의 제도이다. 우리는 지금 예전 남은 독기와 새로 밀쳐 드러오는 독기에 거듭 포위되여 잇는 것을 안다.[3]

여기에서 수산은 봉건제도와 가족 생활의 문제를 제기하는 것으로 반봉건의 과제를 이끌어내고 근대적 독연기가 밀쳐오고 있다는 통찰을 통해 반제국주의의 역사적 과제를 제기, 반봉건·반제의 당대 혁명적 과제

---

3) 「아관 '계급문학'과 비평가」, 『전집』II, 281쪽.

를 정확하게 정식화하고 있다. 당대의 혁명적 과제를 이처럼 명쾌하게 정리하는 것은 팔봉의 글에서도 볼 수 없는 일이다. 팔봉의 설명은 시대가 변천함에 따라 계급의 대립이 생겨나고 계급의 분화에 따라 생활 의식과 미의식이 분열되어 계급문학적 대립이 생겨난다는 극히 원론적인 차원에 머물러 있다.[4] 이는 이 시기 계급문학론이 '기계적 반영론'의 차원에 머물러 있었기 때문인데 수산은 여기에서 한발 더 나아가 있던 것이다.

이 같은 당대 사회에 대한 냉정하면서도 주체적인 이해를 지닐 수 있었던 것은 그가 세계를 보는 관점이 그 자체로 지배계급의 것이었기 때문이었다.

2. '사족(士族)'이라는 출신성분의 의미

와세다대학 예과 학적부에 기록된 수산의 족적(族籍)은 '사족(士族)'이었다. 그는 와세다에 무시험으로 입학하였으며 그의 보증인은 한치유(韓致愈), 부보증인은 아버지 김성규였다. 한치유는 대한제국 내부참서관, 성균관 교수 등을 역임한 대한제국의 관원 출신으로 독립협회에도 가담한 바 있었다.[5]

수산의 내면에, 대체로는 수산으로서는 감당하기 힘든 특출한 '정력적 천재'였던 아버지에 대한 갈등과 열등감이 있었다는 사실만큼이나 그 아버지로부터 이어받은 자부심과 귀족적 우월감이 있었다는 점은, 자주 간과되지만 명백하다. 수산에게 겸손한 열광이란 시종 있어본 적이 없다.

---

4) 김기진, 「피투성이 된 푸로 혼의 표백 : 계급문학 시비론」, 『개벽』, 1925.2, 43~45쪽.
5) 정대성, 「새로운 자료로 살펴본 와세다대학 시절의 김우진」, 한국극예술학회 편, 『한국극예술연구』 25집, 2007.4, 435~459쪽.

그러나 이는 그가 특별히 교만해서가 아니라 온갖 풍상을 견디고도 자신이 거머쥐고 있는 정의와 부의 정당성을 단 한 번도 의심해본 적이 없는 초정 김성규와 같은 사람의 아들만이 지닐 수 있는, 말 그대로 유년부터 지배계급으로 성장한 자이기 때문에 가능한 자질이었다.

김성규에게는 받아들여지지 않은 개혁책이 있었고 그에게는 그 자신의 실력으로 축적한 거대한 부가 있었다. 을사보호조약 이후 벼슬을 버리고 낙향한 김성규의 내면에 국권 망실에 대한 일말의 가책도 없었으리라는 가정은 과도하겠지만 그에게는 시행되지 못한 개혁책이라는 알리바이가 있었다. 또한 빠르게 이식되고 있는 자본주의 체제에서 그는 전 시대의 관료 출신으로 몰락하지 않고 새로운 시대의 권력, '부'를 쟁취하였고 시대 적응에 실패한 허다한 봉건 지주들과는 달리 근대적 자본가로의 전신에 성공하였다. 더욱이 한일합병 이후 폭력적으로 진행되었던 토지조사사업과 동양척식주식회사의 투지 수탈을 염두에 두면 대토지를 소유하게 된 경과 이상으로 이를 유지하는 데 비상한 능력을 보여주었다고 할 것이다.

그리고 수산은 그 같은 아버지 아래에서 아버지의 '충군보국'의 꿈을 지닌 '신라 성족의 후예'로 양육되었다. 그런 그에게는 지위나 권위에 주눅 드는 일 없이 교수나 선배, 나아가 문학사의 쟁쟁한 작가와 비평가를 향해 자신의 의견을 개진하는 것이 쉽고도 자연스러운 일이었다.

그에게 사서오경(四書五經)은 교양이 아니라 교과서였다.[6] 무엇이 다른

---

[6] 물론 이것이 수산의 한문 실력으로 곧바로 이어지지는 않는다. 수산의 글에는 오자(誤字)임이 명백한 한자들이 다수 사용되었고 이런 점들을 감안할 때, 수산의 한문 실력을 의심할 여지가 없는 것은 아니다. 그러나 역으로 바른 글자를 구사해야 한다는 강박 없이 자유롭게 한자를 구사하고 있다는 사실과 그가 그의 부친 김성규에 대한 기록 『초심정실기(草心亭實紀)』를 편집했다는 기록을 감안할 때, 전통 학문에 관한 그의 능력은 간단치 않은 것이었음을 쉽게 짐작할 수 있다. 특히 그가 지은 한시의 수준을 염두에 두면 일종의 퍼즐 맞추기와 같은 한시의 작법을 상당

가? 전근대 관리의 등용문이었던 과거(科擧)는 결국 '사서오경'으로 대표되는 기본 경전과 기본 역사서를 기반으로 당대의 정치적 현안을 다루는 능력을 평가하는 데 집중되어 있었다. 당대의 정치 상황을 분석하고 대안을 구성하며 이를 설명하기 위한 원칙과 이론을 찾아내고 이를 역사적 근거를 통해 논증하는 일련의 정치적 담론 생산 능력의 훈련이 바로 과거 공부였던 것이며 이것이 사서오경을 교과서적으로 활용하여 새로운 지배층을 양성하는 방법이었던 것이다. 이는 오늘날 우리가 전대의 고전을 익히는 방편으로 읽고 참고하는 것과는 아주 다른 용도라 할 수 있다. 심지어 시(詩)나 부(賦)처럼 오늘날의 관점에서는 단지 현란한 문학작품으로 보이는 경우조차도 그 창작 원리는 주어진 '운(韻)'과 '율(律)'이라는 질서 속에서 다양한 글자를 선택하고 조합하여 자신의 의취를 얼마나 효율적으로 드러내는가에 있었으니 이는 마치 고도의 추상적 전술을 구사하는 '바둑' 등에 사용되는 정치적 능력을 방불케 하는 것이었다. 과거(科擧)의 실제 내용 또한 경전의 습득 정도나 언어의 처리 능력을 평가하는 소과(小科)를 지나 대과(大科)의 마지막 관문 전시(殿試)에 이르면 부(賦), 표(表), 대책(對策) 등을 기본으로 삼고 있었으니 이때 가장 빈번히 사용되었다는 '대책' 등은 말 그대로 당면한 국정 현안에 대한 대책과 추진 전략을 왕이 직접 묻는 형식이었던 것이다.

수산에게 이 같은 공부 방식은 낯설지 않은 것이었다. 일단은 유년부터 전 시대 조선의 당상관(堂上官)이었던 부친 김성규로부터 물려받은 것일 터인데 그 같은 능력의 일단이 이광수의 「중용과 철저」를 반박하는 데서도 드러난다.

한 수준으로 익히고 있었다는 것을 확인할 수 있으며 이는 전근대 지배계급으로서의 기본 소양을 충분히 갖추고 있었음을 의미한다.

3. 이광수류 문학의 매장과 그 대안

1926년 발표된 수산의 비평 「이광수류의 문학을 매장하라」는 당대 최고의 문사 이광수를 향한 통렬하고도 신랄한 일격이었다.

그러나 이보다도 훨씬 이전에 이광수에 대해 의식하면서 이광수의 식견을 다소는 얄팍하고 비현실적인 것으로 파악했던 흔적을 1919년 2월 3일 수산의 일기에서 찾아볼 수 있다. 이광수의 재혼론에 반박하여 수산은 당대의 남녀 관계를 남녀의 상호간 이해에 기초하지 않은 불평등 관계로 보고 이 같은 현실에서 재혼을 장려하는 것은 여성의 종속적 생활을 지속시킬 뿐이라고 보았다. 이 무렵 수산의 연애관 및 여성관은 매우 추상적이며 관념적인 것으로서 근대적 결혼 제도에 내재한 타산적 속성을 제대로 간파하고 있지 못한 순진한 것이었다. 그럼에도 불구하고 이는 이광수의 재혼론에서 그의 이상적 연애론과 재혼 가능론이 충돌하고 있음을 지적한 흥미로운 글이다. 아울러 이 일기에서 이보다 인상적인 것은 이미 재일본조선인 유학생 사회는 물론이요 한반도 전체에 문명을 떨치고 있던 이광수라는 문인에 대해 그 어떤 존경심도 드러내지 않고 대등한 위치에서 반론을 제기하고 있다는 점일 것이다.

이광수는 1926년 1월 2일부터 3일까지 양일간 『동아일보』에 '조선이 가지고 싶은 문학'이라는 부제를 단 「중용(中庸)과 철저(徹底)」를 발표한다. 여기에서 이광수는 변적(變的) · 혁명적(革命的) 문학과 대립하는 상적(常的) · 정적(正的)인 평범의 문학을 정의하고 중병을 치른 듯한 당대 조선에는 그러한 평범의 문학이 필요하다고 주장하였다.[7] 이는 백기만, 양주동

---

7) 이광수, 「중용과 철저」, 『동아일보』, 1926.1.2~3(『이광수전집』 10, 중판, 삼중당, 1971, 431~435쪽).

등의 즉각적 반발을 샀고[8] 이광수는 양주동의 글에 대한 재반박을 하는 등 1926년 벽두의 문학판은 이광수에 의해 촉발된 당대 필요한 문학은 무엇인가라는 논쟁으로 뜨거웠다.[9]

수산이 이에 대한 반박, 「이광수류의 문학을 매장하라」를 쓴 것은 이 글 말미에 글을 쓰고 나니 『조선지광』 1월 9일호가 도착했다고 밝히고 있는 것으로 보아 1926년 1월 3일에서 1월 9일 직후까지로 추정된다. 유감스럽게도 이 글이 발표된 것은 5개월이 경과해서인 것으로 파악되는데 『조선지광』 편집국의 의사는 무엇이었는지 궁금하다.

이미 한 차례 논쟁이 지나가고 있었던 만큼, 이 반박을 통해 이광수에

---

8) 백기만, 「춘원 이광수군의 '중용과 철저'를 읽고」, 『시대일보』, 1926.1.17~18. 양주동, 「철저와 중용」, 『조선일보』, 1926.1.23~24.
    그 외에 수산의 「이광수의 문학을 매장하라」 말미에 주간 『조선지광』 1월 9일 발행호에 「중용과 반중용」이 있었다고 밝혀져 있으나 현재 해당 호가 남아 있지 않아 필자와 원문의 내용은 알 길이 없다.

9) 이 논쟁의 경과에 대해 양주동은 다음과 같이 말하고 있다. "가뜩이나 춘원의 도도(滔滔)한 재량에 대하여 일종의 선투(羨妬)를 느껴 기회만 있으면 한번 쳐 보리라 생각하던 터에 나는 이 '평범'과 '중용'을 운운하여 우리 문학의 '반항성', '혁명성'을 늦추고 말살하려는 춘원의 주장을 보고 몹시 분개하여 그의 소론을 반박하는 〈철저와 중용〉이란 일문(一文)을 단숨에 초하여 『조선일보』에 발표했다. (…) 이 글이 『조선일보』에 실리자 나의 문명(文名)이 일약 온 나라에 퍼졌고, 더구나 그 오만한 춘원이 내 글을 읽고 즉시 『동아』지에 그 답문(答文) 겸 비평문인 「양주동 씨의 '철저와 중용'을 읽고」란 4, 5회에 걸친 장론을 발표함에 미쳐, 나의 성명(盛名)이 그야말로 문단을 풍미하였다." 양주동, 『문주반생기』, 범우사, 2002, 53~54쪽.
    양주동의 글은 당대 필요한 문학의 변혁적 성격을 비교적 잘 지적한 것이어서 양주동 자신도 당시 자신에 대한 지지가 높아졌다고 밝히고 있지만, 이광수가 특히 그의 글에만 반박을 시도했던 것은 양주동의 글이 가진 비평적 형식성 때문이었던 것 같다. 양주동은 이광수의 논지를 전면 비판하고 그의 문학론 자체를 부인했다기보다는 문학 일반론의 견지에서는 이광수의 문학론에 동의하면서 당대에 필요한 문학에 한정, '시대정신'에 논점을 집중하는 전략을 구사하였다. 이는 핵심을 잘 짚어내면서도 이광수가 자존심을 지키면서 답하기가 상대적으로 쉬운 조건이었다. 물론 이 또한 양주동의 비평 능력 안에 포함되어 있는 훌륭한 점이라 할 것이다.

게 관심이 집중되는 것이 적절하지 못하다고 판단했을 수도 있고 수산의 반박과 대안이 대중적이지 못하다고 판단하여 게재를 유보했을 수도 있다. 그러나 나중에라도 이광수는 분명 이 글을 보았을 것이고[10] 이 글을 읽고 나서는 양주동의 글에 반박하듯 여전히 자신 있고 도도한 목소리를 내지는 못하였을 것이다.

양주동의 반박문을 접하면서 이광수는 양주동이 약관의 와세다대학 영문학도라는 사실을 알고 '하버드 영문학총서' 백 권을 구입하여 모조리 독파 중이라는 일화도 남겼다지만[11] 1926년부터 이광수는 「허생전」, 「춘향전」 등 고전의 해석과 정리를 통해 자신의 문학 영역의 일부를 생산하던 기존의 작업에서 더 나아가 『마의태자』, 『단종애사』, 『이순신』 등 역사적 사실에 대한 추적과 이해로부터 춘원표 역사문학을 개척하기 시작한다. 대체로 이는 그의 작업 능력이 당대와 대결하는 데서 한계를 느껴 역사 소재로 후퇴했다는 설명으로 납득이 가능하지만 부수적으로는 전 시대로부터 이렇다 할 유산을 물려받지 못하여 그 얄팍한 근지 때문에 열등감에 시달리던 이광수가 역사에서 자신의 정체성을 필사적으로 만들어내기 시작했다는 가정도 가능하다. 그 계기 안에 수산의 평론 「이광수류의 문학을 매장하라」가 있었을지도 모르는 일이다.[12]

---

10) 수산의 글이 발표되어 일정한 주목을 끈 것은 분명하다. 팔봉 김기진은 수산의 평론 「이광수류의 문학을 매장하라」를 인상 깊게 기억하고 있었다. "연전 조선지광 지상에 게재된 춘원의 「중용과 철저」 일문에 대한 공격문을 경복하여 읽은 일이 잇다. 그의 필봉은 준열하고 그의 고증은 해박하얏섯다. 나는 그째에 그 일문을 보고서 '수산형은 비평가가 되어주엇스면 조켓다'고 어떤 문우에게 말한 일까지 잇섯다." 김기진, 「水山兄에 對하야 가젓든 멧가지 希望」, 『朝鮮之光』, 1927.9, 73쪽.
11) 양주동, 『문주반생기』, 범우사, 55쪽.
12) 이는 염상섭과 비교하면 그 차이가 더욱 확연하다. 같은 평민이되 양반에 대한 열등감이라곤 찾아볼 수 없었던 서울 토박이 염상섭은 평생 역사소설을 쓰지 않았다. 최원식, 「근대문학의 숨은 중심, 횡보 염상섭」, 『한국근대문학을 찾아서』, 인하대학교 출판부, 1999, 208~210쪽.

「이광수류의 문학을 매장하라」에서 이광수에 대한 수산의 태도는 '경멸' 그 자체다. 상대 필자에 대한 최소한의 예의나 비평적 완곡 어법조차 찾아볼 수 없다. 마치 정적을 탄핵하는 주소(奏疏)를 방불케 할 만큼 가차없는 비판에 논쟁 바깥에 있는 사람이라면 오히려 수산이 과도하게 느껴졌을 법하고 무지한 독자는 지레 등골이 서늘할 지경이다. 수산은 이광수가 논거로 제시하는 동서양 고전의 의의와 맥락을 밝혀 이광수의 천박한 이해 수준을 일거에 폭로하고 이 천박한 이해로부터 '평범의 문학'을 주창하는 그 결론의 안이함을 질타하며 나아가 『무정』, 『개척자』 등 이광수 문학의 성과를 '껍데기 문학', '도깨비 화상' 같은 문학으로 규정하며 이에 따라 이광수는 혁명을 외면하고 일신의 안이를 추구하는 삼류 문사, 신문기자급 문사로 전락하고 만다. 그 비판의 지점 하나하나만도 이광수에게는 감당하기에 간단치 않은 문제였을 것이다.

우선 시대를 인간의 육체에 비하여 당시대를 '중병 치른 조선'으로 진단하는 이광수의 견해를 단순무식한 독단이라 비난하는 데서 시작하여 항구불변하는 진리로 '행복된 가정생활, 여기에서 오는 기쁨, 희망, 이를 위하여 노력하는 활동'을 거론하는 이광수의 가치를 이상주의자의 망상에 지나지 않다고 하였으니 일찍 부모를 여의고 선대로부터 그 어떤 문화적 유산도 물려받지 못한 채 결핍으로부터 산출된 이광수의 이 근본적 욕망을 명문후족 출신의 수산은 간단하게 비웃고 지나간다.

또한 전대의 지배 철학을 근거리에서 습득한 수산에게 '중용'은 춘추전국시대라는 엄혹한 세월을 살아남기 위한 자사(子思)의 고투이다. '중용'이 탄생한 이 같은 배경에 대한 이해 없이 '중용'을 대안 개념으로 제시한다는 것 자체가 수산이 보기에는 무식의 소치였던 것이다. 이 같은 무지는 서구 문학을 인용하는 데서도 마찬가지로 드러난다. 이광수가 이상적인 모델로 제시하는 워즈워스의 문학 또한 영국의 식민 정책이 큰 성공을 거두고 자본주의 문명이 난숙해가던 무렵, 구대륙으로부터 고립되어 반

동의 분위기가 농후하던 당시 사회의 산물이었다. 뿐만 아니라 바이런에
비해 워즈워스를 높이 평가하는 매튜 아널드의 견해도 매튜 아널드가 문
부성 학관으로 있으면서 자본주의가 무르익고 있던 당시 영국의 국가 목
표에 충실한 가운데 생산된 것이었으며 그러한 매튜 아널드조차 바이런
의 문학적 의의를 간과하는 것만은 아니었다. 수산은 이 모든 사실의 맥
락을 폭로하며 이광수의 얄팍한 이해를 원문을 인용해가며 날카롭게 질
타하였으니[13] 이 같은 배경지식도 없이 워즈워스를 당대에 필요한, 가지
고 싶은 문학으로 제시한다는 것 자체가 수산으로서는 용납할 수 없는 것
이었다. 이 글을 보았다면 이광수는 모멸감을 피하기 어려웠을 것이다.

이광수를 향한 수산의 공격은 여기에 그치지 않는다. 1919년 2·8독립
선언에 참여했으나 상하이 등지를 거쳐 조선에 돌아와 친일적 행보를 분
명히 하고 있던 이광수의 부박한 변신 또한 대놓고 비웃고 있다.

> 그이는 또 워-스워-드가 구라파 전체를 흔들든 불란서 혁명을 구경하려
> 고 불란서로 건너갓다가 다시 도라와서는 반동적으로 안강(安康)한 영국 안
> 에서 불란서 혁명을 주저(呪咀)햇든 이임을 알고 잇는가. 그러기에 산수(山
> 水) 곱다는 소격란(蘇格蘭, 스코틀랜드−필자) 촌(村) 구석 호수(湖水)가에
> 서 애인 비스럼한 누이동생과 동서(同棲)하면서 자연이니, 영혼이니, 영원
> 한 진리니 하고 시만 쓰다가 죽었다는 점은 이광수의 엇더한 점과 흡사하지
> 안는가.[14]

동경 유학생들의 2·8독립선언의 경과와 3·1운동에 대한 수산의 격
정적인 반응은 그의 일기에 잘 드러나 있다. 그리고 그 격정이 가라앉는
시기와 3·1운동이 좌절해가는 시기는 일치되어 있는바, 그 후 이들 독립

---

13) "The Time−Spirit, or Zeit−Geist, he would himself have said was working just then
for Byron." 『전집』Ⅱ, 301쪽.
14) 『전집』Ⅱ, 297쪽.

선언 주체들의 개량적이고 타협적인 행보는 수산의 실망을 샀을 것이 자명하며 그 일단이 일어 소설 「동굴 위에 선 사람」에 남아 있기도 하다. 게다가 독립운동을 하겠다고 중국으로 건너갔던 이광수가 귀국하는 데는 최초의 여성 개업의였던 허영숙의 공로가 컸으며 이후 허영숙과 재혼하여 그리던 안정적 가정을 이룬 점도 당시에는 잘 알려진 사실이었다. 스스로 소리 높여 외치던 이상을 버리고 일신의 안위를 도모하며 사는 처지에 이를 수치스럽게 생각하기는커녕 중병을 치르고 난 조선인에게 신선한 음식, 일광, 운동을 자신이 주겠다고 벼르는 행태를 가소롭게 바라보며 수산은 자신의 그 경멸 어린 시선을 감추지 않는다.

그리고 이 같은 비난 위에 소금을 뿌리듯, 역사적 맥락과 텍스트에 대한 폭넓은 이해 없이 구미에 맞는 구절만을 골라 인용하는 점을 노골적으로 지적하여 그 식견의 얄팍함을 조소한다. 그리고 이광수류의 문학을 넘어 조선이 요구하는, 조선에 필요한 문학의 상을 제시한다.

> 그의 글은 맥힘이 업고, 수월하게 유수(流水)갓치 곱고 여유가 잇다. 이것은 그의 글재주에 잇다고 하겟지만 그 글재주 때문인지 그이는 잇다금 남의게로서 인용을 잘 한다. 한문 고전에서, 라틴에서, 영인(英人)에서, 불인(佛人)에서 독인(獨人)에서, 일인(日人)에서 닥치는 대로 읽는 대로 가저온다. 그것도 그이가 자기의 생각을 보증하기 위해서 하겟지만, 기실(其實)인즉 문자에 나타난 쯧만 보고 소양(素養)업시 그 배경, 피인용자의 사상·성격·시대를 알지도 못하고 하는 짓이다. 이것은 재화(才華)가 그이로 하여금 화(禍)를 부르케 하는 것이며 내용이 단단치 못한 껍덕이 문(文)을 쓰게 되며, 그러한 작품을 맨들어내는 것이다. 이러한 문장의 묘사, 화려만 배우려고, 내용으로 깁히 파고들어가려는 노력이 업는 이광수류의 문인이 만음을 보면 적실(適實)히 그의 말과 갓치 '오늘 이 조선처럼 문세(文勢)의 세력이 큰 것을' 통한(痛恨)한다.
> 조선이 지금 요구하는 것은 형식이 아니오, 미문(美文)이 아니오, 재화(才華)가 아니오, 백과사전이 아니오, 다만 내용, 것칠드라도 생명의 속을 파

고 들어갈녀는 생명력, 우둔하더라도 힘과 발효(醱酵)에 쏠는 반발력, 넓은 벌판 우의 노래가 아니오, 한 곳 쌍을 파면서 통곡하는 부르지즘이 필요하다.[15]

표면에 나타난 내용만 보고 배경이나 인용 대상의 사상, 성격, 시대를 알지 못하고 소양 없이 마구잡이로 인용을 남발한다는 이 비난은 역으로 수산이 어떤 방식의 수업 태도를 가지고 있었는지 적시한다. 즉 전 시대 지배계급, 명문후족 출신의 수산은 앞서 언급했듯, 이론을 응용하고 전거를 찾아내며 이를 통해 현실 정치의 대안을 구상하는 방식에 익숙하였다.

영문학의 산실 중 하나를 꼽히는 『스펙테이터(Spectator)』지의 역사를 다룬 리포트 「'스펙테이터'의 역사」는 그 주관자였던 리처드 스틸 경(Sir Richard Steele)과 조지프 애디슨(Joseph Addison)의 이력을 중심으로 역시 당대의 사회적 상황의 산물로 이 잡지를 규정하는 경향이 뚜렷하며 '아일랜드인'이라는 버나드 쇼의 '출신'에 주목한 어니스트 보이드(Ernest A. Boyd)의 『Appreciations and Depreciations』을 번역한 「애란인으로서의 버나드 쇼우」라는 글이나 아미 크루스(Amy Cruse)의 전기에 의거하여 셰익스피어에 접근한 리포트 「셰익스피어의 생애」에서도 같은 태도를 확인할 수 있다. 롬브로조(Cesare Lombroso, 1853~1909)의 『천재론』을 읽고 나서 "천재의 작품을 참으로 감상(鑑賞)하려면 그이의 육체적 생리적 상태, 가정, 주위, 시대, 교육, 고생과 길검(즐거움–필자)을 알어야 하겠다는 생각이 이러낫다."고[16] 밝히는 데서 이미 그에게 친숙했던 이 같은 공부 방식을 재발견하는 순간이 포착된다. 범죄학자였던 롬브로조는 '천재'를 일종의 변종으로 규정하였다. 그는 '천재'의 사회적 가치를 인정하면서도 기존 질서와 가치에 도전하였던 유수한 예술가 등의 생물학적, 신경병리학적으로 분석하

15) 『전집』Ⅱ, 304쪽
16) 『전집』Ⅱ, 71쪽.

여 이들은 결국 간질병증 환자의 일종이라고 규정하고 이를 기본으로 허다한 예술가들의 반상식적인 예술적 실천을 설명하였다.[17] 그러나 수산은 이 같은 생리학적 한정을 넘어 이들을 능동적 주체로 봄과 동시에 그 같은 주체의 시대적 환경적 요인을 통찰하고자 했던 것이다.

그리고 이 같은 공부 방식은 그 자신의 문학관을 구성하는 데도 가장 기본적인 바탕이 되었다. 그의 연극과 문학 관련 논문 또는 수상에 거론되는 다종다양한 동서양 고전 및 작품 목록은 그의 박람강기한 학습 범위를 드러낸다. 그리고 여기에서 '생명력', '힘과 발효가 끓는 반발력', '통곡하는 부르짖음'의 형태로 그가 구상하는 당대에 필요한 문학이 제안된다. 생명력, 또는 생명이라는 단어는 다이쇼 생명주의로부터 수용한 개념으로 여타의 작품에서도 빈번히 사용되며 특히 그의 출가의 변에서 두드러지는 바이다. 그러나 그 규정 범위가 모호함을 상기할 때, 여기에서 밝힌 반발력, 통곡, 부르짖음 등의 어휘는 그가 사용하는 '생명'이란 어휘의 범위를 한정하는 데 유용하다고 할 것이다. 그리고 그런 의미에서 '힘과 발효'라는 보조적 표현은 자못 절묘하다.

'발효'는 존재의 형질 전환의 순간을 의미한다. 끓고 있는 존재, 거기에서는 잠자던 유기체가 깨어 일어나 숨을 쉬기 시작하고 가열이 없이도 열이 만들어지며 새로운 호흡에서 새로운 기체가 발생하고 그렇게 생겨난 힘은 밀폐된 뚜껑을 열어젖히고 끓어 넘친다. 단순한 혼합 재료에 지나지 않던 각 요소들은 각종의 화학반응을 일으키고 서로 분리될 수 없는 상태로 결합하여 서로 '되어간다'. '힘'은 발효의 일부이며 발효를 가시화한다. 물은 술로 거듭나고 술은 초(醋)로 변신한다. 다시 돌아오지 못하며 되돌릴 수도 없다. 수산이 꿈꾸는 생명의 힘은, 바로 이런 것이었다. 이것은 무궁한 것이며 멈추지 않는 것이다. 개혁이나 개조에 그치지도 않는다.

---

17) C. 롬브로조, 『천재론』, 조풍연 역, 을유문화사, 1976, 278~280쪽.

생명의 힘에 눈 뜨랴면 스스로가 제멋대로 되지 못한다. 누어서 쟈면서 눈뜨지 못하고, 눈뜨지 못하야 보지 못하는 것갓히.

생명의 지침(指針)은 의식이다.

'생명의 의식'은 세계의 파괴요 또는 창조다. 창조가 아니고 개혁이 아니다. 상상할 수 잇는 시간과 공간 안까지는 되푸리하는 창조다. 그러닛가 개조라는, 개혁이라는 말 우에 머물너 서지 마라. '생명의 의식', 나는 이것에 희망을 둔다. 져거도 우리는 이곳에 운명의 전환을 보아야 한다.[18]

『Société Mai』를 창립하면서 수산은 자신의 금명을 "창공은 내 위에, 살냐는 힘은 내 안에"라고 밝힌다. 그리고 이 살려는 힘, elan vital(生의 流)의 생각은 그리스 철학과 쇼펜하우어의 Wille zum Leben(생의 의지), 베르그송의 '약동하는 생' 등의 개념으로부터 지원을 받으면서 생명의 지침이라는 '의식'으로 집중되고 이는 다시 본능의 바다를 항해하는 나침반으로 호출된다. 그러나 그의 '생명의 의식'은 쇼펜하우어의 재현을 넘어 '생활'의 주관자, 그를 결정하는 '자유의지'로 발전한다.[19] 그가 구상하는 '자유의지'를 다룬 글 「자유의지의 문제」가 미완으로 끝난 것은 특히 아쉽다. 이 글은 자유의지의 공식과 운용, 자유의지의 발현 형식, 감촉과 시대 의식, 반동의 원리와 생명력, 변증법적 긍정 등의 소제목으로 나뉘어 계속 집필될 예정이었던 듯하나 겨우 '자유의지의 공식과 운용'이 집필되는 데 그치고 말았다. 그럼에도 불구하고 자유의지의 진정한 담지자로 공장 노동자를 설정하고 있는 데서, 즉 생에 대한 자율적 의지와 목표를 의식하는 각성한 노동자가 자기 자신의 변혁을 기초로 사회적 변혁을 주도한다는 구도가 분명하니 개개인의 각성과 생명력의 발견을 근간으로 삼고 있는 수산의 개혁관이 지시하는 사회적 방향을 알 수 있다.

18) 「곡선의 생활」, 『전집』II, 378쪽.
19) 「신청권」, 『전집』II, 395쪽.

바로 이 점이 다이쇼 시기를 주도하던 일본의 '생명주의'와 다르다. 단순화의 위험을 감수하면서 니시다 철학의 '생명'을 간단히 정리해볼 수 있다. 우선 생명은 움직임으로 표현된다. 움직임에는 두 종류가 있으니 능동과 피동이다. 전자는 자유·독립·창조의 행위이고 후자는 부자유와 의존·단순 반복의 행위이다. 보통 사람은 피동 행위를 하면서 살아가도 그런 줄 모를 수 있다. 그러나 어떤 비범한 소질을 가진 자가 그 피동성을 깨닫고 이에 고뇌와 혐오를 느껴 자신 안에 존재하는 생명의 싹을 감지하며 바야흐로 해탈의 꿈, 대인의 꿈을 품고 능동 행위를 시도하면서 자신의 오저(奧底)로 들어가 생명의 샘에 맞닿아 용출하는 생기를 경험했다고 해보자. 이때가 바로 생명의 순간이다. 그 사람의 동작은 수면 위로 솟구쳐 오르는 물고기처럼 생기에 차 활발하게 움직이게 되고 심신이 통일되며 피로와 의심이 사라지고 일거수일투족에서 자유와 독립은 물론 완전무결의 당위와 절대의 느낌마저 느끼며 구원이나 해탈의 경계에 달하게 되며 여기에서 비로소 몸과 마음은 하나가 되고 진선미가 일거에 실현된다. 이렇게 실현되는 이런 순간 동작이 구원과 해탈의 동작이며 바로 '한순간(Dies)'의 생명 사건이다.[20]

철학의 전문 영역에서 다룬다면 그 차이가 현저하겠지만 이로써 판단하면 불교적 색채가 물씬하고 대단히 추상적이라는 느낌이 지배적이다. 하스미 시게히코는 다이쇼 담론의 특징 중 하나로 '추상성'을 거론하고 있다. 특히 생명·자연·미 등의 주체의 위치를 모호하게 만드는 '문제적인 주제 체계'에서는 주객합일, 주객양체의 융합 등 이원론적인 대립이 무차별적으로 해소되고 '하나의 동일한 담론'의 대대적인 반복으로 존재했다는 것이다.

---

20) 허우성, 『근대 일본의 두 얼굴—니시다철학』, 문학과지성사, 2000, 100~106쪽 참고.

사회적인 주제를 다루는 경우에도 다이쇼적인 담론 일반은 '민중적 경향'을 비롯해 '생의 긍정', '인간의 창조성'이라는 몇 개인가의 '표어'의 주변을 계속 선회하며 사실의 분석=기술로 향하는 일은 극히 드물며 그런 의미에서 동일한 하나의 담론에 대한 대규모의 반복이 될 수밖에 없다.[21]

　　하스미 시게히코는 이어서 니시다 철학 또한 이 같은 다이쇼 담론의 맥락에서 '주객합일'과 같은 중요한 개념조차 안이하게 사용되었고 당시의 평단에서는 베르그송이나 자연주의의 옹호론자들과 같은 담론으로 받아들여졌다고 진단한다.[22]

　수산의 생명 담론에도 이 같은 혐의가 없지는 않지만 그럼에도 불구하고 '생명'이 말 그대로 자신의 내면, 자신의 오저로부터 비롯된다고 보는 니시다의 입장은 환경과 시대 속에서 천재의 탄생을 읽어내던 수산과 일정한 거리가 있으니 니시다의 철학에서 수산이 영향을 받았다 하더라도 나름의 해석과정을 거치면서 변화를 겪었다고 하겠다.

　그런데 같은 토론에서 가라타니 고진은 이 시기 담론 특징으로 '생명이라는 말의 범람'을 지적한다.

　　히로츠가 가지고 있는 것은 이를테면 자유주의지요. 전후에도 일관되게 그렇습니다. 한 마디로 다이쇼 데모크라시라고들 하는데 민주주의와 자유주의는 발상이 전혀 다릅니다. 자유주의는 개인주의고 민주주의는 앞에서 말한 '대표'적 사고를 향합니다. 대체로 자유주의가 좌익이 되면 아나키즘이 되고 민주주의가 좌익이 되면 마르크스주의가 된다고 해도 무방합니다. (…)

---

21) 하스미 시게히코, 「'다이쇼'적 담론과 비평」, 가라타니 고진 외, 『근대 일본의 비평』, 송태욱 역, 소명출판, 2003, 168쪽.
22) 가라타니 고진 외, 「토론 : 다이쇼비평의 문제들 1910~1923」, 가라타니 고진 외, 앞의 책, 194쪽.

그것은 하스미 씨가 키워드로서 말한 '생명'이라는 것과 관계가 있을지도 모릅니다. '생명'이라는 말의 범람, 이건 굉장하지요. 오오스기 사카에도 그렇습니다. 그러나 '생명'이라는 것은 개체가 소멸하는 듯한 이미지입니다. 이것은 공동체 혹은 집단주의와 관련됩니다.

(…)

대체로 '생명'이라는 생각은 팽창주의와 연결되기 쉽습니다. 예컨대 소렐도 그렇습니다만 '생명' '생명'하는 것은 파시즘이 되기 십상입니다.[23]

개체가 소멸하는 이미지, 공동체 혹은 집단주의와 관련된 '생명'이라는 말은 결과적으로 팽창주의, 파시즘으로 귀결되었다. 공황이라는 세계사적인 사건을 배경으로 다이쇼의 종말과 함께 일본이 빠르게 전체주의 국가로 재편되면서 군국주의적인 국가 기조를 노골적으로 드러내게 된 데는 하스미가 말하는 표어로서의 담론, 분석의 결여 등 다이쇼 시기의 담론 형식의 특징들과 함께 모든 움직임을 포괄해버리는 '생명주의'의 파시즘화가 뒷받침되고 있었다는 점을 기억해둘 필요가 있을 것이다.

예를 들면 아리시마 다케오의 글 「선언 I」에서 아리시마는 자신은 '제4계급'과는 무연한 존재이고 그 이해(利害)를 위해 "변호하고 입론하고 운동하는" 의지 같은 것은 조금도 없다고 '선언'하였던바, 사실 '생명' 등의 다이쇼 키워드가 이질적인 제 사회계층의 발언과 실천을 대신하여 추상적인 논의로 이를 소모하고 있었던 당대의 지적 분위기에서 아리시마 자신을 떼어놓은 사건으로도 볼 수 있었다.[24] 결과적으로 이것이 아리시마에게는 관념적으로 마지막 운신의 지점까지 모두 경험했다는 절망적 인식을 낳아 파멸의 결단으로 이어지게 되었지만 적어도 아리시마에게는 당대의 분석이 결여된 표어적인 사상 조류가 헛되고 부질없는 것으로 파

---

23) 가라타니 고진 외, 앞의 책, 216쪽.
24) 하스미 시게히코, 앞의 글, 179쪽.

악되고 있었던 것 같다.

그러나 각성한 노동자의 의지를 변혁의 중심에 두고 있던 수산이 당대의 '천재'로 용감한 민주주의자, 시대의 반동아를 호출하고 있는 데서 그의 방향은 다이쇼 생명주의 일반은 물론 아리시마 다케오와도 달라진다. 뿐만 아니라 스스로 '천재가 되는 길'을 모색하는 데서 이것이 수산 자신의 문제가 되었음을 간파할 수 있다. 적어도 『Société Mai』를 발간하고 있는 동안, 수산은 니시다 기타로의 형이상학적인 '생명의 한 순간'의 연속으로 생명을 생각하지도 않았고 '제4계급'과는 무관하다는 아리시마 다케오의 의견에 동의하거나 수긍하지도 않았으며 개인적으로도 역사적으로도 주체임을 포기할 의도는 없었던 것이다.

이는 고귀한 화족(華族)으로 쉽게 자신들의 시대를 맞이했던 시라카바 파와 비슷하지만 아주 다른 토양에 의해 뒷받침되고 있었다. 결정적으로 망국의 지배계급 출신인 수산, 그에게는 충성을 바쳐야 했던 마지막 왕(고종)조차 사망한 지 오래였다.[25] 왕을 잃은 순간, 지배 파트너로서 사족(士族)의 기득권은 와해되고 모든 백성은 평등해졌다. 이 같은 상황에서 수산은 새로운 왕을 찾는 대신 왕으로부터 독립적인 인간을 구상한다. 이는 서구적 의미의 민주주의 이념에 일차적으로 기초했을 것이고 두 임금을 섬기지 않는다(不事二君)는 전통 사대부적 윤리에서도 부수적인 지원을 받았을 것이다.

즉 정치적 지배/피지배의 장벽이 높고도 견고했던 일제강점기, 식민지 조선의 일개 나약한 지식인, 그러나 지배계급의 기억을 생생하게 간직하고 있는 수산이 자기 자신의 주인이 되기 위해 창안해낸 존재는 억누를 수 없는 생명력의 담지자, 바로 '천재'였다. 그리고 그의 문학은 그 같은 천재

---

25) 고종의 사망 소식을 접한 수산은 사뭇 애통해하며 이태왕이 사실상 마지막 왕이었다고 기술하고 있다. 1919년 1월 28일 일기, 『전집』Ⅱ, 442쪽.

로부터 당대 식민지 조선의 필요에 따라 산출되는 것이어야 했다. 따라서 수산의 비평은 이 같은 함량 미달의 작품을 매장하고 스스로 주체로 서는 인간을 위한 문학, 그러한 인간이 생산한 문학을 호출하는 데 바쳐졌던 것이다.

그리고 수산 문학의 이해가 시작되어야 할 지점 역시 바로 여기인 것이다.

4. 다시 김수산의 제안을 음미하며

그러나 수산은 자신의 결단과 구상을 실천하지 못하였다. 그는 일찍이 KAPF의 문학적 성과에 주목하여 이를 비판하였으며 오히려 계급문학을 부인하는 작가 중에 작품으로서 가편(佳篇)이 많다는 통찰을 보여주는 한편, 정치적 입장과 이론을 내세우는 계급문학 운동의 한계와 여기에서 벗어난 순수문학론적인 예술주의의 입장 또한 비판하는 뛰어난 안목을 보여주면서 능동적인 주체의 문학, 새로운 시민문학을 구상하였으며 이에 따라 몇 편의 희곡을 집필하였지만 자신이 구상한 작품이 대중에게 수용되고 그 같은 문학관이 사회적 이해에 도달하기도 전에 자신의 손으로 생을 마감하고 말았다.

그는 전통적인 양반계급의 일원으로서 어려서는 전통적인 한학 교육을 받았고 이는 그가 태생적으로 지도자로 양성되었음을 의미한다. 그러나 식민지 조선에서 전 시대 지배계급의 감수성은 용인될 수 없었고 이는 그가 자신의 영토를 생산하는 데 결정적인 장벽으로 작동하였다. 요컨대 수산은 보잘것없는 근지에 열등감을 느끼던 이광수와 같이 계몽주의 그늘에서 현실을 호도하는 무지도 범할 수 없었고 중인 출신으로 새로운 시대의 주역으로 성장하여 타락한 세계에서 타락한 방법으로 투쟁하는 염상섭의 미적 결단도 없었으며 이 땅을 떠나 새로운 세계를 개척하려 했던 조명희의 용기도 가지지 못하였다. 굳이 비유하자면 그는 양반 이인화라고 할 수 있을까?

그럼에도 불구하고 그가 요구했던 살아 있는 글, 살아 있는 문학의 요구는 2009년 5월 30일 지금/여기에서도 생생하다.

> 조선이 지금 요구하는 것은 형식이 아니오, 미문(美文)이 아니오, 재화(才華)가 아니오, 백과사전이 아니오, 다만 내용, 것칠드라도 생명의 속을 파고 들어갈녀는 생명력, 우둔하더라도 힘과 발효(醱酵)에 슬는 반발력, 넓은 벌판 우의 노래가 아니오, 한 곳 쌍을 파면서 통곡하는 부르지즘이 필요하다.[26]

* 이 글은 2009년 발표 후 발간된 『조선시민극의 구상과 탈계몽의 미학』(창비, 2010)의 한 절임.

*이 글은 '제2회 김우진문학제'(2009년)의 발표문을 일부 수정한 논문임.

---

26) 『전집』Ⅱ, 304쪽.

김우진 문학관의 양상과 실제

최 상 민

여명에 서 있는 젊은이 낡은 전통은 아직 완전히 사라지지 않고 새로운 생활의 새벽이 마악 밝아올 때, … 나는 생각하고 또 생각한다. … 이 현대의 조선을 짊어질 고민에 대해 아주 깊이 파고 들 정도의 용기를 가졌는가? 또 거기서 빠져나와 새로운 광명의 세계로 들어갈 만 한 지혜가 있는가? … 나는 의심한다. 통절하게 말이다! life force인가, reason인가. (「마음의 자취(心の跡)」, 1922.11.20)

1. 서론

김우진(1897~1926, 號 : 水山 · 焦星, 筆名 : 小春 · 正路生 · S.K)은 1920년 극예술협회를 조직하고, 1921년 동우회순회연극단을 주도하는 등 신극 발전에 지대한 공을 남긴 극작가이며 연극 운동가였다. 그는 또 식민지 민중들을 싸구려 눈물로 호도하려던 신파극의 흐름에 반대하고, 근대적 서구 연극을 수입하는 등 우리 연극의 수준을 한 단계 끌어올리는 데 기여한 장본인이기도 하다. 하지만 생전에는 별로 주목받지 못했으며 뒤늦게 그 진가가 높이 평가되는 특이한 경우에 속하는 문학인이었다. 그는 한동안 「축산론(畜産論)」, 「조선(朝鮮)에 있어서 삼림사업일반(森林事業一般)」 등의 논문을 집필하는 등 아버지의 뜻을 받들어 전문 농업 경영인으로서의 길을 걷기도 했으나, 이미 16세부터 「공상문학(空想文學)」이라는 소설을 창작할 정도로 내적으로는 문학에 경도된 모습을 보이기도 한다. 1918년 그의 나이 21세에 첫 출가하여 이듬해 와세다대학 영문과에 진학함으로써 본격적인 문인의 길을 걷게 된다. 그는 이 시기 뛰어난 외국어 실력으로 선진 서구 문예이론을 섭렵하였다. 1919년 3·1운동의 시기에는 몇몇 서클의 모임에 참여하거나, 조선인 동료의 재판정을 찾는 등 나름대로 바쁘게 뛰어다닌 것으로 보이나 특별히 앞장서 뭔가를 도모한 것 같지는 않다.

김우진에 대한 연구는 그의 선구성으로 말미암아 학계의 선각으로부터 최근의 젊은 연구자에 이르기까지 지고한 관심의 대상이 되어왔다. 김우진의 진면목을 처음으로 주목한 이는 이두현이었다. 그는 김우진에 의해 주도된 '동우회순회연극단(同友會巡廻演劇團)'의 활동을 높이 평가하면서 "한국 신극 운동을 추진시킨 선구적 의의를 갖는 운동이었다."고 지적하였다. 그는 이어 "(김우진은) 근대적 지식층이 직면한 절실한 문제에 도전하여 그 해결에 고뇌한 끝에 패배"한 시대의 희생자였으며, "그의 죽음은 한국 신극사의 커다란 손실"이라고 아쉬워하기도 했다.[1] 이러한 이두현의 선구성 지적은 그 뒤 많은 연구자들에 의해 인용되면서 더욱 굳어졌다. 유민영도 그의 저서 곳곳[2]에서 김우진의 선구성을 거듭 지적하고 있다. '20년대 최고의 연극인'이라거나, '요절천재', '최초로 서구 근대극을

---

1) 이두현, 『한국연극사』, 보성문화사, 1983, 193~197쪽.
2) 유민영, 『한국현대희곡사』, 새미, 1997, 155~156쪽; 유민영, 「표현주의극과 그 수용」, 『전통극과 현대극』, 단국대학교 출판부, 1984, 184~188쪽; 유민영, 『비운의 선구자―윤심덕과 김우진』, 새문사, 2009.

제대로 연구하고 소화한 작가', '소인극(素人劇) 운동에 불꽃을 당긴 장본인', 심지어 '민족운동의 발화자(發火者)'라고까지 상찬(賞讚)하고 있다. 이는 김우진이 처음으로 극작에 표현주의를 도입했다거나, 소인극 운동을 주도하여 연극 운동의 차원을 한 단계 높인 점에 주목한 것이다. 실제로 김우진이 1925년에 발표한 「창작(創作)을 권(勸)합네다」[3]를 보면 문예 창작의 테마로 1) 계급적 굴레를 벗어날 고민과 자각의 필요, 2) 전통 모럴에 대한 가치 전환 촉구, 3) 여성의 경제적 · 사회적 문제에 대한 관심, 4) 생명 · 죽음 · 신 · 이상의 인생 철학 수립 등을 제시하고 있다. 당연히 김우진의 이런 작가적인 태도는 매우 근대적인 의식이 반영된 것으로 평가될 수 있을 것이다.

학계에서 이들의 작가론은 이후 연구자들의 연구에도 심대한 영향을 끼쳤다. 초기의 작품론 가운데 표현주의와의 관련성을 밝혀보려는 시도들이 특히 그러하다. 이미원,[4] 김성희,[5] 홍창수[6]는 그 대표적인 사례라 할 만하다. 이들 중 특히 김성희의 연구는 주목할 만한데, 그는 종래의 연구가 작품이 지닌 현대성의 면모와 그 의미에 대한 구체적인 분석이나 문학적 성취에 대한 치밀한 고찰이 부족했다고 비판하고, 김우진 희곡에 나타난 표현주의적인 세계관, 방법에 나타난 현대성과 그 의미를 심도 있게 분석하고 있다. 또, 기호론적인 방법론을 통한 의미 구조와 담론 분석을 시도한 연구들도 있는데, 민병욱,[7] 박명진[8] 등이 그 대표적인 경우라 할

3) 김우진, 『김우진전집』 II, 전예원, 1983, 110~114쪽(이하 『전집』 II 으로 약칭함).
4) 이미원, 「김우진희곡과 표현주의」, 『경희어문학』 7, 경희대학교 국어국문학과, 1986.
5) 김성희, 「김우진의 표현주의 희곡에 나타난 현대성과 그 의미」, 『한국현대희곡연구』, 1998.
6) 홍창수, 「김우진의 표현주의와 〈난파〉 연구」, 『한국현대극작론1 – 김우진』, 태학사, 1996.
7) 민병욱, 「김우진의 〈이영녀〉 연구」, 부산대학교 석사학위 논문, 1987.
8) 박명진, 「김우진 희곡의 기호학적 분석 – 〈산돼지〉를 중심으로」, 중앙대학교 석사

만하다. 이 중 민병욱이 행한 〈이영녀〉 분석은 뛰어난 기호학적 해석으로 주목된다. 민병욱은 〈이영녀〉의 심층 구조에 숨겨져 있는 갈등 모델을 '삽화극적 요소와 구조'로 분석하여 극적 갈등과 갈등 행위자의 삶이 어떻게 관련되고 있는지를 보여주고 있다. 한편 김우진 희곡에 대한 비교문학적 접근[9]이나, 페미니즘적 시각을 통한 접근[10] 등도 있다. 기타 최근의 흥미를 끄는 연구 성과로는 권정희[11]와 정대성[12]의 연구를 지적할 수 있겠다. 먼저, 권정희는 〈산돼지〉를 예로 들어 '생명력'의 중심에 '자유의지'를 강조하던 기존 연구자의 태도를 비판하면서, 작품 '내부'의 리듬을 강조하는 극작법의 일환으로 생각할 필요가 있다고 주장한다. 나아가 그는 김우진의 사유가 베르그송의 생의 철학이 '우리 내부의 생명력의 리듬'에 모아진다고 주장한다. 이는 생명을 물질과 관련하여 일정한 법칙체계로 설명하고자 하는 베르그송의 철학적 사유를 김우진이 자신의 극작 원리로 이해하고 있었다는 주장이어서 주의를 끈다. 또 정대성은 종래의 연구자들이 보여주었던 일반적인 방법론과는 달리 김우진의 한시 작품들에 나타난 작가 의식을 분석하여 김우진의 주제 의식을 '전통과 근대의 변증법'으로 규정하고 "이것이 단순히 장르상의 넘나듦을 넘어 그의 극작품에도 일정하게 반영되고 있다."고 주장하여 주목을 끈 바 있다.

학위 논문, 1988.

9) 이에 대한 구체적 성과로는 박미령, 「극작가의 시적 자질과 언어수행의 비교 연구 −한국의 초성과 캐나다의 뒤베의 작가론」(『한국국어교육연구회 논문집』, 1989), 이직미, 「김우진 희곡의 비교문학적 연구」(연세대학교 석사학위 논문, 1984) 등이 있다.

10) 이에 대한 구체적 성과로는 주유순, 「김우진 연구」(단국대학교 석사학위 논문, 1987), 이은자, 「김우진희곡연구」(서울대학교 석사학위 논문, 1987) 등이 있다.

11) 권정희, 「생명력의 리듬의 형식」, 『반교어문연구』 30집, 2011.

12) 정대성, 「한국 근대시의 먼동 : 김우진의 한시−전통의 변용과 창출, 전통과 근대의 변증법」, 『민족문화논총』 31집, 영남대학교 민족문화연구소, 2005.

한편, 최근 양승국은 김우진의 부친인 김성규의 개인 문집이랄 수 있는『초정집』에 대한 분석을 토대로 기존 연구의 성과들이 선행 연구자들의 '몇 가지 선입견'[13]에 의한 것이었다고 비판하고, 이제 김우진에 대한 연구는 "가족관계에 대한 실증적 고찰을 통해 원점에서부터 다시 시작될 필요가 있다."[14]고 제안한다. 양승국에 따르면 김우진 문학의 주제 의식은 '모성 결핍 모티프'와 '아비 초극 의식'이라고 해석하고 앞으로 '1920년대 연극 환경과의 관계 분석', '그를 죽음으로까지 몰아간 억압의 정체에 대한 정신분석학적 접근'이 필요할 것이라고 전망하고 있다.

위의 선행 연구 성과를 비판적으로 검토해볼 때 1) 이두현, 유민영 등의 연구는 극작가 김우진의 연극 참여에 대한 객관적 검토를 우선적으로 고려하고 있지 못하며, 2) 이미원, 김성희, 홍창수 등의 연구 역시 방법적인 측면 —드라마트루기— 의 지나친 강조로 정작 작가 자신의 주관주의가 형성되는 과정에 대한 분석이 미흡하며, 3) 민병욱 등이 기호학적 접근 역시 작품해석의 공간으로부터 문학작품이 담고 있을 인간적 체취와 생동감을 거세해버리는 약점을 노출하고 있다. 마지막으로, 4) 양승국의 연구에서도 가족사에 대한 면밀한 검토가 "한 문학가의 내면세계가 어떻게 형성되고 그것의 표현으로서의 작품 세계가 어떤 모습을 갖는"지에 대해서만 과도하게 집착함으로써, 주관적 조건과 함께 마땅히 거론되어야 할 객관적 조건에 대한 배려를 놓치는 아쉬움을 남기고 있다고 판단된다.

---

13) 양승국, 「극작가 김우진 재론」(『한국극예술연구』 제7집, 1997, 9~12쪽)에 의하면 그 구체적인 것으로 "첫째, 그의 선구자 의식을 과도하게 강조하였다. 둘째, 가수 윤심덕과의 정사에 과도하게 집착하여 그 주제 의식을 일방적으로 죽음과 연관시키고 있다. 셋째, 가족관계에 대해 막연히 '많은 계모와 이복 동생들'을 언급하면서 그의 주제 의식을 안일하게 신구세대 혹은 보수와 진보 등으로 규정하고 있다."고 지적한 바 있다.
14) 양승국, 「가족애의 안식을 향한 고통의 여정」, 『한국희곡작가연구』, 태학사, 1997, 35쪽.

본고에서는 극작가로서 김우진의 문학관이 어떤 모습으로 전개되는지를 주목하고자 한다. 이를 위해 본고에서는 기존 연구를 비판적으로 수용하고, 김우진의 문학관의 형성 과정을 고구함으로써 그의 문학관의 실제를 '수단으로서의 문학'과 '목적으로서의 문학'으로 나누어 살펴보고자 한다.

2. 문학관 형성과 그 양상

그의 문학관 형성에 작용한 첫 번째는 '아버지의 요구와 그 변용'이라고 할 수 있을 것이다. 이는 1926년 그가 두 번째 출가하던 때까지 그의 문학적 세계관을 규정 짓고 있었던 외적 조건이 된다. 김우진은 그의 아버지가 요구한ー자신의 일생에서 이룰 수 없었던, 그래서 아들을 통해 이루고 싶어했던ー'민국(民國)에의 기여(寄與)'라는 인생의 목표를 실현할 방법으로 문학의 길을 '선택'한 것으로 보인다. 그러나 이런 김우진의 선택은 아버지의 요구와는 상반되는 것이었다. 김우진의 기대는 문예 운동을 통한 지식인의 사회적 책무를 다하는 것이었지만, 그의 아버지는 나라가 이미 기울어 어지럽게 된 세상에서 가문의 보존과 번성을 도모하는 것만이 최우선적인 목표였기 때문이다. 부친의 이른바 '관량지재(管亮之才, 관우와 제갈량의 재주)'는 오직 조상의 은혜에 보답하고 후손을 번영케 하기 위한 회사의 운영에만 집중되었다. 『초정집(草亭集)』[15]을 면밀히 검토하여

---

15) 이는 김우진의 부친인 김성규(字 寶衡, 號 草亭居士, 1863~1935)의 사후인 1937년 그의 아들인 김철진, 김익진이 엮은 김성규의 개인 문집이다. 전체 12권으로 구성되어 있으며 김우진과 그의 가계를 이해하는 데 필요한 많은 자료를 담고 있고, 특히 『전집』에 나타나지 않았던 다수의 한시ー이는 김우진이 주로 그의 아버지와 운을 주고받으며 읊은 것들이다ー서간문 등을 포함하고 있어서 인간 김우진

소개한 양승국의 연구[16]에 의하면, 김우진의 부친 김성규는 반계(磻溪), 다산(茶山)의 실학과 신학문을 두루 섭렵하였으며, 특히 전제(田制)와 양전(量田)의 문제에 깊은 관심을 기울였다고 한다. 내치, 외교, 용병(用兵), 이재(理財)의 학문에 능하였고, 수리(數理)와 역상(曆象)의 연구에도 힘을 쏟았으며 특히 수리에 밝았다고 한다. 1887년 이후 관계(官界)에 발을 들여놓아 다양한 경력을 쌓기도 하였는데, 비록 개인적인 사정으로 임지에까지 부임하지는 못하였으나 파리 주재 유럽 5개국(영국, 프랑스, 독일, 러시아, 벨기에) 전권대사의 서기관, 전라도 지방(고창, 장성)의 지방관, 중앙부처(주로 군사, 물자조달 분야)의 실무관리, 강원도순찰사 등의 경험이 그것이다. 김우진의 표현대로 "정력 있는 천재"였던 셈이다. 그러나, 그의 부친 김성규는 자신의 이런 경륜을 나라를 구하거나 동포를 구제하는 데 펼치지 않았다. 비록 그가 봉건적 농업 자본을 근대적인 형태로 발 빠르게 전환하는 등 근대 의식에 일찍 눈뜬 점에서 뛰어난 근대성을 보여주지만, 그것이 공리적(功利的) 기여를 한 것은 아니었던 셈이다. 실제로 그가 동학농민혁명 시 사태 수습을 위한 정부측 협상 실무자로 나서 보여주었던 이중적 태도는 봉건 시대 관료의 계급적 패턴을 보여주는 것으로 손색없는 사례이다. 이런 점은 김우진이 〈이영녀〉 등에서 보여주었던 기층 민중에 대한 남다른 태도와 뚜렷이 대조되는 것이다. 또 김우진의 부친 김성규가 다섯 부인과 열 명의 자녀를 거느리고 문중의 새로운 시조─김해 김씨 문중의 '초정파'를 창시함─가 되는 봉건적 가부장이었으며, 철저히 남성 우위의 가벌 의식을 지닌 인물이었던 데 반해, 김우진은 아버지의 이중적 근대 의식에 몸서리치며 집안의 남성 우위적 분위기에도 정면으로 반

에 대한 다양한 면모를 알 수 있게 해준다.
16) 양승국, 「극작가 김우진 재론」, 앞의 책, 17쪽.

박―그러나 그의 반항과 도전은 자학적인 성격을 띠는 것이었다[17]―하는 등 대조적인 세계 인식을 보여주고 있는 점에서 다르다. 하지만 젊은 김우진에게 이런 아버지의 모습은 이중적으로 각인되는 것이었다. 존경과 흠모의 대상으로서 본받아야 할 대상이었으며, 동시에 증오와 극복의 대상이기도 했던 것이다. 김우진이 구마모토의 농업학교에 유학 중이던 어느 날 고향의 아버지와 재종형에게 보낸 편지의 일부를 보자.

> 우거진 푸른 풀 나날이 새로운데
> 남의 돌아가고픈 마음 움직여 봄을 견디기 어렵네
> 고향은 여기서 어언 삼천리
> 밤 꿈에서나 고향집 늙은 아버님을 뵙네[18]

아 兄主여 결코 在木中에 父主로부터 드르신 農의 말삼을 勿忘하시고 身死하기까지 의식할 責任이 重大하다 하시오. 나난 三年間 彼의 農學校에서 奮鬪할 터이오만 나의 業을 卒하고 歸國할 時에 兄主가 農을 崇하난 幾許의 經歷이 顯著하면 이갓치 깃부게 兄主의 身上을 對하야 奉賀할 터이올시다.[19]

농사일에 종사하면서도 농사일을 싫어하는 재종형에게 보낸 이 편지는, 비록 그것이 형을 위한 고언(苦言)이라고는 하나 그가 이미 아버지의 사업 방식이나 주장에 상당한 공감을 표하고 있었던 것으로 보여 주목된

---

17) 1924년 1월 29일의 일기를 보면 "그 자지 달고 있는 남성의 豪威"에 대해 일방적으로 당하고 있는 딸 진길의 "비로드의 두 뺨"을 심하게 때리고 고통스러워하는 모습을 볼 수 있다. 집안의 일상적 분위기, 즉 "남자의 모욕과 우월과 주제넘음"에 대한 응징이 거의 자학의 수준에 머루고 있음을 보여주는 것이다. 이는 동시에 인습이라는 장벽 앞에서 김우진이 얼마나 무기력했는지를 보여주는 좋은 사례이다.
18) 『전집』 II, 215쪽.
19) 『草亭集』 卷之二, 재인용(양승국, 앞의 글, 앞의 책, 26쪽).

다. 당시 그의 아버지는 비록 유학자였지만 봉건적 농업 자본을 근대적 자본의 형태로 발 빠르게 전환하고 있었다. 그가 목포에서 설립한 '상성합명회사(祥星合名會社)'는 오늘날의 종합상사처럼 부동산 투자, 농업, 임업, 잠업, 금융업, 유통업 등에까지 손길을 뻗치고 있었다. 이런 아버지의 정력적 활동에 대해 김우진은 깊은 존경과 흠모의 정을 보여주었다. 이런 존경과 흠모의 정은 당연히 아버지의 뜻을 따르는 일에 경주되었다. 실제로 1918년 김우진이 구마모토농업학교를 졸업하면서 썼다는 「조선(朝鮮)에 있어서 삼림사업일반(森林事業一般)」이라는 논문은 그 내용의 우수함으로 해서 당시 일본에 망명 중이던 영친왕으로부터 5원의 상금까지 받았던 것이다. 또 그 1년 전인 1917년에는 결혼하기 위해 잠시 귀국해 있는 그 바쁘고 짧은 동안에도 아버지를 위해 「축산론(畜産論)」을 집필하기도 했다. 이런 김우진의 태도는 그가 아버지의 이중적 근대 의식과, 고향 목포에서 아버지의 사업을 도우면서 깨닫게 된 자본의 탐욕, 새롭게 주목하게 된 기층 민중들의 열악한 삶의 현실 등에 자극되기 전까지는 계속되었던 것 같다.

이제 그의 내부에서만 내연(內燃)하고 있던 문학에의 열정은 구체적으로 문예 운동을 통한 '공리적 기여'에로 모아지기 시작했다. 그가 아버지의 뜻을 어기고 문과대학 진학을 결행하기 위해 첫 번째 출가를 한 이후 동경에서 경험했던 3·1운동의 폭발적 힘은 더욱 '문학을 통한 공리적 기여'라는 생각을 굳히게 했다. 또 1920년의 '극예술협회'에 참여하고, 1921년에는 '동우회순회연극단'을 주도하면서 얻은 경험은 문예 운동에 있어서의 특히 '연극의 강력한 힘'을 더욱 신뢰하는 계기가 되었을 것으로 짐작된다. 그는 이제 연극에 보다 적극적으로 헌신하게 되었고 거침없이 서구의 근대 연극 이론을 흡수했던 것이다. 여기에 그의 뛰어난 어학 실력은 좋은 무기였을 것이다. 그가 1921년 연극에 관해 처음으로 쓴 비평문인 「소위(所謂) 근대극(近代劇)에 대(對)하야」에서는 다음과 같이 말하고 있다.

안일을 탐하고 타락의 夢에 취한 俗衆을 驅逐하며 정복(하기 위해)… 근대예술의 일부인 연극에 필요한 사회적 지위를 절실히 생각하지 않으면 안 되겠다. …자유 평등의 혁명적 사상이 처음에 내면적, 즉 영혼의 구제와 해방을 위하여 鼓脹한 것이, 외면적, 정치적 사회적 실제 행동이 된 것을 음미하면, 근대적 연극의 사회적 사명도 수긍 할 것…[20]

그가 극작가로서 셰익스피어나 던세이니 경을 사사했다고는 하나 주로 입센의 근대극에 공감하고, 버나드 쇼의 사회문제극 등에 관심을 보인 것도 바로 이런 근대 의식이 바탕에 깔린 것이다. 계속해서 김우진의 근대극 의식은 다음의 인용문에서도 발견할 수 있다.

근대극은 經理的 手腕을 가진 동시에 예술적 天稟을 구비한 사무적 예술가의 출현에 미래의 기대를 줄 수 있다. 劇團 내의 제 부문 배경에 관한 심미적 요소와 의상과 광선도 양식화할 일 자료로 알고 활동하는 의장가, 건축가, 화가, 음악가, 그러한 제 예술적 표현을 통일하여 상연을 가능케 하는 극장의 主腦는 지배인과 무대감독이다. 舊日의 배우중심의 虛言的 연극개념을 一掃하고 관중에게 극적 목적을 達케 하는 것이 最要素이다. … 근대극은 결국 인류 영혼의 구제를 사명으로 하여 敎鍊있고 수완 있는 예술적 지배자의 극적 표현을 중심으로 사회적 민중의 교화와 오락을 목적으로 하여 인류공동생활에 공헌하는 데에 그 의미의 전적 존재를 인정 할 수 있다.[21]

---

20) 『전집』Ⅱ, 117쪽.
21) 『전집』Ⅱ, 119쪽.

김우진이 생각하는 근대극 의식이란 이미 내용에서뿐만 아니라 형식에서도 당시 신파극의 수준을 넘어서는 것이었다. 김우진은 신파를 식민지 백성들의 값싼 눈물에 호소하여 민중을 호도하는 허언적 연극이라고 통박하고, 이제 연극이 전문가 집단에 의해서 완성되는 종합예술을 지향해야 한다는 주장을 펴고 있다. 그의 근대 의식이란 '도덕적으로 낙후되고 정체된 사회를 혁파'[22]하는 것이었다. 그러나 이 근대 의식은 현실적인 벽에 부딪히게 된다. 그 벽은 그때까지 그에게 근대 의식을 불어넣고 일깨웠던 '아버지'와 '중앙문단의 관념적 급진주의자들'이었다. 전기한 바와 같이 아버지의 상성합명회사는 '충군보국(忠君報國)'과 '민국(民國)에의 기여(寄與)'를 위한 것이 아니라 오직 아버지 자신의 '서출한(庶出恨)과 적손(嫡孫) 경진의 패악(悖惡)'[23]으로부터 가문을 수호하기 위한 것이었다. 김우진 자신의 이상과 아버지의 괴리는 이미 화합할 수 없는 상태에 이르러 있었다. 이제 김우진에게 남겨진 과제는 자신의 문학적 세계관을 구현하기 위해서 그것과 맞서 싸울 것이냐, 아니면 내연하는 문학에의 열정을 스스로 잠재우고 현실에 안주할 것이냐 하는 선택뿐이었다. 스스로 고백하고 있듯이 거의 아버지의 뜻을 거역하고 살지 않았던, 효성 깊은 김우진에게 그것은 고통스러운 요구일 수밖에 없었다. 또한 자신이 선택하려는 학문의 길이 과연 옳은 것일까 하는 자기 염려도 또한 있었다.

오 과연 내게 힘이 있을까. 이 과거의 形骸를 餘灰를 대항할 힘이 있을까. 나는 몸을 떨며 가슴이 내려앉는다. 오 내게 힘이 있나! 불쌍하기는 한 —개인적인 운명과 다투어 승리를 얻었으나 이 時運의 不利로 神의 위협을 받는 父主! 이 전통에 저항할 그 힘과 무기를 내가 아니 가진 것은 아니다.

---

22) 유민영, 「선각자 김우진의 연극 실험」, 『한국현대극작가론1 – 김우진』, 태학사, 1996, 87쪽.
23) 양승국, 「극작가 김우진 재론」, 앞의 책 참조.

그러나 父主라는 情愛, 비극의 Hero에 대한 相情을 극복할만한 힘이 내게 있나! 오 의심컨대 나야말로 Hamlet가 아닌가![24]

'모든 인습과 전통'을 버리고 나선, 자신 이외의 '모든 것'을 버리고 나선 그 문학에의 길이 내면세계에서 갈등하고 충돌을 일으킬 때, 그리고 그것이 결코 포기할 수 없는 '개성'을 한쪽으로 한 것일 때, 주체가 선택할 수 있는 것은 과연 무엇일까? 그것은 바로 '속 생활'로의 선택일 것이다. 이제 그를 현실세계에서 '난파(難破)'케 하고 현해탄에서의 그 비극적인 '정사(情死)'에까지 이르게 한 내면 의식을 탐구해보기로 하자.

> "그것이 뭐야?"
> "아무리 못난이라도, 영웅, 천재 아닌 사람이라도, 제각기 제 특징과 가치만에 의해 살아야 한단 말이다. 數千 丈이나 되는 瀑布도 제 힘에 넘쳐 뛰어내리고 있지. 그와 동시에 적은 시냇물도 제가 어찌할 수 없는 힘에 몰려 흐르고 있지 않니? 나는 因襲과 傳統과 道德 이 모든 것에 反逆의 宣言을 行動化하고 있다. 그러니 내 행동은 論理가 아니고 功利가 아니고 倫理가 아니다. …내 속에는 어찌할 수 없는 내 生命이 뛰놀고 있다. 홍 아버지 같은 이는 '文學의 中毒'이라고 하겠지. 中毒도 좋아 내게는 이것만이 제일 아닌가… 내 '속 생활의 힘' 이것만이 문제거리다 알겠니?"[25]

이때 김우진이 취했던 내적 삶의 원리는 무엇일까? 이는 그의 문학관 형성의 내적 조건을 이해하는 한 관건이 될 수 있을 것으로 판단된다. 1922년 11월 20일의 일기를 보자.

> 여명에 서 있는 젊은이 낡은 전통은 아직 완전히 사라지지 않고 새로운

---

24) 『전집』 II, 290쪽.
25) 앞의 책, 같은 쪽.

생활의 새벽이 마악 밝아올 때, 숨막히고 게다가 무엇인가를 구하려하는, 잿빛과 열은 붉은 빛 가운데 서 있는 조선의 젊은이. 그리고 이들은 그 고민으로 Russia 혁명 전의 intelligenzia보다 몇 배, 이 초조함에 있어 Dante 이상. 나는 그들의 지금의 운명을 기꺼워한다. … 그러나 나는 생각하고 또 생각한다. 혹 그들이 이 현대의 조선을 짊어질 고민에 대해 아주 깊이 파고 들 정도의 용기를 가졌는가? 또 거기서 빠져나와 새로운 광명의 세계로 들어갈 만 한지혜가 있는가? 이 지혜와 용기의 힘 두 가지 중 하나라도 그들이 가졌다면 그들은 행복한 것이다. 하지만 나는 의심한다. 통절하게 말이다! life force인가, reason인가.[26]

김성희의 지적에 의하면 김우진의 중심 주제는 "개인의 사회로부터의 소외(疎外)와 그로부터 유발된 자아의 분열 의식(分裂意識)"[27]이라고 한다. 이는 김우진의 주제 의식이 지식인의 사회적 역할을 의식하던 종래의 문학적 태도에서 어떤 변화가 있었음을 전제로 하는 것이어서 주목된다. 즉, 문학가로서의 사회적 참여가 제약받을 때 겪게 되는 내면세계의 갈등이 그의 주제 의식이라는 지적이기 때문이다. 이 내면적 갈등의 종착점은 아버지가 요구하고 있던, 나아가 관념적 지성이 그에게 요구하고 강제했던, 그러나 자신 스스로는 정작 이룰 수 없음을 알고 절망했던, 혁명가로서의 사회적 이상(理想)을 포기하는 것이었다. 그렇다면 이제 김우진은 이 이상의 빈자리를 무엇으로 메울 수 있을 것인가? 김우진의 선택은 '아버지 대신 어머니', '사회 개혁 대신 예술'[28]이었다. 그러나 그의 표현주의적 내면의식은 〈산(山)돼지〉에서처럼 '봄의 생명력', '모성' 따위로 추상화, 주

---

26) 앞의 책, 288~289쪽.
27) 김성희, 「김우진의 표현주의 희곡에 나타난 현대성과 그 의미」, 『한국현대희곡연구』, 태학사, 1998, 50쪽.
28) 김성희, 「산돼지의 의미론적 구조」, 『한국희곡과 기호학』, 집문당, 1993, 183~184쪽.

관화함으로써 내용적으로 허약한 것이 되고 만다. 자신에게 요구되고 있던 사회 개혁에 대한 책임은 무의식 세계에 존재하는 것으로 파악되고,[29] 의식의 측면에서는 가정에서 느끼는 억압과 같은 선상에서 파악하여 주관주의와 실천 사이에 어정쩡한 상태가 되고 말았던 것이다. 이는 그가 〈이영녀(李永女)〉 같은 작품에서 보여주던 사회적 책임 의식을 바탕으로 한 명징한 현실 인식이 표현주의 극 형식에 경도(傾倒)되면서 변질된 것으로 보인다. 정우숙은 한 연구[30]에서 〈이영녀〉를 둘러싼 기존 논의를 정리한 후, "사실주의적인 내용과 비사실주의적인 형식의 혼합형"이라고 보는 것이 타당하지 않겠는가 하는 제안을 내놓고 있다. 즉 그의 작품 속에서 〈이영녀〉는 현실 문제에 대한 인식 내용이 사실주의자들의 그것과 같은 맥락에서 이뤄진 것으로 볼 수 있겠지만, 이 같은 인식 내용을 담고 있는 그릇이 그것과는 다른 것이라는 지적이다. 이는 필연적으로 내용과 형식의 괴리로 이어졌고 이런 괴리는 이 작품을 '종결'하는 데 일정한 어려움으로 작용하였으리라고 추측할 수 있는 근거이기도 하다.

연극에 있어서 표현주의는 1차 세계대전 이후 초기 자본주의가 보여주었던 과도한 물질주의에 대한 독일 중류계급의 반발과 불안에서 싹튼 것이다. 이는 낭만주의의 또 다른 모습이기도 하다. 즉, 다소의 차이는 있지만 주관주의와 인본주의의 결합이라는 측면에서 그 본질이 일치한다고 볼 수 있기 때문이다. 19세기 유럽 사회의 중류계급과 그들에 의해 만들어진 제도에 대한 표현주의자들의 이 같은 강한 반발과 고뇌는 그들의 일상적인 모습이기도 하다.

표현주의는 역동적이고, 온건과 상식, 권위와 관습에 대하여 반항적이다.

---

29) 〈산돼지〉에서는 '동학 이념과 그것의 역사적 계승'이라는 문제가 몽환 장면으로 처리되어 극의 전체적 맥락과 동떨어진 것이 되고 말았다.

30) 정우숙, 「이영녀 재론」, 『한국근대문학연구』 2, 2000, 48~71쪽.

상징주의가 당대의 물질주의의 추함으로부터 보편적 진리와 미의 이상향으로 신비적 도피를 꾀한 데 비해서, 표현주의는 현대 세계의 물질주의의 추함을 난폭하게 풍자했으며, 비인간성에 대한 고통에 찬 항거를 보였다. 표현주의 연극의 주인공은 때때로 디오니소스적인 모습을 띠고 생을 포용하며, 극대한의 삶을 영위하기 위해 투쟁하나 그것이 사회와 인습에 의해 좌절될 경우 과감하게 자살을 선택하기도 한다. 또 다른 형태의 표현주의 연극의 주인공은 구원자이자 동시에 순교자의 모습을 띠고 인생을 그의 개인적인 비전에 맞추어 해석한다.[31]

이같이 표현주의는 주관에 투영된 퇴폐적 자본주의 현실에 대한 반발 의식을 마치 현실의 본질이나 존재론적 요소인 것처럼 절대화하여, 그것의 인위적 복원―주로 내면의 독백, 몽타주 수법―을 시도한다. 그러나 표현주의의 이런 태도는 현실을 제대로 그려내지 못한다[32]고 비판되기도 한다. 하지만 정작 김우진은 이런 식의 비판에는 이미 초연해하고 있었다. 1924년 8월 24일자 일기에서는 '조명희군에게'라는 형식을 빌려 다음과 같이 토로하고 있는 것을 볼 수 있다.

외면으로 봐서 What의 생활보다 How의 생활에 참뜻이 있을 것이외다. …Strindberg가 30대 때의 Sweden 사회적 분위기를 맛 본 것 같은 큰 걸작이 지금 ― 小부르조아 가정 안에서 생활하는 내게 돌아올 것이외다. 나는 숙명론가요, (後來도) 이 숙명을 벗어나지 못할 줄 압니다만 한 가지 이

31) 버나드 휴이트, 『현대연극의 사조』, 정진수 역, 기린원, 1991, 104쪽.
32) 루카치의 이론에 의하면 "(주관주의, 상징주의 등은)세계 자체의 다양한 부분들 사이의 관계뿐 아니라 인간주체와 객관적 세계 사이의 진정한 관계를 드러내지 못하고, 현실을 왜곡되게 지각하거나 계급 간의 모순에 기반한 객관적 사회의 제 조건을 은폐하는 이데올로기적 왜곡이므로 '사이비 문학 운동'일 뿐이다."고 한다. 데이비드 포거스, 「맑스주의 문학 이론들」, 『현대문학이론』, 송창섭 외 역, 한신문화사, 1995, 235~236쪽.

How의 생활에서 내 가치를 나타내고자 합니다.[33]

비록 자신의 이런 태도를 세인들이 광인(狂人)의 것이라고 욕할지라도 자신은 '끌려가는 생활'을 버리고 '(어떤 의식적 노력을 가지고)해 나가는 생활'을 선택하겠다는 것이다. 물론 그것은 자신의 창작욕을 위해서, 그 강한 내부의 '생명감'을 좇아 나아가고 싶다는 의지의 고백이기도 하다.

3. 수단으로서의 문학, 목적으로서의 문학 : 〈이영녀〉와 〈산돼지〉의 경우

작품 〈이영녀〉는 '문학의 사회에 대한 공리적 기여'라는 그의 주제 의식을 드러내는 좋은 사례이다. 작품은 사회의 복잡한 밑바닥을 떠돌면서 어렵게 인생을 살아가는 여인이 당시 현실 속에서 어떻게 유전하면서 끝내는 죽음에 이르게 되는지를 예리한 자연주의적 시각으로 형상화하고 있다. 1막의 무대는 안숙이네이다. 이곳에는 포주인 안숙이네와 매음녀인 이영녀가 그의 세 아이들과 함께 살고 있다. 그녀에게는 비록 동거하고 있지는 않지만 남편이 있고, 세 명의 아이들까지 있다. 영녀가 뚜쟁이 안숙이네를 통해 매춘을 하는 이유는 가족들의 생계와 자식의 교육을 위해서이다. 하지만, 여러 남자들과 집단적인 성행위를 요구받고는 그 요구에 반항하여 뛰쳐나오게 되고, 그 결과 밀매음죄로 경찰에 붙잡히는 신세가 된다. 2막의 무대는 지방 부호인 강영원의 집이다. 이 집의 행랑채에는 문간지기 부부, 찬모, 인력거꾼이 더부살이를 하고 있다. 그리고 밀매음죄로 30일간의 구류를 살고 나온 이영녀가 둥지 삼아 강영원의 면화 공

---

33) 『전집』Ⅱ, 298~299쪽.

장에 나가 일하는 모습이 나온다. 1막에서 최소한의 인간적인 자존심을 지키려 했던 그녀가 밀매음죄로 구류를 살고 나온 뒤 경찰서장의 배려로 강영원의 집 행랑에 기거하면서 강의 면화 공장 공녀로 일하고 있는 것이다. 그러나 사실 경찰서장의 배려는 강영원의 음침한 속셈에 의한 것으로 영녀는 여전히 강영원의 성적 희생양이다. 어느 날 영녀는 공장 감독과 싸우게 되고 그 일로 인해서 공장과 집으로부터 쫓겨나게 된다. 한편 영녀의 남편이 객지에서 싸우다 죽었음이 알려진다. 물론 전막에서와 마찬가지로 영녀의 등장은 잠깐에 불과하고, 대신 행랑채에 살아가는 서민들의 삶은 비교적 리얼하게 그려진다. 3막의 무대는 유달산의 초가집이다. 이곳에서 영녀는 유서방과 동거하는 것으로 그려진다. 유서방은 "튼튼하고 힘세고 원시적인 자연 속에서 큰 힘으로 펄떡 뛰어나온 듯한 33세의 노동자"이다. 여기서 영녀는 앓고 있는 것으로 나타나는데, 그 이유는 유서방의 강한 정력을 감당하지 못한 때문이며 거기에 영양실조까지 겹쳤다. 아내에게서 만족을 얻지 못하는 유서방은 영녀의 딸인 명순까지 범하려 하지만 실패한다. 이런 가운데 영녀는 죽음을 맞게 되는데 전막들과 마찬가지로 영녀의 등장은 극히 일부에 그친다.

다만 우리가 관심을 기울일 지점은 작가 김우진의 사회 현실에 대한 관심과 문학작품을 통한 공리적 기여가 어떤 모습으로 구체화되고 있는가에 있다. 먼저 작품의 무대를 보자.

> 원래 해변을 매립하여 된 市街地에는 많은 지주, 家主가 생겼다. 집이 들어서고 공장 煙突이 생기고 도로가 넓어질수록 住宅難과 生活難은 커진다. 그래서 이 兩難에 쫓긴 勞動者들은 市街地에서 흘린 피땀을 유달산 바위 및 오막살이 안에서 씻는다.

무대에서 주의를 끄는 부분은, 삼학도와 유달산에 얽힌 전설에서처럼

1막과 2막의 무대가 3막의 무대와 그 의미가 다르다고 하는 점이다. 즉 1막과 2막은 타락한 사회와 혼돈된 인간의 삶을 반영하는 카오스적인 공간이라고 칭할 수 있는 '시가지'에서의 사건을 다룬다면, 영녀가 끝내 죽음을 맞이하는 3막의 유달산은 그녀의 고단했을 삶을 마감하고 정화하는 이데아적 공간으로 설정되었다는 점이다. 이는 그의 현실 인식이 철두철미하게 객관적 현실 세계를 재현하거나 그 안에 살아가는 삶의 단면을 통하여 그것의 본질 모순을 비판 폭로하거나 개선하는 데에 초점을 맞춘 것이라기보다는 일정한 지향을 확정하지 않고 미뤄둔 결말처럼 작가 의식의 실체를 규명하는 데에 일정한 일깨움을 주는 공간 설정이라 할 만하다. 이를 구체적인 사건 전개 양상을 통하여 살펴보기로 하자.

그간 김우진의 이 작품은 서사적 구조가 갖는 특이성으로 말미암아 많은 연구자들의 주목을 받아왔다. 우선 이 작품의 극 형식을 살펴보면 시간과 공간이 넓게 분산되는 구조를 보여주고 있는데, 이는 주인공 이영녀의 삶을 지배하는 '환경'을 제시하려는 작가의 계산된 의도로 보인다. 그러나 각 막에서 나타나는 시간과 배경은 긴밀한 극적 연관성을 갖는 것이 아니어서, 외면적 서사 이전에 나타나는 '전사(前史)'나 '은폐된 사건 진행'[34]에 관심을 기울이지 않는다면 자칫 서사적 맥락을 잃고 헤맬 수도 있다. 이는 전체 내용 구조를 이해하는 데 무대 위에 재현되고 있는 현재적 사건 말고도 막간에서 벌어지는 사건이 오히려 강조되고 있다는 점에서 더욱 그렇다. 또 작품에는 마치 소설에서처럼 자세한 인물 묘사나 지문의 제시가 나타나는데, 이 역시 주인공의 '환경'을 보다 사실주의적으

---

34) 전사가 연극이 시작되기 전에 일어나서 그 마지막 단계가 극적 사건 진행의 발단에 나타나는 것이라면, 은폐된 사건 진행은 전사와 달리 사건 진행 시간에는 속하나 직접 가시적으로 무대 위로 연출되지 않고 무대 뒤로 추방된 모든 사건을 말한다. 민병욱, 『희곡문학론』, 일지사, 1991, 59쪽 참조.

로 제시하려는 1920년대 희곡의 일반적 패턴을 보여주는 것이다.[35] 다음
의 인용문을 보자.

> 인숙이네는 광주서 낳고 자라고 性에 눈뜨기 전부터 부모의 강제로 어두
> 운 상업을 수십 년간 如一히 계속해 왔다. 어지간히 황금 배가 불은 끝에
> 畢竟은 어느 부산 놈에게 창자를 갉아 먹힌 뒤로 다시 행운이 돌아오지 못
> 하고 고생과 耽樂과 頹廢와 황금과 또 오입쟁이들과 버팀질을 하다가 어
> 찌어찌하여 목포로 흘러들어 왔다. 그가 벌써 서른 살이 넘어 사십이 가까
> 웠을 때이었다. 사람생각이 변화하기 쉬운 나이가 닥쳐왔던지 목포에 들어
> 와서 일시는 순직한 생활을 붙들어 남 모양으로 살아가려는 생각도 있었지
> 만 원래 배운 바탕이 있는지라 여전한 길을 걷게 되었다. 그러나 20전부터
> 수십 년 간 지내온 생활은 例常으로 알고 다시 새로운 결심과 각오로 새로
> 운 직업을 얻게 되었다. 사람이 이 세상에 살아가는 이상, 이상이니 선량이
> 니 하는 것은 전혀 소용이 없다는 이치를 철저히 깨닫고 세상이 白이면 나
> 도 白, 세상이 黑이면 나도 黑이 아니면 이 세상에 살아갈 길이 없다는 것
> 을 믿게 되었다. 이 외에 다른 인생관이란 그에게 없다. 그리하여 소위 뚜장
> 이 노릇을 시작했다. 그리하여 그의 첫 희생은 官九네이었다. 官九네도 그
> 의 인생관과 큰 차이는 없었으나 官九네는 어떠한 방편으로 생각하였고 안
> 숙이네는 유일무이한 윤리적 주장을 하였다.

이러한 극 양식에 대한 서사 양식의 침투 현상은 산문 정신에 따른 견
고한 주제 의식을 뒷받침하는 데 일정 부분 기여하는 측면도 있겠으나,
이른바 극 형식의 위기를 초래하고 있기도 하다.[36] 그러나 이런 극 형식
의 위기는 그의 작가적 역량이 '모자라서'라기보다는 '의도적'인 것이다.
작가는 사실주의적 극작을 시현하는 데에 관심을 두지 않는다. 작품의 내
용 설정이나 소재는 한 여인의 고통스런 삶을 그리되, 주인공인 이영녀의

---

35) 김재석, 『일제강점기의 사회극 연구』, 태학사, 1995, 67~73쪽.
36) 피터 존디, 『현대 드라마의 이론』, 송동준 역, 탐구당, 1983, 72~29쪽.

현실에 대한 '응전'으로서의 적극성은 작품의 전면에 드러나지 않기 때문이다. 심지어 주인공의 고통스런 삶조차도 '전경화'되지 않는다. 이영녀가 겪는 삶의 그악스러움은 늘 무대 위 사건의 너머에 있으며, 서사의 초점은 주변에서 주인공의 그악한 삶을 '그저 바라보고 있는' 이들에게 맞춰져 있다. 그러니까 이는 극 서사의 초점이 주인공의 삶을 그리기 위한 인과율의 구축에 있지 않고, 그의 삶의 단면들을, 주인공과 닮은 구석이 있으되 주인공과는 달리 자신의 현실적인 삶에 발 딛고 살아가는 다양한 주변 인물을 통해 되비치는 데 모아지고 있다는 의미이다. 작품이 지닌 이런 구조적 취약성은 또다시 주인공의 성격 형상화에도 일정한 영향을 주어서 주인공 이영녀가 치열한 현실 의식을 가진 인물로 형상화되는 데에 악영향을 끼치고 있기도 하다.[37] 다시 말해 주인공의 성격은 극 서사의 내적 동력에 의해 마련되는 것이 아니다. 주인공이 밀매음에 나서거나 성적 희생으로 가계를 꾸리는 것은 그것을 다만 하나의 노동으로 인식하기 때문인데 이를 모순에 찬 현실에 대한 인식의 계기로 바꿔가지는 않는다. 즉 구체성을 띤 극 행동으로 그려내고 있지 않다는 것이다. 다음은 이영녀의 첫 등장을 알리는 지문이다.

> 二十八歲이지만 三十을 넘어 뵈일 만큼 얼굴이 憔悴하다. 多産과 生活難으로, 살은 여위고 얼굴에는 勞動階級에 항상 잇는 검푸릇한 血色 업는 빗을 가졌다. 그러나 커다란 두 눈에 가린 貞淑시러운 光彩와 全體에 調和잡힌 體格과, 왼 얼굴을 덥허 누를 만큼 숫 만흔 머리털애는, 異性을 끌는 靑春의 힘이 흘너 넘친다. 머리에는 빤지르하게 기름을 바르고, 여러날 입은 주림 잡힌 검은 모시 치마와 흰 적삼. 맨발에 고무신을 신엇다. 굿세면서도 남을 한품에 끌어안어서 어루만저 慰安을 줄 듯한 엇던 女性의 독특한

37) 이은자, 「〈이영녀〉 연구」, 극예술학회 편, 『한국현대극작가론Ⅰ-김우진』, 태학사, 1996, 183쪽.

사랑이 넘친다. 그 動作, 言語에 느지막하고 힘센 一種의 旋律이 잇다. 이
것은 生活上, 經濟上, 賣買上, 勞役上으로 밧은 苦難과, 또는 多數한 男
子와 交際한 곳에 自然이 나온 自己防衛의 熟練으로 因해서 어든 個性의
힘이다.

　　현실 세계에서 겪은 풍파로 인해 야위고 수척해졌지만 그럴수록 더
욱 여성미를 드러내는 여인, 굳세지만 모두를 안아 위안을 줄 수 있는 모
성을 지닌 여인, 정숙함과 동시에 뭇 남성의 눈길을 끌 만한 관능미를 지
닌 여인이 바로 이영녀이다. 그러나 이런 캐릭터는 현실에 존재할 수 없
다. 그런데도 그런 여인이 가능하다면 그것은 오직 김우진의 관념 속에서
만 존재하는 여인일 것이다. 실제 존재할 수 없는 여인을 통해 어떤 리얼
리티를 얻을 수는 없는 노릇이다. 실제로 작품 속에서 주인공 이영녀의
출현과 사라짐도 언제나 꿈결에서일 뿐이다. 위 인용문이 안숙이네가 자
장가를 불러 막 잠재운 아들 관구를 보여주는 장면에 이어지는 장면이라
는 점을 상기할 필요가 있다. 그의 죽음을 그리는 장면 역시 마찬가지이
다. 아들 관구가 잠들어 꿈꾸기 시작할 무렵 등장하여 마치 '먼 나라의 꿈
안 동작 모양으로' 죽어가고 있기 때문이다. 이렇게 보면 주인공 이영녀
는 작가의 내면에서 꿈꾸던 존재이므로 현실 공간에서 현실태로 제시하
는 일이 애당초 불가능한 것이라는 추론도 가능할 것이다.

　　다시 논의를 '문학의 사회에 대한 공리적 기여'라는 그의 주제 의식으
로 돌아와보자. 이두현이 김우진의 동생인 김익진과 나눈 대화에 의하면,
김우진은 "근면, 검소, 겸손한 생활 속에서도 남을 돕는 일에 솔선하고,
자본론을 공부하기도 한, 부르주아 계급에 속하면서도 항상 빈민층을 동
정"[38]한 사람이었다고 한다. 확실히 김우진은 일정한 경향성을 보였던 당

---

38) 이두현, 앞의 책, 195쪽.

대의 다른 문인들처럼 등장인물의 운명과 환경의 상관관계를 냉정하게 드러내는 데 관심을 두고 있는 것으로 보인다. 나아가 인간의 행동이 물질적 조건에 좌우된다는 사실을 그리고 있으면서도 그 물질적인 것만이 결정적 인자라고 보지 않는 점은 매우 성숙된 인식이라고 판단된다. 즉, 영녀가 환경의 타락에 따라 인간성마저 타락시키는 인물[39]이 아니라, 환경의 질곡에 의해 타락한 삶을 살되 주체적 자의적인 선택이라기보다는 어쩔 수 없는 것임을 통해서 죽음을 맞음으로써 환경의 질곡에서 벗어나도록 설정한 점은 작가의 따뜻한 인간성을 느끼게 하는 부분으로 생각되기 때문이다. 특히 그의 이 작품이 삶의 모습을 사회 고발적 시각이 아닌 사회집단 간의 갈등 관계를 통해 그리고 있는 점은 당대 여타의 리얼리즘 계열의 희곡들과 다른 위상을 갖게 한다.

> 氷女　(기일이는 못 본 체하고) 오늘 또 공장 감독하고 싸우고 왔소. 어찌 사람을 개, 돼지 모양으로 부리는지 몇몇이 공론을 하고 대꾸를 해 줬다우. 사람이 참을 수가 있어야지. 괜시리 사람을 이리 오라 저리 오라 해놓고는 조금만한 말을 안 들어도 당장에 벼락이 나오구려. 죽교리에 있는 이는 고운 그 불퉁이 빨갛게 얻어맞고 쫓겨 났다우.

다만 그가 문학을 지식인의 사회에 대한 공리적 기여의 수단으로 인식하고 있었음에도 불구하고, 주인공의 성격이 지문을 통해 자세히 묘사된 것과는 달리 행동화되지 못했다거나 환경에 맞서 그것을 변화시키거나 극복하려는 의지를 보여주지 못한 점 등은 아쉬움으로 남는다.

한편, 작품 〈산돼지〉는 '목적으로서의 문학'이라는 그의 주제 의식을

---

39) 김우진은 〈이영녀〉와 비슷한 가난과 매음 문제를 다룬 김동인의 〈감자〉가 주의 주장이 없는 문학이라고 평하고 있는데, 이는 김우진이 〈이영녀〉를 통하여 그려 보이고 싶어한 것은 같은 문제를 다루더라도 주의 주장을 잃지 않겠다는 적극적 의미로 읽히는 부분이다. 김우진, 「아관 '계급문학'과 비평가」, 『전집』 II, 178쪽.

보여주는 좋은 사례이다. 〈산돼지〉의 주인공은 최원봉이다. 그의 아버지는 동학군이었다. 그의 어머니는 그를 잉태하고 있었을 때 난리가 일어나 쫓겨 다니던 중 관군에 의해 강간을 당하였다. 그의 아버지는 감옥에 갇혀 있다 참수를 당하였고, 함께 감옥에 있던 최주사의 도움으로 어머니는 그를 낳을 수 있었다. 그러나 그의 생모는 그를 낳은 지 며칠 만에 죽고, 원봉은 최주사댁의 손에 의해 키워졌다. 이 최주사댁에게는 영순이라는 딸이 있는데 '원봉과 영순이 장성하거든 결혼시키라'는 남편의 유지를 받들어 그들의 결혼을 성사시키기 위해 노력하지만 그들은 각기 다른 사람을 사랑하고 있다. 혁과 정숙이 바로 그들이다. 여기까지가 극의 전사(前史)에 해당하는 내용이다.

1막에서 원봉은 마을의 청년회 간사로 있는데 바자회 수익금을 횡령했다는 누명을 쓰고 불신임당할 처지에 놓이게 된다. 이로부터 그는 산돼지라는 별명을 얻게 되었다. 또 원봉은 누이 영순을 사이에 놓고 친구 혁과 더불어 삼각관계에 가까운 갈등을 보인다. 이럴 임시에 그가 사랑하는 정숙은 마을의 한 청년과 일본으로 도망한 사실이 알려진다.

2막에서는 원봉이 이런 가정적, 사회적, 심리적 충격으로 심한 신경쇠약증을 나타내게 되고, 꿈속에서 이미 죽은 유령들—아버지, 생모, 병정 등—과 갈등을 벌이고 위의 '전사'에 해당하는 내용들이 밝혀진다. 몽환 장면에서는 동학군이 퇴각하고 관군에 잡혀가는 겨울 벌판을 배경으로 원봉의 생부가 동학당에 가담했다가 병정들에게 잡혀가는 장면, 생모가 병정에게 겁탈당하는 장면이 그려진다. 이어 장면은 연속적으로 바뀌고 원봉이네가 쓰러져 있던 그 자리에 원봉이 똑같이 쓰러져 있다. 최주사댁은 원봉이 병정에게 옆구리를 차여 쓰러져 있다는 것을 알고 원봉을 동정하기도 한다. 이어 원봉의 생모는 연속적으로 원봉으로 변하고 최주사댁은 원봉의 아픔을 알아차린다. 그러나 이는 사실 주인공 원봉의 주관적 의식이 반영된 것이며, 이 특이한 장면 전환의 방법은 연극적 무대에서 가능한 것이 아니라, 바로 영화적인 기법인 쇼트의 연속으로 가능한 것이다.[40] 다만 여기서 작가가 원봉과 원봉의 생모를 중첩시킴으로써 원봉의 대결이 부모의 그것과 동일한 것이며, 동학으로 대표되는 사회 개혁이 원봉의 숙명적 과제임을 알리려 한다는 점을 주목해야 할 것이다. 그러나 이런 주인공의 숙명에 대한 인식이 이 작품을 통해 보여주려는 작가 의식의 전부를 말해주는 것은 아니다. 왜냐하면 3막에서는 생명력의 내용에 대해 지금까지의 내용과 달리 아버지가 요구하는 사회 개혁이 아니라 원봉 스스로 '천분과 재능에 맞는 길'을 걸음으로써 획득될 수 있는 것임이 드러나고 있기 때문이다.

> **최원봉** (…) 우리는 어느 것이 옳은 것이고 어느 것이 그른 것인지 모른다. 다만 옳고 그르다는 것은 우리와 아모 관계없는 하느님 눈에만 뵈일 게지만. 다만 변태이군 하는 의식만 있으면 반드시 그곳에서 어떤 더 큰 힘이 나온다. 이 의식이 없으면? 하고 묻겠지. 그러나 살어 있는 사람인 이상 없을 리가 없다. 만일 없다면 그것은 송장이나 화석이 된 인간뿐이지. 죽지 않고 살어 있는 인간인 이상 반드시 더 큰 힘과 영감이 나온다. 이 힘과 영광이야말로 절대다. 이 힘과 영광이야말로 막을 수 없는 바닷물결 모양으로 완고한 암석 앞에 와서 부딪친다. 싸우려고 와 부딪치는 게 아니라, 부딪치려고 와 싸운다. 싸우려고 사는 게 아니라 살려고 싸운다. 이 싸움이 우리가 억제치 못할 것인 이상 누가 선악을 말하겠니? (…)
> **최원봉** 혁이 외삼촌 숙모님한테 바느질 시어머니 되어줍시사 청할 만큼 알고 있단 말이지? 훌륭한 아내가 되겠구나. 이것봐라. 왼갖 것이 분업이 있고 專業이 있고 본직이 있다. 天分과 재능에 맞는 본길이 있다. 이 세상에서 살어 가려면 이 본 길을 걸어야 한다. 이 본 길에 들어서지 않으면 실패의 생활뿐이다. 그러나 이 세상에서 하는 일

---

40) 김일영, 「〈山돼지〉의 무대적 특징과 창작 의의 연구」, 『한국극문학회 제3차 전국 학술발표대회 자료집』, 66쪽.

이 한 가지도 불필요한 것이 없다. 정치가, 상업가, 농부, 공인, 어
부, 웅변가, 대로 연설가, 음악가, 시인, 예술가, 비평가, 좀 많으니?

최영순 그러면 오빠의 본 길은 무엇이예요.

최원봉 (웃으며) 무엇이 될까. 네가 알아 맞춰 보렴.

김우진에게 있어 이 '천분과 재능에 맞는 길'은 그가 지금까지 견지해
왔던 혁명가로서의 이상을 수정하고, 문학 그 자체에 애정과 소속감을 가
지고 새롭게 안착하고 있음을 보여주는 것이기도 하다. 이런 사정을 감안
하면 "자신의 사회 개혁의 행동의 결여를 시, 예술로 대체함으로써 새로
운 돌파구를 찾으려 한 것"[41]이라는 견해는 매우 타당한 지적이라고 할
수 있겠다.

〈산돼지〉는 김우진의 마지막 극작품으로, 작가 스스로 밝히고 있듯이
조명희의 시 「봄 잔디밭 위에」를 읽고 "내가 해석하는 데로 그 기분, 그 정
열, 그 靈感에 살아가려는 조선 청년(새 개성)"[42]을 그렸다는 작품이다. 또
이 작품이 "포부를 가지고 쓴 최초의 것"이며, "日後 어떤 걸 쓰던지, 이
곳에서 출발"할 것이라고 선언한 작품이기도 한 점에서 주목을 요하는 작
품이다. 그의 이런 선언은 이 작품이 그가 가장 '공들인' 것이라는 의미이
며, 작품 그 자체로서 하나의 목적을 삼았다는 의미를 담고 있다. 김우진
이 말하는 '생명력'이란 전집의 곳곳에서 '살려는 힘' 또는 '내면 생활의
맥박', '자유의지'등으로 표현되고 있는데, 이는 살아 있는 모든 것에 체현
되고 있는 '신'[43]과 같은 것으로 인식되고 있다.

김우진에게 있어서 자유의지로서의 생명력은 결정론적 입장에서 인과

---

41) 김성희, 「산돼지의 의미론적 구조」, 『한국희곡과 기호학』, 집문당, 1993, 183~184
쪽.

42) 『전집』Ⅱ, 239쪽.

43) 위의 책, 138쪽.

율에 지배되는 부자유의 운동이 아니라 완전한 자유의 운동으로서 갖는 '생명력'이다. 이 생명력은 맹목적이고 숙명적인 자유의지라고 볼 수 있겠는데, 김우진은 이를 다소 유물적인 관점에서 이해하고 있다. 즉 그는 노동자의 편에 서서 자본가를 적대시하는 사회운동가와 노동자를 비교하면서, 노동자에게는 자유의지가 있는 데 반하여 사회운동가에게는 이것이 결여되어 있다고 보았다.[44] 그리하여 그는 경제 투쟁의 단계를 지나 정치 투쟁의 단계가 되면 노동자는 그 생명력으로 하여 점점 융성해져가고, 사회운동가의 힘은 소멸되게 된다고 주장한다. 그가 작품 속에서 거듭 형상화하고 있는 주인공의 인물 성격 역시 이러한 차원에서 읽을 수 있다. 즉 이성과 의리라는 봉건적 유습과 강박관념을 형상화한 것으로 이해되는 원봉의 '산돼지 탈'은 진정한 자아로의 성숙을 여하히 이룰 것인가에 모아진 하나의 상징으로 이해할 필요가 있다는 것이다.

그러므로 〈산돼지〉에서 비로소 김우진의 창작 과제는 앞서 〈이영녀〉에서 보여주었던 '문학의 사회에 대한 공리적 기여'의 수준에서 '인과율에 지배되지 않는 인간본래의 생명력'에로 옮겨진 것으로 이해할 필요가 있다. 즉, 이 인간 본래의 생명력을 자유의지로 보고 당대의 조선 청년(새 개성, 이는 아마 변모된 자아가 아닐까 한다)에게서 이를 추적하여 자신의 문학 창작의 주모티프로 삼겠다는 발상인 것이다.

그러나, 김우진의 자전적 삶이 녹아들어 있다고 평가되는 이 작품에서 주인공 최원봉이 자신을 '산돼지'—이는 '집돼지'가 아니라는 데 어떤 의미가 담겨 있다고 볼 수 있다—라고 지칭하는 것에서 알 수 있듯이, 마땅히 '산'—이를 김우진의 이상이라고 불러도 좋으리라—에 있어야 할 자신을 여전히 제약하고 있는 것은 집이라는 올가미이고, 주변의 인습적 질곡

---

44) 위의 책, 207~208쪽 참조.

들이다.[45] 바로 이 점은 작가 의식의 측면에서 주목을 요하는 부분이다. 이 인습적 질곡에 관해서는 김성진[46]의 연구가 좋은 참고가 된다. 이에 따르면 김우진의 갈등은, 자신의 예술 세계를 이해 못 할 뿐만 아니라 풍족한 삶에 안주하려 드는 주변 인물들에 의해 더욱 소외되고 비판받고 있다고 한다. 김우진의 갈등은 자신이 추구하는 내부세계의 이상과 합일되지 않는 외부세계의 인습적 가치관에 있다는 것이다.

〈산돼지〉의 가장 중심적인 갈등이라고 할 수 있는 주인공 최원봉과 아버지의 갈등은, 원봉이 아버지의 뜻을 실행할 수 없다는 데에 있다. 이때 그 아버지의 뜻이란 작품 내적 의미로 볼 때, 동학이라는 역사적 사건이 지향했던 사회 개혁에 있는 것이다.

> **최원봉** 나는 어머니만큼이나 아버지도 원망이요, 아버지도! 자기는 동학인
> 가 무엇인가에 들어가지고 나라를 위해, 중생을 위해, 백성을 위해,
> 사회를 위해 죽었다지만 결국은 집안에다 산돼지 한 마리 가두어
> 놓고 만 셈이야! 반백이 된 머리털이 핏줄기 선 부릅뜬 눈 위에 흐
> 뜨러져 가지고 이를 악 물고서 대드는 구려.

그러나 김우진은 바로 아버지나 어머니의 그런 타자 지향적인 삶을 혐오하고 있는 것이다. 그가 진정으로 바라는 삶은 산돼지의 탈을 벗고 자유의지에 따라 예술적 이상을 펼치며 살아가는 것이다. 다시 말하면 김우진은 아버지에 대해 반항하는 방식을 통하여 그의 길을 갔다기보다는 아버지를 뛰어넘어 그의 단순한 "충군보국 · (조상에 대한)보은"의 길에서 나와 자신만의 길을 가는 것이었다. 결국 김우진이 선택한 것은 아버지의

---

45) 김종철, 「〈山돼지〉 연구」, 한국극예술학회 편, 위의 책, 157쪽,
46) 김성진, 「김우진 희곡 연구」, 『극문학연구』 2집, 2000. 그의 연구는 〈두데기 시인의 환멸〉, 〈난파〉 등 두 작품의 분석을 통하여 김우진의 의식 세계가 어떤 식으로 변모되어 가고 있는지에 초점을 맞추고 있다.

길을 쫓아 진보적 · 근대적 농업 경영인의 길을 가는 것이 아니라, 그 스스로의 의지에 따라 방법론을 달리한 진보적 · 근대적 문학인의 삶을 살아가는 것이었다. 다만, 이 경우 역시 구체적 실천에 앞서 끊임없이 갈등하고 망설이는 모습이나, 자학하며 자신을 빈정거리는 데서 한 관념적 진보주의자의 계급적 · 세계관적인 한계를 느끼게 하는 것이다.

4. 결론

이상에서 김우진 연구의 대강을 개관하고, 그의 문학적 세계관이 어떻게 형성되었으며 또 어떻게 변모되어갔는지를 살펴보았다. 그 결과 당초 김우진은 아버지의 요구를 수용하여 비교적 착실히 근대 의식을 갖춘 농업 자본가로서의 성장을 도모하였으나, 아버지가 지닌 이중적 근대 의식에 대한 저항과 문학에 대한 내적 열정으로 '문예 운동을 통한 사회 참여'라는 우회적인 방법을 선택하였으며, 나중엔 이마저 여의치 않자 심한 자아분열 의식을 겪으며 표현주의 방법론에 경도되어간 저간의 사정을 확인할 수 있었다. 이처럼 그는 현실의 벽과 인습의 완강한 저항에 부딪혀 끝내 좌절하고 말았던 한 선구적 지식인의 모습과 함께 부르주아 지식인의 어쩔 수 없는 계급적 한계를 동시에 극명하게 보여준다.

따라서 그의 문학 세계는 초기 〈정오〉, 〈이영녀〉 등으로 대표되는 수단으로서의 문학과, 가치관의 흔들림과 그 좌절을 보여주는 〈두데기 시인의 환멸〉, 〈난파〉 새로운 지향점을 모색하며 문학 그 자체에 목적의식을 두었던—그러나, 지극히 주관적인 관념성에 함몰되고 만—〈산돼지〉 등으로 구분할 수 있겠다.

비록 김우진의 희곡이 리얼리즘 일변도의 우리 극계에 비사실주의극을 실험함으로써 한국 현대연극의 저변을 확대하고 다양성과 선구성을 담보할 수 있었다는 의미가 있지만, 관념성과 주관성에 빠져 당시 연극 발전에 별다른 기여를 할 수 없었다는 점은 아쉬움으로 남는다.

*이 글은 '제5회 김우진문학제'(2012년)에서 발표된 논문임.

김우진 비평에 나타난 생명력 개념 고찰

심우일

1. 서론

김우진의 비평에 있어서 생명력의 사유는 중요한 고찰의 대상이다. 김우진은 자신의 평론과 수상 등에서 생명력과 예술의 관계에 관하여 논하며 자신의 문학론을 구성해왔기 때문이다. 권정희는 「'생명력'과 역사의식의 간극−김우진의 '생명력'의 사유와 일본의 생명담론」[1]이라는 논문에서 지금까지 지속된 김우진의 생명력에 관한 논의를 "생명력의 사유와 역사의식의 충돌"로 규정하고, 김우진의 생명력의 사유가 베르그송 철학과의 공명에서 구상된 것임을 해명하고자 하였다.

다음으로 이광욱은 「'生命力' 思想의 批判的 受容과 東學革命의 意味−金祐鎭의 「산돼지」 硏究」[2]에서 김우진의 〈산돼지〉와 모성 콤플렉스

---

1) 권정희, 「'생명력'과 역사의식의 간극−김우진의 '생명력'의 사유와 일본의 생명담론」, 『한민족문화』 40, 한민족문화학회, 2011.
2) 이광욱, 「'生命力' 思想의 批判的 受容과 東學革命의 意味−金祐鎭의 「산돼지」 硏究」, 『어문연구』 통권 162호, 한국어문교육연구회, 2014.

를 연관시키는 연구의 주류를 비판하고, 〈산돼지〉라는 작품이 김우진의 생명력 사상과 긴밀한 영향을 맺고 있으며, 그 생명력 사유는 버나드 쇼와 관련이 있음을 지적하였다.

최근까지 김우진의 생명력에 관한 연구는 "생명력의 사유와 역사의식"의 간극을 해명하려는 노력이었고, 그 방법은 김우진에게 영향을 준 사상가들인 버나드 쇼나 혹은 베르그송과 니체, 마지막으로 스피노자 같은 서구 철학의 인식론에서 그의 예술론을 사유하는 과정을 취한다. 하지만 이러한 접근의 문제는 서구 철학적 인식론의 선구자들의 사유를 하나의 완성된 모델로 취하고, 김우진의 생명력 담론에 나타난 간극의 한계를 논하는 방식이 된다는 것이다.

본고는 이러한 접근 방식에 관한 물음이다. 생명력의 사유와 역사의식 사이의 간극을 어떤 동일성 속에서 해소해야만 김우진의 지적 여정이 의미를 획득하는가라는 질문이기도 하다. 물론 그의 사유가 지닌 성과를 과장할 필요도 없지만 그것을 어떤 결여로만 접근하는 것은 문제가 아닐까? 그것 자체를 하나의 완성으로 사유하며 접근할 때, 김우진의 예술 세계에 열린 접근을 취할 수 있을 것이다.

필자는 김우진의 예술론의 내부 논리에서부터 탐구하는 것이야말로 그의 예술 세계를 새롭게 조명하는 계기가 되리라 생각한다. 본고는 '생명력'에 관한 김우진 스스로의 규정에서부터 시작할 것이다. 하지만 그 과정에서 생명력이라는 개념 내부에서 충돌하는 의미의 분열을 봉합하지 않을 것이다. 본고는 재귀적으로 순환하는 의미의 논리를 따라서 질문을 지속하여 나아갈 것이다. 오히려 생명력 개념에 내재하는 분열성을 하나의 기표 내부에 존재하는 시차(視差)적 관점의 순환이라고 본다면, 그 간극이야말로 김우진 비평의 열린 가능성일 것이다.

본고는 김우진의 비평에 나타난 '생명력' 개념의 탐구를 통해 열린 사유의 길을 탐색하고 그의 예술론이 지닌 태도를 성찰함으로써 절망적인 조선사회에서 김우진이라는 한 평론가가 지녔던 책임과 윤리 의식에 관하여 논하고자 한다. 이 과정은 과거와 현재 사이의 단절이 아니라 과거와 현재의 시공간을 초월한 대화의 장이 될 것이다.

2. 김우진 비평에서 생명력 개념의 차이

기존의 연구사에서 김우진 비평의 중요한 키워드로 삼았던 것은 생명력이다. 실제로 김우진의 연극비평과 문학비평의 글들을 살펴보면 생명력에 관한 언급들이 산재하여 있다. 이에 대해서 조지 버나드 쇼의 생명력 사상과 베르그송의 지속 시간과 창조적 진화력 또는 오스기 사카에의 마르크시즘 등의 영향을 열거하고 있다. 실제로 그의 학부 졸업 논문이 조지 버나드 쇼의 〈인간과 초인〉이라는 작품을 대상으로 하고 있다는 것으로 미루어보아 앞서 연구들의 지적은 일부 타당해 보인다. 하지만 이런 작업의 관점 속에서 김우진의 생명력 사상의 결론은 예상되는 바이다. 계급의식과 생명의식 사이의 간극을 좁히지 못하고 논리적 모순으로 빠져버린 평론이 될 가능성이 많다.

한 작가의 평론 속에서 남겨진 많은 논리적 잉여의 부분을 연구자의 관점으로 재구성하는 행위라는 것은 어쩌면 이미 예정된 오류 속에서 지속되는 다시 읽기의 과정을 요청할 수밖에 없다. 본고도 이러한 전제 아래 선행 연구들의 성과에 기대면서도 우선 김우진 글 자체의 문맥 속에서 '생명'이라는 단어가 만들어내는 차이를 드러내고자 한다.

> ① 독일인의 생명력은 컷습니다. 또는 크다는 것보다도 남보다 우월한 사색력을 헛되이 써버리지 안코, 생활과 인생에 대한 감각과 통찰을 진실한 길로 인도했습니다. 생(生)이란 것은 고민이요, 전투외다. 이러한 생을 회피

하려는 독일인은 아니었습니다.[3]

   ② 이 점에서 나는 우리 사이에서도 창작 생활이 나오기를 열망합니다. 창작생활이란 말을 넘겨보지 마시오. 소위 '문학청년'의 생활을 버리고 한 마듸 길가의 말 소리, 한 개의 외로운 풀싹, 다만 한 사람의 괴로운 말 깃침 소리를 들을 때에도 <u>자기의 생명을 다하여 통찰해야 합니다. 감(感)해야 합니다. 그리고 생각해야 합니다.</u>[4]

위에 인용된 글들은 김우진의 「창작을 권(勸)함내다」에 적혀 있는 문장이다. 김우진이 쓴 하나의 글에서 똑같이 생명에 관하여 이야기하고 있다. 그런데 흥미로운 사실은 두 문단에서 사용되는 생명이라는 기표의 기의가 다름을 알 수 있다.

①번의 경우, 여기서 말하는 생명력은 '고민'과 '전투'라는 대립으로서 이해되는 어떤 것이다. 반면 ②번의 경우, 여기서 말하는 생명력이라는 것은 바로 대상을 감득하는 능력으로서의 인간의 오성(悟性) 능력을 이르는 말에 가깝다. 즉, 같은 글에서 '생명'을 논하고 있지만 기표는 차이를 생산한다. 또한 김우진의 비평관이 비교적 명료하게 드러난 「우리 신극운동의 첫 길」이라는 글에서는 '생명력' 혹은 '생명'이라는 기표가 차이를 생산하면서도 하나의 동일한 문단에서 서로 간에 호응하는 것으로 배치된다. 그리고 문단의 배치는 저자의 인식과 판단을 표지한다는 점에서 주의를 요한다. 아래의 인용을 살펴보자.

   어늬 시대를 물론하고 과도기나 전환기가 잇서서 창작보다 비평의 시대

---

3) 서연호 · 홍상수 편, 「創作을 勸함내다」, 『김우진전집』 II, 연극과인간, 2000, 64~65쪽(이후 편의에 따라 글의 제목과 전집 번호 그리고 쪽수만을 적어 넣는다).
4) 같은 글, 『전집』 II, 65쪽.

가 오는 이치는 이러한 점에 있다. 인생이란 결국은 한번 구더진 사상과 관념이 부단한 약진과 창조를 요구하는 생명을 질박해 놓는 것이다. 이 곳에서 신고(新古)의 충돌, 계급의 쟁투, 혁명과 보수의 피아툼이 생긴다. 그러나 그 힘이 극(極)할 때에도 일반은 늙은이의 구더진 머리 속 모양으로 자기 생명의 본류를 보지 못한다. 그러나 새 생명 새 사상은 이것에 대해 대항한다. 이곳에서 비평이 생긴다. 비평은 싸움이고 전투다. 역사상 새 조류와 새 사변의 압혜 반드시 이 비평의 시대가 잇섯던 것을 발견할 수가 있다.[5]

요약하면 다음과 같다. 인생이란 창조를 요구하는 생명력을 지니고 있으며, 그것은 새 생명과 새 사상을 요구하고 그곳에서 비평이 생긴다는 것이다. 위의 문단에서 앞서 분리된 ①번과 ②번의 생각이 묘하게 뒤섞여 있음을 확인할 수 있다. 그렇다면 김우진이 생각하는 비평이라는 것은 앞서 언급한 바, 생명이라는 같은 기표로 범주화되는 두 가지의 것, '인생의 창조력' 그리고 '낡은 것과의 싸움'이 공존하는 투쟁의 장 혹은 대화적 장이 된다. 이러한 두 관점이 생산하는 차이들의 뒤섞임 혹은 분열성은 김우진의 '생명력' 개념이 기성의 고정된 의미로 환원될 수 없는 것임을 드러낸다. 그렇다면 이러한 곤궁을 어떻게 뚫고 지나가야 하는가라는 문제가 질문으로 되돌아온다. 여기서 김우진 비평에 나타나는 분열성을 이해하는 데에 시차(視差)라는 개념이 도움을 줄 수 있을 것 같다.

슬라보예 지젝은 자신의 저서 『시차적 관점』에서 두 개의 양립 불가능한 현상을 동일한 차원에 배치하는 현상을 칸트적 의미의 "초월론적 가상"이라고 말한 바가 있다.

예를 들어 "스탈린"이 대표하는 것을 "벤야민"과 같은 층위로 이동시키는 것, 즉 스탈린적인 관점에서 벤야민의 「테제」의 진정한 차원을 간파하는 것은 한 마디로 불가능하다. 이 두 이야기가 기조로 삼고 있는 허상, 즉 두 개

---

5) 「우리 新劇運動의 첫 길」, 『전집』 II, 97쪽.

의 양립 불가능한 현상을 동일한 차원에 배치하는 허상은 칸트가 "초월론적 가상"(transcendental illusion)이라고 부른 것, 상호 번역이 불가능하며, 어떠한 종합이나 매개도 불가능한 두 지점 사이에서 끊임없이 동요하는, 일종의 시차적 관점으로만 포착할 수 있는 관점들에 대해 동일한 언어를 사용할 수 있다고 믿는 가상과 유사하다.[6]

여기서 우리는 지젝의 통찰을 참고하여 김우진의 생명력 개념에 관한 문제에 대해서 이야기할 수 있을 것이다. 김우진이 말하고 있는 생명력이라는 개념이 표현하는 지성(인간의 창조력)의 차원과 현실(낡은 것과의 싸움)의 차원은 사실 서로가 상호 번역이 불가능한 차원에 놓인다. 김우진의 생명력은 이 동요 속에서 존재하고 가치를 지닌다. 동요를 벗어나는 것은 어떠한 하나의 관점으로 그것을 매듭짓는 것이 되어버린다. 우리는 김우진의 생명력이라는 개념을 탐구하는 데에 있어서 주의해서 보아야 할 것은 그것을 번역 가능한 의미로 고정화하는 작업이 아니다. 오히려 두 대립되는 차원의 것을 동일한 차원으로 배치하는 '가상', 그것을 가능하게 하는 조건을 살피는 문제로 관점의 이동이 필요하다.

3. 김우진 예술론에서 표현의 문제

제2절에서 살펴보았던 것처럼 김우진 평론에 나타난 생명력 개념에 가로놓인 두 차원을 어떻게 함께 배치하고 관계시킬 수 있을까? 그 단서 찾기 위해서 김우진의 「생명력의 고갈」이라는 글에서 예술의 기능에 대한 언급한 부분을 살펴보도록 하자.

---

6) 슬라보예 지젝, 『시차적 관점』, 김서영 역, 마티, 2009, 13쪽.

그런데 오늘 조선에셔 무엇이 불요하냐 함은 이 요구나 생의 충동이 불족한 것이 아니라, 그것을 실현코져 하는 힘이 부족하단 말이다. 알고만 잇슬 것이 아니라, 그것을 실현코져 하는 힘이다.

이 힘은 물론 근본적으로 문제될 것이지. 하여간 지금은 생명의 고갈이 있다. 생명의 고갈에는 물이나 밥을 지버너어 쥬어서는 안된다. 없던 자극과 충동이를 줘야 한다. 이것을 위해서는 강단의 연설도 필요하겠지. 교단의 강연도 필요하겠지.

그러나 지금까지의 모든 시대 의식의 변화와 시대의 변혁에서 봄과 갓히 가장 단적인 예술가적 자극이 퍽 필요하다. 토로츠키의 말이든가 "언더한 변화든지 예술적 활동이 수반이 못되면 불가능하다." 하는 말의 뜻이다. 오늘 현재의 조선 예술가들은 엇던가? 생명력의 고갈이 오늘처럼 심한 것은 없다. 아, 생명력의 고갈![7]

이 글에서 제시되고 있는 예술의 역할에 대해서 고민해볼 필요가 있다. 김우진의 주장에 따르면, 예술은 자극과 충동을 생산함으로써 고갈된 생명력을 생산한다. 또한 시대의 변화와 의식의 변화를 수반시키는 힘이기도 하다. 여기서 김우진이 바라보는 예술의 속성은 두 가지 차원으로 분리된다. 인간의 생명력을 자극(창조)하는 능력과 시대를 변혁시키는 능력이다. 예술은 생명력을 자극하고 충동시키며 그것은 예술적 활동을 통해서 실현된다. 김우진에게 예술이라는 행위는 생명력의 두 차원, 인간의 창조력과 현실 변혁의 힘을 중개하는 매개로 위치하게 된다. 즉, 예술은 김우진이 말하는 생명력이라는 기표로 존재하는 초월론적 가상을 유지시키는 근거이다.

김우진 비평의 예술론이 지닌 불균형성은 두 경계 사이에 있는 시차적 접힘으로 바라볼 수 있다. 이 접힘의 경계 속에서 김우진의 예술론은 재현에 대한 거부와 관습적 생활을 극복한 개성에 대한 완미(完美)를 추구하

---

7) 「生命力의 枯渴」, 『전집』 II, 419쪽.

는 문학 창작의 논리로 발전하여 나아가게 된다. 하나의 입장에서 종합되지 못하는 그의 예술론에서 텍스트는 형상(eidos)이 아니라 허상(simulacre)으로 나타날 수밖에 없다. 김우진에게 예술은 수렴되는 형상의 재현 대신에 발산하는 허상으로 나타난다. 주체의 의해 의미화되고 계열화된 세계와 관계하지만 그것의 재현으로부터 미끄러지는 상징력에 대한 김우진 예술론은 재현의 거부를 특징으로 한다. 그에게 예술은 재현되기를 거부하는 상징력 그 자체이다.

> 재현이라는 것은 이 우주에서 전연 불가능하다 할 수가 엇습니다. 그럼으로 위대한 천재들도 모도 완전의 경(境)에는 이르지 못하였습니다. 이에 이르러 언어나 문자는 사상(의사, 감정도 함께)의 재현이 안이라, 그 상징에 지나지 못함을 긍정할 수가 있지요. 즉 문자와 언어는 그 주격(主格) 되는 자의 사상이나 의사를 잇는 대로 재현할 수 업슴으로, 우리는 이에 문자와 언어의 암시력, 즉 상징력일 이용하게 되었습니다. 자연주의의 유일한 사실적(寫實的) 문학이 쇠퇴하고 상징주의, 신고전주의가 일어나게 된 것도 필경은 이 문자의 암시력으로 하야금 사실(寫實)하기에 어려운 개성의 감정과 사상을 방불하게 하고져 함에 원인된 것이와. 다시 거듭 말하면 이 우주에는 다만 개성의 실재(實在)와 그 상징이 잇슬 뿐이요. 재현은 전무(全無)하외다.[8]

상징은 작품 속에서 대상을 실재화하지 않고 그것에 대한 암시와 분위기를 형성하면서 해석의 다양성을 열어둔다. 예술을 상징력 그 자체로 사고하는 김우진의 예술론은 사실주의적 관습보다는 유미주의(唯美主義)적 관습에 더 가깝다고 말할 수 있을 것이다. 하지만 그것은 세계에 대한 무관심을 뜻하지 않는다. 이에 관하여 그의 예술이 표현하고 있는 바에 대

---

8) 「朝鮮 말 업는 朝鮮文壇에 一言」, 『전집』 II, 229~230쪽.

해서는 보충이 필요하다. 이것은 오스카 와일드의 예술론을 통해서 도움을 받을 수 있을 것으로 예상된다. 김우진의 예술론을 이해하는 단서는 "삶은 예술을 모방한다."라는 문장이다. 이 문장은 7월 29일 김우진의 일기에 등장한다.

> 인생은 예술을 모방한다. 다만 실재와 자연을 자료로 할 뿐이다. 진길(辰吉)에 대한 집사람의 태도를 보라, 그 심리를 성찰해보라.[9]

여기서 등장하는 진길은 바로 김우진의 실제 딸이다. 김우진은 현실 속에서 진길을 대하는 아내의 태도 속에서 예술의 모방이 인생임을 읽어내고 있다. "삶은 예술을 모방한다."라는 명제는 사실 김우진의 것이 아니라 오스카 와일드를 대표하는 명제이고 문구이다. 또한 이미 다른 그의 일기 속에서 오스카 와일드의 관점을 통해 조선의 예술의 성격을 통찰하고 있는 김우진의 태도를 발견할 수 있다. 오스카 와일드의 관점을 통해서 과거 전통 예술의 비애의 감정은 진정성과 성실이 부족한 것으로 평가하고 있다(이 같은 평가가 정당한지의 문제는 다른 차원의 것이므로 본고는 문제 제기하지 않는다). 다만 김우진의 예술론에 있어서 오스카 와일드의 예술론은 중요한 참조점이 될 수 있음을 밝힌다. 이것은 미리 말하건대, 오스카 와일드의 다른 모방 판본으로 김우진을 사유하는 것이 아니라 김우진 표현의 문제에 오스카 와일드의 사유를 접붙이는 일이다.

오스카 와일드는 자신의 예술론을 통해 "삶은 예술을 모방한다."라고 밝혔다. 이것은 예술은 삶의 재현이라고 주장하는 사실주의적 예술론을 뒤집고 있는 명제이다. 덕분에 뭇사람들은 오스카 와일드를 예술지상주의자란 편견을 가지고 이해한다. 하지만 오스카 와일드는 자신의 평론에

---

9) 1920. 7. 29. 일기, 『전집』 II, 480쪽.

서 현실에 대한 무관심성을 표현하지 않았다. 그에게 예술은 현실을 단순히 재현하는 수단이 아니라, 현실을 개성적으로 새롭게 변화시키고 창조하는 존재이다.

① 발자크로 말하자면, 그에게는 예술적 기질과 과학정신이 가능 놀랍게 결합되어 있네. 그는 후자를 그의 제자들에게 주었지만, 전자는 온통 그 자신의 것일세. 졸라씨의 『선술집』과 발자크씨의 『환멸』의 차이는 상상력이 없는 리얼리즘과 상상적인 현실의 차이일세. (…) 그러나 발자크는 홀바인이 그렇듯이 리얼리스트가 아닐세. 그는 인생을 창조한 것이지 그것을 모사(模寫)하지 않았네.[10]

② 세 번째 이론은 '예술'이 '인생'을 모방하는 것보다도 훨씬 많이 '인생'이 '예술'을 모방한다는 점이다. 이것은 비단 '인생'의 모방적 본능만이 아니라 스스로를 표현하려는 데 '인생'의 자의식적 목적이 있고, '예술'은 '인생'이 그 활력을 실현할 수 있도록 하기 위하여 '인생'에 아름다운 형식을 준다는 사실에 연유한다. 이것은 전에 제언된 적이 없는 이론이지만, 매우 생산적이요, '예슬'의 역사에 전혀 새로운 관점을 준다.[11]

발자크와 에밀 졸라의 작품을 비교하고 있는 오스카 와일드의 성찰처럼 그는 현실의 '재현'이 아니라 상상을 통한 현실의 '창조'를 예술의 문제로 삼았다. 이것은 현실에의 무관심성이 아니다. 그는 현실에의 표현의 문제에 집중하고 있다. 즉 오스카 와일드가 쟁점으로 삼은 것은 현실의 '모방'이 아니라 현실의 '표현'이 문제였다고 보는 것이 더 정당하다. 오히려 현실의 모사 혹은 재현이 현실을 '표현'하지 못한다고 할 때 그것이야

---

10) 오스카 와일드, 『오스카 와일드 예술평론─오스카 와일드 선집 ①』, 이보영 역, 예림기획, 2001, 24쪽.
11) 위의 책, 57쪽.

말로 사실주의란 형식주의로 떨어지기 쉽다. 즉 오스카 와일드는 현실에의 무관심성을 노출한 것이 아니라 현실과 표현의 문제 사이에서 예술의 성격을 사유한 사상가라고 할 수 있다.

김우진의 예술론도 이런 맥락에서 이해될 수 있지 않을까? 김우진 또한 자신의 예술에서 '표현'의 문제에 집중하고 있다. 그가 조명희에게 보냈던 편지에서 "이 희곡은 내가 (자신[自信]이 아니라) 포부를 가지고 쓴 최초의 것이요. 주인공 원봉이는 추상적 인물이요. 조선 현대 청년 중의 엇던 성격과 생명력을 추상해본 것이요."[12]라고 스스로 밝히고 있듯이 예술가로서 작품 〈산돼지〉를 조선 청년의 생명력이라는 추상적 관념을 표현하는 존재로 제시하고자 하였다. 또한 독일의 표현주의에 영향을 받은 작품으로 평가되고 있는 〈난파〉라는 작품은 재현을 거부한 상징력의 표현으로 이해될 수 있다. 〈난파〉를 둘러싼 해석의 문제에 있어서 아버지에 대한 타자 의식과 결핍된 모성의 표출 문제로 몰아가는 것은 작가 전기적 연구 방법론의 성과로 일정 부분 타당하지만 작가와 지나친 결부는 해석의 다양성을 닫아놓을 위험이 있다. 오히려 〈난파〉라는 작품의 연구에 있어서 현실과 표현의 문제라는 화두 아래서 사유하는 길이 더 새로운 문제의식의 영역을 넓혀줄 것으로 기대한다.

정리하면 김우진은 자신의 비평과 예술론 그리고 자신의 실제 창작의 실천을 일치시킴으로써 인간의 창조력의 표현과 사회적 변혁이라는 과제의 간극을 넘어서려고 시도한 것이라 볼 수 있다. 그것의 완성도를 둘러싼 성과의 여부를 차치하고서 김우진이 생명력을 논하며, 인간의 창조력과 현실의 변혁의 문제를 예술이라는 매개를 통해서 사유하려 한 것은 이해하지 못할 바가 아니다. 하지만 이것은 두 차원의 동일성을 획득하는 문제의 해결을 의미하지 않는다. 오히려 그 둘 사이를 횡단하는 사유의

---

12) 『전집』 II, 529쪽.

예술적 표현과 모험의 문제를 열어둘 뿐이다.

4. 김우진 비평의 윤리

인간의 창조력과 현실의 변혁이라는 문제의 격차를 좁히는 것이 김우진의 생명력 개념을 해명하는 길일까? 오히려 이러한 불균형성 혹은 상호적 시차 속에 존재하는 기표 내 기의의 차이가 김우진에게 당시의 문학이나 현실을 새롭게 바라볼 수 있게 하는 장소를 제공하는 것은 아닌지 묻고 싶다. 김우진의 비평가로서의 자의식과 날카로운 안목을 보여주는 「아관 '계급문학'과 비평가」라는 글은 그래서 의미가 있다. 이 글에서 김우진은 고답파(高踏派)적 문학과 관념적 프롤레타리아 문학에 대하여 날선 동시적인 비판을 수행한다.

① 이러한 고답적 태도를 가즌 이들은 그러면 대체 "사람이면 누가 보아도 볼 쥴을 모르면 듯기만 해도 문학의 효과를 생(生)할 수 잇는 문학"이란 엇더한 것이냐, 엇더한 내용과 가치를 가즌 것이냐 하는 필연적, 논리적 의문에도 대답함이 업다. 이것이 내가 고답적으로 계급문학을 부인하는 이의에게 질문하려는 까닭이다.[13]

② 그런데 계급문학론자의 태도에는 우에 말한 바와 갓히 형해(形骸)가 갓초이고 의식에 넘치는 점을 보지 못하겟다. 근소하나마 매월 월평에 나오는 평자의 태도를 보아도 알겟다. 계급투쟁을 썻스닛가 그것은 프로문학이라는 맹목적 비평이 적지 안타. 나는 고백하지만 계급문학을 부인하는 작가 중에 오히려 작품으로서의 가편(佳篇)이 만히 잇다. 나는 이것을 소림끼치

---

13) 「我觀 '階級文學'과 批評家」, 『전집』 II, 278쪽.

게 두려워한다. (…) 나는 〈전투(戰鬪)〉에 낫하난 계급투쟁의 긍정보다는 몽롱한 설법체의 묘사와 개념적인 관찰에 더 실망했다. 또 〈붉근 쥐〉에 낫하난 미작지근한 상징적 수업에 만히 실망하고 작가의 엿본 테-마는 가슴에 힘잇게 밧지를 못했다.[14]

　김우진이 계급문학을 옹호하는 입장에서 고답파적 문학의 이상적 관념성을 냉철하게 비판하면서도, 프로문학의 성격 규정 문제 그리고 예술로서 내용과 형식의 불균형성을 정확하게 통찰하고 있음을 확인할 수 있다. 계급투쟁을 썼다고 그것이 모두 프로문학이 아니라는 것이다. 오히려 이러한 맹목의 비윤리성에 대하여 "소름끼친"다는 격앙된 표현을 담고 있다. 그리고 당시 경향파(傾向派) 문학을 대표한다고 할 수 있는 박영희의 소설 「전투」와 김기진의 소설 「붉근 쥐」가 그 사상과 형식을 일치시키지 못하고 균형을 잃고 있음을 비판하는 대목은 비평가로서의 통찰을 보여주고 있다. 이상주의적인 고답파적 문학과 반대 진영에 있는 경향파 문학에 대한 비판에는 두 접점 사이에 서 있는 김우진의 비평적 균형 감각이 잘 드러난다. 좌우로 분열된 조선문단의 상황 그러니까 관념적 이상주의와 사상에의 맹목으로 이끌어지는 경향에 대하여 책임지고 발언할 수 있는 비평가의 역할이 강조된다.

　비평가 없는 사회는 책임 업는 사회, 책임 없는 사회는 불상한 사회, 망하는 사회다. (…) 이것은 보편적 법칙이다. 비평가의 시대적 사명은 전에 누누이 말해왓지만 오늘의 문예비평가는 문예나 사상의 감상(鑑賞)에셔만 배회할 것이 아니다.[15]

---

14) 위의 글, 위의 책, 281~282쪽.
15) 위의 글, 위의 책, 291~292쪽.

살펴본 것처럼 김우진은 비평가로서의 균형감을 잃고 있지 않다. 소위 계급문학론에 쉽게 경도되지 않고, 또한 허무한 영원과 초월의 세계 속에서 안도하는 문학에도 그는 동의하지 않는다. 오히려 인간의 창조력과 사회적 변혁의 필요와 요구를 동시적으로 인식함으로써 두 주장에 내재하는 그 모순을 통찰하는 인식의 역동성을 보여주고 있다. 만약 김우진의 비평이 고답파적인 이상주의적 관념주의로 빠져버리거나 혹은 맹목적 계급문학의 이해에 있었다면 그의 비평이 지니고 있는 개성은 시대적 한계에 갇혀버렸을 것이다. 바로 시차의 이동에서 일어나는 김우진의 비평은 두 진영이 지니고 있는 논리의 모순성을 정확하게 객관적으로 관찰할 수 있는 장소에 거주하도록 한다.

김우진 비평의 예술론을 인간의 창조력에 대한 옹호와 역사의식의 간극을 좁히지 못한 실패로 귀결 짓는 입장에 대해 재고할 필요가 있다. 앞서 보았듯 김우진의 비평가적 자의식은 고답파적 문학 혹은 경향적 문학 어느 한쪽에 자리매김하고 있지 않다. 자리매김의 고정성 대신에 그 경계에서 관계를 사유한다. 그것의 결론은 좌우로 나뉘고 반목하는 현실적 상황에서 사회에의 책임을 다하는 비평가의 윤리에 대한 성찰로 이른다. 김우진 스스로 비평가로서 어느 한쪽에 쉽게 치우치지 않는 균형 감각을 보여주었고, 그가 말했듯 비평가는 사회에 대한 책임과 윤리를 실천하는 자이다. 하지만 그럼에도 불구하고 그는 지식인이라는 자신의 주체성의 한계 속에 놓인다.

주체는 세계를 계열화함으로써 인식한다. 하지만 동시에 계열화하는 주체는 세계로부터 소외되어 있다. 이것은 무슨 말인가? 세계의 파편들을 의미화하고 계열화하려는 의식은 결국 자신과 세계를 완전하게 통합할 수 있는 제3자적 시선을 요청한다는 말이다. 이러한 제3자적 시선의 절대성은 오로지 신의 관점을 통해서만 가능하다. 인간이 지닌 오성의 한계로 인해 주체와 세계는 동시적으로 포착될 수 없다. 이것은 경험론적으로 증명된다. 나는 거울을 통해서만 나를 볼 수 있지 않은가? 그런데 거울에 비친 내 모습이 진상이라는 것을 무엇을 통해서 보증할 수 있는가라고 물을 수 있다. 오로지 그것은 신의 보증을 통해서만 가능하다. 다시 말하면 인간이 파악하는 세계 혹은 역사라는 것은 그것이 아무리 완벽하게 의미화 계열화가 되어 있을지라도 관찰하는 주체는 세계 속에서 맹점으로 남겨진다. 이때의 주체는 이런 맥락에서 '소외된 주체'라고 명명할 수 있다.[16)]

이러한 소외된 주체의 대표적인 존재를 우리는 지식인으로 꼽을 수 있다. 특히 1920년대 당시의 사회적 분위기를 고려한다면 이러한 소외된 주체의 형식은 김우진만이 공유하는 성질의 것이 아니었을 것이다. 세계를 의미화하고 그것의 부정성을 자각하지만 그 세계의 변혁에 참여하지 않고 이상주의 관념의 세계로 빠져든다거나 혹은 세계에 대한 추상적 표면에 대한 관찰로 머무는 경향파 문인들에 대한 비판은 세계 속에서 맹점으로 존재하는 지식인의 양태를 보여준다. 또한 그들을 비판하는 김우진도 소외된 주체의 양태에 해당한다. 세계의 부정성을 비판하고 그것을 계몽하려 하지만 언제나 계몽주의자는 자신이 부정하는 세계와 뒤섞이지 못하고 밖에 있게 된다. 이러한 그의 태도는 대중을 '무식계급'이라 칭하거나 혹은 그들을 둘러싼 생활 세계를 극복하여야 한다고 주장하는 대목에서 발견된다.

> 무지한 속중—그들은 다만 연극뿐 아니라 모든 문화적 시설과 가치 잇난
> 인류 활동의 대적(大敵)이다. 인습(因襲) 전습(傳襲)의 노예가 된 이상 그들

---

16) 슬라보예 지젝, 앞의 책, 19쪽 참조. 지젝은 "객관적인 과정에서 제외되어 외부적 조종자로서 개입하는, 관찰하는 주체의 형상은 그 자체가 사회적 소외/물화의 효과이다."라고 설명한다. 이것은 루카치적 의미의 계몽적 주체의 형식을 문제 삼고 있다.

은, 현금 안전(眼前)에 잇는 이상의 심각하고 광대한 인생의 의미가 잇난 것을 자각하지 못한다. (⋯) 일시적 순간적 공리심으로부터 발생하는 사이비 로만틱한 산하(傘下)에 은피(隱避)하야, 즉 자기의 안일의 희생을 두려워하여 서서임염(徐徐荏苒)한 길을 걷고자 하난 자이다. 기성적 개념과 전래적으로 타락한 정열과 충동에 구사(驅使)된 그 속중은, 영혼을 깎아내 있는 것 갓흔 경험과, 자유롭게 소박하게 또 원시적 충동으로붓터 나오난 도덕적, 심미적 생활의 활동에 무기력하다. 우리들은 이러한 안일을 탐하고 타락의 몽에 취한 속중을 구축(構築)하며 정보 아니 하면 의미 업난 생활이다. 아모리 다수(多數)한 속중일지라도, 귀중한 인류의 영혼의 창조를 희생할 수 업다.[17]

　　인용을 통해 알 수 있듯이 김우진에게 대중은 '무지한 속중'으로 나타나고 그들은 타자화된다. 김우진은 속중의 다수(多數)와는 무관하게 영혼의 창조력의 상실을 걱정한다. 이것은 속중을 둘러싼 원시적 충동의 경험 그리고 심미적 생활의 무기력에서 기원한다. 이 글은 대중과 그들을 일상적 생활 세계에 대한 김우진의 불편함 심경을 잘 드러낸다. 김우진의 태도는 그가 소외된 주체의 양식으로 지식인의 한계에 분명히 갇혀 있음을 보여준다. 하지만 김우진 비평의 윤리성은 이 한계에서 생성된다. 김우진이 생활 세계에의 극복과 자유의지의 문제를 다루고 생명력으로 표현되는 인간의 창조성과 현실의 변혁이라는 문제를 사유하는 근거는 바로 지식인 주체로서의 한계에서 비롯된다. 한계를 설정하는 것은 문제의 종결을 의미하지 않는다. 언제나 사건의 결말은 새로운 문제의 시작을 의미한다. 김우진은 자신이 설정한 당대의 의미 있는 사건과 조건들로부터 사유를 시작했고, 그 문제 내부에서 충실히 지식인으로서의 사명에 충실했다는 점에서 그의 한계는 새로운 사유의 기초로 위치될 뿐이다. 이것은 지

---

17) 「所謂 近代劇에 對하야」, 『전집』 Ⅱ, 33~34쪽.

식인 주체에게 세계를 의미화하는 동시에 맹점으로 존재하는 주체 자신을 세계에 던지는 기투적 실천을 담보로 한다. 문제틀을 의미화한 세계의 마지막 퍼즐 조각으로 자신을 남겨두는 것이야말로 문제의 회피요, 비윤리성이다.

5. 결론

생명력이라는 개념은 지금까지 김우진 비평의 핵심으로 자리하였다. 그러나 생명력이라는 개념을 둘러싼 선행 연구들의 평가들은 "생맹력의 사유"와 "역사의식"의 간극을 종합하지 못하였다고 평가되었다. 하지만 이러한 접근들은 김우진의 생명력 개념에 존재하는 분열적 관점의 시차적 양상에 관해 주목하지 않았다. 김우진의 생명력 개념에 있어서 인간의 창조력과 역사의식 사이의 간극은 서로 다른 차원의 개념을 하나의 동질적 차원에 위치시켰을 때 발생하는 초월론적 가상을 구성하며 공존하고 있다. 생명력이라는 문제를 "생명력의 사유"와 "역사의식" 사이의 간극의 종합의 문제로 설정한다면, 어느 한쪽으로 다른 대상을 동일화함으로써 매듭짓는 방식이 된다. 그렇기 때문에 오히려 생명력 개념의 분열성 그 자체를 하나의 완성적 개념으로 두고 사유하는 것은 보다 김우진의 생명력 개념에 대한 열린 시선을 만들어준다.

김우진은 생명력이라는 개념을 "인간의 창조력"과 "사회의 변혁"이라는 두 문제틀로 구성하였고, 이를 매개하는 존재로 "예술"을 위치시켰다. 김우진에게 예술은 단순한 개인의 공상이 아니라 창조력과 사회 변혁의 실천에 해당한다. 그렇지만 그의 예술론은 좌우의 경향파(傾向派)와 고답파(高踏派)의 문예 어느 쪽의 논리에도 서 있지 않다. 오히려 그는 자신의 예술의 문제를 이상주의적 관념의 세계와 표면적 계급문학 사이에 둔다.

그는 예술을 '재현'의 문제가 아니라 '표현'의 문제로 바라봄으로써 세계와 관계한다. 문학을 재현이 아니라 표현의 문제로 전환시켰을 때, 현실을 모방하는 것은 불가능하다. 하지만 그것은 현실에의 무관심성을 표출하는 것이 아니다. 오히려 더 리얼한 것이다. 왜냐하면 오스카 와일드의 발자크 문학에 대한 지적처럼 그의 문학이 위대한 것은 대상을 그대로 모방했기 때문이 아니라 그가 상상하는 현실의 깊이에 있기 때문이다. 그는 현실을 재현이 아니라 표현의 문제로 접근함으로써 세계와 관계한다.

또한 김우진이 생명력이라는 개념으로 사유한 두 간극은 조선의 지식인에게 던져진 사유의 조건이었을 것이다. 하지만 지식인으로서의 주체 위치를 받아들이고 있다. 그 자리는 담론의 외부에 있는 맹점으로 존재하는 '관찰하는 주체/소외된 주체'의 자리이다. 세계를 계몽하려는 자는 언제나 세계에 섞이지 못하고 그 외부에 있기 때문이다. 이것은 엘리트주의로 나타나기도 하는데, 동시에 그가 세계 밖에 존재하는 소외된 주체라는 것을 드러낸다. 김우진의 지식인으로서의 주체성은 대중을 부정의 시선으로 바라보는 한계를 보여주지만, 동시에 고답파적 이상주의적 관념주의와 경향파적 표면적 계급문학에 대한 엄중하고 냉정한 평가를 내리는 비평가로서의 자의식을 형상시키는 메타적 위치를 생성해준다. 이러한 맥락에서 김우진이 설정한 당대의 의미 있는 사건과 조건들은 새로운 사유의 기초로 다시 재귀하는 사유 운동의 잠재성으로 기능하며, 문제 내부에서 지식인으로서의 사명에 충실했다는 점에서 지식인으로서의 윤리성을 확보하고 있다.

*이 글은 '제7회 김우진문학제'(2014년)의 발표문을 일부 수정한 논문임.

김우진의 산문을 통해 본 詩 인식 양상

염 철

1. 들어가며

김우진은 1921년에 동경 유학생들이 펴낸『학지광』(1921.6)에 「소위(所謂) 근대극(近代劇)에 대(對)하야」를 발표하면서 문단에 이름을 알리기는 했지만 그가 중앙문단에 주로 글을 발표한 것은 1926년이다.[1] 이 해에 그가 발표한 글은 「이광수류(李光洙流)의 문학을 매장(埋葬)하라」(『조선지광』, 1926.5), 「자유극장(自由劇場) 이야기」(『개벽』, 1926.5), 「구미현대극작가론(歐米現代劇作家論)」(『시대일보』, 1926.5.30~6.28), 「우리 신극운동(新劇運動)의 첫 길」(『조선일보』, 1926.7.25~8.2), 「쓰키지소극장(築地小劇場)에서 인조인간(人

---

[1] 이러한 점을 근거로 양승국은 김우진의 공식적인 문필 활동이 1926년에 시작되는 것으로 보아야 한다고 주장한다(양승국,『김우진, 그의 삶과 문학』, 태학사, 1998, 37쪽). 하지만 김우진이 주도하여 1925년 6월 목포에서 발행한『Société Mai』에 실린 글들 역시 공식적인 문필 활동에 포함시키는 것이 당연하다. 여기에는「曲線의 生活」,「아리스토텔에스의 形式論理」,「사랑의 활살」(이상 1집),「創作을 勸합네다」(3집) 등이 실려 있다.

造人間)을 보고」(『개벽』, 1926.8) 등이다. 제목에서 알 수 있는 것처럼 연극과 관련된 글이 대부분이며, '시'에 대해 언급한 글은 찾기 어렵다.[2]

하지만 김우진의 일기를 읽다 보면 그가 얼마나 강렬하게 '시인'이 되고 싶어 했는지를 알 수 있다.[3]

> 늬의 시흥(詩興)과 영감이여! 너는 늬의 소유가 과연 안일가. 나는 너를 희구ᄒ며 추구흔다.(1919년 2월 8일)[4]

> 속류(俗流)는 시를 치(嗤)흔다 하여도 나는 시인이 될 것을 바란다. 불만족, 증오흔 현실을 도피ᄒᆞ야 늬의 갈 바는 이 환각의 세계뿐이다. 전일(前日)과 모무(暮霧) 중에서 엄연(奄然)히 자연의 뜻듯흔 품 속에 들 것이다.(1919년 4월 20일)[5]

이뿐만 아니라 그가 남긴 소설과 희곡 작품들도 시인을 주인공으로 내세우거나 혹은 등장인물들이 시에 대해 논의하는 것들이 대부분이다. 소설 「동굴(洞窟) 위에 선 사람」(1921.6.30)과 희곡 〈두더기 시인(詩人)의 환멸(幻滅)〉(1925.12 창작, 1926.6 『학조』 발표), 〈난파(難破)〉(1926.5.3~1926.5.7), 〈산돼지〉(1926.7.13 탈고) 등이 여기에 속한다. 주지하다시피 김우진은 1926년

---

2) 김우진이 공식적으로 발표한 글 이외에도 본격적으로 시론을 다룬 글은 한 편도 없다.

3) 김우진은 18세부터 시를 쓰기 시작했으며, 한시 9편을 포함하여 48편의 작품을 남겼다. 그리고 그는 유럽의 시인 중에서 단눈치오(1863~1938), 스펜서(1552~1599), 블레이크(1757~1827), 예이츠(1865~1939) 등을 좋아했다. 특히 이탈리아의 시인 단눈치오에 대해서는 「타씨찬장(陀氏讚章)」(1919.12)이라는 수필을 남겼으며, 블레이크와 관련해서는 「예술(藝術)과 종교(宗敎)-블레이크에 대한 고찰」(와세다대학 영문학과 1학년 때 작성)이라는 논문을 남기기도 했다.

4) 서연호·홍창수 편, 『김우진전집』 II, 연극과인간, 1999, 450쪽(이하 김우진의 글을 인용할 때는 『전집』 I, 『전집』 II로 표시하기로 한다).

5) 『전집』 II, 468쪽.

8월 4일 윤심덕과 함께 현해탄에서 투신자살했다. 〈산돼지〉가 죽기 직전에 끝낸 원고라는 점을 감안하면 김우진은 처음 글을 쓰기 시작할 때부터 죽을 때까지 '시인'에 대한 환상을 가지고 있었던 셈이 된다.

김우진은 도대체 왜 '시'와 '시인'에 대해 환상을 갖게 된 것일까? 이 글의 목적은 바로 이 질문에 대한 답을 구함으로써 김우진이 시를 어떻게 인식했는지를 살펴보는 데 있다. 그런데 앞에서도 언급했듯이 김우진이 남긴 시론은 따로 존재하지 않는다. 따라서 이 글에서는 김우진의 일기, 수필, 문학론, 소설, 희곡 등을 분석함으로써 이 문제에 접근하고자 한다.

2. 문학론에 나타난 시 인식

김우진이 공식적으로 발표한 문학론은 연극과 관련된 것을 제외하면 「'조선(朝鮮) 말 업는 조선문단'에 일언(一言)」(1922.4.14), 「이광수류의 문학을 매장하라」(1926.5) 등이 있다. 우선 1926년 5월에 『조선지광』에 발표한 「이광수류의 문학을 매장하라」를 살펴보도록 하자. 이 글에서 김우진은 '시대정신'을 근거로 이광수를 비판한다. 그가 보기에 이광수는 시대정신을 이해하지 못하고, 인생에 대한 통찰이 부족한 사람이다. 우선 이광수는 "'중용'을 찬미하야, 소위 '과유불급(過猶不及)'의 유교적 문학을 요구하고 '시대정신'을 한 개의 농담으로 녁여서 실인생(實人生)을 초월한 아푸리오리한 진리가 잇는 줄노 알고, 혁명을 일시의 한산한 유산(遊山)으로 아러 '갓금 고가(高價)를 주고 구하는 요염한 창기(娼妓)'로써 말하"고 있다.[6] 또한 이광수가 가진 "안이한 인도주의, 평범한 계몽기적 이상주의, 반동적인 예술상의 평범주의는 이러한 인생에 대한 통찰의 부족으로부터 나"

---

6) 『전집』Ⅱ, 298쪽.

온 것이다.[7]

이광수와 달리 김우진은 인생을 '싸움'으로 규정한다. 이 말은 인생이란 고정불변한 것이 아니라 끊임없이 변화하는 것이란 의미를 담고 있다. 그러므로 김우진에게 문학이란 "시대를 적극적으로 움직이고 지도하는 새로운 사회의 폭탄"과 같은 것이어야 했다

> 이 세상이야말로 만일 이광수 요구대로 "상식적이고 맹물과 갓고, 일광과 갓고, 밥과 갓흔" 곳이 된다면 두러누워서 사랑을 찻고 가정에 취하고 종족애(宗族愛)에 만족만 하면서, 시도 쓰고 이상이니 최선이니 하고 안젓을 것이다. 그러나 인생은 싸움이다. 자연과의 싸움, 계급과의 싸움, 이것 업시는 인생이란 소, 말과 갓치 '제일 심심하고 맛업는 천당'으로 화(化)할 것이다. 이런 천당이 지금까지 과거 인류 세계에 순시간(瞬時間)이라도 실현햇든 적이 잇섯는가. 잇섯슨들 이광수의 이상주의적 문학이 '영원한 진리와 가치'를 가젓을 것이다.[8]

그런데도 이광수는 현실에 대해 지나치게 이상주의적 관점을 취함으로써 인생을 제대로 통찰하지 못하는 한계를 드러냈다고 김우진은 비판한다. 이어서 그는 당대 조선이 필요로 하는 문학이 무엇인지를 다음과 같이 밝히고 있다.

> 조선이 지금 요구하는 것은 형식이 아니오, 미문(美文)이 아니오. 재화(才華)가 아니오, 백과사전이 아니오, 다만 내용, 것칠드라도 생명의 속을 파고 들어갈려는 생명력, 우둔하더라도 힘과 발효(醱酵)에 쓸는 반발력, 넓은 벌판 우의 노래가 아니오, 한곳 쌍을 파면서 통곡하는 부르지즘이 필요하다.[9]

---

7) 『전집』II, 300쪽.
8) 『전집』II, 299~300쪽.
9) 『전집』II, 305~306쪽.

인용문에서 김우진이 강조하는 것은 생명력이다. 그렇다면 김우진이 말하는 생명력이란 무엇인가? 그것은 '본성' 혹은 '내 속 생활'대로 살아가려는 실천적 의지이다. 이와 관련하여 김우진의 「A Protesto」(1926.6.9)를 참조할 수 있다.

아모리 못난이라도, 영웅·천재 아닌 사람이라도, 제각기 제 멋대로 제 특징과 가치만에 의하야 살아야 한단 말이다. 수십장(數十丈) 되는 폭포도 져 힘에 넘쳐 뛰내리고 잇지. 그와 동시에 져근 시내물도 졔가 엇지할 수 업는 힘에 몰녀 흘으고 잇지 안니? 초목이 그럿코 금수(禽獸)가 그럿코 미물(微物)이 그럿타. 그런데 사람만은 그럿치 못하고 잇구나. 인습(因襲)과 전통과 도덕에 억매여 잇구나. 나는 이 모든 외부적(外部的)의 것에 대한 반역의 선언을 지금 행동화하고 잇다. 그러니 내 행동은 논리가 아니고 공리(公利)가 아니고 윤리가 아니다.[10]

김우진은 이 글에서 개성의 중요성을 강조한다. 그에 의하면 모든 사람들은 제각기 자신만의 특징과 가치를 지니고 살아야 한다. 그런데 김우진이 말하는 개성이란 서구적인 의미의 '개성'과는 성격이 좀 다르다. 물론 인습, 전통, 도덕으로부터 자유로운 상태를 뜻한다는 점에서는 서구적인 의미의 개성을 가리키는 것으로 볼 수도 있다. 하지만 그것이 사람에게만 있는 것이 아니라 이 우주에 존재하는 모든 사물에게도 갖추어져 있다는 점에서 색다른 의미를 지닌다.

「출가」(1926.6.21)에서 밝힌 대로 김우진은 '작은 것'과 '큰 것' 사이에는 어떠한 차이도 없다고 본다.

나는 미미한, 시드러가려든 노방(路傍)의 한 개의 풀이엿슴을 잘 안다. 그

---

10) 『전집』Ⅱ, 423쪽.

러나 나는 너갓히 수십년 클 대로 크고 성할 대로 성하고 이후붓허도 쉰침 업시 힘 굿세게 커갈 나무가 아님을 손톱긋만치도 슬퍼하지 안는다. 슬퍼하지 안는 이 자신(自信)이야말로 그 큰 등신을 가진 수십년 거목보다도 몃 백 벌 몃천 벌 더 큰 줄을 밋고 잇다. 생명, 그것으로서는 만물을 포장한 우주나 근대의 기계의 힘으로도 보지 못할 미소한 세균이나 아모 차이가 업다.[11)]

이는 김우진이 예찬해 마지않던 조명희가 자신의 시집『봄잔듸밧위에』의 서문에서 밝힌 다음과 같은 주장과 매우 흡사한 것이기도 하다.

> 空間의 無限의 길을 것는 宇宙를 한 不死鳥에 比할진대, 宇宙自体나 한마리의 새나 한사람의 靈魂이 무엇이 다르리오.
> 한 生命이 굴러나감에 거긔에는 반다시 線과 빗과 소리가 잇슬것이다.
> 맛치 한마리의 지렁이가 쌍속에 금을 긋고 지나감갓치, 한마리의새가 虛空을 저어 긋읍시 나러감갓치 우리의 靈魂이 深化되고 淨化되여 나갈수록에 거름거름에 아름다운 曲線과 빗과 소리가 잇슬것이다. 그 소리가 靈魂의 行進曲일지며 그 빗이 靈魂의 袈裟일지며 그 曲線이 靈魂의 行路일것이다. (이 세가지는 다 各各 한가지 속에서도 全体를 다 볼수 잇다)
> 그 靈魂自体가 藝術的이며 우리가 表現한것이 우리의 藝術品이다.[12)]

이 글에서 조명희는 '우주 자체'나 '한 마리의 새'나 '한 사람의 영혼'이 모두 같다고 말한다. 왜냐하면 각각 한 가지 속에서 전체를 볼 수 있기 때문이다. 다시 말해서 겉으로 드러나는 모양과 달리 모든 사물의 '본성'은 같다는 의미이다.

---

11) 『전집』II, 430~431쪽.
12) 조명희, 『봄잔듸밧위에』, 春秋閣, 1924.6.15, 조명희의 序 1쪽(이 시집은 목차, 序, 본문이 각각 1쪽부터 시작한다. 그리고 序는 김동리의 형인 凡夫의 것과 조명희의 것이 각각 1쪽부터 시작한다).

이와 관련하여 김우진이 1922년 4월 14일『중외일보』에 발표한 「'조선 말 업는 조선문단'에 일언」에서 언급한 '상징'의 의미를 살펴볼 필요가 있다.

문자와 언어는 그 주격(主格) 되는 자(者)의 사상이나 의사를 잇는 대로 재현할 수 업슴으로, 우리는 이에 문자와 언어의 암시력, 즉 상징력을 이용하게 되엿습니다. 자연주의의 유일한 사실적(寫實的) 문학이 쇠퇴하여지고 상징주의, 신고전주의가 일어나게 된 것도 필경은 이 문자의 암시력으로 하야금 사실(寫實)하기에 어려운 개성과 감정과 사상을 방불하게 하고져 함에 원인된 것이외다. 다시 거듭 말하면 이 우주에는 다만 개성의 실재(實在)와 그 상징이 잇슬 뿐이요, 재현은 전무(全無)하외다.[13]

김우진은 문자와 언어는 그것을 사용하는 주체의 사상이나 의사를 있는 그대로 재현하는 데 한계를 가진 도구이다. 이를 극복하기 위해서 필요한 것이 '상징'이다. 이와 관련하여 이경자는 김우진의 상징주의를 '전일성'의 관점에서 해명한다. 이경자에 의하면 "김우진의 '상징', '상징주의'는 관념적, 현실 초월적 태도를 극복하고 있다는 점에서 동시대 김억, 황석우, 박영희 등의 낭만적 상징주의자들의 태도와 다"른 의미를 지닌다.[14]

'상징주의'는 이질적인 두 세계의 통합을 이루려는 '전일성'을 지향하고 있으며, 이러한 상징주의의 성격은 식민지 조선의 지식인이었던 김우진의 문제의식과 맞아 떨어지면서 '전일성' 세계를 회복하고자 했던 그의 의식이 문학을 통해 드러나고 있다고 하겠다. 결국 김우진의 '전일성' 사상은 하나이며 동시에 둘이 될 수 있고 서로 다른 두 대상이 모여 하나의 조화를 이루

---

13) 『전집』Ⅱ, 229~300쪽.
14) 이경자, 「1920년대 상징의 두 양상」, 『한국문학이론과 비평』 제49집, 2010.12, 100쪽.

는 가운데 세계의 해조(諧調)를 이룰 수 있다는 그의 세계관을 의미한다.[15]

이러한 이경자의 견해는 어느 정도 수긍할 만하다. 그러나 '전일성'의 의미를 "제국주의자들의 문화적 지배로부터 벗어나려는 탈식민주의 정치 의식의 표현"으로 한정하는 것은 받아들이기 어렵다.[16] 김우진이 지향하는 '전일성'은 단순히 역사적 현실과만 관련된다고 볼 수 없기 때문이다. 그것은 위에서 언급한 바 있는 '개성' 혹은 '내 속 생활'대로 살아가려는 실천적이고 저항적인 의지의 산물이라는 점에서 종교적이고 우주적인 차원으로까지 확장되는 것으로 이해하는 것이 보다 타당하다.

이상에서 알 수 있듯이 김우진은 문학을 작가가 자신의 '개성', '생명력', '본성', '내 속 생활'대로 살아가려는 실천적 의지를 담아내는 수단으로 인식했다. 이때의 개성이란 단순히 개인적인 차원이 아니라 역사적, 종교적, 우주적 차원까지를 아우르는 것으로 이해한다. 뒤에서 상론하겠지만 김우진은 이러한 개성을 가장 잘 드러낼 수 있는 매개체가 '시'라고 생각했다.

3. 소설에 나타난 시 인식

김우진이 쓴 소설은 「공상문학(空想文學)」(1913.6.20~8.3), 「동굴 위에 선 사람」(1921.6.30), 「방련은 어찌하여 나병의 남편을 완쾌시켰는가」[17] 등 세

---

15) 앞의 글, 107쪽.
16) 위의 글, 113쪽.
17) 서연호와 홍창수가 편한 전집에서는 이 작품을 소설로 분류하고 있다. 하지만 이 글은 '옛 조선의 아름다운 이야기'라는 부제, 그리고 서술자의 목소리가 강하게 드

편이다. 이 중에서 「동굴 위에 선 사람」은 시에 관한 서술이 상당 부분을 차지한다는 점에서 시론이라는 느낌마저 든다. 이 소설은 3인칭 전지적 서술자에 의해 서술되기는 하지만 작품의 대부분은 융길의 내면을 서술하는 데 초점이 맞추어진다. 그리고 융길의 생각은 작가 김우진의 생각을 대변한다고 해도 과언이 아니다. 나아가 이 작품에 등장하는 주요 인물인 '임융길', '남신자', '남신자의 오빠' 등은 김우진 안에 들어 있는 서로 다른 자아를 상징한다고 볼 수 있다. 아래 인용문에서 알 수 있듯이 임융길은 세 사람의 삶의 방식이 서로 조화를 이루기를 바라기 때문이다.

> 변화하기 쉬운 바다 물결 같은 융길의 가슴 속 섬세한 불길, 자석처럼 이끌리면서 또한 그 모든 결점을 인색하게 숨기며 그 불길에 동화되어 버리는 여자, 고식적인 압제를 강요하는 초연한 남, 이 세 사람은 끝내 조화로운 길을 발견할 수 없는 걸까.[18]

그래서 임융길은 상이한 가치들이 혼란스럽게 뒤얽혀 있는 '바위 동굴'을 벗어나기 위해 발버둥친다. 이 동굴은 "악령의 아가리처럼 시커먼"[19] 형상을 하고서 등장인물들에게 공포의 감정을 심어주는 곳이다. 임융길은 이 공포의 상태를 벗어나 조화롭고 평화로운 세계를 갈망한다. 이 과정에서 그가 발견한 곳이 후지산이다.

> "자주빛으로 포복하고 잇는 이즈(伊豆)반도 위에 의연히 솟아 있는 후지산(富士山)의 빼어난 봉우리는 모든 번뇌를 말끔히 싯도록 가르쳐 준다.

러난다는 점 등을 고려할 때 조선의 전설을 소개하는 글로 분류하는 것이 더 타당할 듯하다. 하지만 이는 좀 더 정치한 분석이 요구되는 문제이므로 이 글에서는 '소설'의 범주에 포함시키기로 한다.

18) 『전집』Ⅱ, 258~259쪽.
19) 『전집』Ⅱ, 253쪽.

(…) 오오! 그대앞에서만 무릎꿇도다. 그는 대부분의 명소에 흔히 있는 신전, 송가, 사진, 그림에 의한 과장적이고 실물과 다른 차이를 이 후자에서만은 찾아 볼 수 없었다. 종교가들이 번쩍거리는 후광을 쓰고 현실에서 동떨어진 신성, 황홀, 만강의 감사와 같은 법열을 느끼듯, 다만 이 성스런 산만이 (회의적 경향이 있는 그는 여타의 어떤 권위도 믿지 않았다) 모든 계시와 암시 그리고 **시**(강조 인용자)를 발견케 하고 또한 그들에게 뛰어난 예찬을 외치게 했던 것이다. 이 얼마나 위대한 **자연**(강조 인용자)인가. 참으로 멋진 인생의 배경! 이 얼마나 숭고한가. 그 어디에 이토록 위대한 자연이 있나? 황ㅁ(湟*)의 기도, 마호메트의 칼, 예수의 황야의 외침 따위를 능가하여 여기에만 국경과 교리와 모든 인간의 사고를 초월한 영광을 발견한다. 계절과 배경을 아랑곳하지 않는 이 변함없는 모습! 오직 유일의 진리를 시공을 초월하여 들려주는 이 모습! 어디에 이만한 인생의 배경이 있나? 환상 속에 있는 섣부른 아름다움과 공통된 편ㅁ(偏*)한 결핍에서 오는 배타적 비웃음은 다만 해맑은 여신의 정결, 찬란하게 타오르는 불길의 배경에 비하면 옹졸한 인간의 군소리에 불과하다. 그러나 위대한 자연의 선율은 향 그윽한 술에 취한 영혼의 밑바닥에 들러붙은 **현실**(강조 인용자)을 어찌하나? 악마에 이끌려 추악한 인생의 벌판을 내려다보는 산꼭대기에 선 예수가 눈을 돌렸을 만큼 그의 현실의 달콤한 술은 감춰지지 못했다. 온갖 소리와 색깔이 그의 귀와 눈을 흐리게 하지 못했다. 그런데 이 후지의 교훈은![20]

임용길은 '후지산'를 바라보며 '자연-시-시인-현실'의 관계를 생각한다. 이를 표로 정리하면 다음과 같다.

20) 『전집』II, 260~261쪽.

임웅길에게 자연은 조화로운 곳을 의미한다. 하지만 현실은 혼란으로 가득 차 있다. 그는 조화로운 자연의 세계를 지향하지만 현실이 그를 옭아매고 있는 것이다. 그럼에도 불구하고 그는 순간의 창조적 행복을 추구한다.

> 모든 낭만적이고 시적인 자부심에서 유혹되어 이끌려가는 정신의 발랄한 고양과 관능의 예리한 감수성은 두 사람을 정체를 알 수 없는 엑스터시로 인도한다. 즉 그(임웅길, 인용자)의 표현에 따르면, 순간의 창조적 행복은 천사만이 가지며 인생의 예술적 추구의 유일한 이상적 경지라고.(밑줄 인용자)
> 그러나 이미 정해진 의지의 경향은 외부와의 접촉에 의해 억제할 수 없는 암시의 번득임을 내비춘다. 언제나 자극에 사는 그는 회의적인 어두운 구름을 떨쳐내고 실컷 울고 싶은 감상적 기분과 태양 가운데 승선자가 파도 위를 춤추는 오리를 보았을 때와 같은, 필시 최고의 상쾌한 기분이 된다.[21]

여기에서 알 수 있듯이 임웅길은 시적 자아가 외부와의 접촉으로 인해 계속해서 순간의 창조적 행복 속에 머물 수 없다는 것을 인정하면서도 "순간의 창조적 행복은 천사만이 가지며 인생의 예술적 추구의 유일한 경지"라고 강조한다. 이 경지가 바로 김우진이 생각하는 시의 경지이다. 이는 이 작품의 결말 부분에서 구체적으로 제시된다.

> 오오, 지금까지의 모든 고뇌의 안개, 불안의 시앗, 그리고 습속의 번거로움은 강렬한 태양 아래 한 줌 구름처럼 그 속에 녹아들었다.
> 이 얼마나 장엄한 기분인가.
> 오오, 해가 진다. 내일의 영광스런 약속을 완수하기 위하여 지금 수평선 저편으로 태양은 은둔한다.

---

21) 『전집』I , 270쪽.

오오, 해가 진다.

오오, 해는 지고 땅은 어두워진다. 내일의 빛의 부활을 안심하고 믿는 땅은 어둠으로 변한다.

오오, 해가 진다, 땅이 어두워진다.

무한한 창천의 어둠 속에 박힌 별은 어린아이의 무심한 눈처럼 깜박거리고, 미소짓고, 속삭이고, 외치며 신비의 대화를 나눈다.

오오, 별이여, 암흑의 땅, 밤의 장막 위에 깜박이는 별들이여!

파도는 오열하고 신음하며 중얼거린다. 방금 바람이 불었다. 별에서 떨어지는 가느다란 바람은 밤의 비단결을 지나 정적의 현(絃)을 퉁긴다. 현이 울었다.

암흑의 정적 속에 음악이 울렸다. 선율, 조화로운 음악이 울렸다.

오오, 그러나 동굴은 왜 짓는가. 그 굶주린 먹이는 무엇인가. 먹이를 집어 삼키려는 그 흉악한 아가리를 다물어라!

오오, 별이 떨어졌다. 죽 늘어선 성좌로부터 시위를 떠난 화살처럼, 달빛에 반짝이는 잎새에서 떨어지는 이슬처럼 별이 땅에 굴러 떨어져 내린다. 작은 별이 떨어진다. 또 떨어졌다.

자꾸, 자꾸, 자꾸 …… 떨어진다.

바람이 일었다. 별의 신비한 음악을 싣고 바람이 운다. 그리고 울부짖는다. 지상의 정적이 깨진다. 그리고 바다의 거친 파도 소리가 대체되었다.

오오, 별이여! 바람! 바다!

둥글은 기세등등한 맹수처럼 포효했다. 함성을 질렀다. 땅의 정적은 깨지고 요란한 소리로 바뀌었다.

오오, 동굴은 자신의 소요진감(逍遙震撼)의 소리와 도약분방한 파도의 힘으로 호탕한 웃음소리를 냈다.

오오, 웃음소리가 났다. 먹이를 얻은 환희!

오오, 그러나 동굴은!

동굴은 무어졌다. 주춧돌이 빠졌다. 주춧돌이 무너진 집처럼 난잡하게.

천지간을 채우고 저 조그만, 가련한, 순진한 별을 두려워 떨게 하는 동굴의 함락이 왔다!

오오, 황량한 이 광경!

우리의 '공동의 바위동굴'은 어떻게 되었나?[22]

이 소설 전체가 사건을 서술하기보다는 인물의 내면 심리를 드러내는 데 치중하고 있기는 하지만 이 대목은 고뇌가 사라진 순간의 느낌을 격정적인 운율에 담았다는 점에서 소설이라기보다는 한 편의 시에 가깝다. 이는 김우진이 소설 역시 시의 형식에 가깝게 창작하고자 했음을 드러내주는 구체적인 사례이다.

이상의 내용을 정리하면 첫째, 김우진에게 '시'란 현실의 갈등을 넘어 자연의 조화로운 상태를 지향하기 위한 매개체로 인식된다. 둘째, '시'를 통해 시인은 순간의 창조적 행복을 맛볼 수 있으며, 이것은 예술의 최고 경지로 받아들여진다. 셋째, 서사를 주로 다루는 소설 또한 시적인 경지를 추구해야 한다고 보았다는 것이다.

4. 희곡에 드러난 시 인식

김우진의 희곡 작품들은 〈이영녀〉를 제외하면 모든 작품이 시인을 등장인물로 내세우거나 혹은 중간에 시를 삽입하는 형식을 취하고 있다. 그 중에서도 김우진의 마지막 작품인 〈산돼지〉는 조명희의 시 「봄잔듸밧위에」를 창작 모티브로 한다는 점에서 주목을 요한다.

이 시를 접한 후 1924년 5월 23일 조명희에게 보낸 편지에서 김우진은 "조형(趙兄), 동경(東京) 잇슬 때붓허, 형의게 시를 쓰라고 권고함이 비일비재엿슴을 기억하고 있겟지요."라고 말한다.[23] 이를 두고 양승국은 다음과

---

22) 『전집』 I , 275~276쪽.
23) 『전집』 II , 519쪽.

같은 의문을 제기한다.

> 조명희가 1923년초 귀국하였음을 상기한다면, 김우진은 조명희가 〈김영일의 사〉나 〈파사〉와 같은 의곡을 국내에서 발표하였음에도 불구하고, 여전히 그를 시인으로만 평가하고 있음을 엿볼 수 있다. 그 이유는 무엇일까. 김우진의 기준에 조명희의 희곡은 희곡답지 못한 작품에 지나지 않는 것인가. 아니면 그의 시들이 희곡보다 월등히 뛰어나서 조명희의 창작적 재질은 단연히 시 쪽이라고 생각한 때문인가. 오늘날의 안목으로 본다면 그 어느 쪽도 타당하지 않음을 알 수 있다. 즉, 조명희의 경우는 시보다는 희곡, 희곡보다는 소설에서 더 중요한 업적을 평가받고 있지 않는가. 그렇다면 김우진의 안목이 문제이거나, 다른 데 원인이 있다고 생각하지 않을 수 없다.[24]

그리고 이 질문에 대해 "김우진은 1921년의 '서툰' 연극 활동의 반성으로 보다 체계적인 연극 공부를 시도하면서, 자신이 동시대의 희곡 창작의 사명까지를 혼자 떠맡으려" 했던 것인지도 모른다는 답변을 내놓는다.[25] 하지만 이는 적절한 설명이라고 보기 어렵다. 왜냐하면 김우진 스스로가 이 질문에 대해 답을 내놓고 있기 때문이다.

> 〈고독의 가을〉이나 〈고독자〉 갓흔 개념적인 것을 쓰든 일방(一方)에 〈아츰〉 갓흔 것을 쓰든 동경(東京) 시대에, 내가 왜 형의게 작시(作詩)-시인이 되라고 권햇는고니, 전자에는 제일 의미적으로 우주의 심오(深奧)의 양상에 부드치려는 노력이 누구보다도 강하엿고, 제삼(第三)의 〈아츰〉에는

---

24) 양승국, 앞의 책, 96~97쪽.
25) 위의 책, 97쪽. 나중에 양승국은 「극작가 김우진 재론」(『김우진』, 연극과인간, 2010, 65~71쪽 참조)에서 이와 관련하여 '어머니에 대한 그리움' 때문이라는 답을 제시한다. 하지만 이 역시 적절한 답이라고 보기 어렵다. 양승국은 「봄잔듸밧 위에」에 표현된 어머니를 '김우진의 어머니'로 단순 대치하고 있기 때문이다. 이 작품에 표현된 '어머니'를 통해 김우진이 읽어냈던 것은 '우주적 차원의 어머니'일 수도 있다는 점을 양승국은 간과한다.

형의 시적 표현력에 큰 압길이 나타낫기에, 형의게 큰 깃븜을 차젓습니다. 그러나 시는 단순한 문학자나 철학이나 혼어(jargon)가 아니요, 정말 시는 내용과 형식(form and matter, 음악과 갓히)의 일치(一致)에서 출발해야 할 것이외다. 갑 잇는 시, 갑 업는 시의 구별은 이 양자의 조화의 정도 여하에 잇는 줄 압니다. 그런데, 이번에 형의 시집을 보고 〈봄 잔디밧 위에셔〉[26]라는 걸작에 봉착햇습니다. 나는 그것을 걸작이라고 하는 것은, 이상(以上) 말한 form and matter의 완전한 일치에 성공한 까닭이외다.[27]

이 글에서 김우진은 좋은 시란 음악처럼 내용과 형식이 조화를 이루는 것이라고 규정한다. 조명희의 「봄잔듸밧위에」는 이 기준을 완전하게 충족시킨 작품이다. 물론 양승국이 지적한 것처럼 현재의 관점에서 보자면 김우진의 이러한 평가를 수용하기는 쉽지 않다. 그러나 김우진의 관점에 서면 이것이 전혀 이해될 수 없는 것도 아니다. 위의 글에서 확인할 수 있듯이 김우진이 생각하는 시의 내용이란 '우주의 심오한 양상'과 관련되는 것이기 때문이다.

조명희의 「봄잔듸밧위에」를 구체적으로 살펴보기로 하자.

> 내가 이잔듸밧위에 쒸노닐적에
> 우리어머니가 이모양을 보아주실수웁슬가
>
> 어린아기가 어머니젓가슴에안겨 어리광함갓치
> 내가 이잔듸밧위에 짓둥그를 적에
> 우리어머니가 이모양을 참으로보아주실수웁슬가
>
> 밋칠듯한마음을 견데지못하여

---

26) 이 작품의 원래 제목은 「봄잔듸밧위에」이다.
27) 『전집』 II, 519쪽.

「엄마− 엄마−」소리를내엿더니

쌍이「우애−」하고 한울이「우애−」하옴애
어나것이 나의어머니인지 알수읍서라.[28]

이 작품이 실려 있는 시집『봄잔듸밧위에』의 서문에서 조명희는 '위대
한 예술가의 심경'과 '聖者의 심경'은 서로 같다고 말한다.

> 偉大한藝術家의心境이 聖者의心境과共通됨을보라. 偉大한藝術品가
> 운대에는隱然히倫理(通俗的意味가안임)를말하며 眞理를말함을보라. 빗나
> 는太陽을보며 아름다운꼿을보라. 이갓치藝術的인自然가운대 말하지안는
> 宗敎가잇스며 말하지안는哲學이잇다. 支流에잇서 다르다할것이지 本源에
> 잇서서 다한가지임과갓치, 最高의것에는 眞善美가 다合致될것이며 안팟
> 읍시다一致調和될것이다.[29]

여기에서 '성자의 심경'이란 '윤리'나 '진리'와 관련된 것이다. 그것은
자연 속에 내재하는 것이며, '지류(支流)'에서는 다를지라도 '본원(本源)'에
서는 같은 것이다. 다시 말해서 서로 다른 모양을 가진 사물이라도 우주
적 차원에서 보면 모두 동일한 본성을 지녔다는 것이다. 그러므로 김우진
이「봄잔듸밧위에」에서 읽어낸 '어머니'는 실제의 어머니일 수도 있고 본
원적인 진리일 수도 있다. 결국 이 작품을 창작의 동기로 삼은 〈산돼지〉
역시 본원적인 진리를 드러내기 위해 창작되었다고 볼 수 있다.

---

28) 조명희, 앞의 책, 본문 7~8쪽.
29) 조명희, 위의 책, 조명희의 序 4쪽.

5. 나오며

이상에서 김우진의 산문에 나타난 시 인식 양상을 살펴보았다. 여기에서 알 수 있는 것은 크게 세 가지이다. 첫째, 시인은 시를 통해 자신의 '개성'을 드러낼 수 있다는 점이다. 물론 김우진이 생각한 시가 오늘날 우리가 생각하는 것과 똑같은 것이라고 보기는 어렵다. 그가 말하는 '본성'은 '자연', '우주', '진리' 등과 관련된다는 점에서 다분히 철학적, 종교적, 우주적인 성격을 지니는 것이기 때문이다.[30]

둘째, 시는 순간의 창조적 행복을 제공하며, 이는 예술의 최고 경지라는 점이다. 그렇다고 김우진이 다른 문학 장르를 폄하한 것은 아니다. 다만 다른 문학 장르 역시 시적인 경지를 지향해야 한다는 점을 강조하고 있을 뿐이다.

셋째, 시 이외의 문학 장르도 시적인 경지를 추구해야 한다는 생각으로 인해 그의 소설과 희곡 역시 시의 형식을 닮아가려 한다는 점이다. 이러한 관점에서 보면 김우진이 창작한 모든 문학 작품은 궁극적으로 '시'를 지향하는 것이었다고 할 수 있다.

이러한 점 때문에 김우진은 문학 활동을 시작하던 시절부터 죽음으로 그의 생애를 끝낼 때까지 '시'에 대한 환상을 지니고 살았던 것이다. 그러나 이러한 환상이 그를 곧바로 훌륭한 시인으로 만들어주는 것은 아니다. 김우진이 1925년 4월에 쓴 「아관(我觀) '계급문학(階級文學)'과 비평가(批評家)」에서 밝힌 대로 '행이지난(行易知難)', 즉 행동하기는 쉽지만 제대로 알기란 참으로 어려운 일이다.[31] 그에게 안다는 것은 '추상'의 차원이 아니

---

30) 그중에서도 특히 불교와의 연관성이 두드러지는 것으로 보이지만 이는 차후에 좀 더 깊이 있는 논의가 필요한 대목이다.
31) 『전집』II, 283쪽.

라 '의식적으로 감촉'하는 차원의 것이다. 다시 말해서 김우진에게는 실제의 경험을 수반하는 앎이 진정한 앎이다. 이는 단순한 경험론과는 다르다. 경험은 누구나 할 수 있지만 누구든지 그 경험으로부터 무엇인가를 알아내기는 어렵다. 경험 주체를 둘러싸고 있는 다양한 외적 조건들이 이를 가로막고 있기 때문이다. 이 점에서 그의 요절은 약간의 아쉬움을 남긴다. 그에게서 이 세계와 좀 더 치열하게 싸울 기회를, 그리하여 좀 더 참된 앎의 세계를 구축할 수 있는 기회를 앗아가버렸기 때문이다.

*이 글은 '제7회 김우진문학제'(2014년)의 발표문을 일부 수정한 논문임.

제3부

김우진 이마골로지(imagology)의
변주

湖南 戲曲과 김우진

한 옥 근

1. 머리말

동서양을 막론하고 희곡 문학은 문학으로만 존재하지 아니하고, 연극에 예속되어 변화하면서 발전하여왔다. 단순히 문학사적 측면에서만 희곡 문학사를 검토하는 것은 불합리한 일이다. 그러므로 희곡 문학사를 정리함에 있어 연극사적 변천과 병행할 수밖에 없는 것이다.

호남은 여러 장르에서 예술의 발원지다. 특히 판소리와 창극의 경우는 이 고장에서 탄생·성장·발전하여 타 지역으로 전파되었다. 뿐만 아니라 신극과 근대극 운동도 타 지역에 비해 앞서 있었음은 이미 확인된 바다. 그러므로 연극의 경우도 이 지역이 메카임이 분명한 것이다.

이러한 역사성을 가진 이 고장의 희곡 문학적 궤적을 정리함은 매우 뜻 깊은 일이 아닐 수 없다. 한국의 희곡 문학사는 1912년 11월, 조일재(趙一齋)의 〈병자 3인(病者三人)〉이 『매일신보(每日申報)』에 발표되는 것을 그 기점으로 삼고 있다. 그러나 그러한 기술 방법은 서양 연극사적 기술 방법일 뿐이다. 왜냐하면 동양 연극은 희곡·연출·연기·무대가 엄밀히 말해 구분되어 있지 않은 총체극(Total theatre)이었기 때문이다. 우리의 고전극은 노래와 춤과 대사가 함께 어우러진 종합연희 형태의 연극인 것이다. 그러므로 희곡이 문자화되지 않은 상태로 구전·전승된 것이 탈춤, 인형극, 판소리, 창극이다.

그리고 한국의 신극은 태동기부터 비정상적 궤도를 달려왔다. 특히 20세기 초의 격변기에 우리나라와 같은 정치와 사회적 환경 속에서는 연극의 발전이 순탄할 수가 없었다. 전통극의 경우는 언어(문학)보다도 무용과 음악과 마임 등이 어우러진 시청각화를 창출했고, 연극을 담당하는 층도 천민으로 제한됨으로 인해 기층문화로 전락해버렸다. 또, 일제하에서의 민족예술에 대한 탄압과 이데올로기의 영향에서 벗어나지 못함으로써 예술성을 스스로 절감시키는 결과가 되었다.

근대화와 민주화 과정을 거치면서 이 지역민들은 역사의 소용돌이 속에 휩싸이기도 하고, 주역이 되면서 많은 고통을 감내하였다. 그러한 흔적들이 희곡에 담겨 무대 위에 올렸고, 마당극으로도 표출되었다.

호남의 희곡 문학 출발 기점은 1911년경, 동극으로서 배지유가 쓰고, 오원이 연출한 〈늑대와 소년〉으로 보고 있으며, 신극의 경우는 1925년 김우진의 〈이영녀〉를 출발점으로 삼고 있다. 이렇게 출발한 호남 지역의 희곡작가들은 현재 약 50여 명에 이른다. 그 대표적인 희곡작가를 보면, 1910년대의 배지유와 오원, 1920년대의 김우진, 그리고 1930년대에는 최경순, 최계순, 최금동이 활동하였고, 1940년대에는 일제 말이어서 김용구만 열성을 보였다. 1950년대에는 박경창, 장용건, 차범석, 김포천, 1960년대에는 정조, 박운원, 박동화, 김승규, 오재호, 정세화, 임승원, 김길호, 김정율, 1970년대에는 이율, 이광남, 유종원, 김봉호, 이광남, 한옥근, 김길융, 설재록, 고영엽, 김정수, 1980년대에는 함수남, 나상만, 김영문, 채희윤, 임옥봉, 김창일, 정순열, 이중기, 송영근, 1990년대에는 박기복, 손철, 강환식, 박효선, 김명환, 김영학, 2000년대는 선욱현, 양수근,

조광화, 원광현, 양태훈, 박강의, 안희철, 임혜은 등이 활동하고 있다.

그 밖에도 아동문학을 하는 정종범, 소설을 썼던 백두성, 천승세, 한승원, 시를 쓰던 김광옥, 오인철, 불란서 희곡을 번역하던 조우현 등도 희곡문학에 인접하여 희곡을 썼다. 수집된 자료가 미흡하여 더러는 언급하지 못한 부분이 있다. 당사자들의 양해를 구할 수밖에 없음을 안타깝게 생각한다.

2. 개화기 시대의 희곡 문학사 개요

한국의 고전극 4대 양식인 가면극, 인형극, 판소리, 창극이 희곡 형태로가 아닌 공연 형태로 존재해왔으므로 사실상 문학으로서의 희곡적 존재는 신극 이후부터로 보는 것이 옳다. 1910년대의 신파극 대본마저도 구치다데(口建)식으로 요약된 개요 작성일 뿐 희곡이 아니었기 때문이다. 그러한 영향이 오래도록 연극과 희곡의 인식에 오류를 점철시킨 것이다.

1911년 12월에 임성구(林聖九)가 이끄는 최초의 신파극단인 혁신단(革新團)이 어성좌(御成座)에서 〈불효천벌(不孝天罰)〉을 공연한 이래, 윤백남(尹白南)의 문수성(文秀星), 이기세(李基世)의 유일단(唯一團) 등 초기의 신파극단들은 완전한 희곡으로서의 구성을 갖추지 못한 채 연극 공연을 했다. 그들이 공연한 내용들도 대부분은 일본의 신파극을 그대로 번안하거나 수용한 것이며, 일부는 신소설이나 한국 고전소설을 그대로 각색한 것들이었다. 그러나 신파극이 가지고 있는 독특한 권선징악적인 감상성과 홍루적(紅淚的) 속성은 한국인이 지니고 있던 한(恨)적 정서와 실국(失國)이라는 시대 배경 속에서 식민지 대중의 공감을 얻어 정착 융성하였다.

비록 1912년 11월 17일부터 25일까지 『매일신보』에 연재된 조일재의 〈병자 3인〉이 기록상으로는 최초의 한국 희곡으로 발표되었다고는 하지만 희곡으로서의 결점이 많다. 뿐만 아니라 1910년대에 발표된 이광수(李光洙)의 〈규한(閨恨)〉(1917), 〈순교자(殉敎者)〉(1920)나 윤백남의 〈운명(運命)〉(1917), 〈국경(國境)〉(1918)이나 최승만(崔承萬)의 〈황혼(黃昏)〉 또한 희곡적 구성의 결함을 드러내고 있다.

1920년대에 들어서면서 비로소 희곡으로서의 체제를 갖춘 희곡들이 조금씩 나타나기 시작했다. 김환(〈아가의 詛呪〉, 1920), 김영보(〈詩人의 家庭〉, 1920), 조명희(〈金英一의 死〉, 1921), 김정진(〈汽笛 불 때〉, 1924), 김영팔(〈미쳐가는 處女〉, 1924) 등이 대표적인 희곡작가들이었다. 일본에서 개화가 한창인 다이쇼기(大正期, 1912~1926)에 일본에 유학 중인 김우진, 조명희, 홍해성, 고한승, 조춘광, 김영팔 등의 극예술협회 멤버와 박승희, 김기진, 김복진, 이서구 등의 토월회(土月會) 멤버들이 비속화된 서양의 근대극을 배워왔다. 그러므로 일본 극단들의 근대극 공연에 영향을 받은 그들이 사실주의적 희곡을 쓰게 된 것이다.

김우진(金祐鎭)은 신파극 시대에 등장한 혜성 같은 존재로서 당대의 창작 방향을 제시하는 「창작(創作)을 권(勸)합네다」(1925)라는 글을 통해 첫째, 전통적인 유교 모럴의 구곡(舊穀)을 깨는 정신 사회 개혁을 테마로 해야 할 것. 둘째, 여성의 경제적 사회적 문제로서 연애·결혼·모성을 테마로 삼을 것. 셋째, 생명·죽음·신·이상 등 인생의 근원적인 문제를 테마로 삼을 것 등을 주장했다. 그리고 〈정오(正午)〉에 이어 〈이영녀(李永女)〉(1925), 〈두덕이 시인(詩人)의 환멸(幻滅)〉(1925), 〈난파(難破)〉(1926), 〈산돼지〉(1926) 등의 작품에다 표현주의, 자연주의, 상징주의 기법을 접목시킴으로써 투철한 근대 의식과 사회 개혁 의식을 표출하였다.

버나드 쇼(George Bernard Shaw)의 영향을 받은 김우진은, 특히 〈이영녀〉에서 매음·노동·빈곤·섹스를 테마로 하여 버림받은 사회의 처절한 저변을 자연주의 수법으로 묘사했고, 〈두덕이 시인의 환멸〉에서는 개화기 지식인의 고뇌인 동시에 자기 자신의 고뇌를 상징주의 기법으로 묘파했으며, 자전적인 희곡 〈난파〉에서는 스스로 표현주의극이라고 명시해놓고 유교식 가족 구조 속에서 고뇌하는 근대적 서구 사상을 지닌 한 젊은 시인의 정신적 몰락 과정을 그렸다. 한편, 카프(KAFF)가 결성된 1920년대 중반부터 해방 전후까지는 송영(〈正義와 칸바쓰〉, 〈黃金山〉, 〈假社長〉)을 필두로 박영호(〈地獄〉, 〈겨레〉), 신고송(〈人情 나룻배〉, 〈눈날리는 밤〉), 박노아(〈서어멘號〉, 〈노다지〉), 김남천(〈三一運動〉), 조영출(〈독립군〉, 〈論介〉), 김사량(〈太白山脈〉, 〈부똘의 軍服〉) 등 프롤레타리아 극작가들이 기세를 올리기도 했다.

1930년대에 이르러 홍해성, 유치진을 중심으로 전개되었던 극예술연구회의 연극 활동으로 인하여 진보된 사실주의 연극이 무대화되면서부터 희곡이 문학으로서 자리매김하였다. 그러나 사실주의극이 발전되려는 시기였던 1930년대 후반부터 해방 직전까지는 소위 국민연극이란 이름하에 한국 연극이 암흑기에 처하게 되었고, 해방 직후의 해방 공간에는 이데올로기에 휩싸였기 때문에 이렇다 할 희곡도, 연극도 만들어지지 않았던 것이다.

1945년 이후부터 오늘날까지 반세기 동안의 한국 연극의 흐름을 말할 때, 일반적으로 1950년대는 반공극과 사실주의극 시대, 1960년대는 번역극 시대, 1970년대는 현대극 부흥 시대, 1980년대는 극 형식의 다양화 시대, 1990년대는 한국 연극의 세계화 모색 시대라고 한다.

이러한 연극사적 흐름에서 간과할 수 없는 것은 사회 변천과 관련된 연극의 형태이며, 그러한 연극 형성을 위한 희곡의 역할이다. 결과적으로 희곡은 연극 존재를 위한 부수적 역할로만 이용되었을 뿐 희곡으로서의 문학적 주체성은 상실된 채로 오늘에 이른 것이다. 그러므로 희곡의 기능이 문학성은 소홀히한 채 연극성 위주로 창출되었다고 보는 것이며, 그렇기 때문에 한국 연극사에서 언급하고 있는 시나 소설에 비해서 문학으로서의 희곡 작품은 양과 질적인 면에서 뒤떨어질 수밖에 없는 것이다.

해방 전은 이렇게 220여 명의 희곡작가를 비롯하여 시인(박용철, 김동환, 김완서, 윤석중 등)과 소설가(유진오, 채만식, 김동인, 방인근, 황순원, 이기영, 한설야, 오천석, 나혜석 등)들이 240여 편의 성과를 거두었을 뿐이다. 현재 한국 문인협회에 희곡작가로 등록되어 있는 숫자는 100여 명 안팎이다(1993년 12월, 『월간문학』 게재 93명). 해방 후 50년 동안에 작고했거나 절필한 분들이 있겠지만 희곡작가가 아닌 타 장르의 문인들(천승세, 최인훈, 황석영, 이어령 등)까지 포함한 작가 및 작품이 해방 전의 절반 정도에 불과하다. 물론 작품의 질과 양은 비교가 안 될 만큼 향상 발전되었다고 하지만 그만큼 희곡 창작의 여건이 어려웠다는 의미다.

6·25를 거친 1950년대부터 차범석을 비롯한 박현숙, 하유상 등의 리얼리즘 희곡이 틀을 갖추면서 희곡 문학의 활로를 열었고, 1960년대 이근삼의 출현으로 일대 변혁을 보이면서 60년대 후반부터는 탈리얼리즘의 전초로서 오태석, 박조열, 이현화, 윤대성 등이 희곡 형식의 변화를 보이더니 1980년대는 마당극의 성행과 함께 총체극 양상으로 희곡보다는 연극성에 치중함을 보였고, 이윤택의 희곡에 이르러서는 한국 전통극 양식과 현대극 양식의 합성이 이루어졌다. 그리고 이어서 브로드웨이적 뮤지컬이 1990년대 초를 현혹시켰다.

여하튼 지금까지도 한국의 현실은 혼란스러운 상황이지만, 그러한 시기마다 시의적절하게 많은 연극 활동과 극작가들의 배출이 지속되면서 희곡 문학의 맥을 이어오고 있는 것이다. 그리고 이 지역에서도 앞에서 언급했던 바와 같이 김우진에서부터 임혜은에 이르기까지 50여 명의 희곡작가가 문학 메카를 지켜가고 있는 것이다.

3. 호남 희곡 문학의 형성 배경

전남 출신의 희곡작가와 연극인이 많은 이유는 적어도 조선 중엽부터 발전해온 판소리의 영향이 없지 않았다고 본다. 서언에서도 밝혔던 것처럼 전라도는 여러 장르에 걸쳐 예인들이 많았다. 특히 판소리와 창극의 경우는 이 고장에서 탄생·성장·발전하여 타 지역으로 전파되었다. 그러한 지역적인 특성과 함께 이어지는 인맥을 통하여 전남의 희곡은 작은 산맥을 형성하게 되었다.

개화기를 맞으면서 당시의 사회는 어수선하였다. 1893년경에 이미 서울에만도 3천 명이 넘는 청인(淸人)들이 거주하고 있었으며, 청국연희(淸國演戲)와 기예(技藝)가 행해지고 있었다. 1904년경에는 청인들의 전용 극장까지 세워져 있었다.[1] 그러므로 이 무렵 중국의 경극(京劇)이 소개되었던 것이다.

명창 이동백의 회고담에 의하면 "청계천 2가 현 3·1빌딩 앞에 수표교가 있었고, 그 다리 건너에 청국인의 거리가 있었다. 번화한 청국인의 거리에 창극관(唱劇館)이 있었는데, 창우(唱優)가 창극을 연희하였다. 당시 창악인들은 창극관에서 연희하는 〈삼국지〉에 관심과 호기심이 커서 많은 수가 관람을 했다. 특히 명창 강용환은 틈만 있으면 이 청국관에 가서 살다시피 했는데, 그 청국의 창희를 모방하여 판소리 〈춘향가〉를 창극으로 발전시켰다."[2]는 것이다.

창극의 첫 단계는 역할 분담의 분창(分唱)이었고, 대화창(對話唱)이었는데, 원각사가 개설되면서 비로소 창극으로 발전하였다. 1908년 11월 15일 원각사에서 공연되었다는 신연극(新演劇) 〈은세계(銀世界)〉는 이인직(李人稙)의 작품이 아니고, 바로 실화(實話) 최병도(崔丙陶)의 이야기를 강용환(姜龍煥)이 〈최병도타령〉으로 만든 창극 무대였다.[3]

---

1) 『대한매일신보』,1904.11.16. "청관연희-지작 십오일은 청국 셔태후 만 칠슌경졀이라 한성내에 거류하는 國旗와 燈으로써 경축하고 청용관에서는 내외신사가 연희하엿다더라."

2) 박황, 『창극연구사』, 백록출판사, 1976. 17쪽.

3) 유민영, 『개화기연극사회사』, 새문사, 1987, 40쪽; 서연호, 『한국근대희곡사』, 고려대학교 민족문화연구소, 1982, 24쪽; 최원식, 「은세계연구」, 『민족문화의 논리』,

당시 판소리 배우들은 창극을 시대의 추세에 맞춘 새로운 시도로 생각했을 뿐만 아니라 창극을 신연극이라고 부르기까지 했던 것이다. 예를 들면 "수궁가라는 신연극을 설행"(『대한매일신보, 1909.11.26)한다고 광고를 내고 공연했는데, 알고 보니 창극으로 꾸민 〈수궁가〉였고, 또 원각사에서 공연되었던 신연극 〈춘향가〉도 창극이었다.

> 圓社不圓....圓覺社에서 新聞에 廣告로 揭布ᄒᆞ되 壹切 舊演劇을 改良ᄒᆞ고 忠孝義烈 等 新演劇을 設行한다함으로 再昨夜에 觀光者가 多數 來集ᄒᆞ얏더니 及期臨場에는 春香歌壹場後에 即時 閉社ᄒᆞ미 來客中 壹人이 大聲詰駁曰 廣告에는 新演劇을 ᄒᆞ다ᄒᆞ고 春香歌만 唱ᄒᆞ니 是는 騙財的으로 欺人홈이라 ᄒᆞ미 一般 觀光者가 皆前呼應ᄒᆞ야 圓覺社의 不信無美를 詰責ᄒᆞ고 自今 이후는 원각사의 再到치 안키로 發誓ᄒᆞ야 壹場風波를 大起ᄒᆞ얏다더라.(『대한매일신보, 1909.7.3)

협률사의 혁파와 원각사의 신연극에 대한 몰이해와 관객들의 소란으로 명창들이나 창극 배우들이 설 자리가 없게 되었다. 그러므로 고향을 찾아 낙향할 수밖에 없었던 것이다.

이 시기에 이 지역에서는 창극과 신극이라는 두 형태의 연극이 진행되고 있었다. '김창환협률사(金昌煥協律社)'와 '광주협률사(光州協律社)'가 있었고, '송만갑협률사(宋萬甲協律社)'가 순회공연을 하고 있었다.

김창환협률사는 1909년 봄에 나주 출신 국창(國唱) 김창환(金昌煥, 1854~1927)이 조직한 창극 단체이다. 낙향한 강용환(무안 출신)과 김채만(金采萬, 화순 출신)의 동의를 얻어 정학진(丁學珍), 유성준(劉聖俊), 김정길(金正吉) 등 지방의 명창 50여 명을 규합하고 그해 가을에 창립 공연을 하였다. 창립 공연은 김창환이 〈춘향전〉의 줄거리를 축소 개작한 〈어사와 초동〉이었

창작과비평사, 1982, 45~46쪽.

다. 김창환이 대표로서 총경비를 대고 지휘를 했으며, 강용환이 조연출을 맡았고 김채만, 유성준, 정학진, 안영환, 김정길 등이 배역을 맡았다.

광주 천변(현 양림교 부근)에 가설 무대를 설치하여 공연된 〈어사와 초동〉은 재담과 해학, 창과 민요가 잘 배합된 희가극적 창극으로서, 관객의 호응이 대단하여 사흘 동안 인산인해를 이루었다고 한다. 출연자들이 원각사 주석이었던 김창환을 비롯한 당대의 국창, 명창들이 총집합되었을 뿐만 아니라 당시 창극이 연희로서는 유일한 볼거리였기 때문에 관심이 쏠릴 수밖에 없었던 것이다. 그 밖에도 김창환협률사는 〈심봉사〉, 〈변강쇠타령〉을 창극으로 제작하여 삼남을 순회 공연하였다.

또, 송만갑협률사는 1909년 가을 서울에서 창단되어 1910년 8월에 해산된 창극단이다. 구례 출신의 명창 송만갑(宋萬甲)은 원각사의 소리꾼들 중에서 이동백(李東伯)을 비롯하여 김창룡(金昌龍), 유공렬(劉公烈), 이선유(李善有), 장선오(張善吾), 임소향(林素香)과 그의 문하생 중에서 장판개(張判介), 김정문(金正文), 김광순(金光順)을 규합하여 창극단을 조직하였다.

원각사 부주석이었던 송만갑은 출신 지역과는 관계 없이 단원들을 규합했다. 당시 서울 경시청에서는 원각사 배우들에게 일본어를 배우게 했고, 일본 연극을 모방하도록 압력을 가하기도 했다. "각 연극장의 연희 원료를 취조하여 인허한 후에 시행케"(『대한매일신보』, 1909.7.9) 했다. 이러한 조치는 벌써부터 한일합병을 전제로 한 민족 전통극의 말살을 획책하려는 의도가 표면화된 것이다. 그리고 10여 일 후에 원각사를 해체시켜버렸다. 그런 관계들로 인해서 송만갑협률사는 서울 공연이 어렵게 되었으므로 전국 순회공연을 나서게 된 것이다.

그리하여 송만갑은 그의 고향인 구례와 광주를 주축으로 활동하면서 섬진강을 중심으로 한 전남 동부 지역과 경남 지역을 주로 순회하였던 것이다. 공연 레퍼토리는 〈춘향가〉, 〈심청가〉, 〈적벽가〉였다. 그 후 단원을 보완하였는데 주로 문하생인 박봉래(朴奉來), 박녹주(朴綠珠), 박초월(朴初

月), 김초향(金楚香), 김소희(金素姬), 이화중선(李花仲仙) 등이었다.

위의 두 협률사는 한일합병과 더불어 해산되었다. 그리고 2년 후인 1912년 봄에 광주협률사가 조직되었다. 광주협률사는 강용환이 중심이 되어 화순 출신의 명창인 김채만의 문하생들을 끌어들었다. 김억순(金億順), 안영환(安永煥), 박화섭(朴化燮), 한성태(韓成泰), 박종원(朴宗元), 신용주(申用柱), 박종섭(朴淙燮), 전일도(全一道), 김정문(金正文), 성용태(成龍泰) 등이 참여했다.

한일합병이 된 후로 협률사에 참여했던 명창들은 또다시 뿔뿔이 흩어지게 되었다. 김채만도 고향 화순에 머물다가 광주(현재 서구 효덕동)로 거처를 옮기고, 많은 문도들을 모아 창을 가르쳤다. 그런데 그는 1911년 초겨울 갑작스럽게 타계하고 말았다. 그의 조문을 계기로 해서 실의에 빠져 있던 많은 명창들이 만나게 되었고, 그 자리에서 화려했던 추억을 되살리며 협률사 재조직을 결의하게 된 것이다.

광주협률사의 대표가 된 강용환은 〈춘향전〉을 창립 공연 작품으로 정하고 연출을 맡았다. 배역은 박화섭(이도령 역), 한성태(춘향 역), 공창식(방자 역), 신용주(춘향모 역), 김월향(향단 역), 김정문(신관사또 역), 박종원(형리 역), 박종섭(허봉사 역), 안영환(운봉장 역), 성용태(곡성장 역) 등이 맡았다.

공연 형태가 앞선 두 협률사보다 훨씬 발전되었기 때문에 관객의 반응과 호응도가 매우 높았다. 사실적인 연기와 구체적인 분장으로 극적 효과를 거두었다. 또 하나 특기할 사항은 희극적 구성과 남창여역(男唱女役)의 시도가 획기적인 성공을 거두게 된 요인이었다. 뿐만 아니라 강용환이 뛰어난 안목으로 배역을 정했기 때문에 성공할 수 있었던 것이다.

광주협률사는 〈춘향전〉과 〈심청전〉을 주요 레퍼토리로 삼고 8년을 지속하다가 1920년에 해산되었다. 그때 각처에 기생 권번이 생겨남으로 인해서 생계 유지를 위해 권번 선생으로 대부분 빠져나가 버렸기 때문이다.

그러나 여명기에 한국 연극의 기반을 이 지역에서 닦았다는 사실은 실로 중요한 일이 아닐 수 없다. 비록 판소리 개량 시대라고는 하지만 창극을 기반으로 해서 연극에 대한 인식과 기능을 조금이나마 느끼게 했으며, 이 지역이 다른 곳에 비해서 일찍 연극에 눈을 뜨게 된 계기가 되었다는 점에서 재조명의 필요성이 있는 것이다.

4. 여명기의 호남 희곡

광주에서의 신극은 1911년 12월 미국 선교사 배유지(裵裕祉, Eugen Bell, 1868~1925)와 미국인 의사 오원(吳元, Clement Owen)이 만든 〈늑대와 소년〉으로부터 시작되었다.

1904년 12월 크리스마스 직전에 미국 남장로교회 소속의 선교사였던 배유지가 광주시 양림동에 선교부를 설치하고 선교 활동을 펼치기 시작했다. 본격적인 선교 사업의 방편으로 교육과 문화 사업을 병행키로 하고 1908년에 수피아여학교와 숭일학교를 설립하였다. 어느 정도 교육 환경이 갖추어지자 학생들을 통해서 복음 전파를 위한 문화 활동을 구체화시켰다. 그 일환으로 1911년 12월 크리스마스를 맞아 성극(聖劇)을 시도했던 것이다.

이솝 우화를 번안한 〈늑대와 소년〉은 "하나님은 거짓말하는 사람은 벌하고 착한 사람은 돕는다."라는 기독교 사상을 주제로 하여 당시 숭일학교 학생들이 출연했다. 그 줄거리는 다음과 같다. 무등산에서 갈퀴나무를 하던 소년(이윤호 분)이 '호랑이 오네!'라고 외치자 함께 나무하러 온 친구들이 달려나왔다. 그렇게 재미 삼아서 몇 차례 거짓말을 하다가 진짜로 호랑이가 나왔을 때는 도와주는 사람이 없었다는 것이다.

첫 공연 후에 이윤호를 중심으로 김강, 김준현, 이장기, 강순명, 곽용욱, 김철주, 주형옥, 문구 등이 모여 연극부로 발전시켰다. 그리고 해마다 성탄절에는 성극을 무대에 올렸다. 연극의 목적이 '복음 전파'에 있고, 연극의 주제가 '하나님의 역사'였지만 이로 인해서 신극에 대한 관심이 확산되었다. 1913년에는 당시 숭일학교 교사였던 박세평, 김준식도 합류하여 불량 청년 역으로 무대에 서는 열성을 보이기도 했다.

그리고 1912년에는 현 양림동에 '오웬기념관'을 준공했는데, 1914년부터는 공연장을 숭일학교 강당에서 이곳으로 옮겼으며, 학생들뿐만 아니라 일반인들까지도 관극할 수 있도록 했다. 선교사였던 배유지와 선교 사업과 의료 사업을 병행했던 오원이 광주에 온 인연으로 신교육의 문이 열렸던 것이고, 서울에서 신파극을 하고 있을 때 이곳에서는 신극이 시작되었던 것이다. 그러므로 서울에서 임성구, 윤백남, 이기세 등이 신파극에 열을 올리고 있을 때, 이곳에서는 창극과 신극이 동시에 공연되고 있었으니 변동기의 한국 연극은 광주에서 싹트고 있었던 것이다.

5. 일제시대의 호남 희곡

한국의 근대극은 목포 출신 김우진(金祐鎭, 1897~1926)에 의해서 본격화되었다. 목포나 광주에 근대극의 씨를 뿌린 것도 김우진이 이끌었던 '동우회순회연극단(同友會巡廻演劇團)'이었다.

한국 현대사의 분기점이 되는 1919년 3·1운동 이후 이 땅은 정신적(사상적) 전환기를 맞게 된다. 국제 조류를 좇아 사회주의, 아나키즘, 커뮤니즘이 유입되었고 그에 따라 사회운동의 조직과 해체가 거듭될 때 학생들과 청년단체들이 근대극 운동에 참여했다. 그러므로 당시에 민족운동의 일익을 학생들이 맡게 되었는데, 법학이나 사회과학도들은 주로 강연회를 열어 민족계몽운동에 나섰고, 인문 예술학도들은 연예 활동으로 항일구국운동에 나섰다.

이와 때를 같이하여 1920년 봄에 김우진은 도쿄에서 극예술협회를 조직하였다. 여기에 조명희(趙明熙), 유춘섭(柳春燮), 진장섭(秦長燮), 홍해성(洪海星), 고한승(高漢承), 조춘광(趙春光), 손봉원(孫奉元), 김영팔(金永八), 최승일(崔承一) 등 20여 명의 유학생들이 참여했다. 김우진을 주축으로 한 극예술협회는 매주 토요일 모임을 가지면서 셰익스피어, 괴테, 하우프트만, 고골리, 체호프, 고리키 등 외국의 고전 및 근대극 작품들을 연구했다. 그러던 중 1921년 여름, 도쿄에 유학 중인 고학생과 노동자들의 모임인 동우회(同友會)로부터 회관 건립 기금 모금을 위한 연극단을 조직해달라는 요청을 받았다. 김우진은 드디어 연극 운동을 펼칠 기회라고 생각하고 조직과 준비에 착수했다. 그것이 바로 동우회순회연극단이었다.

김우진은 공연비 일체를 부담키로 하고 대표와 연출을 맡았다. 홍영후(洪永厚, 난파[蘭坡])와 한기주(韓琦柱)는 독주, 윤심덕(尹心悳)은 독창을 하기로 했고, 연극은 홍해성, 유춘섭, 김기진, 허일, 마해송(신여성 역) 등이 맡기로 했다. 그리하여 조명희는 〈김영일(金永一)의 사(死)〉를 썼고, 홍난파는 자기의 소설 〈최후의 악수〉를 2막으로 각색했고, 김우진은 아일랜드의 극작가 던세이니 경(卿)이 쓴 〈찬란한 문〉을 번역하였다. 드디어 1921년 7월 9일, 동우회 간부인 임세희(林世凞)를 단장으로, 김우진을 무대감독으로 한 부산 공연을 시작으로 8월 18일까지 전국 순회공연에 들어갔다.

극예술협회의 목포 공연은 7월 21일, 광주 공연은 7월 22일에 이루어졌다. 이 공연은 뜻 있는 많은 젊은이들에게 3·1운동 이후 점차 고조되고 있던 근대적 자아 각성에 눈뜨게 했던 것이다.

〈김영일의 사〉는 유학생들의 사상적 갈등과 가난의 고통을 그린 것으로 당시 우리 민족의 상황을 상징화한 작품이고, 〈최후의 악수〉는 여성의 인간 선언이라는 근대적 각성을 주제로 한 것이고, 〈찬란한 문〉은 괴로운 현실에 너무 집착하지 말라는 기독교적 인간관을 표현한 것이다. 특히 〈찬란한 문〉은 현실의 아픔을 벗어나려는 김우진의 이상주의가 내포된 작품이었다.

그래서 이들이 공연을 마치고 돌아간 뒤 이곳의 젊은이들에게 큰 충격을 주었던 것이다. 광주의 경우 최공순(崔恭淳), 최관식(崔官植), 김태오(金泰午), 최윤상(崔允相), 최경순(崔敬淳), 현덕신(玄德信), 최남주(崔南周), 최흥렬(崔興烈), 김용구(金容九), 안종진(安鍾鎭), 이득윤(李得允), 최선영(崔善英) 등의 가슴에 무대 예술을 통한 민족혼을 심어주었기 때문이다.

그런데 중요한 문제는 극예술협회가 이곳을 다녀가기 전에 이미 이곳에서도 근대극이 공연되었다는 점이다. 1921년 5월 17일자『동아일보』에 의하면, 전국 최초로 화순 능주에서 능주청년소인극회(綾洲靑年素人劇會)가 만들어져 공연했다는 기록이 있다. 1921년 5월 7일부터 3일간 〈자연(自然)의 애(愛)와 무한(無限)의 회(悔)〉와 〈은덕(恩德)과 청년(靑年)의 경(境)〉을 공연했다. 작가는 알 수 없으나 〈자연의 애와 무한의 회〉의 내용은 가정 제도와 혁신과 사회발전의 필요성을 강조한 것이고, 〈은덕과 청년의 경〉은 부랑자의 반성을 촉구하는 계몽성을 띤 작품이었다.

또 장성에서도 장성청년회소인극(長城靑年會素人劇)이 1921년 5월 14일과 15일에 장성 북하면 약수리 약수시장과 백양사의 쌍계회관에서 공연되었다. 관객을 웃기고 울리는 신파 형식의 공연은 관객에게 좋은 반응을 얻었다. 그리고 그 여파로 보성에서도 보성청년회의 소인극이 행해졌다.

> 寶城鄕校의 白日場으로 因하여 老成人士의 多數會集을 利用하야 文化運動의 一種 宣傳을 목적으로 하고 同郡靑年會에서 五月 二十日부터 三日間 新派素人演藝를 興行하얏는데 藝題는 「自然의 愛와 神秘의 精」과 「人生의 萬花境」이라는 二脚本을 演出하야 每日 數千의 愛劇家의 時時雨雷聲과 拍手喝采의 歡迎을 受하얏고……(『동아일보』, 1921.6.2)

1920년대 초 광주의 연극 현상은 네 가지 형태로 나타난다. 협률사의 창극과 배유지 이후의 성극 그리고 광주좌나 흥학관 무대를 발판으로 한 신파극류와 동우회순회연극단, 갈돕회, 해참위연예단 등의 지방 순회공연이 이루어지고 있었다.

1921년 가을 광주청년회 소속인 최공순과 최관식이 중심이 되어 〈첫날밤〉과 〈황금과 노복〉을 광주좌에서 공연했다든지, 1923년 황해도 해일로 인한 재해 사건 직후 이재민을 돕기 위한 자선 예술 행사로서 '가극, 음악, 무용의 향연'을 개최했다는 기록에 의하면, 당시 광주에서는 창극, 신극, 신파극, 가극, 음악, 무용까지 무대 위에 펼칠 수 있는 역량이 갖추어져 있었던 것이다.

광주, 목포, 능주, 장성, 보성 등지에서 소인극이 행해졌다는 것은 우연이 아니다. 협률사의 뿌리와 신극의 영향이 컸기 때문이다. 이와 같이 소인극이 자연발생적으로 확산된 원인은 당시에 송진우(宋鎭禹), 장덕수(張德秀), 정노식(鄭魯湜) 등 독립지사들과 청년 학생들의 계몽 강연이나 순회공연의 영향으로 인한 결과이며 자연발생적인 현상으로 파악된다.

소인극 활동은 민중의 호응을 얻게 되고 틀이 잡히자 더욱 확산되었다. 목포청년회에서도 '신파소인극회(新派素人劇會)'를 조직하고 목포상반좌(木浦常盤座)를 거점으로 1930년대 초반까지 연극 활동을 전개했다. 목포의 이발업 친목회에서도 연극 활동에 가담했다는 기록이 있다. 또 이때는 순천, 광양 등지에서도 소인극 활동이 펼쳐지고 있었다. 비록 어설프고 신파적인 연극이었지만 이 지방의 청년들이 타 지역의 청년들에 앞서서 연극의 기능과 역할을 민중 계몽의 차원에서 인식하고 활발하게 전개했다는 사실을 간과할 수 없다.

그리고 1930년대는 연극 활동을 통하여 반일사상을 고취하고, 민족주의적 입장에서 항일운동을 펼치던 시기이다. 1929년 광주학생사건 이후 청년, 학생들 사이에는 일본에 대한 적개심이 팽배해 있던 때이다. 1930년 12월 초순에 최경순 작, 최남주 연출의 〈물레방아는 쉬었다〉가 광주좌에서 공연되었고, 목포까지 초청 공연된 바도 있다. 그런데 제목이 암시하듯이 민족의 비극적 현실을 상징했기 때문에 일제의 감시가 심하여 간

혹 무언극으로 처리할 때도 있었다.

1931년 봄, 수피아여학교에서는 졸업식 전야제 행사로 연극을 하였는데, 반일사상을 내용으로 만든 극이라 해서 참여했던 학생들이 잡혀가기도 했다. 연극 단체명도 반일(反日)의 뜻을 가진 '반일회(斑日會)'였는데 그것마저도 '반일회(斑一會)'로 고쳐야 할 정도였다.

1932년에는 김병수(金秉洙)를 중심으로 한 '백양사'라는 연극 단체가 활동을 했는데 〈아리랑〉을 공연한 후 탄압을 받았고, 1934년에는 최계순(崔桂淳) 작·연출의 〈익조(翌朝)〉가 공연되었는데 불온한 내용이라고 해서 공연 금지를 당하기도 했다. 그 밖의 지역에서도 유사한 일들이 많았다. 1936년을 전후하여 소인극 활동은 일제의 탄압으로 마감되고 말았다.

한국의 희곡 문학사에서는 1920년대에 들어서면서 비로소 희곡으로서의 체계를 갖춘 희곡들이 나타나기 시작했다. 김환의 〈악마의 저주〉(1920), 김영보의 〈시인의 가정〉(1920), 조명희의 〈김영일의 사〉(1921), 김정진의 〈기적 불 때〉(1924), 김영팔의 〈비쳐가는 처녀〉(1924) 등이 대표적인 작품이었다. 그러나 이 작가들은 일본에서 개화가 한창인 다이쇼기(1912~1926)에 일본에 유학했기 때문에 비속화된 서양 근대극을 배워왔다. 대부분의 작품들은 식민지적 상황 속에서 출발한 사실주의적 희곡의 고착화를 마련해놓았던 것이다.

1930년대에 이르러서도 홍해성, 유치진을 중심으로 전개되었던 극예술연구회의 연극 활동으로 인하여 진보된 사실주의 연극이 무대화되면서 희곡이 문학으로서 자리매김을 하게 되었다. 그러나 사실주의극이 발전하려는 1930년대 후반부터 해방 직전까지는 소위 국민연극이라는 명분아래 한국 연극이 암흑기에 처하고 말았다. 해방 직후에도 이데올로기에 휩싸였기 때문에 이렇다 할 희곡도 연극도 만들어지지 않았던 시기이다.

그래도 일제 치하에서 많은 젊은이들이 연극을 활용하여 민족의식을 고취하는 작업과 항일운동을 지속해왔다. 특히 이 지역의 경우는 가령

1930년 12월 초순에 최경순 작 〈물레방아는 쉬었다〉를 최남주 연출로 광주좌에서 공연한 것, 1934년에는 최계순 작·연출의 〈익조〉가 공연된 것이 바로 그런 영향에서였다. 최경순과 최계순은 형제로서 광주 출신의 청년 지사였다. 문단에 정식으로 데뷔한 적은 없지만 연극을 통해서 항일 정신을 고취하려 하였고, 간접적으로 항일운동에 가담했던 것이다.

최경순의 〈물레방아는 쉬었다〉는 제목이 상징하듯 일제의 침탈로 인하여 민족 정기가 멈추고 말았다는 뜻이 내포된 민족의 비극적 현실을 일깨우려 한 작품이다. 내용은 일제의 동양척식주식회사가 우리 농민들에게 횡포를 부려 북만주로 이주하게 한다는 것이다. 최계순의 〈익조〉 역시 일제의 탄압이 점차 심해가는 시기에 독립운동을 주제로 한 작품이다. 독립운동을 하다가 잡혀간 남편이 내일 아침에는 돌아올 것이라는 아내의 간절한 기대와 소망을 담은 상징적인 내용이다.

이렇게 근대극이 발전하여가는 한편 1931년 7월에 발족된 극예술연구회가 홍해성과 유치진을 중심으로 해서 연극 활동이 활발하게 전개되던 무렵에 이 고장 함평군 대동면 출신의 시나리오 작가 최금동(1916~1995)은 1936년에 『동아일보』에 시나리오 〈애련송(愛戀頌)〉으로 등단하였다. 주로 시나리오만 써왔지만 대표 작품들을 열거해보면 〈에밀레종〉, 〈이름없는 별들〉, 〈건너지 못하는 강〉, 〈화랑〉, 〈3·1운동〉, 〈이순신〉, 〈아리랑〉, 〈유관순〉, 〈백범 김구〉, 〈8·15전야〉, 〈안중근〉, 〈이성계〉, 〈팔만대장경〉 등이 있다. 최금동은 주로 민족의식에 바탕을 둔 작품을 썼다. 대부분의 작품이 해방 후에 쓴 것이다. 그래서 작품의 제목으로도 알 수 있듯이 최금동은 가장 투철하게 민족의식을 고취시킬 목적으로 민족적 소재를 취택했으며, 일제의 잔인상과 조국 광복의 열망을 〈이름없는 별들〉, 〈유관순〉, 〈백범 김구〉, 〈8·15전야〉, 〈안중근〉에서 다루었던 것이다.

6. 해방 공간의 호남 희곡

해방 공간을 한국 예술의 암흑기 또는 혼란기로 보고 있다. 그러나 이 지역에서는 간헐적으로 민족의식을 고취하는 연극이 공연되고 있었다. 일본 유학을 다녀온 목포 출신의 박경창도 1940년대 후반과 1950년대 초에 목포에 거주하면서 〈집을 떠나는 사람들〉, 〈신촌〉을 쓰고 〈깨어진 항아리〉 등을 각색도 하면서 목포에 연극의 씨앗을 뿌렸던 것이다. 해방 직후인 1945년 10월에 음악, 미술, 서예를 했던 김용구가 극단 '백화'를 조직하여 〈최후의 승리〉를 쓰고 연출했었다.

한국문학의 공백기라고 하는 일제 말은 사실상 국책으로서 유치진의 〈왜 싸워?〉나 〈북진대〉와 같은 국민연극만이 횡행하던 시기이므로 예술 활동의 전반적인 침체기라고 말할 수 있다. 이 시기에 이 지역에서의 연극 활동에 대한 흔적은 전혀 찾아볼 수 없다. 그래서 해방 직후인 1945년 10월 1일에야 비로소 예술 활동이 재개된다. 향토 예술을 살려야 한다는 취지하에 김용구를 중심으로 예술동회인들이 모여 '중앙예우회'를 조직하였다. 그리고 다음해, 그 산하에 극단 백화를 결성하여 김용구의 희곡 〈최후의 승리〉를 무대에 올렸다. 김용구는 본래 음악(바이올린)과 서예를 전공한 사람이다. 자기의 외숙인 신몽암 열사의 독립운동기를 극화하여 무대화한 후에도 상업성과 계몽성을 띤 작품 〈꽃피는 마을〉, 〈인두 어머니〉 등을 써서 모두 무대에 올렸다.

그 밖에도 최선영의 〈종이여 울려라〉, 나경수의 〈광주학생사건〉 등이 무대에 올려지기도 했다. 그러나 이들은 모두 아마추어에 불과하였고, 또 후속 작품을 내놓지 못했다.

1940년대 후반에 이르면서는 학생극 운동과 소인극 운동이 활기를 띠게 된다. 광주에서는 유현준이 광주서중학교를 중심으로 학생극을 만들어 보였고, 목포에서는 이화삼과 박동화가 일반 소인극 활동을, 차범석이 목포중학교를 중심으로 학생극을 만들어 보였고, 순천에서는 김황은과 박오선이 주동이 되어 시내 중학교 연극 경연대회까지 열었다. 이때 여수 중학교에 근무하고 있던 이학동은 자작(自作)인 〈남매〉를 쓰고 연출해서 크게 호평을 받기도 했다.

그러나 이 시기에 무대에 올려졌던 창작 희곡들은 한결같이 항일정신의 발로에서 열정적으로 창출된 민족의식이나 반일정신의 고취였다. 뿐만 아니라 희곡을 쓴 아마추어 작가들의 이념에 억눌린 주제 정신만 강하게 표출되었을 뿐 극적 구성이나 표현에 있어서는 희곡 이전의 희곡이었으므로 그 작품적 위상은 별개였다. 단지 연극에 대한 열정이 도처에서 용솟음쳤던 시대적 상황만을 대변해주는 현상일 뿐이었다.

해방 전 4, 5년 동안은 총독부의 탄압과 함께 연극이 정치적 이용에 조정 당하던 시기였다. 조선총독부가 조선연극협회를 강제로 결성케 하여 국민연극을 하도록 함으로써 한국 연극의 맥은 끊어졌다. 일본은 조선인의 황국신민화에 골몰하면서 전쟁의 와중에 휘말리게 되었다. 그래서 이 시기의 연극 현상은 두 형태로 나타나고 있다. 하나는 유치진의 〈북진대〉나 〈왜 싸워?〉와 같은 친일적인 연극이고, 또 하나는 '현대가극단'이나 '낭랑가극단'과 같은 악극단의 조직이 확산됨과 동시에 〈쌍권총을 든 사나이〉나 〈호동왕자와 낙랑공주〉와 같은 멜로드라마를 음악과 무용을 곁들임으로써 항일의식을 잠재우려 했다.

해방이 되자 연극인들은 극단을 조직하고 다시 위축되었던 민족의식을 극화하는 데 열을 올리기 시작했다. 1945년 10월 1일 광주에는 김용구를 명예단장, 박준오를 단장으로 한 '중앙예우회(中央藝友會)'를 조직하였다. 그 예하에 백화라는 극단을 만들어서 독립운동을 내용으로 한 〈최후의 승리〉를 무대화했다. 이어서 1946년에는 〈꽃피는 마을〉이나 〈인두 어머니〉 등 독립운동에 얽힌 애화(哀話)를 역시 극화해서 많은 관객들을 희비에 엇갈리게 하였다.

　또, 같은 해에 '광주YWCA'와 '독립촉성애국부인회'의 회원들이 김춘
광 작 〈안중근의사〉를 무대에 올렸고, 1947년에는 〈이준열사〉를 무대화
하면서 잃었던 민족혼을 부활시키는 촉매 역할을 했던 것이다. 그래서
이 무렵 목포, 여수, 순천 등지에서도 애국심이 강한 젊은이들이 연극 단
체를 만들어 연극을 통한 애국심 고취에 열을 올렸던 것이다. 목포의 경
우, 1948년 1월에 일본 유학을 다녀온 박경창, 양병준, 홍순태 등이 '유달
유학생회'를 조직하고 백두성, 이화삼 등을 끌어들여 〈눈내리는 밤〉, 〈신
촌〉, 〈집을 떠나는 사람들〉 등을 무대에 올리고 있었다.

　한편, 1940년대 후반에 들어서면서 학생극 활동이 확산되기 시작했다.
광주제일보통공립학교(광주서중)의 〈파랑새〉 공연 이후, 목포에서는 이화
삼과 박동화가 목포중학 연극반을 만들어 학생극을 이끌었고, 순천에서
는 김황은과 박오선이 주동이 되어 순천 시내 중학교 연극 경연대회까지
열었다. 여수에서도 여수중학에서 미술을 담당했던 이학동이 연극반을
만들어 자기의 작품 〈남매〉를 가지고 여수시민극장 무대에 올려 절찬을
받기도 했다.

　1948년 9월 하순에는 조선대학교 문학부에 다니던 학생들(조수원, 한춘
홍, 한일섭 등)이 연극반을 만들어 함세덕 작 〈무의도기행〉을 동방극장(현
무등극장)에서 공연하고 '조대극회'를 창립했다. 그 후 지도교수 장용건의
주도로 '조대극회'가 활발하게 연극 활동을 펼쳐왔다. 1950년대 초반까지
장용건의 지도로 전개된 연극을 통해 이 지역에 근대극이 비로소 자리 잡
게 되었다.

7. 1950년대의 희곡

1950년대는 이 지역의 희곡 문학이 성장 발전하던 시기였다. 장용건, 차범석, 김포천, 박운원, 정조를 중심으로 한 희곡 창작 활동과 1956년부터『전남일보』주최의 전국학생연극제가 시작되었기 때문이다. 결과적으로 이 두 가지 활동은 잠자던 이 지역의 연극혼에 불을 지폈고, 이로 인해서 많은 희곡작가와 연극인을 배출할 수 있었다.

1948년부터 조선대학교 문학부에 근무하고 있던 장용건이 연극 활동을 하면서 희곡을 발표하였다. 해방 직후 평양에서 〈귀주야화〉, 〈두견새〉를 써서 무대에 올린 바 있는 그는 해방 직후에 월남하여 다시 연극 활동을 재개했던 것이다. 그리고 1950년 5월에 자작 〈백마산성〉을 연출하여 동방극장 무대에 올리기도 했다. 그 밖에도 서정주의 시「귀촉도」를 각색하였고, 유치진의 〈별〉을 3막 4장의 〈별과 함께 흐르다〉를 각색하여 각각 무대화했으며, 〈탈〉을 광주에서 출판하고 있던 순수 문예지『신문학』에 발표하기도 했다.

그의 작품 경향은 〈백마산성〉과 〈탈〉에서 찾아볼 수 있듯이 역사의 재해석을 통해 인간의 가치나 바람직한 삶의 방법을 제시하려는 데 있다. 희곡은 별로 쓰지 않았지만 그는 잠시 이 고장에 머물면서 대학극을 통해 광주의 근대극 형성에 밑거름이 되어 주었다.

6·25전쟁 직후인 1950년대 초에 차범석(1924~2006)도 목포중학교에서 교사로 근무하면서 연극에 관심을 갖고 학생들을 지도했다. 〈별은 밤마다〉를 쓰고, 연출하여 목포극장에 올리면서 연극에 전념하게 되었다. 그리하여 1955년『조선일보』에 〈밀주〉로 입선하고, 1956년에 〈귀향〉이 당선되면서 본격적으로 작품을 썼다. 희곡집으로『근대 일막극선』,『희곡 5인선집』,『껍질이 째지는 아픔 없이는』,『대리인』,『환상여행』,『산불』,『학

이여, 사랑일레라』, 『식민지의 아침』과 연극평론집 『동시대의 연극인식』, 수필집 『거부하는 몸짓으로 사랑했노라』, 『목포행 완행열차의 추억』 등을 편찬했으며, 그 밖에도 청주대학교 예술대학에 근무하면서 많은 연구 논문을 발표했다. 160여 편의 희곡 작품을 썼고, 그래서 대한민국 예술상을 비롯하여 많은 문학상을 수상하였을 뿐만 아니라 한국문화예술진흥원장과 대한민국예술원 회원으로서 한국 문화예술 발전에 공헌한 바도 크다. 또한 오늘날 한국의 대표적인 희곡작가로 인정받고 있다.

그는 변천하는 사회의 풍속도를 희곡으로 그렸다. 유민영의 분석처럼 "소재(題材)의 폭이 넓은 작가다. 어느 하나에 집착하지 않고 언제나 변천(變遷)하는 사회를 포착하여 작품화하는 것이 그의 장기다. 특히 가난한 서민의 곤비(困憊)로부터 출발하여 6·25전쟁의 상처, 문명화에 따른 인간성 상실과 인간의 소외, 애욕의 갈등, 정치의 허위성과 그 비리 그리고 중요한 테마로서 구시대와 신세대의 충돌과 그에 따른 전통적인 것의 몰락"[4]을 꾸준히 극화히였다. 한 시대를 풍미한 차범석은 〈옥단어!〉를 마지막으로 발표하고 2006년 6월에 82세의 일생을 후회 없이 불태우고 세상을 떠났다.

김포천(1931~)은 광주 출생으로서 전남대학교 국문학과를 졸업하고 잠시 교직에 몸담았다가 상경하여 방송인이 되었다. 그는 1950년대부터 연극에 관심을 갖고 희곡을 쓰기 시작했다. 1956년에 『한국일보』 신춘문예에 〈흐르지 않는 강〉으로 입선하고, 1957년에는 『조선일보』에 〈역구(驛口)〉로 당선되었으며, 1958년에도 『동아일보』에 〈발동기〉로 당선을 하였다. 희곡집으로는 『희곡17선』을 펴내기도 했다. 한때 광주문화방송국을 맡아서 방송 업무에만 종사하였지만 후년에는 사실상 절필한 상태이기 때문에 이렇다 할 작품이 없다. 역량이 있는 만큼 기대했던 후속 작품을

---

4) 유민영, 『한국현대희곡사』, 기린원, 1988, 450쪽.

내지 못함이 아쉽다.

1980년도 후반에 잠시 호남대학교 국문과에 근무한 바 있는 해남 출신의 박운원(본명 박승규, 1934~)은 1958년에 연합신문사 백만원 고료 현상 시나리오 공모에 〈강변(江邊)에 피는 꽃〉으로 당선하고, 1963년에 KBS-TV 개국기념 및 광복절 특집 드라마 공모에 〈꽃피는 갈대〉로 입선하면서 시나리오 작가로 인정받기 시작했다. 1978년 이후 극단 대하(大河) 창립 공연 작품 공모에 〈갈잎의 노래〉가 채택되면서 희곡을 쓰기 시작했다. 희곡집으로는 『파도소리』(신아출판사, 1987)와 『갈잎의 노래』(신아출판사, 1987)」가 있다.

그의 시나리오 〈소낙비〉, 〈잘 있거라 일본땅〉, 〈신부여 돌아오라〉가 영화화되었다. 그의 대표작이라 할 수 있는 〈갈잎의 노래〉에 대해서 호평하고 있는 각계의 의견을 종합해보면 대체로 "인간애의 집념"을 표출시키면서 "압축된 언어와 음악성으로 시대의 고뇌"를 그리고 있다는 평이 지배적이다. 생명의 존엄성을 통해 인간의 숭고한 진리와 사랑을 추구한다든지, 오늘날 인간의 존재 방식이 오만과 위선, 권모와 술수로 오도되는 국면을 날카롭게 파헤치는 작업으로 일관하고 있는 작가다.

안톤 체호프의 극적 분위기를 연상케 하는 그의 작품을 보면 〈아틀리에의 살인〉에서는 배금주의에 대한 지성의 양심 선언을 그렸고, 〈나비의 날개〉에서는 자본주의 산업사회의 구조적 모순 속에 사는 어느 엘리트 대학생의 좌절을 그렸으며, 〈고요한 밤〉에서는 욕망의 제물이 된 선량한 인간의 고뇌를, 〈파도소리〉에서는 불신 시대를 살고 있는 갖가지 인간 군상을 그리면서 사미(沙彌)들의 고뇌를 해학과 풍자로 펼쳐놓았다. 박운원은 휴머니즘의 정신적 바탕 위에서 따뜻한 정을 담는 인간성 회복을 항시 주제로 삼고 있는 작가이다.

1959년에 『조선일보』 신춘문예에 〈도깨비〉로 당선한 고흥 출신의 정조(1931~)가 1950년대를 마감하며 문단에 등장하였다. 필명이 정조이고 본명은 정영수(鄭永洙)이다. 그는 1965년에 희곡집 『마지막 기수(旗手)』를 상재하고 다시 1989년도에 개작하여 재판을 냈다. 그리고 1988년에는 『말 여덟 마리를 모는 마부의 꿈』이라는 시집도 출판했다. 공무원 생활을 하면서도 꾸준히 창작을 하여 그 열을 식히지 않았던 열성적인 작가이다.

정조는 10여 년간 창작의 고삐를 늦추고 있다가 〈농부 파홍이〉, 〈회의(會議)〉, 〈도깨비〉, 〈한여름 밤의 무도회〉라는 단막 4편과 〈마지막 기수〉라는 장막 1편을 단행본 『마지막 기수』(범우사, 1989)에 묶어 편찬해냈는데, 그 책의 말미에서 "어쨌든 기나긴 세월 동안 조그마한 책 한 권으로 깊이 동면해버린 자신을 그지없이 면구스러워하면서도 다시 이처럼 개작판을 내는 것은 앞으로 단 한 편이라도 다시 써보려는 다짐을 스스로 주기 위한 것"이라면서 창작의 열의를 보여주었다.

단막극 〈농부 파홍이〉는 농부 파홍의 설화적 이야기를 풍자적으로 재창조한 우화적인 극이다. 끝없는 인간 욕망의 허무감을 극명하게 드러내 보이면서 그는 물질 만능의 모순을 파헤치려고 했다. 〈희의〉에서는 인간의 삶에 있어서 사건 자체의 본질과 해결 방법을 외면한 채 언어적 유희와 현학적 태도로 자신을 위장시키면서 사는 현대인들의 심리를 풍자한 것이고, 〈도깨비〉는 6·25 직후의 사회 현실을 배경으로 하여 소영웅주의 허구성을 비판한 것이고, 〈한여름 밤의 무도회〉는 인간의 잠재된 동물적 속성과 허위의식을 풍자하였다. 장막극 〈마지막 기수〉는 자유당 말기에 대학생들의 민주화를 위한 데모 과정을 그리면서 역사적 진실과 사회적 현실 속에서 진실을 찾아 방황하는 현대인들의 고뇌와 아픔을 잘 표현한 그의 대표적인 작품이다.

그는 희곡 창작을 통하여 변천하는 시대에서 가치 있게 사는 방법을 제시하기 위해 노력한 작가이다. 교훈적이고 비판적인 시각을 가지고 우화적 또는 해학적이고 풍자적인 수법을 활용하여 모순된 사회 현실의 단면을 고발하면서 인간성의 회복을 추구해온 작가이다.

8. 1960년대의 희곡

1960년대에도 여덟 명의 희곡작가가 배출되었다. 영암군 시종면 출신의 박동화(1911~198?)는 〈나의 독백은 끝나지 않았다〉로 문단에 데뷔한 이래 〈두 주막〉, 〈여운〉, 〈공사장(公社長)〉, 〈창문을 닫아라〉 등을 발표하였다. 1960년대 후반부터 전북에 거주하면서 전북의 연극을 이끌었고, 전북예총지부장을 맡으면서 전북 예술을 발전시키는 데도 많은 공헌을 하였다.

황해도 안악 출신의 김승규(1926?~)도 해방되던 해에 향리에서 2막극 〈과거와 현재〉를 써서 연극 무대에 올리면서 연극에 입문을 하고, 1963년에 KBS-TV 드라마 현상공모에 〈편지〉로 입선을 하면서부터 드라마에 전념했다. 1966년에는 『동아일보』 장막극 현상 공모에서 〈표주박〉으로 입선하고, 1968년에 다시 『동아일보』에 공모하여 장막극 〈동굴〉이 당선되기도 했다. 미국 미네소타대학교 대학원에서 연극학을 전공(석·박사)한 후, 1953년부터 전남대학교 영문학과에 재직하면서 1970년 초까지 전대 극회를 지도하기도 했다. 동국대학교, 한양대학교, 미 국방 외국어대학 교수를 거쳐 전주대학교 영문학과에서 근무하다가 정년을 하였다. 그리고 1992년에 희곡집 『굴레 쓴 사람들』(한샘출판사, 1992)을 출판했다.

김승규는 1953년부터 1970년도에 이르기까지 광주에 머무르면서 전대 극회를 창단하여 대학극의 기반을 닦아놓았다. 이때 소포클레스의 〈오이디푸스 왕〉, 셰익스피어의 〈십이야〉, 밀러의 〈다리로부터의 조망〉, 그레고리 여사의 〈달 뜰 무렵〉 등 번역극과 본인의 창작극 〈의장(義將) 김덕령(金德齡)〉, 〈표주박〉, 〈동굴〉, 〈잉태(孕胎)의 영광(榮光)〉, 〈폐허(廢墟)의 샘〉, 〈제자(弟子)들〉 등을 무대화했고, 후년에 장막극 〈전쟁과 목자(牧者)〉, 〈거인의 숨결〉 등을 발표했다.

그는 한국전쟁을 몸소 체험했기 때문에 초기 작품 〈동굴〉, 〈표주박〉, 〈천사의 미소〉와 1974년도에 발표한 〈거인의 숨결〉에서는 전쟁의 상흔과 아픔을 휴머니즘에 바탕을 두고 그렸다. 또한 교단 생활을 했기 때문에 〈제자들〉, 〈굴레 쓴 사람들〉에서는 현대를 살아가는 젊은이들의 사상과 학교 운영 실태나 부조리한 사회의 현상을 매우 객관적으로 묘사하고 있다. 그리고 〈주검대〉는 〈의장 김덕령〉을 개작한 전 12장의 역사극이다.

김승규는 가치의 기준이 변해가는 현대인들의 모습을 냉철하게 그리되 비판하는 일은 절제하고 있다. 급격한 전환기에서 상상할 수 있는 가장 큰 비극을 인간성의 상실로 보고 있는 그는 작품을 통해서 인간의 존엄성을 대리 체험케 하는 작업으로서 희곡을 썼던 작가였다.

1966년에『동아일보』신춘문예에 〈담배내기〉로 데뷔한 광주 출신의 오재호(1938~)는 주로 서울에서 활동하면서 〈귀로〉, 〈주인들〉, 〈점을 칩니다〉, 〈갈가마귀〉 등의 작품을 발표했다. 그 밖에 무려 열네 권으로 펴낸『특별수사본부』도 있다. 1980년대 이후 이렇다 할 후속 작품을 발표하지 않고 방송인으로 활동하였다.

광주 출신의 이용희(1941~)도 1963년도『전남일보』(현『광주일보』) 신춘문예 방송극 부문에 〈종이 울릴 때〉로 당선한 후, 1969년『동아일보』신춘문예 희곡에 〈까마귀 떼〉로 당선한 작가이다. 다시 1970년『전남일보』신춘문예 희곡에 응모하여 〈염꾼〉으로 또 당선하였다. 그 후 초·중·고등학교(해제중, 서광여중)에서 교편을 잡기도 했고, 잠시 언론계(새전남, 월간 호남, 전남교육신보사와 전일방송 PD)에서도 일한 바 있다. 희곡뿐만 아니라 방송극(〈실어증의 여인〉, 〈영산강〉, 〈종이 울릴 때〉 등), 시나리오(〈기다리는 마음〉 등), 소설(〈머슴살이〉, 〈숲 마을〉, 〈나목의 아침〉, 〈빚〉, 〈명암〉 등), 평론(「방송극의 사회적 영향」, 「방송사극의 고찰」 등)을 꾸준히 발표하였고, 1944년 1월에 희곡집『까마귀 떼』를 출판하였다.

이용희는 1970년대 초반에 창작의 열정을 가누지 못하여 직장까지 버리고 상경하였다가 유신 시대의 사회 병리 현상 때문에 이겨내지 못하고 병든 몸으로 하향했다. 15년 이상을 투병 생활을 하며 침묵하다가, 1994년도 1월 1일자로 그동안 써 모았던 희곡을 책으로 묶어냈다.

그의 희곡집 『까마귀 떼』에 실린 7편을 보면, 단막극 〈까마귀 떼〉는 화전민 출신의 사냥꾼인 노인이 임종을 맞아 삶의 궤적을 환상 속에서 더듬는 죽음 상황을 그렸고, 〈갈증〉은 1인극으로서 정신분열증에 시달리는 환자를 통해서 시대적 극한 상황을 풍자하였고, 〈도시의 밤〉은 밀폐되고 음산한 정신병원의 병실에서 희망과 갈등 속에서 방황하는 젊은이의 시대적 상황 속에서 방황하는 삶의 고뇌를 묘사했고, 〈빙폭(氷瀑)〉은 죽음의 그림자를 안고 사는 사냥꾼의 극한 상황을 시대적 상황과 비유시키면서 역시 현실적 삶의 고뇌를 그렸고, 〈바람〉은 예수와 유다를 통해서 정치 현상의 부패와 현대인들의 이기적 삶의 형태를 비판하였다.

그리고 중막극 〈오돌래〉와 〈그림자〉는 1970년대 후반부터 유행했던 마당극 형식을 빌려 쓴 희곡이다. 〈오돌래〉는 여천군 삼산면 동도리 죽촌 마을에 전해 내려오는 오돌래의 전설을 극화한 것이다. 이 작품은 사실상 조정의 부패와 민생의 문제를 비유한 작품이다. 〈그림자〉 역시 탈춤의 형식을 가미시키면서 빵보다는 자유를 찾는 민생의 문제를 그린 작품이다. 그는 어두운 현실을 밝게 하려는 작가적 철학을 가지고 창작한 것이다. 본인의 얘기처럼[5] 그가 창작의 목적을 "인간미 있는 사람을 찾는 작업"이라고 했듯이, 그는 작품을 통해서 가치 있는 삶의 방법을 제시하고 추구하려고 했던 작가이다.

광산구 비아 출신의 정세화(1937~)는 1958년도에 KBS 광주방송국 드라마 공모에 반공 단막극 〈한밤에 찾아온 손님〉으로 당선된 뒤, 1966년에는 농림부 공모에 라디오 드라마 〈비금도가 친정인 여자들〉이 당선되어

---

5) 이용희, 「서문」, 『이용희 희곡집』, 명지인쇄사, 1994.

서 20회로 나누어 방송된 바 있다. 또 1970년에도 MBC 광주방송국 신춘단막극 모집에 〈파란 꿈〉이 당선되었다. 광주방송국에 근무하면서도 많은 방송극을 발표하였으며, 광주문화방송국 총무국장직을 맡은 바 있다.

목포 출신의 김길호(1934~)는 차범석의 영향을 받아 1964년『경향신문』신춘문예 희곡에 〈딸〉로 가작 입선하고, 다시 1967년『중앙일보』신춘문예에 〈소매치기〉로 당선하면서 문단에 등단했다. 그 후 〈산바람〉, 〈영웅〉, 〈회전의자〉, 〈당신의 고백〉, 〈어느 늙은 삐에로의 수첩〉, 〈울먹섬 이야기〉 등의 작품을 발표했다. 1970년대 초에 서울로 간 뒤 극작 활동을 중단하고 배우와 탤런트로 활동하였다.

완도 출신의 임승원(1943~)은『대한상공일보』, 『주간 전남』등에서 기자생활을 하면서 1967년에 시나리오 〈시골장 처녀〉와 1968년 〈흑설(黑雪)〉과 〈신죽(神竹)〉이 각각『영화잡지』에 추천되어 등단했고, 그 후, 희곡 〈기둥 없는 집들〉, 〈삽과 호미〉, 〈무료한 자여〉, 〈갈매기 가족〉 등의 작품도 썼다. 시나리오 작품으로는 〈형제〉, 〈사양(斜陽)〉, 〈모순투성이〉 등이 있다. 현재는 작품 활동을 중단하고 있다.

9. 1970년대의 희곡

1970년대에는 1960년대에 비해서 더 많은 희곡작가가 등단했다. 그러나 시대 상황 때문에 장르를 바꾸거나 고향을 등진 사람들이 많았다. 벌교 출신의 김정률(1949~)은 1971년『한국일보』신춘문예 희곡에 〈썩는 소리〉로 당선된 후 상경하여 문단 활동을 하였는데, 현재는 작품 활동을 중단하고 있는지 지면으로 만나기가 어렵다.

목포 출신(본적은 광주시 광산구)의 이광남(1943~)도 1972년에『전남일보』 신춘문예 희곡에 〈벌판에 선 사람들〉로 당선되었으나, 2년 뒤『전남일보』

⑴974) 신춘문예 소설과 또 『조선일보』(1978) 신춘문예 소설(「맹장수술」)로 당선되었다. 그리고 그 후부터는 이지흔(李至欣)이란 필명으로 소설 창작에만 몰두하고 있다.

서라벌예대 출신으로서 문예의 기초가 튼튼한 이광남은 10여 년 동안의 중등학교 교단 생활을 마치고 광주고등법원 도서실장으로 근무하였다. 도서관에 근무하고 있기 때문에 더욱더 많은 책을 섭렵하였기에 해박한 식견으로 문학 주제를 선택하여 창작할 수 있었던 것이다. 희곡 작품으로는 상실된 고향과 뿌리 뽑힌 사람들의 고독을 〈벌판에 선 사람들〉 속에 담아낸 이래, 1992년에 문단의 허위 의식을 통렬하게 비판하고 풍자한 〈명함에 관한 단상〉을 발표하였다.

그 밖에 장편소설 『욕망의 늪』을 비롯해서 「숨쉬는 화살표」, 「맹달씨의 사랑니」 등 많은 단편을 발표했고, 소설 창작집으로는 『기도하는 쇠똥구리』(도서출판民, 1993)와 『어느 과민성 사내의 몽상』(문학동네, 1994)이 있다. 그의 소설 「기도하는 쇠똥구리」에서도 알 수 있듯이 그의 작품 세계는 특이하다. 남을 공격하고 타살하여 먹이 생활을 하는 맹금류에 대한 반항을 무저항주의의 쇠똥구리 삶으로 대변하였다. 그는 양보와 협동을 법으로 아는 쇠똥구리의 평화를 바라는 작가의 양심으로 사회와 인간을 냉철하게 분석하는 작품을 쓰고 있는 작가이다.

그는 소재에 따라 희곡과 소설을 동시에 끌어안고 창작에 임하고 있다. 그러나 그 스스로 희곡에 대한 열정을 버리지 못하고 있기 때문에 누구보다도 예리한 안목과 판단력을 가진 사람으로서 좋은 희곡도 쓰리라고 믿는다.

해남의 김봉호(1924~)는 1973년 『동아일보』 신춘문예에 〈타령〉이 당선되고, 1974년에는 『월간문학』 신인상에도 〈찌〉가 당선되어 뒤늦게 문단에 합류했다. 주요 작품으로는 〈찌〉(『월간문학』), 〈아아(阿阿)〉(『현대문학』), 〈간이역(簡易驛)〉(『월간문학』), 〈즐거운 대결(對決)〉(『월간문학』), 〈소꿉질의 즐거움〉(『한국문학』), 〈금수회의(禽獸會議)〉(『현대문학』), 〈화전(花煎)놀이〉, 〈슬픔을 참는 소리〉 등이 있고, 창작집으로는 국립극장에서 공연된 바 있는 『황진이(黃眞伊)』가 있다.

김봉호는 나이 40이 넘어서 문학에 입문한 후 고향을 지키면서 꾸준하게 희곡을 발표하고 있기 때문에 명실상부한 향토 작가로서의 소임을 다했다고 볼 수 있다. 그의 한량적 기질 때문에 〈즐거운 대결〉과 〈소꼽질의 즐거움〉과 같은 작품에서는 밝고 명랑한 주제를 선택하고 있다. 그리고 〈간이역〉과 〈금수회의〉에서는 비인간적 부도덕성을 고발하는 휴머니티를 보여주었다. 김봉호는 다분히 공리주의적이면서도 낙천적인 삶을 그려낸 작가이다.

강진 출신의 한옥근(1944~)은 1973년 『전남일보』 신춘문예 희곡에 〈빈 포켓〉으로 입선하고, 1981년 희곡 창작집 『외다리 꼴뚜기』를 상재하면서 차범석의 추천을 받아 문단에 데뷔했다. 주요 작품으로는 〈전라도 꼴뚜기〉, 〈인생사표(人生辭表)〉, 〈외다리 인형(人形)〉, 〈내 자리〉, 〈춤추는 풀잎들〉 등이 있다. 1970년대 후반까지 써 모은 희곡을 묶은 희곡집 『외다리 꼴뚜기』를 출간하면서 비로소 차범석의 인정을 받은 것이다. 그는 1960년대 후반부터 1980년대 초까지만 작품 활동을 하고, 그 이후로는 잠시 활동을 중단하면서 희곡 이론을 학문적으로 정리하는 작업을 계속해왔다. 그래서 『오영진연구』, 『광주·전남연극사』, 『희곡의 이해』, 『연극의 이해』, 『연극의 이론과 실기』, 『한국고전극연구』, 『한국희곡작가·작품연구』, 『희곡교육론』 같은 이론서를 쓰게 되었다.

그리고 1990년대 초 〈춤추는 풀잎들〉을 발표하면서 비로소 제2의 창작기를 맞는다. 그가 즐겨 다루고 있는 주제는 문명 비판이다. 변천하는 사회의 의식 구조 속에서 바람직한 삶을 모색하기 위한 탐구 작업이었다. 그의 데뷔작 〈빈 포켓〉은 후기 산업 사회의 초기에 흔히 볼 수 있는 목적 달성을 위해서 부정한 방법으로 수단을 합리화하려는 실업자의 부도덕성을 풍자한 것이고, 〈꼴뚜기 행장기〉는 가진 자의 횡포와 못 가진 자들의 폭력을 풍자한 탈춤 형식의 희곡이다. 그리고 〈십퍼센트의 삶〉과 〈인생사표〉는 부도덕하고 부조리한 현대를 선량하게 살아가려는 사람들의 고뇌를 그린 것이고, 〈내 자리〉는 궁예와 왕건의 역사적 사건을 현대화하여 권력 쟁탈의 부도덕성을 고발한 작품이다. 〈춤추는 풀잎들〉은 광주 민중항쟁 발발에서부터 12년 동안의 후일담을 통해 극한 상황 속에서 고통을 받는 사람들과 상황을 역이용하여 치부하는 사람들의 모습을 비판한 작품이다. 그 밖에도 그는 수필을 쓰면서 문장 수련과 정서의 폭을 확대시키고 있는 작가이다. 한국희곡작가협회 부회장과 광주문협 총무, 이사, 부회장 등을 역임하면서 문학 발전에 공헌하였다. 그 결과로 1999년에 광주문학상을 받았다. 근래에는 〈흐름 3(말ㆍ길ㆍ때)〉와 같은 해체극이나 〈세 어머니를 가진 양성자(兩性者)의 사인(死因)〉 같은 총체극을 쓰고 있다.

고흥 출신의 고영엽(1940~)은 방송 드라마로 1979년 KBS-2TV에 〈현충일〉이 방영되면서 등단했으나 주로 소설을 썼다. 1983년『월간문학』에 소설 「파묘(破墓)」가 당선되면서부터 「불모의 곡」, 「사람의 자식」, 「효도의 강」 등 소설을 발표했다. 그러나 현재는 작품 활동을 중단하고 있다.

설재록의 경우도 1970년대 중반부터 소설로 출발했으나, 실험극장 희곡 공모에 〈마테오의 땅〉이 선택됨으로 인하여 희곡에 관심을 갖다가 1983년『경향신문』신춘문예 희곡에 〈새〉가 당선되면서 희곡작가로도 인정을 받았다. 그리고 1988년에는 삼성도의문학상 희곡 부문에 〈정부사〉가 당선된 바도 있는 역량 있는 작가이다. 그러나 주로 소설 창작에 몰두하고 있다.

여수 출신의 김정수(1941~)는 1972년 경희대 국문학과를 졸업하고, 1979년 MBC-TV에 〈제3교실〉을 발표하여 데뷔한 이래 〈알뜰가족〉, 〈전원일기〉 등 TV 드라마만 쓰고 있다. 1983년에는 TV 극본상을 받았고 1987년에는 〈전원일기〉 5년 집필 공로로 제4회 오늘의여성상도 수상했다. 그녀는 희곡작가라기보다는 드라마(라디오 드라마, TV 드라마) 작가로 보아야 할 것이다.

10. 1980년대의 희곡

나주 출신의 함수남(1941~)은 1960년대 후반부터 고교 연극반을 지도하면서 습작을 해오다가 1982년 4월에 『월간문학』 신인상 희곡 부문에 〈늪지대〉가 당선되어 문단에 데뷔했다. 같은 해 『아동문예』에도 동극 〈할머니의 생일〉이 당선되기도 했다. 그는 한국동극문학상(1984)과 한국희곡문학상(1985), 동포문학상(1991), 광주문학상(1992)을 받은 유능한 작가이다. 희곡집으로는 『늪지대』(1983), 『아빠의 성(城)』(1985), 『황토재』(1991)가 있고 그 밖에도 공저의 『어린이 동극집』(1987)이 있다. 그는 40이 넘어서 문단에 데뷔했지만, 창작 의욕이 넘쳐서 데뷔한 후 불과 10년 동안에 세 권의 희곡집을 출판해낼 만큼 열성적이었다.

그는 한국문협 회원, 한국희곡작가협회 부회장, 국제펜클럽 한국본부 회원, 한국희곡작가 협회 이사, 광주문협 희곡분과 회장, 이사를 하였으며, 고려고등학교 교장으로 정년을 마치고 광주문협 회장을 맡아 문학 발전에도 공헌하였다.

그의 데뷔작 〈늪지대〉는 현대사회의 부도덕성을 고발한 작품으로서 주인공 진수가 비리에 가득 찬 늪지대와 같은 현실을 피해 나무 위에 새 둥지 같은 집을 짓고 눈, 코, 귀, 입을 틀어막고 산다는 풍자 희곡이다. 그 밖에도 〈열풍지대(熱風地帶)〉(『동국대연극학보』, 1970), 〈탈출기(脫出記)〉(『월간문학』, 1983.7), 〈사은(謝恩)잔치〉(『藝鄕』, 1985.5), 〈아빠의 성〉(『수험생활』, 1985.7), 〈하늘나라 따위에〉(『희곡작가협회 연간집』, 1991), 〈누가 우리를 움직이게 하는가〉(『한국문학작품선』, 1992), 〈오! 바다여 바다여〉(『광주문학』, 1992), 〈결혼작전〉(『한국문학작품선』, 1993) 등을 발표하면서 불륜으로 인하여 파괴되는 가정의 문제(〈울어라 새여〉)라든지, 인륜의 배반 문제(〈뉘라서 저 하늘을〉)라든지, 빙산도 녹일 수 있는 인간의 용서하는 마음(〈黃土재〉)을 주로 표현하였다.

특히 그의 대표작의 하나라고 생각되는 〈울어라 새여〉를 보면, 회화의 서정미를 호남 특유의 질박한 인간 본성과 서정이 혼합한 세계에서 생성된 미적 감각으로 표현하여 언어적 미학을 창출해내는 성과를 거둔 작품이라고 할 수 있다.

함수남의 작품들은 한결같이 압박과 피압박의 관계, 해방과 속박의 관계를 압축시키면서 강렬한 휴머니티를 보여주고 있다. 작품에 깃든 그의 작가적 철학은 휴머니즘의 창출에 있다. 그러므로 인간성의 상실이야말로 자기 파멸의 지름길임을 강조해온 그는 "자식에게 버림받는 부모의 이야기"나 "물질만능주의에 부서져가는 어느 가정의 이야기"나 "소외받은 우리 이웃들의 이야기"들을 주된 소재로 삼고 있다[6]고 할 수 있다. 또 "〈울어라 새여〉에 나타난 회화의 서정미를 호남 특유의 질박한 인간 본성과 서정이 혼합한 세계에서 생성된 미감으로 최근 우리 극계에 쇠락해가는 언어의 미학을 회복하는 데 중요한 몫을 하였다는 호평도 받고 있다.[7]

그러나 그의 창작은 직관에 의한 현실의 반영일 뿐, 보다 큰 인간의 삶의 본질을 그리는 데는 미흡한 부분이 있다. 가장 유망한 향토 작가로서의 책임까지 부담시킨다면 욕심일지는 모르겠지만 어떻든 예술 본질과 연극 본질에 입각하여 보다 스케일이 큰 주제를 다루기를 기대해볼 만한 이 지역의 대표 작가이다.

---

6) 홍승주, 「서문」, 함수남 제3희곡집 『黃土재』, 도서출판 원방각, 1991.
7) 오학영, 「서문」, 함수남 희곡집 『늪지대』, 시인사, 1983.

그 밖에도 1980년대에는 기대되는 희곡작가들이 많이 배출되었다. 나상만의 경우는 1983년도에 〈초신(超神)의 밤〉으로『전남일보』신춘문예 희곡에 당선하였는데, 후에 소설 〈홀로 뜨는 달〉을 출판하여 소설가로 변신하였다. 한때 모스크바 연극학교에서 한국인 객원교수로서 연기 이론을 지도한 바도 있다. 중앙대학교 연극영화과 석사 출신으로 기대되는 유망주인데 후속 희곡 작품이 없어 안타깝다.

중앙대학교 연극영화과 출신의 김영문도 1984년『전남일보』신춘문예 희곡에 〈가위 바위 보〉로 당선한 뒤 후속 작품을 발표하지 않고 있다. 여수문화방송국과 광주방송(KBC)에서 PD로 근무한 바 있다. 연극 이론과 무대경험, 방송 제작 능력을 고루 갖추고 있는 그 역시 기대되는 작가이다.

채희윤도 1985년에『전남일보』신춘문예 희곡에 〈호렙을 향하여〉로 당선된 뒤 소설만 쓰고 있으며, 현재 광주여대 문예창작과에서 소설 강의를 맡고 있다. 후속 작품을 기대해볼 만한 작가이다.

임옥봉도 1986년『전남일보』신춘문예에 〈회색의 벽〉으로 입선한 뒤 전혀 후속 작품을 쓰지 못하고 있다.

전북 남원군 운봉 출신의 배봉기(1956~)는 연세대학교 대학원에서 문학박사 학위를 받고, 1994년 3월에 광주대학교 예술대학 문예창작과에 부임했다. 그는 1985년도에 〈흔종〉으로 삼성문화재단의 도의문화저작상을 받고 데뷔한 작가이다. 〈흔종〉은 에밀레종에 얽힌 설화를 바탕으로 정치와 종교의 갈등 문제를 다룬 희곡인데, 결국 예술 세계 속에 정치와 종교는 합일되고 승화된다는 의미를 표출시킨 작품이다. 그는 계속해서 창작에 몰두하여 〈불가살이 기(記)〉(『한국극작워크숍』9집, 1987), 〈전봉준〉(『동아일보』, 1988), 〈불임의 계절〉(여인극장 공연, 1990), 〈잔인한 계절〉(『현대문학』, 1989.6), 〈잠들지 않는 땅〉(국립극장, 한국일보 광복50주년 기념 공모 가작 당선) 등을 발표하였다. 그는 이 고장에 와서 희곡 창작을 하면서 후진 양성에도 힘을 기울이는 능력 있는 작가로 평가받고 있다. 이 지역의 대표 희곡

작가인 배봉기는 특히 2007년 대산문학상을 받은 이후부터는 기대되는 한국 희곡작가로 부상하고 있다.

이 지역의 민중극 운동의 선봉장이라고 일컫는 광주 출신의 박효선 (1954~1998)은 1978년에 썼던 〈함평고구마〉를 1985년 창작과비평사에서 출판한 『한국의 민중극』에 발표하면서 희곡 창작에 참여하게 되었다. 1970년도 후반부터 마당극이 강한 세력으로 확산되었다. 1980년도 광주 민중항쟁에 참여했던 그는 대학 시절에 연극 활동을 했던 연유로 민중의 한을 풀고자 마당의 굿판에 뛰어들었다. 그래서 당시 농민들의 고구마 피해 보상 문제를 마당극 형식으로 만들어 참여하게 된 것이다.

그의 본격적인 마당극 운동은 1985년부터 전개되었다. 그는 사회운동의 건강성과 고통스런 운동가의 삶을 〈잠행〉(1985)에서 그렸고, 미국 문화에 경도되고 있는 현실을 경고하기 위해 〈그리운 아메리카〉(1986)와 〈부미방〉(1989)을 썼다. 그리고 이어서 광주항쟁 이후의 후유증을 〈어머니〉(1987), 〈금희의 오월〉(1988), 〈모란꽃〉(1993)에 담아서 실증화했다.

박효선은 민주화를 위해 민중극 운동을 펼쳤기 때문에 그의 작품 특성과 경향은 사회의식이 매우 강하게 표출되고 있는 것이다. 이러한 작품들을 묶어서 희곡집 『금희의 오월』(한마당, 1994)에 담았다. 그의 대표작 〈모란꽃〉은 광주항쟁 이후 한 여인의 후유증을 설득력 있게 다루면서 광주항쟁의 잔인성을 폭로함과 동시에 역사적 심판의 객관성을 획득하고 있다. 그러나 기대에 부응하지 못하고 일찍 세상을 떠나버린 안타까움이 크다.

11. 1990년대 이후의 희곡

1990년도에 들어서면서 지역의 신문들이 많이 창시되었음에도 불구하고 『전남일보』 외에는 희곡 신춘문예 모집이 없어서 희곡작가의 배출이 도외시되고 있다. 그래도 1991년에는 박기복이 전일 신춘문예 희곡에 〈추억의 산그림자〉로 등단했고, 1992년에는 손철이 역시 전일 신춘문예 희곡에 〈노부부의 유희〉로 당선되었지만, 이들은 아직 희곡 작품을 발표하지 못하고 있다.

그리고 1993년에는 강환식(1951~)이 현대 졸부들의 이기심을 질타하는 희곡 〈독계산〉으로 『전남일보』 신춘문예에 당선되었으나 아직 이렇다할 작품을 발표하지 않고 있다. 그러나 1990년대 데뷔 작가들 중에서 담양 남면 출신의 강환식만은 1986년에 『무인도 연가』라는 희곡집을 출판한 바 있으며, 희곡 창작의 열정을 가진 작가이다. 10여 년이 넘도록 습작을 하였고, 데뷔 전에 이미 희곡집을 출간할 정도로 자신감에 차 있는 작가이다. 근래에 문협 활동에도 적극적이며, 창작에 열정을 보이는 강환식은 기대할 만한 작가이다.

1995년에는 광주 지역의 5개 일간지 중에서 『무등일보』에서만 희곡 신춘문예 모집이 있었다. 여기에 완도 출신의 김영학(1963~)이 1995년에는 『무등일보』 신춘문예에 〈북태평양 고기압〉으로 당선되었고, 1998년에는 『서울신문』 신춘문예에 〈나는 홍도로 간다〉로 당선하였다. 2000년도에 대산창작 기금을 수혜 받고 이어서 2001년에도 문예진흥원 신진작가 지원금을 수혜 받을 만큼 열성적으로 희곡 창작에 매진한 작가이다.

김영학은 삶의 권태와 고단함을 현대의 보통 사람들의 일상에서 추출해 내면서 인간의 근원적 본질과 진실한 삶의 가치를 보여주려는 작품상을 가지고 있다. 그는 조선대 대학원에서 재학하면서 첫 습작을 다듬어서 응모한 첫 작품으로 당선하였지만, 연극 현장에서의 경험과 희곡 이론을 기본적으로 터득하고 있었기 때문에 가능했던 것이다. 박사학위를 받은 이후, 김영학은 열정적이어서 대학 강의를 하면서도 〈곰소해수욕장〉, 〈나는 홍도로 간다〉, 〈비빔밥〉, 〈너를 부르마〉 등의 작품을 엮어서 희곡집 『나는 홍도로 간다』를 출판하였고, 이론집 『한, 희곡의 모더니즘과 비사실주의』, 『희곡창작』, 『영화와 텔레비존을 위한 극작강의』를 상재하였다. 뿐만 아니라, 극단 '허방'을 창단하여 〈내 엄마〉, 〈가출〉, 〈불꽃놀이〉, 〈여배우 문희〉, 무언극 〈가죽가방〉 등의 자작품을 무대화하면서 이론과 실기를 다듬고 있다. 역시 가장 기대되는 이 지역의 향토 작가이다.

목포지역에서도 1980년대 후반부터 이중기, 김창일, 정순열 등이 작품 활동을 하고 있다. 김창일의 경우는 1987년 제5회 전국연극제에서 〈갯바람〉으로 희곡상을 받았고, 계속해서 제6회 때에는 〈도시탈출〉로, 제7회 때에는 〈안개섬〉으로, 제12회 때에는 〈붉은 노을에 허수아비로 남다〉로 희곡상을 받음으로써 연극계의 스타로 부상하였다.

이중기의 경우는 1989년에 〈그림자 밟기〉가 『동양문학』에 추천되어 작가로 등단하여 작품을 쓰고 있으며, 정순열의 경우는 1991년도 삼성도의 문학상 희곡 부문에 응모하여 〈바다의 뿌리〉가 당선되어 등단했고, 1992년 『세계일보』 신춘문예 희곡 부문에도 응모하여 〈해선망〉이 당선됨으로써 작가적 지위를 굳혔다. 정순열은 목포 출신으로서 김창일과 함께 기대되는 향토작가이다.

고흥군 두원면 출신의 송연근(1948~)은 교직자로서 순천에 살면서 연극 활동과 희곡 창작 활동을 열심히 전개하고 있다. 1986년 『순천문학』 10월 호에 수몰 지구 주민의 애환과 그들 사이의 이데올로기 문제를 다룬 〈잃어버린 고향〉을 발표하면서 본격적으로 희곡을 쓰고 있다.

그는 1990년에 땅 투기꾼과 땅을 지키려는 마을 주민들과의 갈등을 다룬 〈떠도는 땅〉을 『순천문학』에 발표하면서 작가적 역량을 인정받게 되었다. 그래서 1994년에 인간의 허세와 욕망을 풍자한 〈욕망의 바람〉과 같은 걸작을 발표하기에 이른다. 그 밖에도 창작 공연 작품으로 무대화한 〈놀부전〉(1984), 〈20년 후〉(1984), 〈이수일전〉(1985) 등이 있다. 현재 순천시립 극단의 상임연출로서 전남 동부 지역 연극을 지키면서 창작에도 심혈을 기울이고 있는 그는 주로 이 땅에 뿌리를 내린 민중들의 질박한 삶과 서구화의 영향으로 잃어져가는 전통 의식을 되찾는 작업으로서 무대(1990년, 제8회 전국연극제 우수상)를 활용하고 창작(희곡상, 〈떠도는 땅〉)으로 실행하고 있다.

여수 출신의 김명환(1947~)은 1992년 제10회 전남연극제에서 〈무인도 갈매기〉로 희곡상을 받으면서 희곡을 쓰기 시작했다. 광주의 박효선, 목포의 김창일, 순천의 송연근처럼 김명환도 무대 위에 희곡을 발표하여 인정받게 된 희곡작가이다. 〈무인도 갈매기〉는 에이즈 감염자들의 절규를 통해서 생명의 고귀함과 아름다운 삶을 구가해야 한다는 메시지를 담고 있는 걸작이다. 그의 두 번째 작품 〈여수 부르스〉는 여순반란사건을 다룬 것으로서 이 작품을 통하여 그는 여순사건의 진상을 밝히고 있다. 다시 말하면 오도된 역사의 왜곡을 바로잡기 위한 목적으로 쓴 것인데, 여수나 순천 사람들은 절대로 반란을 일으키지 않았다는 사실에 포인트를 맞춘 작품이다. 그는 향토의 역사적 진실을 작품에 담아내려는 노력을 하는 신진 작가이다.

그 밖에 타 장르에 속해 있으면서 희곡을 발표한 몇 사람 중에서도 천승세의 〈만선〉 같은 작품은 널리 알려져 있고, 직접 희곡 작품은 발표하지 않고 있으나 대학에서 불란서 희곡 및 영미 희곡을 강의하면서 번역집을 내고, 또 대학극을 지도하고 있는 조우현(『프랑스희곡선』, 세종출판사, 1991)과 오인철(『영미단막극선집』, 예원, 1986)이 있다.

한때 이 지역에 거주하고 있는 18명의 희곡작가들이 '광주·전남 극작가 그룹'을 조직하여 친목과 더불어 희곡 창작을 위한 격려와 정보를 교환하려 하였고, 첫 사업으로 데뷔 작품 모음집을 발간하기 위해 준비까지 하였으나 중도에 해체된 바 있다. 이 '광주·전남 극작가그룹'이 활성화되었다면 향토 희곡작가들로서의 사명을 다했을 것이고, 이 지역의 희곡 문학도 한층 더 발전했을 것이다. 당시 출판 과정에서 사고가 생긴 바람에 좌절되어버린 것을 안타깝게 생각하며 그 부활을 시도하고 있다.

12. 2000년대의 희곡

광주, 전남의 희곡작가 맥을 이어가게 하는 데는 이 지역의 신문사들이 크게 공헌하고 있다. 광주일보, 전남일보, 무등일보사에서는 수십 년을 거르지 않고 신춘문예를 통하여 지방 작가를 배출하였다. 그런데, 희곡의 경우는 시와 소설과는 다르게 해거리를 하거나 근년에 들어와서는 응모에서 제외시키고 있다. 그래도 고마운 것은 전남일보와 무등일보사에서 꾸준히 응모의 길을 열어두어서 다행이라고 생각한다. 희곡은 응모자 수가 적기도 하거니와 타지 출신들의 응모자가 대부분이어서 그런지 몰라도 희곡 응모를 기피하는 현상을 보이고 있다(2001년 『전남일보』 신춘문예 희곡부분 응모자 56명의 58편 중에 서울 22명, 경기 9명, 순천 8명, 부산 6명, 광주 6명, 기타 지역 5명). 하기야 이 지방 출신의 작품보다는 외부 출신 응모자의 문학적 수준이 우수한 경우가 많았다는 사실을 부인하지는 않는다 하지만, 지역 문학의 장래를 위해서는 지방 신문이 사명감을 발휘해주어야 할 것이다.

함수남, 한옥근, 배봉기, 김길수, 김영학 등이 신춘문예 희곡 부문 심사를 번갈아 맡으면서 이 지역의 희곡작가를 발굴해왔다. 2000년에『전남일보』 신춘문예를 통하여 광주 출신 안희철이 〈회장님, 손을 씻으셨습니까?〉로 데뷔하였고, 2001년에는 순천 출신 임혜은이 〈새벽은 슬프게 온다〉로 데뷔하였다. 그런데 2003년부터는 지방 출신의 이점을 배재하고 당선 기준을 작품 수준으로 삼았던 관계로 타 지역 출신자(정미진, 서울 출신, 〈항아리의 꿈〉)가 당선되었다. 그 이후부터 이 지역 출신의 희곡작가 배출이 드물었던 이유이기도 하다.

1990년대에는 희곡 응모자 수가 10명 내외였다. 그런데 2000년대 초에는 응모 작품 수가 50여 편으로 늘어났다가 후반에 다시 20여 편으로 줄어들었다. 이러한 현상은 시대와 문화 현상의 변화에 따른 영향을 받은 결과라고 본다. 그것은 IT산업과 영상문화의 확산이라고 본다. 다시 말하면, 단일예술이 종합예술로 지향하여 총체화되거나 장르 해체를 했기 때문이다.

어떻든 2000년대에 들어서면서 기대하는 희곡작가로 안희철을 꼽는다. 그는 1997년 『무등일보』 신춘문예에서 〈어느 곳에서도 잠들지 못하는〉으로 차석을 차지한 바도 있다. 그의 당선작 〈회장님, 씻으셨습니까?〉는 "죽음을 예감한 박 회장이 자신의 극락왕생을 위해 경리담당 비서와 그의 애인으로 하여금 씻김굿을 하도록 유도하는 과정에서 보배로운 생과 사의 문제를 제시하려는 주제 정신을 굿이라고 하는 전통 양식에 접맥시켜 극적 흥미를 극대화했다"는 탁월한 드라마트루기를 확보하여 당선되었다.

그리고 임혜은의 경우는 〈새벽은 슬프게 온다〉에서 "자식을 아끼는 부모의 사랑을 통해서 효 사상을 부각시킨 주제의 설정과 언어 활용 능력을 바탕으로 한 대사 처리"가 돋보여서 당선되었다. 그러므로 위의 두 사람은 이 지역의 희곡작가로 맥을 이을 가능성이 크다고 인정하는 것이다. 그러나 지방 신춘문예와 관계없이 서울에서 활동하고 있는 몇 명의 희곡작가가 있다. 전남대 출신의 선욱현은 〈피카소 돈년 두보〉, 〈의자는 잘못 없다〉 등으로 중진 작가 반열에 올랐다. 광주대 출신의 양수근도 〈홀인원〉과 〈보물찾기〉로 문명을 알렸고, 화순 출신의 조광화도 〈남자충동〉과 〈황구도〉로 능력을 인정받고 있다. 그러나 이 지방 신춘문예 출신들의 활동은 미약하다.

그리고 특기할 것은 배우 박윤모가 100회 공연을 성공리에 이룩한 작품 〈아버지〉이다. 이 작품은 소설가 한승원이 쓴 〈아버지의 자리〉를 첫 공연 때에는 〈여보, 국기 달아〉로 무대화하였고, 관객 동원에 성공한 이후, 다시 〈아버지〉라는 제명으로 공연하여 장기공연과 타 지역 순회공연까지 성공하면서 한승원의 희곡이 빛을 발했던 것이다.

김영학이 2009년 6월에 서구문화센터에서 무언극 〈가죽가방〉을 실험하기 위해 무대에 올림으로써 이 지역에서는 처음으로 총체극을 선보인 바 있다. 아직은 관객에게 생소한 연극으로 보일 수밖에 없었던 관계로 크게 성공하지는 못하였다. 그러나 2010년대에 이르면 이 지역에서도 총체극이나 장르 해체극이 유행하리라 본다.

13. 맺는 말, 호남 희곡과 김우진

호남 지역의 희곡 문학에 대한 문학사적 고찰을 통해서 살펴본 바와 같이 이 고장은 분명히 연극과 희곡 면에서도 메카임을 확인하였다. 판소리와 창극은 물론이거니와 신극으로서도 조일재의 〈병자 3인〉보다 배지유와 오원의 〈늑대와 소년〉이 1년이나 앞서 공연되었기 때문이다.

문학으로서의 희곡과 연극 활동에 대해서 김우진으로부터 임혜은에 이르기까지 총 50여 명의 예술 활동과 작품들에 대해서 간략하나마 총체적으로 언급하였다. 해방 이전과 이후의 문학사적 특징을 배경으로 삼아서 이 지역의 희곡작가들의 작품 경향과 특성까지도 대략 서술하였다. 해방 이전에는 대체적으로 항일의식의 민족주의적 색채가 강한 연극을 하였고, 해방 이후에는 시대를 반영하는 사회의 구조와 모순을 비판적으로 표출했다고 볼 수 있다.

특히, 해방 이후 오늘날까지 반세기 동안의 한국 연극(희곡)을 말할 때, 일반적으로 1950년대는 반공극과 사실주의극 시대, 1960년대는 번역극 시대, 1970년대는 현대극 부흥 시대, 1980년대는 극 형식의 다양화 시대, 1990년대는 한국 연극의 세계화 모색 시대, 2000년대는 장르 해체의 시대라고 한다. 이러한 연극사적 흐름에서 간과할 수 없는 것은 사회 변천과 관련된 연극 형태이며, 그러한 연극 형성을 위한 희곡의 역할과 기능이다. 결과적으로 희곡은 연극 존재를 위한 부수적 역할로만 이용된 것이지, 희곡으로서의 문학적 주체성은 상실된 채로 오늘에 이른 것이라고 본다. 그러므로 희곡의 경우, 문학성은 소홀히 다루어졌고, 연극성 위주로 창출되어왔던 것이다. 따라서 문학으로서의 희곡은 시나 소설 등 타 장르에 비해 양과 질적인 면에서 뒤떨어질 수밖에 없었던 것이다.

그러나 현재 한국문인협회에 가입된 희곡작가의 숫자가 100명이 못 된 현실에서 볼 때, 이 지역에 20명 정도의 희곡작가가 활동하고 있다는 것은 매우 고무적인 현상이다. 뿐만 아니라 근대극을 개척한 김우진이나 사실주의극을 완성한 차범석을 비롯한 유능한 현역 희곡작가들이 우리 고장 출신이었다는 사실도 자긍심을 높여주고 있는 것이다. 우리 고장의 희곡 발전 및 변천사적 특성을 시대별로 정리해보면 다음과 같다.

1) 일제하에 쓴 희곡은 항일투쟁사와 같은 민족의식 고취가 그 주된 테마였다. 김우진의 경우는 일본에서 경험한 서양 근대극의 영향을 받았기 때문에 표현주의 경향(〈난파〉)의 희곡을 쓰면서 사회의 비인간적 삶에 대한 회의를 주된 정서(〈이영녀〉)로 그려냈지만, 1920년대 초반 능주, 장성, 광주 지역의 청년회에서는 소인극회를 통하여 비극적인 민족의 현실을 표방하면서 항일 의식을 극화했다. 특히 최공순과 최관식은 〈첫날밤〉과 〈황금과 노복〉을 통하여 3·1운동 직후의 민족의 현실을 극화하여 민족의식을 불러일으키는 데 앞장을 섰다.

1930년대에 와서도 최경순은 〈물레방아는 쉬었다〉를, 최계순은 〈익조〉를 써서 항일정신을 고취하는 등 일제의 탄압을 노골적으로 폭로했다. 그 밖에도 최금동은 시나리오를 주로 썼으나, 〈이름없는 별들〉, 〈3·1독립운동〉, 〈아리랑〉, 〈유관순〉 등을 쓰고 영화화하여 항일정신과 민족의식을 고취시켰다. 이러한 작품적 특성은 곧 이 지역의 민족의식과 정신을 대변해주는 것이라고 볼 때 가장 호남적인 주제 표현이라고 할 수 있다.

2) 해방 직후의 희곡 경향도 같은 맥락에서 발생하였다. 박경창의 〈집을 떠나는 사람들〉이나 김용구의 〈최후의 승리〉, 최선영의 〈종이여 울려라〉, 나경수의 〈광주학생사건〉 등은 한결같이 항일 정신의 발로에서 창출된 희곡으로서 역시 민족의식의 고취나 반일을 주제로 한 희곡이라는 것이다. 그러나 지금까지의 대부분의 희곡들이 주제 의식만 강하게 드러냈을 뿐 극적 구성이나 표현에 있어서는 희곡 이전의 희곡이었다는 것이다. 단지 연극에 대한 열정이 도처에서 용솟음쳤던 시대적 상황만을 대변해 주는 현상일 뿐이었다.

3) 1950년대부터 1970년대까지의 희곡은 6·25를 경험한 전쟁 세대 작가들로 하여금 동족상잔의 비극과 함께 반공극적 차원에서 창작이 이루어졌다. 특히 차범석의 〈산불〉, 김승규의 〈동굴〉이 그것을 잘 말해주고 있다. 1960년대로 접어들면서 한국 희곡은 현실 사회의 구조적 모순을 작품에 담기 시작했다. 그래서 정조의 〈마지막 기수〉, 이용희의 〈까마귀 떼〉, 김길호의 〈소매치기〉 등이 발표되었다.

1970년대로 접어들어서는 이 지역의 극단들이 이합집산을 거듭하고 혼란스런 시기를 맞게 되었다. 따라서 1970년대의 연극 마당은 많은 희곡 작가들을 필요로 했던 것이다. 김봉호의 〈타령〉, 이광남의 〈벌판에 선 사람들〉, 한옥근의 〈빈 포켓〉 등 역시 부조리와 모순의 현실 사회 현상을 풍자 비판하는 희곡이 발표되었다.

4) 1980년대부터 현재까지의 희곡은 모방과 실험의 몸부림이 거듭되면서 조금은 새롭게 변모되었다. 함수남의 〈늪지대〉, 박효선의 〈모란꽃〉, 배봉기의 〈흔종〉 등은 그 구성 형식과 주제가 상황적이다. 현대인들의 상황 의식을 늪지대로 상징화한 함수남의 희곡과 광주항쟁의 객관적 비판과 역사적 파행을 증명해주는 박효선의 작품, 종교와 정치를 같은 맥락에

서 분석한 배봉기의 작품은 다 같이 상황 의식을 구조적으로 엮어서 현대인들의 의식과 사상을 탐구한 특성을 보이고 있다.

5) 1990년대 초반은 주로 전국 연극제를 겨냥하면서 좋은 작품을 쓰게 된 김창일을 비롯한 송연근, 김명환과 함께 이중기, 정순열 등의 활동이 두드러진 시기이다. 이들은 특히 향토성이 짙은 소재를 통하여 전라도인의 질박하고 생명력 있는 삶의 흔적들을 발굴하고 재현시키는 데 심혈을 쏟는 작가들이다.

6) 2000년대에 들어서면서 한국의 연극 마당은 희곡 중심이 아닌 연극 중심으로 변모하였다. 이에 영향을 받은 한옥근과 김영학은 해체극이나 총체극을 시도하기 시작했다. 김영학의 〈가죽가방〉이나 한옥근의 〈흐름 3(말, 길, 때)〉가 그렇다. 다이얼로그(언어)가 배제되고 몸짓과 음악 또는 영상을 통하여 극적 이미지를 창출해내는 연극 기법으로서 장르 해체극을 시도한 것이라 하겠다. 그 밖에도 광주에서는 원광현, 양태훈, 박강의가, 서울 쪽에서는 선욱현, 양수근, 조광화가 활동하고 있다.

이와 같이 우리 지역의 향토 작가들은 시대의 변천과 함께 발전하면서 우리의 향토 의식을 대변하고 있다. 우리 고장은 이렇듯 예향으로서 연극적 뿌리와 희곡적 전통을 깊고 넓게 가지고 있으므로 앞으로도 많은 희곡작가와 유능한 희곡작가가 배출되어 문학 메카를 지켜가는 데 그 몫을 다하리라 굳게 믿는다.

*이 글은 '제4회 김우진문학제'(2011년)에서 발표된 기조발제문임.

근대의 해협을 건너다 난파한 배

김우진론

김 선 태

1. 김우진과 목포, 목포문학

수산(水山) 혹은 초성(焦星) 김우진(金祐鎭, 1897~1926)은 목포 최초의 근대 지식인이자 문학인이라고 할 수 있다. 그는 1897년 전남 장성에서 당시 군수였던 김성규[1]의 장남으로 태어났으나 1907년(11세) 무안감리로 발

---

[1] 무안감리를 지내고 목포의 유지로서 뿌리를 내렸던 김성규에게는 세 명의 아들이 있었다. 이 세 사람은 근대화의 소용돌이 속에 각기 너무나 다른 삶을 살았다. 둘째인 김철진은 목포 신간회 운동에 참여했으며, 1934년부터 유명한 문예지 『호남평론』을 발간한 인물이다. 한때는 조선공산당 목포지부 책임자로 활동하였으나, 1930년대 이후는 우파 성향의 사업가로 변모하였다. 셋째인 김익진은 중국 혁명군에 가담했을 정도로 사회주의에 투철한 사상가였다. 훗날 천주교에 귀의한 그는 자신이 물려받은 유산 전부를 소작인들에게 무상 분배하고, 대구에서 평생을 종교인으로서 사회봉사를 하며 살았다. 천주교계에서 김익진을 '한국의 성프란체스코'로 평가할 정도로 봉사하는 지식인의 삶을 살았다. 목포는 근대화가 가장 빨리 이루어진 도시 중 하나이고, 근대성에 대한 고민과 문화충돌이 발생했던 곳이다. 그러한 문화사적 특성이 김우진 삼형제의 인생에 고르게 투영되어 있다는 점이 무척이나 흥미롭다. 최성환, 「남도사람 남도문화」,『목포대신문』 제458호 참조.

령받은 아버지를 따라 목포시 북교동 46번지(당시 무안현)로 이주함으로써 일찌감치 목포와 인연을 맺었다. 이후부터 1926년(29세) 가수 윤심덕과 현해탄에서 투신·정사할 때까지 약 20년 동안 목포를 근거지로 문학 활동을 펼쳤다.

김우진은 목포공립보통학교(현 북교초등학교)를 졸업한 후, 일본 구마모토(熊本)농업학교를 거쳐 1924년 와세다대학 영문과를 졸업[2]한 목포 최초의 일본 유학생이었다. 1915년 농업학교 시절 시작에 심취하면서 문학에 입문했고, 대학 시절부터 연극에 관심을 보이기 시작한 그는 대학을 졸업하고 목포로 귀향하여 아버지[3]가 물려준 영농 사업체인 상성합명회사 사장으로 일하면서 시 48편, 희곡 5편, 소설 3편, 문학평론 20여 편을 남겼다. 습작기를 포함한 문학 창작 활동 기간이 10여 년(1915~1926)에 불과한 것을 보면 대단한 작품 편수이다. 또한 'Société Mai'(오월회)라는 목포지역 최초의 근대 문학 동인회를 결성하여 리더로 활동하기도 했다.

김우진이 남긴 대표작 〈난파(難破)〉를 비롯한 다섯 편의 희곡(〈정오(正午)〉, 〈이영녀(李永女)〉, 〈두데기 시인(詩人)]의 환멸(幻滅)〉, 〈난파(難破)〉, 〈산(山)돼지〉)은 시대적·가정적 고통을 담고 있어 자전적 성격이 강하다. 그중에서 특히 〈이영녀〉는 '목포 유달산 밑 판자촌'을 무대로 창작한 작품이다. 1924년 여름부터 1925년 겨울에 이르는 작품 속의 시간은 그가 북교동 자택에 설치된 상성합명회사의 사장으로 일하고 있었던 때와 일치하기 때문에 목포 특히 작품의 무대인 양동[4] 지역이 직접 눈으로 보는 것

---

2) 일본의 명문 와세다대학 영문과를 마칠 무렵 김우진은 버나드 쇼의 「인간과 초인, 그 철학적 비판」(1924)이라는 졸업 논문을 썼으며, 던세이니의 〈찬란한 문〉 등 희곡을 번역한 바 있다.

3) 김우진의 아버지 김성규는 목포 제1의 부호였다.

4) '양동'이라는 지명은 서양 선교사들이 많이 살았던 동네라는 뜻에서 유래했다고 한다. 제14회 목포세계마당페스티벌에서 (사)행복누리 주부연극단이 최초로 공연(2014.7.25)한 연극 〈이영녀〉에서는 작품의 무대를 '온금동'으로 설정하고 있

처럼 선명하게 그려져 있다. 주인공 이영녀는 자식들을 양육하기 위해 자신의 성을 파는 매춘녀이다. 따라서 표층적으로 이 작품은 동시대의 피해자로서 여성을 조명하고 있다. 그러나 이 작품은 매춘에 있어 환전의 주체가 바로 이영녀 자신이라는 사실을 놓치지 않는다. 따라서 이영녀의 죽음, 다시 말해 매춘 행위의 소진은 남성 중심 사회와 그 이데올로기를 허물어뜨리는 의미 기제로 운용된다. 그러므로 〈이영녀〉는 어둡고 빈궁한 삶 속에서도 주체적인 삶을 영위하다 죽어간 여주인공에 대한 진지한 보고서이자, 남성 본위 문화의 폐해를 정면으로 공박한 의미 있는 작품이라고 할 수 있다.

이렇듯 김우진은 근대 목포문학의 밑바탕이자 출발점이다. 그가 뿌려놓은 문학의 씨앗이 싹이 터서 박화성, 차범석, 천승세, 김현, 김지하, 최하림 등 한국문학을 대표하는 기라성 같은 문인들이 줄줄이 꽃으로 피어났던 것이다.

2. 김우진의 작품 세계와 문학사적 위상

전술한 바대로, 김우진은 1915년 구마모토농업학교 시절 처음으로 시를 쓰기 시작했는데, 이때 그는 극작가보다는 시인이 되려고 했다. 그리고 와세다대학 영문과 재학 시절부터 연극에 관심을 보이기 시작하였다. 1920년 조명희, 홍해성, 고한승, 조춘광 등 유학생과 함께 연극 연구 단체인 극예술협회를 조직하였고, 1921년에는 동우회순회연극단을 조직하여 국내 순회공연을 다녔다. 그가 본격적으로 문학 창작에 열을 올리게 된

는데, 이는 오류이다. 이 작품은 (사)행복누리 주부연극단에 이어 올해 국립극단 (2015.5.12)에 의해 무대에 올려졌다.

시기는 1924년 대학을 졸업하고 목포에 내려와 상성합명회사 사장으로 일하면서부터 1926년 작고할 때까지이다. 그는 2~3년이라는 짧은 시간 동안 불같은 창작열을 보였다.

김우진은 보수적인 유교적 가정에서 성장했지만, 서구의 근대사상을 철저하게 탐닉했다. 그는 자신의 사상적 바탕이 된 니체라든가 마르크스 같은 철학자는 물론 러시아 혁명 이후의 사회주의에도 깊이 빠져 있었다. 이러한 급진적 사상은 연극에서 스트린드베리(J.A. Strindberg)의 표현주의와 전통 부정 정신, 버나드 쇼(G.B. Shaw)의 개혁 사상을 받아들이게 했으며, 전통 인습을 송두리째 부정하는 자세를 갖도록 만들었다. 이러한 자세는 그의 문학작품에서 전근대와 근대의 첨예한 대립각을 형성한다.

김우진은 문학 전반에 걸쳐 다재다능한 능력을 보였지만, 아무래도 대표 장르는 희곡이라고 생각한다. 처녀작 〈정오〉(1924)를 비롯한 〈이영녀〉(1925), 〈두데기 시인의 환멸〉(1925), 〈산돼지〉(1926), 〈난파〉(1926) 등 다섯 편의 희곡은 모두 말년에 목포에서 창작된 것들로서 자전적인 성격이 매우 강하다. 또한 기존 윤리나 도덕, 가치관에 대한 강한 저항 의식이 드러나 있으며 새로운 삶에 대한 추구와 극적 표현 방식에 있어 사실주의는 물론 당시 독일 연극에서 영향 받은 표현주의적 요소를 도입하고 있다.

대표작으로 꼽히는 〈난파〉는 그가 자살한 해인 1926년 봄에 쓴 작품으로서, 복잡하게 얽힌 유교적 가족 구조 속에서 현대적인 서구 윤리를 지닌 한 젊은 시인이 몰락하는 과정을 그리고 있다. 매우 관념적이고 상징적인 이 작품은 그대로 그의 자서전이기도 하다. 이 작품은 우리나라 문예사상 최초의 표현주의 희곡으로서 의의가 있을 뿐만 아니라, 신파극만 존재했던 1920년대로서는 대단히 전위적인 실험극이었다.

〈산돼지〉는 친구 조명희의 시 「봄 잔디밭 위에」에서 암시를 얻어 쓴 작품으로, 좌절당한 젊은이의 고뇌와 방황을 음울하게 그리고 있다. 특히 그가 지향했던 사회 개혁 사상이 잘 드러나 있으며, 지극히 몽환적으로 끌고 간 것이 특징이다. 그가 이 작품을 가리켜 자신의 '생의 행진곡'이라고 고백했듯이, 개화 지식인의 임상 보고서적 성격을 지니고 있다. 이 작품 역시 〈난파〉와 더불어 그의 대표작으로 꼽히며, 표현주의와 전위적인 실험극에 속한다.

김우진이 남긴 48편의 시는 주로 자유의지와 생명력의 희구를 그 주제로 삼고 있다. 그의 시는 「죽엄」, 「사와 생의 이론」, 「죽엄의 이론」, 「고(古)의 붕괴」 등에서 잘 나타나는 것처럼 다양한 서정적 자아를 등장시켜 극악한 현실을 고발하고, 고정된 기존 질서를 파괴하며 인간이 자유롭게 살 수 있는 생명력의 세계를 추구했다. 이러한 그의 시적 기법은 그가 탐구한 표현주의 문학에 바탕을 두고 있다. 다음 시는 그가 얼마나 무너지지 않고 또 깨어지지 않는 당대의 낡고 완고한 철벽을 깨부수고 새로운 세계를 건설하려 했던가를 잘 보여준다.

> 오 붕괴여 붕괴여!
> 장대한 힘으로 태산은 넘어진다!
> (…)
> 또는 인간 발전의 길인가
> 모든 것이 붕괴된다
> 자기 속에 장치하였던
> 다이나마이트는
> 자기 자신을
> 서서히 유력하게, 또 확실히
> 붕괴시킨 후, 쉼없이
> 또다시 건설한다
> 오 자연의 힘이여!
> 모든 헌(古) 것은 붕괴된다.
>
> —「고(古)의 붕괴」 부분

그는 긍정적인 차원에서 '붕괴'의 힘을 믿는다. 여기서 '붕괴'는 '발전'과 '건설'의 다른 이름이다. 자연을 붕괴시키고, 아버지를 붕괴시키고, 결국엔 '자기 자신'마저 붕괴시킴으로써 새로운 세계는 탄생한다. 이렇듯 젊은 시절 고뇌와 열정, 절규와 반항 등으로 점철된 그의 시편들은 따라서 대부분 관념적 혹은 철학적이다. 또한 여과되지 않은 거친 시어들이 난무하는 등 시적으로 형상화되지 못한 단점을 지니고 있다. 그럼에도 불구하고 그의 시적 육성은 가식 없는 내출혈을 동반하고 있어서 독자의 마음을 움직이는 진폭이 크다.

김우진은 또한 20여 편의 문학평론을 남겼는데, 그중에서 「소위 근대극에 대하여」, 「자유극장 이야기」, 「사옹(沙翁)의 생활」, 「구미현대극작가론」은 탁월한 평문이다. 그리고 「쓰키지소극장(築地小劇場)에서 인조인간을 보고」라는 글은 연극평의 한 예범을 보여준다. 「창작을 권합네다」에서는 표현주의[5]를 체계적으로 소개했으며, 전통적 인습 타파를 작품 주제

---

5) 표현주의(Expressionism)는 객관적인 사실보다는 오히려 사물이나 사건에 의해 야기되는 주관적인 감정과 반응을 표현하는 데 주력하는 예술사조이다. 물질주의 · 자기만족을 추구하는 중산층의 번창, 급속한 기계화 · 도시화 및 제1차 세계대전 이전의 유럽 사회에 만연했던 가족주의에 대한 반발로 발생했다. 표현주의는 제1차 세계대전 동안과 전쟁이 끝난 직후 독일의 지배적인 문학 운동이 되었다. 표현주의 작가들은 사회에 대한 저항을 나타내는 희곡을 구성할 때 새로운 양식을 통해 그들의 생각을 전달하려고 했다. 그들의 관심은 특별한 상황보다는 일반적 진리에 있었으며 따라서 그들의 희곡에서 완전히 발달한 개성화된 성격보다는 전형적인 상징적 유형을 탐구했다. 외부 세계의 묘사에는 별로 관심을 두지 않아 단지 개괄적으로만 나타내고 공간적 · 시간적으로 겨우 암시만 해놓았을 뿐인 반면, 인간 내면의 정신생활을 강조한 표현주의 희곡에서는 삶을 모방하기보다는 정신 상태를 무아지경으로 환기시키는 것이 삶의 주제가 되었다. 표현주의 희곡에서 주인공은 종종 젊은이들의 정신적 불안과 구세대에 대한 반항 및 여러 가지 정치적 · 혁명적 치유 방법들을 파헤치고 있는 집약적 · 생략적이며 거의 약어적인 언어로 표현되는 긴 독백을 통해 자신의 비애를 쏟아놓는다. 주인공의 내면은 느슨하게 연결된 일련의 극적 장면들이나 역할을 통해 파헤쳐지며 그 과정에서 그는 전통적인 가치관에 반발해 좀더 높은 정신적 생활관을 추구한다(『브리태니커 백과사전』).

로 삼은 한국작가들에게는 표현주의가 가장 알맞은 창작 방법이라고 주장했다. 또한 그는 같은 글에서 자신의 희곡창작 테마를 네 가지로 나누어 제시하고 있다. 첫째 정치적, 경제적, 사회적, 민족적, 계급적 상황에 대한 자각과 고민에서 창작이 이루어져야 하며 둘째, 윤리적으로 우리 주위의 모든 가치를 전환시켜야 하고 낡은 윤리가 우리의 생활에 끼친 해독을 통찰하며 생활을 변혁시키는 창작이 생겨야 한다고 주장하고 있다. 셋째는 연애, 결혼, 모성 등 여성의 경제적, 사회적 문제가 테마로 되어야 하고 넷째, 인생 철학, 생명, 죽음, 신, 이상 등이 취급되어야 한다는 논리를 폈다. 게다가 대단히 진솔한 문학관을 가지고 있어서 「이광수류(李光洙類)의 문학을 매장하라」, 「아관(我觀) '계급문학(階級文學)'과 비평가」 등을 통해 계몽적 민족주의와 인도주의를 신랄하게 비판하기도 했다.

이렇듯 김우진은 자신이 겪은 시대고를 적절히 희곡 속에 투영함으로써 당시 계몽적 민족주의나 인도주의 내지 감상주의에 머물렀던 기성 문단을 훨씬 뛰어넘은 선구적 극작가였으며, 특히 표현주의를 직접 작품으로 실험한 점에 있어서는 유일한 극작가였다. 또한 해박한 식견과 외국어 실력, 선구적 비평안을 가지고 당대 연극계와 문단에 탁월한 이론을 제시한 평론가이며, 최초로 신극 운동을 일으킨 연극 운동가로 평가된다. 비록 가정 문제·애정 문제에 휘말려 윤심덕과 현해탄에서 짧은 생을 마감[6]했지만, 전근대의 답답한 틀을 빠져나오기 위해 몸부림치는 삶을 살았던 선각자요 천재였다. 따라서 그의 문학과 인생을 한마디로 표현하면 '근대의 해협을 건너다 난파한 배'라고 할 수 있겠다.

*이 글은 ' 제8회 김우진문학제'(2015년)의 기조발제문을 일부 수정한 논문임.

---

6) '현해탄의 정사'를 관련하여 두 사람의 시신이 끝내 발견되지 않아 한참 후까지 두 사람이 죽음을 위장해 실제는 외국에서 생활하고 있다는 소문이 끊이지 않았다.

김우진과 목포

김 성 진

---

1. 머리말

희곡에서 구축된 공간 구조는 넓게는 무대 안과 무대 밖이라는 대립되는 두 공간으로 나뉘는데, 이 공간을 변별하는 단위는 이항대립[1]이라 할수 있다. 이러한 무대 안팎으로 대립되는 공간도 다시 하위 공간을 형성하며 구분되기도 한다.

작가와 독자는 공히 극적 공간에 민감하게 반응한다. 작가들은 지형적으로, 체험적으로 익숙한 실제 공간들을 변형시켜 극적 공간으로 선택하곤 한다. 독자는 실제 공간이 친숙하면 할수록 그 공간이 갖는 특수성을 파악하려든다. 그리고 실제 공간이 극적 행위와 묶인 정도를 따지며 그 이유를 작가에게 묻는다. 이처럼 극적 공간과 실제 공간이 묶인 정도나 거리는 작품을 창작하고 해석하는 데에 중요한 요소로 작동한다.

또한 극적 행위는 작가가 설정한 특정한 시공간에서 전개된다. 작가가

---

1)　이어령, 『공간의 기호학』, 민음사, 2000, 37쪽.

극적 시공간을 설정했다는 의미는 작가가 의지를 표현한 것이라 할 수 있다. 또한 작가가 상상으로 구상한 이런 시간과 공간은 모든 현실이 서로 관계를 가지는 틀이 되며 사물에 대한 개념을 갖게 하는 조건이 되는 것[2]이다. 또한 희곡 텍스트는 작가가 작품을 구상할 때 무대와 무대의 내용물들을 염두에 두고 이야기의 다양한 허구적 사건들을 무대 위에 어떻게 배치하느냐에 따라 스펙터클의 특성이 달라지기 마련이다.[3] 따라서 희곡과 연극이라는 이중성을 굳이 감안하지 않더라도 무대 공간은 한 문화권의 의식과 생활 등에 대한 구체적인 공간 표현을 담지 않을 수 없다.[4] 그러므로 희곡에서 표출된 공간 이미지를 고찰하는 것은 작가 의식도 아울러 살필 수 있는 한 가지 방법이라 하겠다.

이 글은 김우진이 극적 공간 목포를 어떤 이미지로 인식하고 있는가를 분석하면서 작가 의식을 고찰하는 데에 그 목적이 있다. 여기에 더하여 김우진 연구 작업과 선양 작업을 드러내 논의하고자 한다.[5]

2장에서는 김우진이 창작한 희곡 외에도 목포를 극적 공간으로 설정한 두 편의 희곡까지 선별해 논의하겠다. 김우진의 〈이영녀(李永女)〉와 박화성의 〈찾은 봄 · 잃은 봄〉, 차범석의 〈옥단어!〉가 대상 희곡이다.[6]

이처럼 분석 작품을 확대한 이유는 있다. 우선 이 작품들이 목포(木浦)를 구체적인 극적 공간으로 지시한 점, 동일한 지역에서 살았던 작가들이

---

2) E. 캇시러, 『인간이란 무엇인가』, 최명관 편역, 훈복문화사, 1973, 66쪽.
3) 신현숙, 『희곡의 구조』, 문학과지성사, 1990, 119쪽.
4) 김방옥, 「한국연극의 공간표현 연구」, 『연극교육연구』 제2집, 한국연극교육학회, 1998, 74쪽.
5) 이 글은 졸고 「희곡 〈이영녀〉 연구」(『드라마논총』, 한국드라마학회, 2001)와 「희곡에 표출된 목포 이미지 고찰」(『어문론집』 37, 중앙어문학회, 2007)을 일부 수정, 가필하여 발표한 논문임을 밝힌다.
6) 〈李永女〉는 1926년 상반기에 창작된 희곡으로 추정된다. 〈찾은 봄 · 잃은 봄〉은 '1934.4.12 병상 시작(試作)'된 희곡으로 『신가정』(1934.7)에 발표되었다. 〈옥단어!〉는 2003년 작가의 팔순을 기념하여 공연된 작품이다.

목포라는 극적 공간과 실제 공간을 어떻게 인식하는가를 비교해볼 수도 있다는 점, 또한 이 작품들이 밝힌 시간 표지를 잇대면 1920년대 중반부터 1950년대 초까지의 목포 이미지를 조망할 수도 있을 것이라는 판단에 의해서다. 이러한 이유 외에도 한국문학을 대표하는 세 작가를 한 지점에서 분석해보겠다는 의도도 앞섰음을 감추지 않겠다.

희곡을 분석하면서 실제 목포에 관련된 기록 등도 결부하여 비교, 검토하고자 한다. 이 기록들은 대체로 동적인 도시화의 개념 중에서 행태적 개념, 구조적 개념, 인구적 개념[7]에 관련된 자료들이라 할 수 있다. 또한 작가의 생애나 여타 작품 등을 언급하며 가능하면 입체적으로 분석하고자 한다.

2. 희곡에 표출된 목포 이미지

1) 희곡 〈이영녀〉 : 외생적 도시 개발과 근대 자본의 폭력적 이미지

김우진(金祐鎭, 음력 1897.9.19~1926.8.4)[8]이 창작한 희곡은 연대 미상인

---

7) 박수영, 「도시화의 개념과 공간적 특징에 관한 연구」, 『논문집』 18집 인문 · 사회과학편, 경희대학교, 1989, 143쪽.
   행태적 개념은 인간이 사회 속의 개체로서 특정 장소와 시간에 따라 그 행태가 부단히 변화하는 측면을 파악하는 개념, 구조적 개념은 도시화가 제반 경제적인 인자나 요소상의 변화와 밀접하게 연결되어 진행하는 과정을 파악하는 개념, 인구적 개념은 도시화를 특정 지점상에서 발생하는 인구의 집중 현상으로 파악하는 개념이라 정리할 수 있다.

8) 김우진은 희곡 5편, 소설 3편, 시 48편, 한시 5수, 연극평론 11편, 문학평론 6편, 수상 15편, 번역 2편, 졸업논문 1편 그리고 기타 논문 2편과 일기를 친필 유고로 남겼다. 이런 유고는 『김우진전집(金祐鎭全集)』 I, II(전예원, 1983)에 이어 보강된 『김우진전집』 I, II, III(서연호 · 홍창수 편, 연극과인간, 2000)으로 출간되었다.

〈정오(正午)〉를 비롯해 〈두데기 시인(詩人)의 환멸(幻滅)〉[9](1925.12), 〈이영녀(李永女)〉(1926), 〈난파(難破)〉(1926.5), 〈산(山)돼지〉(1926.7.13 탈고) 등이다.

전체 3막으로 구성된 〈이영녀〉는 각 막마다 시공간 표지가 달리 명시되어 있다. 시간 표지로 보아서는 "第一幕(一九二四年 夏) 夜", "第二幕(一九二五年 初春) 午後", "第三幕(一九二五年 冬) 早朝"[10] 등처럼 약 1년 반에 걸친 시간이 흐른다. 역시 무대도 막에 따라 다르다. 1막은 양동(陽洞) 안숙이네 집, 2막은 관에 가까운 강영원(姜永元)의 집 행랑채, 3막은 유달산 이영녀의 집 등이다.

각 막에서 설정된 무대를 분석하기 위해서는 행위나 대사, 무대장치 등과도 관련지어 살펴야 한다. 제1막 무대는 1924년 늦은 여름밤, 목포 '양동', 무대장치나 무대 소도구들로 해서 매우 사실적으로 구축되어 있다. 흔히 접하게 되는 재현적인 무대라 할 수 있다.

第一幕

陽洞, 원숙이네[11] 집 마당. 丘陵 우에 잇는 이 마당 울타리를 隔하야 길이 잇고 그 우로 儒達山의 嵯峨한 바우돌峰이 하눌을 밧치고 서 잇다. 여름 밤 열한 時쯤. 詩人의 마음을 끄을만한 곱고 높고 깁은 蒼天에 별의 무리가 빤쟈거리고 잇다. 이런 詩的 遠景을 등지고 이 집의 頹廢한 처마 끗,

---

9) 창작 시기로나 철자 사용, 그리고 희곡 〈山돼지〉와 연관된 의미로 읽으면 〈두데기 詩人의 幻滅〉에서 '두데기'는 '누더기'보다는 '두더지'로 볼 수 있다. 김우진은 일문시 「運命む呪ふ」(1924.3)에서 "運命の土龍は潛んで居る"라고 내적 고백을 하고 있다. 이때 '土龍'은 'もぐら'로서 곧 '두더지'를 의미한다. 이에 대한 상세한 논의는 차후로 미룬다.

10) 서연호 · 홍창수 편, 『김우진전집』 I , 연극과인간, 2000, 33쪽.

11) 위의 책, 33쪽. 편저자들은 이 부분을 내용 중에서 다음과 같이 밝혔다. "원본의 처음부터 1막이 끝날 때까지 "안숙"과 "원숙"의 인물명이 혼재되어 있다. 극 전체로 보아 "안숙"이란 이름이 "원숙"에 비해 상대적으로 많이 쓰여 김우진의 생각이 "안숙"쪽으로 기울어져 있음을 알게 된다."라고 밝혔는데 현재 목포문학관에 소장된 〈이영녀(李永女)〉 유고에서 실제로 확인할 수 있다.

마루, 호박 올닌 울타리, 희미하게 뵈이는 장독대가 서늘한 밤 空氣 안에 누어 잇다. 右便으로 마루끗. 그 안으로 房(그 안은 뵈이지 안코). 그 마루 우로 空樓(부억마루). 그 안으로 또 房 하나(亦是 안은 안 뵈이고). 이 房 압 마루 우에 요강, 다두미돌, 사기그릇 몇 개가 컴컴한 밤 속에 허여스럼하게 뵈이고, 우 房마루에는 구석으로 날근 농 몇 개, 그 우에 홀홀 뭉친 루더기 갓흔 衣服이 怪物갓히 올너 안젓다. 한 번만 보아 우아래 房의 主人이 제각기 다른 살님사리하는 이인 줄을 알 만한 裝置. 아래房의 今時에 내려 안즐 듯한 쳐마 끗헤 불 안 켠 洋燈 한 개가 달녀 잇다.[12]

무대 안의 공간은 다시 양동에 위치한 원숙이네 집 마당, 마루, 방처럼 하위 공간으로 구획된다. 극적 행위는 주로 마당과 마루에서 이루어진다. 방 안은 작가가 밝히고 있는 것처럼 보이지 않는다. 1막에서 방 안은 자녀들이 잠자는 곳으로만 설정되어 있다. 무대는 다시 안팎으로 구분된 공간을 동시에 보여줄 수 없는 특징을 보인다. 이를 김방옥[13]은 촌가(村家)를 중심으로 하는 우리 연극에서 흔히 볼 수 있는 무대라 밝히고 평가한 바 있다.

해방전 신극사 초기에도 1920년대 〈규한〉, 〈김영일의 사〉, 〈여성〉, 〈시인의 가정〉, 〈미쳐가는 처녀〉, 〈이영녀〉 등 실내공간을 다룬 희곡들이 없지 않았으나 대개 작품 수준이 높지 못하고 공연되지 못했거나 공연을 염두에 두지 않은 채 지상으로만 발표된 희곡들이 대부분이었으며 이들 작품은 한국인의 구체적 생활에 기반한 희곡이 아니라 대개 '인습에 대한 저항'과 같이

---

12) 앞의 책, 33~34쪽.
13) 김방옥, 앞의 논문, 77쪽. 김방옥은 "한국 사실주의 연극에서 안마당과 함께 또 하나 흥미로운 공간은 대청마루와 툇마루이다. 실내공간도 옥외공간도 아닌 이들은 방에 연결되어 있고 동시에 마당을 향해 열린 공간으로서 실내와 마당을 연결시켜주는 교량적 공간이기도 하다. 이런 본래적 기능 외에도 마루나 툇마루는 한국 사실주의 연극에서 중요한 극 공간의 의미를 지닌다. 마당과 동시에 방의 실내를 보여주기 힘들기에 이들 공간은 방 안의 인물들을 방 밖으로 끌어내는 핑계가 된다."라고 분석했다.

현실에서 다소 고양된 관념적인 내용이라는 점이 흥미롭다.[14]

김방옥이 분석한 이 대목은 고려해야 할 필요가 있다. 분명 동시대에 희곡 〈이영녀〉는 공연되지 못했고, 지상에조차도 발표되지 않은 희곡이 었다. 그렇다고 해서 〈이영녀〉가 "한국인의 구체적 생활에 기반한 희곡이 아니"라는 분석은 수긍하기에 조심스럽다. 또한 "인습에 대한 저항"과 같이 현실에서 다소 고양된 관념적인 내용이라는 분석도 이해하기 어렵다.

우선 김우진은 〈이영녀〉를 창작하면서 현실 공간을 정치하게 파악한 후 극적 공간을 구축하고 있는 듯하다. 2막과 3막을 설명하는 무대 지시문의 일부분을 발췌하며 논의를 해보자.

第二幕
관에 가까운 姜永元의 집. 行廊방. 主人은 府協議員이고, 木花時節이 되면 뒤심잇는 資本, 運動力잇는 手段으로 數三年間 엄청나게 버러오다가 至今은 滿足과 飽滿의 絕頂에 잇는 中이다.[15]

第三幕
木浦를 지낸 이들은, 儒達山을 한 名山奇峰으로 生覺한다. 名山奇峰인지 안인지난 姑捨하자. 그러나 生活이라는 것에 體驗이 잇고, 비록 二萬에 不過한 山都市라도 木浦라는 港口의 發展해 가는 經路를 볼 때, 疑心 업시 儒達山은 近代生活의 特徵을 만히 질머지고 잇난 줄을 알 것이다. 元來 海邊을 埋立하야 된 市街地에난 만흔 地主, 家主가 生것다. 집이 드러서고 工場 煙突이 생기고 道路가 널버질수록 住宅難과 生活難은 커즌다. 그래서 이 兩難에 쫏긴 勞動者들은 市街地에서 흘린 피땀을 儒達山 바우 밋 오막사리 안에서 씻는다.[16]

---

14) 앞의 논문, 79쪽.
15) 서연호 · 홍창수 편, 앞의 책, 46쪽.
16) 앞의 책, 61쪽.

이처럼 무대 지시문에서 언급된 인물부터 동시대와 사회를 잘 드러내 주도록 설정되어 있다. 2막의 강참사는 근대 자본인 토지에서 생산된 목화를 가공하고 유통시켜 축재하는 한편 정치적 권력도 갖춘 인물이다. 이에 비하여 3막에서 등장한 도시 노동자들은 주택난과 생활난에 쫓겨 유달산 기슭에서 생활한다. 따라서 2막의 관에 가까운 강영원의 집과 3막의 유달산 기슭에서 노동자가 사는 집은 대립되는 공간으로 설정되어 있다.

또한 "木花時節", "二萬에 不過한 山都市", "海邊을 埋立", "住宅難과 生活難", "地主, 家主가 생겻다", "儒達山 바우 밋 오막사리" 등을 실제 목포와 관련된 기록으로 비교해볼 필요가 있다. 이를 보면 김우진이 실제 공간 목포를 피상적으로 이해하고 있지 않고, 세밀한 부분에 이르기까지 인식하고 있음을 읽을 수 있다.

목포부사(木浦府史) 통계를 보면 1897년에 개항한 목포에는 한국인 2,600여 명과 206명의 일본인이 거주했다. 전체적으로 보면 개항 이후 1913년까지 10,752명(382.2%)이 늘어났다.[17] 1925년 당시 목포부의 인구는 25,762명으로, 전국적인 인구 증가율이 10%인 데 반해 무려 54.3% 달하는 증가율을 보였다. 이는 목포에는 개항 이후부터 부두 노동자층이 형성되었고, 목포항의 수출액 증가에 따라 노동자 수도 급속하게 증가[18]하였기 때문이다. 하지만 도시로 유입된 이농자들 가운데 상당수는 각지의 장시를 떠도는 영세 소상인이 되거나 그도 못하면 실업자로서 유민화되는 양상까지 보였다.[19]

또한 목포는 목포항과 유달산을 중심으로 해변을 매립해 만든 도시였

---

17) 이종화 외, 『목포 목포사람들』, 경인문화사, 2004, 44쪽.
18) 위의 책, 187쪽. 이를 참조하면 목포의 무역액은 1920년대 초반 1차 대전 종전 후 감소 추세를 보이다가, 1925년에는 3천만 원대를 넘어서고 다시 1920년대 후반부터 불황 국면이 조성되어 답보 상태였다.
19) 배종무, 『목포개항사 연구(木浦開港史研究)』, 도서출판 느티나무, 1994, 151~152쪽. 참조.

다. 목포는 "1924년에 남교동이 매립되었다. 양동의 남부 및 남교동의 북부에는 그때까지 아직 소택, 전답 등의 저습지가 많아 전연 시가의 체계를 이루지 못하고 있었는데 이때 매립됨으로써 도시공간의 여유지는 확보"[20]되어 갔다. 그러나 『동아일보』(1924.12.6)의 기사를 보면 "근래 면가(綿價)의 등귀로 항내는 대선(大船)이 폭주하고 해안통에는 면화가 산같이 쌓였으며 시중은 건축이 성행하여 전혀 지적(地積)의 여유를 볼 수 없는 호황"[21]이었을 만큼 급조된 근대 도시의 특징을 보였다.

목포는 1897년 개항하면서부터 각국 공동 거류지와 조선인 마을이 분리되었다. 이 기저에는 일제가 목포를 배후지를 수탈하고 그 수탈된 자원을 본국으로 수송하기 용이한 도시로서 개발한 측면이 크다. 이처럼 목포는 식민지에 대한 욕구 충족인 외생적 영향(Exgenous Impact)[22]으로 개발되었지만 한편으로는 일본의 선일인(鮮日人) 차별 정책이 심한 도시[23]였다.

이런 기록들과 앞에서 인용한 무대 지시문을 비교해보면 실제 공간인 목포와 〈이영녀〉에서 구축된 극적 공간 목포가 느슨한 관계로 묶이기보다는 오히려 유사—인접하다고 보는 관점이 설득력이 있다.[24]

---

20) (사)목포백년회, 『목포개항백년사』, 1997.10, 253~254쪽.

21) 이종화 외, 앞의 책, 46쪽.

22) 김인, 『현대인문지리학』, 법문사, 1993, 248쪽.

23) (사)목포백년회, 앞의 책, 251~252쪽. 도로를 기준으로 하여 구획된 새로운 정(町)의 명칭은 일본인들의 거주지인 거류지와 목포역 앞의 신개발지에 부여했으며, 동이란 명칭은 거류지 밖 조선인들이 살고 있던 곳에 붙였는데, 죽동, 양동, 남교동, 북교동, 대성동, 온금동 등 6개 동이 그것이다. 이때의 정명(町名) 개정은 일본인 마을엔 정을, 조선인 마을엔 동을 붙여 아예 그 이름부터 갈라놓은 차별적인 행정 조처였다.

24) 1920년대 중반의 목포를 묘사하고 있는 작품으로는 박화성의 등단작품인 「추석전야(秋夕前夜)」(『조선문단』, 1925.1)를 들 수 있다. 이 소설에서 박화성이 목포 유달산 기슭을 묘사한 부분을 읽어보면 김우진의 〈이영녀〉에서 설정된 목포와 유사하다. "목포의 낮은 보기에 참 애처로웁다. 남편으로는 늘비한 일인의 기와집이오 중앙으로는 초가와 넷 기와집이 섯겨 있고 동북으로는 수림 중에 서양인의 집과 남녀학교와 예배당에 솟아 있는 외에 몇 기와집을 내놓고는 따에 붙은 초가뿐이

게다가 김우진 개인으로서도 1924년 6월에는 10여 년의 일본 유학 생활을 마치고 목포로 귀향해 있었다. 그는 집안이 운영하는 상성합명회사(祥星合名會社)에서 업무집행사원(業務執行社員)[25]으로서 일했다. 지역사회에는 그가 활동하기에 필요한 기반도 어느 정도 마련된 것으로 판단된다.[26] 지역에서 무안감리까지 지냈던 부친 김성규의 영향력, 막대한 가계

다. 다시 건너편 유달산 밑을 보자. 집은 덜틈에 구멍만 빤히 뚫어진 도야지막 같은 초막들이 산을 덮어 완전한 빈민굴이다.”

25) 「祥星會社成立後告 廟文」(己巳九月十九日/1929.9.19)에 담긴 “今以祥星合名會社成立有日定款四件各社員保存謹告”(『草亭集』二, 卷之五, 한국인문과학원, 1998, 50~51쪽)로 보아 상성합명회사는 1929년 10월 1일 정관을 만들었다. 이 정관에 따르면, 이 회사의 인적 구성은 ‘업무집행사원 1인, 지배인 1인, 고문 3인 이내, 사무원 약간인’으로 되어 있다. 김우진이 귀국 후 직책을 맡았다면 바로 사장이라기보다는 업무집행사원이었을 것이다. 이 회사 정관이 세 번이나 수정될 때까지 친동생인 김철진이 업무집행사원으로 일을 했고, 1933년 이후에야 사장이라는 직책이 비로소 보이기 때문이다.

26) 목포와 관련된 김우진의 기록 중에서 주목할 만한 몇 가지를 언급해두기로 한다. 김성규(金星圭)가 상성합명회사를 1923년에 부활시켰다는 점, 그리고 동년 9월 25일 동경에 있던 김우진의 이름으로『동아일보』에 목포수재의연금을 낸 점은 결국 김성규가 김우진을 목포 지역 유지로 키우기 위한 의도로도 볼 수 있다. 김성규는 1923년 당시 목포청년회의 고문이었으나, 김우진은 현재까지 공식적으로 관여한 흔적은 발견할 수 없기 때문이다.
한편 김우진이 2회로 졸업했다는 목포공립보통학교에서 그의 ‘생활기록부’를 확인할 수 없었다. 다만 ‘2회 졸업생대장’에서 “김장진(金長鎭)-개국기원 507년 9월 19일”이라는 기록을 확인할 수 있다. 개국기원 507년은 1897년이므로, 김우진의 보통학교 시절의 이름이 김장진이었거나, 혹은 후대에 졸업생 명단을 작성할 때에 표기상의 오류가 있었을 가능성이 있다.
또한 김우진의 호인 ‘초거(草秬)’에 대한 의미는 문학 활동에서 사용했던 호와 달리 ‘효’와 ‘농정위민’으로 해석할 수 있다. 부친 김성규는 ‘초정(草亭)’, 친동생인 김철진의 호는 ‘초루(草樓)’였다.
김우진이 부친의 묵허하에 와세다대학에서 한시적이나마 유학할 수 있었던 이유 중에 하나는 바로 김성규의 문학적 자질에서도 찾을 수 있다. 김성규는 목포시사의 전신이라 할 ‘유산정(儒山亭)’의 현판액(癸酉年暮春之初草亭居士金星圭)을 썼다. 그리고 ‘역대 사장 및 임원명부(歷代社長及任員名簿)’에서 보면 경오년(庚午年, 1930)을 시작으로 이후 신미(辛未), 임신(壬申), 계유년(癸酉年)까지 4년 동안 시사장(詩社長)을 역임하기도 했다. 또한 목포시사의 ‘의연방명록(義捐芳名錄)’(1920.4)

의 자산 등은 큰 힘이 되었을 것임은 자명하다.

그럼에도 불구하고 김우진은 사회활동에서 벗어난 지점에서[27] 1926년 6월 출분하기 직전까지 집중적으로 문학 활동을 했다. 1925년 초에는 목포 지역 최초의 근대 문학 동인회라 할 수 있는 'Société Mai'[28]도 결성했다.

이런 의미에서 〈이영녀〉에서 보이는 극적 공간과 1920년대 중반 목포라는 현실 공간은 유사—인접 관계가 밀접해서 '지형적(topography) 일체감'[29]이 충분하다 할 수 있다. 이는 작가가 극적 공간과 현실 공간을 명확하게 파악하고 있다는 점과 상통한다.

에 '김성규 금 일백 원(金星圭金壹百圓)'이라든가 '사장 김성규' 등의 기록이 남아 있는 것으로 보아서는 1920년에도 시사장으로서 활동했음을 볼 수 있다. 이처럼 김성규는 지역에서 사업 외에도 문학적 모임도 주도했다. 그러므로 부친이 김우진의 예술 활동을 반대해서 갈등이 깊어졌고 그 갈등을 작품으로 표출하다 끝내 좌절하여 출분을 감행하고 죽음에 이르렀다는 식의 논지는 생각해볼 문제다.

27) 1920년대에는 전국 5대 도시에 거론될 정도였던 목포지만 김우진이 활동할 수 있을 만한 문화적인 공간은 공연 무대인 '상반좌(常盤座)'와 그리고 '목포시사(木浦詩社)', '목포청년회', '무산(無産)청년회'와 같은 단체였다. 그러나 현재까지 밝혀진 기록을 참조하면 상반좌에서 윤심덕이 음악대회를 가진 점(『동아일보』, 1923.6.23)이나 김우진의 사후에 목포청년회관에서 친구들의 발기로 추도회가 개최되었다(『동아일보』, 1926.9.21)는 정도만 확인될 뿐이다. 그 외 목포시사나 무산청년회 등과 관련된 기록을 확인할 수 없다.

28) 'Société Mai'도 현재까지 그 전체가 밝혀져 있지 않다. 회원이나 동인회의 성격 그리고 게재된 글의 전모를 확인할 수 없다. 다만 김우진이 이 동인회를 지도하는 입장에서 쓰고 있음은 분명하다. 김우진은 『Société Mai』 제2집(1925.8)에 게재한 「創作을 勸합네다」에서 "지금까지의 遊戲的 기분에서 벗어나 전투적으로 생명을 睹하여 참된 창작에 소心을 쓸것"을 촉구하고 "우리 會의 잡지는 아직 세상에 발표하거나 경찰의 눈에 띌 염려는 없으니까, 또 출판할 때에도 공식적으로 하는 것이 아니니까, 자기의 주장이나 태도에 아무 주저할 필요 없이 합시다."(서연호 · 홍창수 편, 『김우진전집』 II, 67~68쪽)라는 언급이나 「『노래』 몇낱」, 「아리스토텔레스의 「形式論理」」와 같은 글에서 문학과 예술을 안내하는 글을 쓰고 있기 때문이다.

29) 이어령, 앞의 책, 37쪽.

그러나 현실 공간과 극적 공간이 외형적으로 충분하게 밀접하다 하더라도 현실 공간 전체를 희곡이 전적으로 담을 수는 없다. 따라서 작가는 특수한 공간을 선택하게 되고, 선택되는 공간에는 작가 의식이 집중되기 마련이다.

김우진은 〈이영녀〉의 무대 안에 도시 노동자와 빈민들을 등장시킨다. 생계와 자식 교육을 위해 매춘을 하려는 이영녀와 그녀의 어린 남매, 뚜쟁이 안숙이네(1막), 지주 집에서 기숙하고 사는 행랑채 사람들,[30] 남편 청운의 죽음을 알려주는 노동자 임도윤(林道允)(2막), 이영녀의 새로운 남편 노동자 유서방(柳書房) 등은 모두가 궁핍하다. 매춘녀와 뚜쟁이, 식모, 인력거꾼, 문지기, 노동자, 공녀(工女) 등은 어느 시대에서든지 사회를 지배하기보다는 지배당하는 계층 쪽이거나 그쪽 부류에 가깝다.

그리고 김우진은 무대 안의 공간을 1막 '양동'을 거쳐 2막 '관에 가까운 강원영의 집 행랑채' 그리고 3막 '유달산 기슭의 오두막'으로 전환시킨다. 이는 인물 이영녀를 도시 서민층이 살던 공간에서 도시 중심지로 이동시키다가 결국 빈민층이 기거하는 공간으로 이동시킴을 의미한다. 이영녀는 1막에서는 삯바느질과 매춘으로 생계를 꾸렸다. 그리고 2막에서는 공녀로서 일하며 공일에만 육체를 제공하는 것으로 보이며, 3막에서는 새로운 남편과 동거하다 죽는다.[31]

한편 김우진은 무대 밖에서 이영녀와 접촉하는 인물들도 언급했다. 이들은 무대에 직접 등장하지 않고, 행위나 대사에서 조형되는 인물이다. 1막에서는 집단 밀매음을 자행한 사내들, 2막에서는 지주 강참사에게 이영녀를

---

30) 서연호 · 홍창수 편, 『김우진전집』 I, 48쪽. 문간지기 鄭仁範 부부, 식모 겸돌이 할멈, 人力車꾼 車琪一 부부, 棉花工場 工女 이영녀와 그의 자녀

31) 위의 책, 33쪽. "기존의 『金祐鎭全集』(전예원, 1983)에서는 이 작품의 끝에 "—幕—"이 표기되어 있으나 원문에는 아무런 표기가 없이 기일네의 대사로 끝난다는 점이다. 이 사실은 이 작품이 완결된 것이 아님을 강력하게 암시해준다."

소개한 경찰서장과 그리고 이영녀를 수시로 탐하려는 공장 감독 등이다.

이를 보면 〈이영녀〉는 동시대 남성들의 피해자로 이영녀라는 여성상을 조형해 표출한 희곡으로 손쉽게 읽을 수도 있다. 다시 말해 사회적인 요소가 개인의 일상생활에까지 관여해서 종내 그 사회 내에서 희생자 또는 피해자를 양산해낼 수 있다는 자연주의의 극적 논리가 구현되고 있다고도 할 수 있다. 이런 점에서 보면 〈이영녀〉가 '인간 내면의 자각의식이나 영혼을 파악하기보다는, 부조리하고 극악한 사회현실 속에서 어느 한 주체자의 대응 양상을 손쉽게 보여주는 데 성공하고 있다'[32]는 비판도 설득력을 갖는다. 그러나 이 논지도 재론할 여지가 있어 보인다.

1920년대 희곡 중에서 여성상을 주요하게 다룬 여타 작품들이 보이는 특징을 언급하면서 〈이영녀〉를 분석해보자.

대표적인 작가와 작품으로는 김영보의 〈시인(詩人)의 가정(家庭)〉(1920.9), 현철의 〈견(犬)〉(『개벽』 19~20호, 1922.1~2), 김유방의 〈삼천오백량(三千五百兩)〉(『영대』 2호, 1924.9), 진우촌의 〈구가정(舊家庭)의 끗날〉(『조선문단[朝鮮文壇]』 5호, 1925.2), 파인(巴人)의 〈불복귀(不復歸)〉(『조선문단』 14호, 1926.3), 김영팔의 〈싸움〉(『개벽』 67호, 1926.3)과 〈여성(女性)〉(『조선문단』 18호, 1927.1), 소연(素然)의 〈냉소(冷笑)〉(『불교』 49호, 1928.7), 김운정(金雲汀)의 〈잔설(殘雪)〉(『조선지광』 66호, 1927.4), 방인근의 〈돗아나는싹〉(『문예공론』 1호, 1929.5) 등을 들 수 있다.

위에서 열거한 작품들은 크게 두 가지 유형으로 분석된다. 첫째로 여성이 보이는 자아 각성이나 생활태도를 비판적 시각으로 다루었다. 〈시인의 가정〉, 〈견〉, 〈싸움〉 등에서 볼 수 있다. 둘째로 부조리나 인습에서 벗

---

32) 정순진은 〈이영녀〉를 "식민 자본주의 체제, 가부장제라는 사회체제에 파멸해 가는 모습만을 일방적으로 그리고 있을 뿐"(「1920년대 하층계급의 여성문제와 「이영녀」」, 『한국문학과 여성주의 비평』, 국학자료원, 1987, 283쪽)이라고 분석하기도 했다.

어나서 사회적인 의식을 개진하는 여성을 조형한 작품을 들 수 있다. 〈구가정의 끗날〉, 〈불복귀〉, 〈여성〉, 〈냉소〉, 〈돗아나는 싹〉 등이다.

여기에 여성을 '매매(賣買)'하는 행위를 극적으로 다룬 작품들도 언급하면 다음과 같다. 파인의 〈불복귀〉, 김유방의 〈삼천오백량〉, 소연의 〈냉소〉, 김운정의 〈잔설〉 등이다. 이 작품들은 대체로 결혼 관례가 지니는 불평등한 제약과 자유의지를 통해 결혼할 수 없는 상황을 그리고 있다. 또한 축첩제도라는 미명하에 타의에 의해 여성이 매매되고 있다는 점을 부각시키는 데 초점을 맞추고 있다. 이런 극적 상황에서 벗어나기 위해 여성 인물들은 신식 교육을 통해서 곧잘 자아를 확인하려고 노력한다. 수긍되는 바가 없지 않으나, 교육을 맹신하는 점이 오히려 비판받기도 한다. 또한 극적 사건은 이혼이나 출분, 독신 생활, 교육기관에서의 봉사, 자유연애 달성 혹은 자살 등과 같은 비약적인 해결책만 남기고 막이 내린다.[33]

반면에 김우진은 〈이영녀〉에서 어두운 상업 '매춘(賣春)'을 극적 모티프로 작동시켰다. 이영녀는 극적 공간에서는 드러나지 않지만 언술 속에 존재하는 남성에게 성을 환전한다. 극적 모티프로 작동하는 매춘에 대한 재해석이 필요한 시점이 바로 이 대목이다.

작가 김우진은 〈이영녀〉에서 이영녀를 성(性)을 매매하는 주체자로 설정했다. 그리고 그 상대 남성들은 권력과 자금을 지닌 자들로 설정했다. 그러다 3막에서는 이영녀를 환전 가치[34]도 없는 지경까지 몰아세운다. 다음은 작가가 인물 이영녀에게 지시하는 마지막 지문이다.

---

33) 김성진, 「水山 金祐鎭 硏究」, 중앙대학교 박사학위 논문, 2000, 124~128쪽. 참조.
34) 게일 오스틴, 『페미니즘과 연극비평』, 심정순 역, 현대미학사, 1995, 69쪽.
　　게일 오스틴(Gayle Austin)은 '여성의 교환'의 개념에 주목하고 "여성을 생물학적으로 억압한다기보다는 여성의 억압을 사회체제 안에 놓기" 때문에 중요하다는 게일 루빈의 「여성의 거래」(1975)를 인용하고 있다.

明	해나 뜨거든 여러 놀라요.(다드라난 말이 나오기할 기다리는 드시 가만이 서잇다. 그러나 아모 對答도 업다. 明順이가 그대로 여러 놋코 부억으로 들어 갈 때까지, 永女난 明順의 얼굴을 힘잇게 어머니의 사랑보다도 千古의 秘密을 凝視하는 듯이 바라보고 잇다.
永	(힘업시 눈동자랄 옴겨 또 한참 동안 東트는 便을 바라보고 안젓다. 얼굴에, 두 눈에, 졈졈 生氣가 도라온다. 이불을 허처 거더 놋코 문턱 압까지 와서 안는다. 極히 느린 그 動作에난 形便 업난 精靈의 存在만이 보이는 것 갓다. 밋이 업시 뜨고, 無限히 가늘게 形體가 업고 다만 面만, 어렴풋이 밝어 오는 薄間中에 하얏 케 뵈인다. 漸漸 舞臺가 밝어 온다. 힌 얼굴빗 우에는 死面 갓흐나 生의 리듬이 돈다. 忽地에 먼 나라의 꿈 안 動作 모양으로 힘업시, 소리업시, 極히 自然스럽게 왼便으로 너머진다. 아주 靜謐한 數分間.)[35]

이 장면은 노동을 넘어 심지어 매춘 행위로 동시대를 살아가던 이영녀의 얼굴에 도는 '생의 리듬'에 초점을 맞추고 있다. 인물 이영녀가 죽었다. 이영녀의 죽음은 매춘이라는 행위가 소진됨을 의미한다. 그러나 이 장면에서 "어머니의 사랑보다도 千古의 秘密을 凝視하는"이나 "生의 리듬이 돈다"라는 의미는 살아난다. 이것은 이영녀가 단순히 남성들에게 희생당한 여성이 아니라는 것을 부각시킨다. 오히려 동시대 여성을 대표하여 '여성의 상품화'라는 무거운 상황을 곪아 터뜨리는 주체자로 존재케 한다. 그러므로 매춘 행위가 소진되고 이영녀가 죽는다는 의미는 남성 중심 이데올로기의 폭력성이나 근대 자본의 폭력성을 허물어뜨리는 의미 기제로 읽어야 한다.

이처럼 동시대 여타 작가들이 여성 의식 발현을 위해 지나치게 계몽적이거나 지적이거나 최루적인 극적 전개를 보인 반면에 김우진은 여성의 매춘 문제까지도 극적 모티프로 설정하는 과감한 작가 의식을 보여주었

---

35) 서연호 · 홍창수 편, 앞의 책, 64쪽.

다. 김우진은 이 작품을 쓴 이후에 「이광수류의 문학을 매장하라」(1926)에서 김동인이 발표한 소설 〈감자〉까지도 단순한 인생 스케치로 평가한 바 있다. 그 이유는 김동인이 계급적인 철저한 통찰 없이 감상적인 일상만을 그렸기 때문이라고 공박했다.

김우진은 여성의 주체성을 매우 강조한 문학가였다. 김우진은 「창작(創作)을 권(勸)합네다」에서 주요한 창작 테마로 여성 문제를 주목했다.

> 1. 성적(性的)으로, 이건 다시 말할 것도 업시 연애, 결혼, 모성, 여성의 경제적, 사회적 문제올시다. 나는 더 거듭 여긔서 연설할 바가 업슬 만큼 보편적인 테—마닛가 고만두겟습니다.[36]

1924년부터 목포에서 거주하면서 김우진은 시, 수상, 평론, 희곡 등 문학 전반에 걸쳐 집중적으로 창작 활동을 펼쳤다. 희극(喜劇) 〈두데기 시인(詩人)의 환멸(幻滅)〉(『학조』, 1926.6)을 지상에 발표하면서 총 다섯 편의 희곡도 창작했다. 또한 동시대 서구 극계와 크게 시차 없이 극이론과 극작품을 소개하거나 우리 근대극의 운동을 주창했다. 그리고 연극 평론 「구미현대극작가(소개)(歐米現代劇作家(紹介))」를 『시대일보(時代日報)』(1926.1~1926.6)에 연재하는 동시에 「우리 신극운동(新劇運動)의 첫 길」을 『조선일보』(1926.5)에, 「자유극장(自由劇場) 이약기」를 『개벽』(1926.5~1926.6)에 발표하며 생애 중에서 가장 왕성하게 활동했다. 그러므로 이 시기에 김우진은 문학을 단순한 여기 정도로 다룬 것이 아님은 분명하다. 이 시기에 앞서서도 김우진은 「Jus primae Noctis(초야권[初夜權])」이나 와세다대학 졸업 논문으로 제출한 「Man and Superman」 등에서 이미 여성 문제를 다루고 있었다.

---

36) 서연호·홍창수 편, 『김우진전집』II, 68~69쪽.

그중에서 「창작을 권합네다」는 1925년 9월에 간(刊)한 『Société Mai』의
제3집[37]에 실린 연극평론이다. 희곡 〈이영녀〉가 1926년 상반기에 창작
된 것으로 추정되고, 극적 시간 표지는 1924년 여름부터 1925년 겨울이
었다. 이를 감안해보면 희곡 〈이영녀〉는 김우진 자신이 창작 테마로 밝힌
여성 문제를 의도적으로 드러낸 희곡이라고도 할 수 있다. 그만큼 김우진
은 1920년대 중반 외생적으로 개발된 도시인 목포가 내재할 수밖에 없는
사회상과 근대 자본의 폭력성을 집요하게 파악하면서 희곡 〈이영녀〉를
창작해냈다 하겠다.

그러므로 〈이영녀〉가 구체적 생활에 기반한 희곡이 아니라거나, 현실
에서 다소 고양된 관념적인 내용이라는 언급은 재고할 필요가 있다. 〈이
영녀〉는 일제강점기에 실제 목포를 최초로 조형한 희곡이라 할 수 있다.

2) 박화성의 〈찾은 봄 · 잃은 봄〉 : 근대 상업도시로서 성장과 퇴폐적 이미지

소설가 박화성의 본명은 박경순(朴景淳)이다. 독서광이던 박경순은 11
세 때 「유랑의 소녀」라는 소설을 쓰면서 아호를 박화성(朴花城)[38]이라 지

---

37) 앞의 책, 69쪽.
38) 박화성은 1903년 음력 4월 16일에 목포시 죽동 9번지에서 부친 박운서(朴雲瑞)와
김운선(金雲仙)[본명 김운봉(金雲奉)] 여사 사이의 4남매 중 막내딸로 태어났다. 목
포 정명여학교를 거쳐 숙명여자고등보통학교를 졸업한 후 17세 때 영광중학원 교
사로 부임했다. 조운(曹雲)에게서 문학 지도를 받고 수필과 시를 창작했으며 춘원
의 추천으로 『조선문단』(1925년 1월호)에 단편 「추석전야」를 발표하며 등단했다.
이듬해 일본여자대학교 영문학부에 입학하고 근우회 동경지부 위원장에 피선되
었다. 2년 뒤 귀국하여 장편 『백화』를 쓰기 시작해 1931년 『동아일보』에 180회를
연재했다. 이후 「하수도공사」, 「헐어진 청년회관」 등을 발표하다 1937년부터 일
제의 우리말 말살 정책이 강행되자 절필하고 사저인 '세한루(歲寒樓)'를 중심으로
후배들을 지도했다. 해방 후 다시 문학 활동을 재개하여 「고개를 넘으면」, 「사랑」,
「내일의 태양」 등 수많은 작품을 발표하며 한국 소설 문단을 대표하는 여류 소설

었다 한다.

박화성에게는 자주 '최초'라는 이력 겸 찬사가 붙는다. 박화성은 일본 여자대학교 영문학과에 입학한 최초의 한국 여성이었다. 그리고 우리 문단에 최초로 등장한 본격적인 여성 작가였고 또한 최초로 장편소설을 집필했던 여류 작가였다.

희곡 〈찾은 봄·잃은 봄〉(전 1막)은 '1934.4.12 병상 시작(試作)'된 작품으로서 『신가정』(1934.7)[39]에 발표되었다. 이 작품은 김우진의 〈이영녀〉에 이어 근대문학기에 목포를 극적 공간으로 직접 설정한 희곡이다. 박화성이 이 희곡을 창작한 연유는 알려지지 않았다. 다만 주제 전달이 용이하고 확장성이 큰 공연을 염두에 두고 희곡 장르를 선택했을 여지는 배제할 수 없다.

〈찾은 봄·잃은 봄〉에서 표지된 시공간은 현대의 봄, '목포 인근의 죽림'이다. 사건이 전개되는 시간은 하루 석양 무렵부터 밤까지이다. 사건은 순차적인 흐름을 보이며, 극의 내용은 단순하다. 빚 때문에 논밭 문서까지 저당 잡히고 병들어 누워 있는 아버지를 간구하기 위해 김주사의 첩으로 들어가려던 금죽은 연인 용주와 사랑을 확인하고 도회지로 떠난다는 내용이다.[40]

이 작품에서 구축된 무대는 금죽이 사는 집이다. 이 무대는 다시 '방 안', '마당', '집 밖'으로 구획된다.

'방 안'은 병든 아버지가 상징하듯 정상적인 생활이 불가능한 공간이다. 아버지라는 인물은 전통적인 농촌 사회에서 생산 기반이었던 토지를 저당 잡히고, 빚은 불어나며, 병까지 깊다. 이런 아버지라는 인물은 무능력의 표본이며, 동시에 극적 갈등을 일으키는 극적 요소이기도 하다. 아

가로 활동하다 1988년 1월 30일생을 마감했다.

39) 서정자 편, 『박화성문학전집』 18권, 푸른사상사, 2004, 187쪽.

40) 이 작품은 실제 공연을 염두에 두면 콩트보다는 크지만, 정극보다는 작은 소품으로 연출할 만도 하다.

버지의 채무와 부양은 환매를 조건으로 하는 결혼이다. 그러므로 금죽에게 방 안은 자유의지가 훼손되고 억압되는 공간이다.

'마당'에서는 금죽이 채권자와 결혼 때문에 갈등한다. 김주사는 금죽을 첩으로 믿고 땅문서를 건넨다. 연인 용주는 금죽이 김주사에게 돈 때문에 이미 정을 주었다고 오해한다. 이처럼 마당은 사랑을 둘러싼 오해로 대립되는 공간이다.

'집 밖'에서는 금죽의 동생 은죽이 끼니를 마련하기 위해 나물을 캔다. 이와 대조적으로 상춘객인 목포 사람들이 부르는 노랫가락은 높다. 집 밖의 공간은 나물 캐기 행위와 상춘객이 부르는 노랫가락이 상징하듯 농촌 사회가 겪는 빈궁과 도회지가 표출하는 유흥이 대조적으로 갈등한다.

그러다 결말 부분에서 금죽과 용주는 농촌을 떠나 무대 밖에 설정된 극적 공간인 도시로 향한다.

> 금죽 그럼 어쩐단 말이오? 아버지는 반신불수이고 아들이 있나? 전답과 집문서는 벌써 뺏기고 인제는 그 녀석이 아주 길로만 나가라구 하겠다 그리고 병신아버지는 대체 먹을 것이 없으면 굶어죽을 터이고 무어 여러 말 할 것이 있어요? 이렇게 됐으니 내가 말이지요. 그 녀석이 욕심내서 화단을 일으켜놓은 그 화단의 원인인 내가 희생만 하면 그만 아니겠어요?
> 용주 흥, 위대하고 거룩한 희생이구내.
> 금죽 글쎄 위대한지 비겁한지야 나중을 보아야 알겠지만. 그럼 당신은 어떻게 오늘 별안간 왔어요.
> 용주 오늘밤에 당신을 데리구 가려구…….
> 금죽 가면 어떻게 돼요?
> 용주 사실은 나 있는 공장에 여공부에다가 언제부터 감독에게 말을 해놨더니.[41]

---

41) 서정자 편, 앞의 책, 186쪽.

금죽과 용주가 생활하기 위해 선택하는 공간은 농촌이 아니라 도시다. 이들에게는 아버지 세대가 박탈당한 생활이나 빈궁한 농촌 현실을 개혁하려는 강한 의지가 보이지 않는다. 이들이 도시를 선택한 기저에는 사랑 확인과 경제력 확보가 우선이다. 금죽은 김주사에게 첩으로 들어가면 빚을 탕감하고, 고립된 공간으로 분석된 방을 유지할 경제력을 확보할 수도 있었다. 그러나 여기에는 자유의지에 따른 사랑이 결부되어 있지 않았다. 그래서 금죽은 연인 용주를 따라 공장 근로자로서 경제력을 확보할 수 있는 무대 밖의 공간인 도시로 향하는 것이다.

용주는 무대 안의 공간을 넘어서 존재하는 무대 밖의 공간을 "(힘찬 소리로) 금죽이! 우리 봄은 지금부터이오. 자, 어서 준비하고 나오시오."[42]처럼 새로운 삶을 '시작하는 공간'으로 인식한다. 무대 밖의 공간인 목포는 작가가 제목에서 은유적으로 붙인 것처럼 이른바 '찾은 봄의 공간'이요, 빈궁한 농촌과 대비되는 경제력을 확보할 수 있는 산업화된 도시다.

희곡에서 구축된 극적 공간 목포와 실제 목포를 대비시켜보자. 실제 기록을 참조하면 1930년대 중반 목포는 전국 3대 항구도시이자, 20세기 전반기 최전성기를 누린 근대 산업도시였다.

동시대에 목포는 부역(府域)이 확장[43]되고, 인구는 20년 전과 비교해 세 배 이상 증가했다. 우리나라 전체 인구가 34.1% 증가한 반면, 목포의 인구는 무려 361%[44]가 증가했다. 1935년 10월 목포는 인구가 6만이 넘었다는 사실이 대서특필[45]되기도 했다. 역시 개항 이후부터 목포로 자본이 집중되었고, 자본이 집중된 만큼 상업적, 산업적 발달이 활발해 부산, 인

---

42) 앞의 책, 187쪽.
43) 고석규, 『근대도시 목포의 역사 공간 문화』, 서울대학교 출판부, 2004, 100~104쪽 참조.
44) 이종화 외, 앞의 책, 45쪽.
45) 『每日申報』, 1935.10.30.

천에 이어 전국 3대 항구도시로서 규모를 보였기 때문이다.

또한 목포는 개항 이후부터 부두 노동자층이 형성되었고, 목포항의 수출 증가에 따라 노동자 수도 급속하게 증가하였다.[46] 여기에 근대 자본이라 할 수 있는 토지[47]로부터 산출된 생산물을 가공하는 조면, 조포, 면실유, 도정 및 정미, 양조와 함께 노동 집약적인 조선, 고무, 주물 등과 같은 산업 분야에 종사하는 도시 임금노동자도 있었다.

이런 목포라는 실제 공간에 대한 기록들을 정리하면, 1930년대 중반 목포는 전국 3대 항구도시일 만큼 인구 규모와 유입이 증가했으며, 배후지에서 나온 생산물을 가공하는 산업 기반도 확충되었고, 부두 노동자와 함께 산업 분야에 종사하는 노동자들이 늘었음을 알 수 있다. 이는 30년대 중반 목포가 전국적으로도 근대 상업도시 구조를 갖춘 도시였음을 읽게 한다.

박화성은 〈찾은 봄·잃은 봄〉에서 극적 공간 목포를 긍정적인 이미지와 함께 부정적인 이미지가 혼재된 공간으로 조형했다.

우선 긍정적인 측면에서 살펴보면 근대 상업도시로서 목포는 이농을 상쇄할 만큼 노동의 값을 지불할 수 있는 생산성 높은 공간이고, 이 노동의 값으로 여가까지 향유할 수 있는 자유로운 공간을 의미한다. 이른바 찾은 봄으로 은유된 극적 공간 목포 이미지이다. 그러므로 〈찾은 봄·잃은 봄〉은 생활이 박탈당하거나 자유의지가 훼손되고 감금당하는 무대 안의 공간인 농촌을 떠나 무대 밖의 상업화된 도시를 선택하는 신세대의 자

---

46) 배종무, 앞의 책, 151~152쪽. 참조.
47) (사)목포백년회, 앞의 책, 200쪽. 1930년대 말 목포 주재 일본인과 조선인 지주·회사들이 전남 지방에서만 소유하고 있던 토지는 약 3만 정보에 달하였다. 이는 전남 전체 전답 중에서 7.5% 정도였다. 목포에 살던 지주들이 소유한 토지는 대개 목포를 둘러싼 배후지인 무안, 함평, 영암, 강진, 장흥, 해남, 진도 등에 산재해 있었다. 반면 목포는 목포항과 유달산을 중심으로 해변을 매립해 만든 도시이기 때문에 절대 농지는 인근 농촌 지역과 달리 상대적으로 적었다.

유의지를 극적으로 표출한 희곡이라 할 수 있다.

반면에 부정적인 목포 이미지는 도시의 퇴폐성으로 분석할 수 있다. 은죽과 길순 사이에서 나눈 대사에서 목포 이미지를 엿볼 수 있다.

> **길순** 글쎄, 목포 것들은 늙은이들 젊은것들 또 사내들 그저 누구할 것 없이 마구 놀아난다면서 그래? 그것들이 이런 데 나와서 뛰고 지랄들만 했지. 우리 동네 사람들이 배가 고파서 일도 못하고 방에 자빠졌거나 못 먹어서 병들어 죽거나 또 나물죽 쒀먹고라도 살겠다고 말만큼씩한 계집애들까지 다 산이나 들에 덮여 있거나 뭐, 그런 것은 꿈에도 모르고 그저 남의 동네에 와서 그저 요란들만 피고 맘들만 시끄럽게 해놓고 그저 맛난 음식냄새만 피워놓고. 빌어먹을 연놈들 꼴 보기 싫어서 어서 이놈의 봄이 지나가 버려야지 정말 그 꼴 보기 싫어 죽겠다니까.
>
> **은죽** (방글방글 웃으며) 너는 못 놀아나니까 부애만 나지. 같이 놀아나게만 됐어 봐라. 왜 노는 것이 숭이냐? 그 사람들은 먹고 입을 것에 아무 염려가 없는데 왜 모처럼 찾아온 봄을 싫다고 할거냐? 우리도 사람들 같이 우리 동리 이 좋은 산, 물, 들, 꽃 이런 것들하고 놀아볼 날이 우리에게도 와야만 할 것인데 대체 언제나 그런 세상이 될른지? 아니 그래도 그런 때가 꼭 오기는 온다고 그러더라.[48]

길순과 은죽은 목포라는 공간을 농촌과 대조적으로 인식하고 있다. 무대 안의 공간인 농촌은 궁핍하게 인식한 반면 무대 밖의 공간인 도회지 목포는 상대적으로 부유하고 향락적인 공간으로 인식하고 있기 때문이다.[49]

---

48) 서정자 편, 앞의 책, 175쪽.

49) 고석규, 「박화성의 시대―1930년대 목포의 문화경관」, 『제1회 박화성학술대회 발표자료집』, 박화성연구회, 2007.10.27, 21쪽 참조. 고석규는 1930년을 전후한 시기에 목포 대중들이 즐기는 문화의 내용은 크게 달라졌다고 분석했다. 1920년대만 해도 목포의 민족주의는 민족주의대로, 사회주의는 또 그 나름대로 엄숙성을 유지할 수 있었지만, 1930년을 넘어서면서 어느 것이든 쾌락을 누르기에 역부족

특히 길순은 퇴폐성 짙은 도회지에 대해서 노골적인 적대감을 표출한다.

인물 길순이 목포를 노골적인 적대감으로 표출하는 것처럼 유사하게 동시기 박화성은 1930년대 중반 목포가 보인 퇴폐적 풍경을 공박했다.

> 주민의 인구에 비하여 중년청년의 카페중독자가 많기로도 역시 목포가 전선에서 그 수석을 점령하는 영예를 가졌으니 거리에는 노골적인 색체에 화려한 문의를 높은 첨단적의 의상을 입은 여자가 행인의 사분의 삼을 차지하야 가벼운 연보(蓮步)를 옴기며 신설된 각 축음기상점(蓄音機商店)에서는 애끊는 노래가 새여나와 연회로 밤을 새우는 이 거리에는 술의 향기가 흐르고 노래의 꽃이 피며 미기(美妓)와 여급군(女給郡)의 우슴이 안개와 같어 자욱하게 끼어있나니. 장재장재(壯哉壯哉)라. 신흥 목포의 찬란한 면모여! 아모리 그 환락의 소리 속에 전시민 팔할의 굶주린 무산자를 숨기고 있기로니 그 뒤라서 기름끼가 돌고 윤끼가 흐르는 목포를 가라처 초토(焦土)라 할까부냐?[50]

박화성은 목포를 술과 연회 그리고 여성들의 웃음이 안개처럼 피어나는 공간이라고 퇴폐성을 개탄했으며, 그 공간 속에 시민 8할의 굶주린 무산자가 감추어 있다고 지적했다.[51] 이처럼 박화성은 실제 생활 공간인 목포를 예의 주시하면서 엄정한 비판도 아끼지 않았다.

이러한 작가 의식은 여러 작품에서도 볼 수 있다. 박화성은 작품이 산

이었는데 이는 자본주의 문화가 성장했기 때문이기도 하고 경제적 성장이 뒷받침했기 때문이라고 밝혔다.

50) 박화성, 「호남소년소녀웅변대회를 보고」, 『호남평론(湖南評論)』 10월호, 1935, 24쪽.

51) 『매일신보』(1935.9.22)에 실린 '남국의 개항도시, 목포의 쌍곡선'이라는 제하의 신문기사를 보면 "상업도시 목포의 발전의 반영적 일면상인 숫자적 통계를 추려보면 다음과 같거니와 늘어가는 것은 음식점과 음주청년과 「거리의 신사」라고 한다."처럼 유객이 많았으며, 1인당 지출 비용에 있어서도 조선인이 9.6원이고 일본인 10.1원 정도로 거의 차이가 없었다. 그만큼 상업도시 목포는 유흥적 소비문화가 기현상적으로 발달해 있었다. (사)목포백년회, 앞의 책, 243~244쪽 참조.

출된 시대가 표출하는 사회-문화적 요소를 집요하게 추적하면서 폭넓게 다루었던 작가였다.

소설 「홍수전후」(『신가정』, 1935.3), 「한귀」(『조광』, 1935.11), 「고향 없는 사람들」(『신동아』, 1936.1) 등에는 목포 인근 지역에서 일어난 실제 생활이 묘사되어 있다. 「홍수전후」는 영산강 주변에서 살아가는 가족의 핍진한 생활상을 다루었으며, 「한귀」는 영산포 일대에서 악귀처럼 닥치는 무서운 가뭄을 묘사했고, 「고향 없는 사람들」은 전남 함평 불암리(佛岩里) 사람들이 평안남도 강서(江西) 농장으로 농업이민을 떠나는 처참한 상황을 다뤘다. 이처럼 박화성은 개인의 의지로 해결할 수 없는 영산강 일대의 자연재해나 농업이민이라는 소재를 다루며 농촌 사회의 붕괴를 여실하게 묘파했다.[52]

한편 목포를 소설에서 직접적으로 다룬 작품은 「하수도공사」(『동광』, 1932.6),[53] 「두 승객과 가방」(『조선문학』, 1933.11), 「헐어진 청년회관」(1934)[54]

---

52) 서정자 편, 『박화성문학전집』 제14권, 189쪽. 박화성은 "「홍수전후」, 「한귀」, 「고향 없는 사람들」 따위의 작품들은 지주를 위하여만 일하고 살고 있다고 하여도 과언이 아닌 가난한 농민들이 불가항력의 천재에서 거듭 해를 입어야 하는 비참한 현실을 폭로하고, 그 중에서도 무엇인가 생의 광명을 잡으려고 허덕이는 심경을 그린 것"이라고 밝혔다.

53) 「하수도공사」는 박화성이 목포 유달산을 지나는 대규모의 하수도공사 현장을 직접 취재하여 쓴 소설이다. 박화성은 이 소설로 도시 노동자들이 일제에게 핍박받고 착취당하는 실상을 고발했다. 그리고 노동쟁의를 통한 인권 보장을 주제로 부각시키고 있다. 춘원은 이 작품의 투쟁성 부분을 좋아하지 않았다고 작가는 회고했다(서정자 편, 『박화성문학전집』 제14권, 181쪽). 또한 1937년에 한성도서주식회사가 이 작품을 포함해 소설집을 출판하려 했으나 "편편이 몇 줄씩의 말살은 그만두더라도 「하수도공사」는 거의 삼분의 이가 지워져 있었다."(위의 책, 256쪽)라는 점으로 미루어보면 일제강점기에 이와 같은 글을 써낸 박화성의 작가 의식이 돋보인다.

54) 「헐어진 청년회관」은 일제의 검열로 발표되지 못했다. 팔봉 김기진은 시 「비오는 날 회관 앞에서」(『조선청년』, 1934.10)를 써서 발표하고 후일 원고를 돌려주어 해방 후 창작집에 실렸다.

등이다. 특히 「헐어진 청년회관」은 검열로 발표되지 못했을 만큼 박화성은 동시대 우리 민족이 처한 현실적인 삶을 치열하게 묘사했다. 이처럼 1930년대 중반 박화성은 목포 인근 지역을 배경으로 하는 소설에서 동시대 농촌 사회의 붕괴 요인을 치밀하게 묘파했다. 목포를 배경으로 하는 세 편의 소설에서는 목포 이미지를 인권 투쟁과 민족 의지의 산실[55]로도 부각시키고 있어 주목된다.

작가 박화성은 백여 편의 소설 외에도 수필, 시, 시조는 물론 콩트, 동화, 희곡까지 창작한 이른바 전방위 문학가이다. 하지만 박화성 문학의 본령은 역시 소설[56]임은 분명하다. 박화성은 목포에서 태어나 유학 시절을 제외한 일제강점기 내내 목포와 목포 인근에서 생활하면서 작품을 창작했다. 박화성은 등단작인 「추석전야」(『조선문단』, 1925.1)에서도 목포를 소설 배경으로 다뤘다. 그리고 희곡 〈찾은 봄 · 잃은 봄〉을 발표한 1930년대 중반에도 박화성 소설의 주요 공간은 목포와 인근 지역이었다.

이처럼 박화성은 목포와 목포 인근 지역에서 빚어진 현실적인 사건을 직접 취재하여 소설화했을 정도로 시대 상황에서 결코 비켜나 있지 않았다. 박화성은 「하수도공사」, 「헐어진 청년회관」 등을 발표하며 왕성하게 활동하다 1937년부터는 일제가 우리말 말살 정책을 강행하자 절필하고 '세한루(歲寒樓)[57]를 중심으로 후배들을 지도했다. 이처럼 박화성은 작품

---

55) 목포에서는 1920년 5월 9일 목포청년회가 조직되는 것을 시작으로 체계적인 청년운동이 펼쳐지게 된다. 이러한 청년운동의 중심 역할을 했던 곳이 바로 청년회관이다. 이후 1927년 신간회 목포 지부 창립식도 이곳에서 이루어졌으며, 각종 소작쟁의 노동자들의 안식처로 활용되는 등 민족운동의 보금자리였다고 볼 수 있다.

56) '2004년 소설가 박화성 선생 탄생 100주년'을 맞아 작품집이 발간되었다. 이 작품집에는 장편소설 17편, 중 · 단편소설 67편, 콩트 6편, 동화 1편, 희곡 1편 등 총 101편이 묶여 있다.

57) 1990년 우리문학기림회는 용당동 186번지 '세한루'에다 다음과 같은 내용을 담아 표지비를 세운 바 있다. "소설가朴花城文學의 産室(1904.4.18~1988.1.30)

에서 불합리한 현실을 고발하고 비판했지만 실제 공간인 목포와 인근 지역이 발전하기를 전망했고, 지역 문학인들이 문학적으로 성숙하기를 바라는 작가 의식을 보여주었다.

이상에서 희곡 〈찾은 봄·잃은 봄〉에서 극적 공간 목포는 경제활동이 활발한 근대 상업도시라는 긍정적인 이미지도 보이지만 그 이면에는 퇴폐 풍속이 만연한 도시라는 부정적인 이미지로도 그려져 있다.

3) 차범석의 〈옥단어!〉 : 자생적 도시 역량의 미비와 가도시화(假都市化) 이미지

〈옥단(玉丹)어!〉는 차범석(車凡錫)[58]의 팔순 기념으로 공연된 작품이다. 전10장으로 구성된 〈옥단어!〉가 표지한 극적 시간은 1938년 겨울부터 1950년 초겨울까지로서 순차적인 흐름을 보인다. 극적 공간은 목포 유달산에 면해 있는 동네이다. 극적 서사는 일제 말엽부터 해방 그리고 6·25 전쟁이 발발했던 시기에 목포에서 실존했던 옥단이를 조형하고 있다.

우선 옥단이를 중심으로 해서 극적 서사를 요약하면 다음과 같다. 옥단이는 사고무친에다가 지적 장애자이다. 수도 시설이 미비한 목포에서 물장수 혹은 날품팔이로 생계를 이어간다. 그녀는 코팍 딴스를 추고 하모니카를 부르며 사람들을 즐겁게 한다. 사건은 그녀가 드나들던 이참봉 집을 중심으로 전개된다. 이참봉의 아들 영찬과 사위 오서방은 학병 징집을 기피하려 한다. 이 때문에 일본 경찰은 친일 유지인 이참봉을 감시한다.

이곳은 1925년에 등단한 선구적인 여류작가 素影 朴花城여사께서 四半世紀(1937~1962)동안 居處하며 '고개를 넘으면'등 많은 명작을 쓰는 한편 우리문학 재건기에 호남일원의 문학도들을 격려지도한 문학의 보금자리임." 이후 이 내용 중에서 출생년도 각자를 1904에서 1903년으로 수정한 바 있다.

58) 차범석은 1924년 11월 15일 목포시 북교동 184번지에서 부친 차남진(車南鎭)과 김남우(金南牛) 여사 사이의 3남 2녀 중 차남으로 태어났다.

옥단이는 자신의 집으로 숨어든 영찬의 행방을 실토하게 된다. 영찬과 옥단이는 옥살이를 겪는다. 해방 후, 생계 터전이었던 수돗가를 찾아온 옥단이. 그러나 물장수가 필요 없는 시대, 그녀는 과거를 떠올리며 노래를 부르다 실족사한다. 청소부들이 옥단의 주검을 수습한다. 젊은 학생들은 옥단의 시체를 곡식 가마니로 여기고 훔쳐 팔다가 경찰에 붙잡힌다. 부모는 죗값을 대신해 씻김굿을 자청해 올리며 막이 내린다.

이런 희곡 〈옥단어!〉에서 설정된 극적 공간은 목포다. 그리고 무대는 가변무대로서 극적 전개에 따라 다양하게 변화된다.

> 사실적인 건축이나 구조물을 필요로 하지 않은 가변무대 다만 무대 좌측부터 우측으로 대각선으로 오르막길이 나선형으로 설정되어 있다. 그 구부러진 대목마다 공간이 있어 다양하게 사용된다. 그 오르막길 굽이 굽이는 마치 옥단의 파란 많은 생애를 상징한 듯 보여져야 한다. 그 공간들은 이참봉의 집 대청마루, 봉춘의 좁은 공방(工房), 태길의 방, 경찰서 취조실 등으로 다양하게 사용된다. 무대 전면의 공간은 행길, 주막집 그리고 공동수도 등으로 설정된다. 다만 우측 가장 높은 공간이 사용될 경우는 세찬 바람과 눈보라가 날린다. 그리고 옥단이 승천하는 공간은 되도록이면 초현실적이고도 신비감을 주는 장식이 필요하다.[59]

무대 안에서 구분 활용된 공간은 아홉 곳이다. 동네 언덕길(1장), 이참봉의 집 대청마루(2장, 5장, 7장), 태길의 방 안(3장), 봉춘의 공방 안(4장), 경찰서 지하 취조실(6장), 공동 수도 앞(8장), 주막집 안(9장), 주재소 안과 밖, 무대 우측 높은 공간(10장)으로 쓰인다. 이런 무대는 나선형의 오르막길 공간과 무대 아래쪽에 구축된 전경 공간으로 구분된다. 나선형의 오르막길 공간은 이참봉의 집 대청마루, 태길의 방 안, 봉춘의 공방 안, 경찰서

---

59) 차범석, 『玉丹어!』, 푸른사상사, 2003, 221쪽.

지하 취조실, 무대 우측 높은 공간 등으로 사용된다. 무대 전면은 행길, 주막집 그리고 공동 수도 등으로 설정된다.

제1장에서 옥단이가 읊조리는 대사를 보면 극적 공간인 목포를 조감할 수 있다.

이 목포 바닥은 원래가 바다가 가깝고 유달산이 온통 바위 산이라 식수 귀하기가 유별난 곳이지요. 그래서 중간에 관에서 시내 곳곳에다 공동 수도를 설치해 시간제로 물을 사먹게 했지라우. (…) 유달산 꼭대기 죽교리에서 헐레벌떡 물을 사려고 내려왔는디 시간 다 됐다고 수도꼭지에 자물통 잠그고는 휑 들어가 버리니 글매 찬바람이 쌩하지라우!⁶⁰⁾

무대 전면에 구축되거나 옥단이의 대사에서 드러나는 '공동 수도'는 여러 의미로 읽을 수 있다. 극적 공간 목포가 드러내는 생활적인 특성을 일차적으로 읽을 수 있다. 동시대 수도 시설은 농촌 공간과는 다른 근대화, 도시화를 의미한다. 그러나 서민들은 공동 수도를 시간제로 이용할 수밖에 없고, 이 공동 수도조차 관리하는 자가 있다. 이는 극적 공간이 엄격하게 통제되어 있음을 의미한다. 수도를 통제한다는 극적 요소는 그만큼 일상생활이 자유롭지 않다는 것을 암시한다. 이처럼 일상생활이 자유롭지 않다는 의미는 인식까지 부자유하다는 점으로 연결될 수 있다.

이 작품에서 공동 수도 앞이라는 공간은 반복되어 사용된다. 그리고 제1장의 공동 수도 앞에서 제8장의 공동 수도 앞에 이르기까지 대략 8년이란 극적 시간도 경과된다. 약 8년이 지난 시기는 해방 직후이다. 그럼에도 불구하고 유달산 기슭에서 사는 서민들은 여전히 공동 수도를 주로 이용하고, 이 수도를 관리하는 자도 존재한다. 이런 극적 서사는 일제강점

---

60) 위의 책, 230~231쪽.

기는 물론이고 해방 직후에도 여전히 목포 서민들은 궁핍하고 부자유스런 사회에서 생활하고 있다는 점을 동시에 표출하고 있다.

한편 공동 수도 앞은 옥단이가 살아가는 터전이자 죽는 공간이다. 제1장에서 물장수였던 옥단이는 제8장에서 물장수를 다시 시작하려 한다. 그러나 제8장에서는 공동 수도 외에도 가정 수도가 점차 늘어 물장수가 필요 없어진 상황을 함께 조형했다. 물장수가 더 이상 필요 없는 상황에서 옥단이는 과거를 회상하다 실족사한다. 옥단이의 죽음은 변화하는 시대를 이끌거나 혹은 뛰어넘지 못한 사람들이 겪은 고통을 의미한다.

차범석은 나선형 오르막길 공간을 "오르막길 굽이굽이는 마치 옥단의 파란 많은 생애를 상징한 듯 보여져야 한다."라고 주문했다. 이 공간에 등장하는 인물들을 분석하면 시대상도 살필 수 있다.

친일 유지인 이참봉이 살던 집은 학병 징집과 해방 그리고 6 · 25전쟁이라는 시대적 요인들로 해서 폐허로 변한다.

> **태길**　간 사람이 어디 봉춘이뿐인가? 다 갔당께!(상청을 돌아보며) 참봉영감도… 영찬 서방님은 자살하고… 오서방은 전사하고…(마룻장을 치며) 죄다 갔어! 쓸만한 것들은 죄다가고… 우리 같은 병신들만 남았으니… 이것이 뭐여? 응?(울음이 터지자 마룻장을 치며 통곡한다. 이 사이에 옥단은 천천히 상청 쪽으로 간다. 옥단은 눈물도 말라버린 사람같다.)
>
> **옥단**　(사진을 보며) 잘 가셨지라우. 이런 지랄 같은 시상 살면 또 뭣하겠소? 안 그렇소? 참봉어른!(긴 한숨을 몰아쉬고는 태길을 돌아본다. 그 눈 빛이 정상이 아니다.)[61]

이참봉과 학병 징집된 사위 오서방, 학병 징집을 기피하던 무정부주의

---

61) 앞의 책, 293쪽.

자 아들 영찬, 아버지 태길을 위해 노무자 징용[62]을 자청한 봉춘, 악랄한 조선계 형사 오까모또 등은 모두 일제강점기 실제 공간인 목포에 살았을 법한 인물 유형이다. 작품에서는 해방 후 1년이 지난 현재 이들은 모두 죽은 자로 설정되었다. 그러나 이 작품은 이들의 죽음에 대해 어떠한 판단도 내리지 않는다. 다만 일제강점기를 살던 자들이 택한 삶의 방식과 결과만을 무대에 드러낼 뿐이다. 여느 작가들보다도 이데올로기에서 야기되는 갈등을 판단해 예각으로 표출했던 차범석의 극작 세계와는 유다른 특징을 보인다.

반면에 해방된 극적 공간 목포에는 새로운 인물 유형들이 등장한다. 제7장에서는 치안대원들, 제9장에서는 징용에서 돌아온 한씨, 제10장에서는 지서주임 등이 등장한다. 치안대원과 지서주임은 동시대 목포의 치안을 담당하는 주체로 상징된다. 치안대원은 자치 조직을 상징하고, 지서주임은 공권력을 의미한다. 치안대원과 지서주임 사이에도 갈등이 존재한다. 동시대에는 어느 지역에서나 주체들 간에 갈등이 있었고[63] 〈옥단어!〉도 이를 놓치지 않고 있다.

〈옥단어!〉에서는 미군정기 우리 사회가 겪는 혼란을 다루고 있다. 그러나 좌·우익 간에 대립하는 양상은 크게 다루고 있지 않다. 사실 〈옥단어!〉는 일제강점기에 자행된 수탈과 집병, 징용 문제를 미군정기 좌·우익의 갈등보다도 더욱더 위해한 요소로 다루고 있는 듯하다.

---

62) (사)목포백년회, 앞의 책, 329쪽. 일본은 1937년 중일전쟁을 도발하고 징용제도·징병제도·근로보국대제도·근로동원제도·여자정신대제도를 만들어 조선인의 인력을 강제 수탈하였다.

63) 위의 책, 329~337쪽 참조. 실제 기록을 보면 해방 직후에는 '목포인민위원회'와 미군정 간의 갈등이 깊었다. 이후 '민주주의민족전선'과 '남로당', '민주여성동맹' 등의 좌익 세력과 미군정의 엄호하에 '목포애국부인회'나 '목포민족청년단', '서북청년회 목포지부', '대동청년단 목포지부' 등이 활동하며 좌·우익이 치열하게 대립했다.

한씨	(신문을 보면서) 누가 아니라요? 해방은 되었다지만 여전히 가진 놈은 더 가지고 없는 놈은 더 쪼그라들고… 아! 이럴 줄 알았던들 일본에 주저앉아서…
여수댁	주저앉아서 그놈의 화투짝 못 잊혀서 발광 나시것제… 흥!
	(…)
청소부 을	적산가옥을 꿀꺽한 거겠죠. 도둑놈들! 그런 놈들 등쌀에 애매한 놈만 몇 들어가지 않소!
	(…)
청소부 갑	(장타령조로) 해방 해방하더니… 굴뚝에서 김나고… 아궁이에서 연기나고… 남자는 깔리고 여자는 덮고… 헛허…
	(…)
한씨	(신문을 펴며) 땡잡은 놈이 임자여! 지금 세상은 말뚝 먼저 박은 놈이 큰소리 치고 짚차 먼저 타는 놈이 장땡잉께… 헛허…(장타령조로) 오하요 곰방와 하더니… 헬로 오케가 웬말이냐… 헛허…[64]

제9장 한씨의 대사에는 해방 후 극적 공간인 목포가 징용으로 끌려간 일본보다 더욱 비참하다는 점과 미군정기 혼란이 표출되어 있다. 게다가 청소부 갑은 비정상적인 동시대 현실을 비유적으로 표현하고 있다. 징용에서 돌아온 한씨와 같은 인물이 많다는 것은 극적 공간인 목포 인구가 증가함을 의미한다. 반면에 경제활동 터전은 더욱 취약해졌다는 점을 의미한다.

한편 〈옥단어!〉에서 언술된 무대 밖의 공간은 목포 뒷개, 연동 터질목, 이로면(二老面)[65]과 나주, 해남, 진도를 포함한 인근 지역부터 일본 대판

---

64) 차범석, 앞의 책, 310~312쪽.
65) 이종화 외, 앞의 책, 45쪽. 1932년 10월 1일자로 행정구역 편입에 의해 무안군 이로면 산정리의 일부, 죽교리, 용당면, 삼학도 등이 목포로 편입되어 죽교동, 산정동, 용당동이 신설되었다.

지역에 이르기까지 다양하다. 제3장에서 언급된 옥단의 움막집은 1938년 현재 목포 뒷개에 있었지만, 해방 후인 제7장에서는 공장이 들어선다고 헐렸다. 제10장에서 목포 뒷개와 이로면, 연동 터질목이 무대 밖의 공간으로 언급된 점은 그만큼 앞선 시대에 비해서는 목포 도심이 확장되었다는 것을 의미한다.

이상에서 〈옥단어!〉가 조형한 무대 안팎을 분석했다. 그중에서 무대 안의 공간은 '유달산 꼭대기 죽교리'[66) 아랫동네인 현재의 죽동이나 북교동 지역이었다.[67) 이 지역은 김우진의 〈이영녀〉(1925)와 1930년대 박화성의 소설들이 주요한 공간으로 다루고 있다. 이 지역은 일제강점기 내내 차별이 심한 곳이었고, 도시 발전에 있어서도 차이가 큰 곳이었다. 해방 이후에는 경제구조가 더욱 악화되었다. 이는 일제강점기 후반 집중적으로 겪었던 수탈의 여파였고, 한편으로 해방 이후 미군정기의 혼란이 가중되었기 때문이다.

사실 〈옥단어!〉에서 표지된 1938년부터 1950년까지의 극적 공간인 목포 이미지와 실제 공간인 목포 이미지는 일치하지 않을 수도 있다. 그러나 이 작품에서 극적 공간 목포는 일제강점기를 거쳐 해방을 맞는 충격과 미군정기 혼란 속에서 정체된 도시 이미지로 표출되었다. 이는 자생적 도시로서 발전하지 못한 채, 시대적 격변과 사회적 혼란 속에서 경제구조는 취약하고 생활환경도 개선되지 않는 공간을 의미한다.

실제 기록으로 보아도 해방 후 목포는 도시 규모에 비해서 비정상적인

---

66) 차범석, 앞의 책, 230쪽.
67) 목포문학을 대표할 만한 산실은 김우진의 백수재와 박화성의 세한루이다. 한국 극문학의 선도자인 김우진 문학의 산실이자 목포 근대문학의 태동지였던 백수재는 헐렸고 현재 목포북교천주교회 수녀원이 자리 잡고 있다. 또한 한국 현대소설의 대모인 박화성 문학의 산실이자 목포문학을 발흥시켰던 세한루 역시 도로로 잘려 나가 흔적을 찾을 수 없다. 이들이 목포문학을 넘어 한국문학을 선도하는 작가였음을 생각하면 참으로 애석한 일이다.

인구가 유입돼 이른바 가도시화(假都市化, Pseudo-Urbanization) 현상까지 있었음을 볼 수 있다.

해방 전에 72,981명이던 목포 인구는 1946년에 10만 3천으로 급증하고 49년에는 11만 1천 명까지 늘어나 12만을 헤아리게 된다. 이때 늘어난 사람들은 일본에서의 귀환자, 남하 동포, 교외의 타 지방 전입자 등이었다.[68] 당시 목포에는 이들을 구제하고자 대략 5만 명가량이 입소할 수 있는 이재민 구호소를 1947년 7월에 개소하기도 했다. 그러나 1960년대 중후반까지도 난민들의 정착 사업에 실패해 난민이 거리를 방황하는 신세를 면치 못하고 있는[69] 점에서 보면 인구 대비 주택난이 심각했으며, 이에 더하여 경제구조가 취약했다. 목포 경제구조의 취약성은 1930년대 중반 이후 일제가 병참기지를 북한 지역에 건설하면서부터 예견된 일이었다.

이어 한국전쟁기에도 인구가 유입되자 기성 시가지는 과밀화되었고, 도심 주변의 유달산, 송도공원과 같은 국공유지 혹은 해방 전 일인 소유지였던 대성동·산정동 산기슭 등이 불법 점거되어 소규모 불량 주택이 들어차서 개발이 어려운 불량 거주지가 되어버렸다.[70]

그러므로 우선 〈옥단어!〉에서 조형된 극적 공간인 목포와 실제 공간인 목포는 유사-인접했다고 볼 수 있다.

차범석은 7년 남짓 구상한 끝에 팔순 기념으로 공연된 〈옥단어!〉를 "단순한 연극이 아닌 우리의 현대사와 그 아픔을 되돌아보자는 데다 그 의미를 두고 있다."[71]라고 밝혔다. 이를 유민영은 아래 인용처럼 해석했다.

---

68) ㈔목포백년회, 앞의 책, 403쪽 재인용. 이때 늘어난 사람들은 일본에서의 귀환자가 145세대 671명, 남하동포가 145세대 1,482명, 교외의 타 지방 전입자가 412세대 21,254명이었다(『동광』, 1948.5.21).
69) 『전남일보(全南日報)』, 1966.6.5.
70) ㈔목포백년회, 위의 책, 403~404쪽.
71) 차범석, 앞의 책, 323쪽.

그가 〈산불〉을 쓴 이후 40여 년 만에 비로소 〈옥단어!〉를 통해 〈산불〉을 뛰어넘는 걸작을 내놓게 된 것은 놀라운 일이 아니다. 왜냐하면 이는 그만큼 그가 부단히 공부하고 고뇌하면서 부단히 스스로를 채찍질해 온 결과의 산물이기 때문이다. 이 작품에서 그는 여러 가지 새로운 경지와 함께 기법도 보여주었는데, 그 첫째가 역시 사실위에 높은 상징을 덧씌운 것이고, 두 번째는 토속적 풍정을 짙게 투영한 것이며 세 번째는 초월의 경지에 이를 만큼 삶의 본질에 깊이 다가간 점이다. 이는 사실 한국리얼리즘극의 성숙을 극명하게 보여주는 것이다. 이번 작품에서는 특히 언어의 조탁(彫琢)도 돋보였으며 남도 특유의 맛깔스런 방언이 작품의 진가를 더했다.[72]

이처럼 차범석은 〈옥단어!〉에서 남도 방언과 함께 극적 상황을 압축한 비유적 표현을 적절하게 사용하여 극을 풍부하게 했다.

남도 방언에서 대표적으로 자주 쓰는 어미 활용은 물론하고 '타시락거리다'(다투다), '폴시'(이미), '글매'(글쎄), '욕본다'(애쓴다), '나무새'(나물) 등과 같은 어휘들을 자주 사용한다. 또한 비유적 표현으로는 "오유월에 풍로 품고 죽을 인간들아!" "멍청하기가 굴뚝에다 대고 불소시개 넣은 격이구먼" "생살에 칼질하고는 왕소금 확 뿌리는 심뽀" "아까운 눈물은 아껴두었다가 가뭄 농사 때나 쓸것이제" "대소쿠리로 바람 잡듯이 살아온 년" "부모 죽었을 때 관 앞에서 슬프게 우는 며느리치고 마음 바른 년 없느니라" 등이 보인다. 이런 비유적 표현은 극적 언어 미학을 풍부하게 할 뿐만 아니라, 극적 상황을 집약 표현하는 기능도 동시에 갖는다.

김우진과 박화성의 희곡처럼 동시대에 창작되지 않았지만, 차범석은 50여 년이 지난 시점에서 극적 공간을 목포로 설정하고 〈옥단어!〉를 창작했다. 그 연유를 몇 가지 점에서 살필 여지도 있어 보인다.

사실 차범석은 남도를 곧잘 극적 공간으로 설정했다. 〈옥단어!〉(2000)

---

72) 유민영, 「한국 사실주의극의 고봉(高峰)—극작가 車凡錫의 삶과 예술세계」, 『차범석 심포지엄 발표집』, 목포시, 2007.11.24, 26~27쪽.

를 비롯해 〈밀주(密酒)〉(1955), 〈귀향(歸鄕)〉(1956), 〈사등차(四等車)〉(1957), 〈무적(霧笛)〉(1958), 〈나는 살아야 한다〉(1959), 〈산불〉(1962), 〈갈매기 떼〉(1963학살(虐殺)의 숲〉(1976), 〈학(鶴)이여, 사랑일레라〉(1981) 등에서 무대는 목포와 목포 인근 지역이었다. 이처럼 차범석은 공간적으로 친숙한 인물과 사건들을 극적 소재로 선별해서 시대의 애환을 사실주의적으로 표출해 공감대를 이끌어냈었다. 이를 '고향 정서'의 표출[73]로도 분석할 수도 있다.

여기에서 나아가 차범석이 강조했던 휴머니즘을 재확인하는 기회라 해도 좋을 듯하다. 〈옥단어!〉에서는 인물이나 사건들이 이미 호불호라는 개념으로 구분되지 않는다. 심지어 그들의 죽음을 두고도 작가는 어떠한 판단도 유보했다. 다만 시대를 살면서 개인이 택한 삶의 방식과 결과만을 무대에 드러낼 뿐이었다. 여느 작가들보다도 이데올로기에서 야기되는 갈등을 판단해 예각으로 표출했던 차범석이기에 일견 혼란스럽다. 그러나 판단을 유보한 채 개인의 생존을 담보해주지 못한 현대사의 결과를 드러냄으로써 주제를 선명하게 전달하는 효과를 거두고 있다. 특히 인물과 행위에 관한 판단 유보는 동시대를 살다 스러진 자들 모두에게 바치는 헌사에서 비롯된 것이라고 판단된다. 이처럼 차범석에게 있어서 휴머니즘은 시대를 초월해서 추구하고자 했던 가치였고, 이를 말년의 작품에서도 다시 확인하게 된다.

또한 작가 차범석의 개인사도 일정 부분 녹아 있을 것으로 판단된다. 차범석은 징병과 관련해서 아픈 과거를 토로한 바 있다.[74] 차범석은 〈옥

---

73) 앞의 글, 4~7쪽. "대개의 작가들이 그러하듯 그의 초기작품들은 모두가 젊은 시절 그가 절절하게 체험했던 기억들을 작품으로 승화시켜낸 것이 특징이다. (⋯) 그러나 그가 서울로 이주하면서 그런 정서는 상당기간 잠복되고 문명세계에 메스를 가하게 된다. 그러니까 소위 고향정서는 만년에 가서야 또다시 솟구치게 되는 것이다."

74) 차범석, 『예술가의 삶』, 혜화당, 1993, 95~96쪽. 차범석은 자신의 징병 근무에 대

단어!)의 시간 표지를 1938년부터 명시하고 있는데, 군이 파악하자면 이 시기에 징병, 징용 문제가 조선인 사회에서 커다란 위해 요소로 등장하기 시작했다. 일제강점기에 어쩔 수 없이 징병을 당했다 하더라도 차범석에게 징병 문제는 팔순의 시점에서 다시 고백할 수밖에 없는 상처이기도 한 것이다. 이는 역설적으로 작가의 거짓 없는 인간성을 드러낸다. 이는 자신의 과오나 치부를 위장하지 않고 고백하는 작가정신과 통한다 하겠다.

3. 김우진 문학 연구와 선양 활동 과제

1980년대 이후 한국 희곡 연구에서 김우진 연구는 중요한 테마로 부각되었다.[75] 이는 이두현의 소개,[76] 유민영의 본격적인 분석,[77] 『김우진전집(金祐鎭全集)』Ⅰ, Ⅱ(전예원, 1983)이 발간 등에 힘입은 바 크다.

사실 1920년대 당시 김우진은 작품 세계보다는 '현해탄의 정사(情死)'

해 다음과 같이 고백했다. "모든 일은 일방통행식으로 강요당해야 했고, 일방적으로 굴종과 침묵으로 응답해야 했던 현실 속에서 나는 이미 말을 잃어버렸던 게 분명하다. 그렇다고 해서 머리띠를 내던지고 어깨에 멘 일장기(日章旗)와 격려의 띠를 갈기갈기 찢어버릴 수 있는 용기라곤 생각도 못했다. 내가 누구를 위하여 목숨을 바쳐야 하는가 하고 당당하게 항의할 힘이라곤 없었다. 그런 의미에서 나는 이미 길들여진 동물처럼 순종과 눈치보기로 시류에 떠밀려가는 무기력한 스물두 살의 청년이었다."

75) 서연호, 김원중, 김성희, 이은경, 손필영, 김성진, 윤진현 등은 김우진을 일부 혹은 단독으로 연구하여 박사학위 논문으로 제출했다. 석사학위 논문은 원철호(1983)로부터 최근까지 40여 편이 넘게 제출되었고, 학술 논문은 100여 편 이상 발표되었다.

76) 이두현(李杜鉉), 『한국신극사연구(韓國新劇史研究)』, 서울대학교 출판부, 1966, 108~116쪽.

77) 유민영의 「焦星 金祐鎭 硏究」上(『한양대 논문집』5, 1971), 「焦星 金祐鎭 硏究」下, (『국어교육』17, 1971), 「因襲에 대한 挑戰과 挫折」(『연극평론』, 1975) 등에서 볼 수 있다.

사건으로 대중에게 알려졌었다. 물론 여기에는 김우진이 글을 자주 지면에 발표하지 않았던 점과 아울러 당시 몇몇 문인들에게만 우리 문단이 너무 편중된 관심을 두었다는 연유도 있다. 그래서 동시대에는 김우진에 관한 개인적 인상기나 회고기 성격을 띤 글이 대부분이었다.[78]

그러나 대체로 우리 희곡사에서는 김우진을 한국 근대극을 선도한 이론가이자 작가로 평가[79]하고 있다. 지금까지 김우진 연구물이 보인 경향을 개괄적으로 살펴보면 다음과 같다. 첫째로 표현주의 사조의 수용과 기법 활용을 초창기 석사학위 논문이 주로 다루었다. 둘째로 기호학적 방법론이나 개방·폐쇄 형식의 희곡 이론 그리고 텍스트 언어학적 연구 방법 내지 메타드라마의 기법을 통해 김우진의 문학 세계를 분석하려는 시각도 있다. 셋째로 비교문학적인 분석과, 넷째로 비평관이나 연극관을 분석하여 추출한 주요 요소와 희곡 작품의 상관 관계를 분석하려는 작업도 주의를 끌었고, 다섯째 동학혁명과 관련된 분석 작업은 물론 김우진 희곡의 정본 고찰 등처럼 다양한 방법론이 동원되었다.

김우진을 연구해 묶은 단행본도 발간되었다. 한국극예술학회의 『김우진』(태학사, 1996/연극과인간, 2010)과 양승국의 『김우진, 그의 삶과 문학』(태학사, 1998), 서연호의 『김우진』(건국대학교 출판부, 2000), 이은경의 『수산 김

---

78) 『동아일보』(1926.8.5)의 '극작가와 음악가가 한떨기 꽃이 되야 세상시비 던져주고 끗없는 물나라로'라는 제목의 글을 필두로 『매일신보』(1926.8.6)의 「돌아오지 못하는 金祐鎭君의 半生」과 『조선일보』(1926.8.6~8.13)에 계속된 '문제는 자살자' 특집은 당시 이 사건이 얼마나 충격적이었던가를 말해주고 있다. 이상익(李相益)의 「尹心悳 情死에 關하야」(『신여성』, 1926.9)와 조춘광(趙春光)의 「夭折한 金祐鎭君」(『조선지광』, 1926.8), 이기영(李箕永) 「金水山君의 一年祭에 臨하야」, 조명희(趙明熙)의 「金水山君을 懷함」(『조선지광』, 1927.9)에서도 다시 확인된다.

79) 유민영(『한국근대연극사』, 단국대학교 출판부, 1996), 서연호(『한국근대극작가론』, 고려대학교 출판부, 1998), 이미원(『한국근대극연구』, 현대미학사, 1994), 한옥근(『한국희곡작가·작품론』, 푸른사상사, 2009), 김방옥(『한국 사실주의 희곡연구』, 가나, 1988), 김성희(『한국 현대희곡 연구』, 태학사, 1998) 등 외에도 희곡 연구자들이 내린 여러 평가에서 살필 수 있다.

우진 연구』(월인, 2004), 유민영의『윤심덕과 김우진』(새문사, 2009), 윤진현의『조선 시민극의 구상과 탈계몽의 미학』(㈜창비, 2010) 등이다. 한편 서연호를 중심으로 한 연구자들은 쉽게 읽히지 않는 김우진의 유고 전체에 주석까지 달아서『김우진전집』(전 3권, 연극과인간, 2000)으로 발간했다. 이 전집이 발간됨에 따라 유고 전모를 손쉽게 확인할 수 있게 되었다.

이런 움직임과 더불어 관련 연구자들과 예술가들 그리고 유족이 뜻을 모아 2008년 초에 '김우진연구회'(회장 한옥근)를 발족시켰다. 그리고 무안신문과 월선리예술인촌 관계자들이 자비를 털어 개최하던 '김우진백일장'까지 통합하여 2008년 5월에 '제1회 김우진문학제'를 열었다. 회원들은 전국적인 극문학 연구회를 기획했고, 여기에 유민영(단국대 석좌교수), 이명재(중앙대 명예교수), 천승세(소설가), 김관재(시인) 고문도 뜻을 모았다.

김우진연구회가 창립된 지도 5년이 흘렀다. 성과도 있었겠지만, 이 글에서는 조심스럽게 앞으로 펼칠 사업 몇 가지를 중심으로 논의하고자 한다.

김우진연구회를 창립한 가장 중요한 목적은 김우진을 연구하는 데 있다. 그리고 연구 결과물도 출간해서 김우진 연구를 심화 확대하는 일이다. 따라서 김우진문학제의 학술발표대회에서 발표된 글을 묶어『김우진연구』(가칭)라는 단행본으로 기획, 발간할 계획이다. 또한 전국 각처에서 논의되고 발표된 김우진 연구물이나 자료들을 단계적으로 엮어 출간할 기획도 적극적으로 검토 중이다. 이에 더하여 일정한 시기에 이르면 '김우진문학상'을 제정하는 일도 자연스럽게 검토될 것으로 전망한다. 초창기 한국 극문학을 이끈 김우진을 염두에 두면 더디고 조촐한 움직임이지만 김우진연구회의 활동에 기대가 크다.

앞에서 살핀 바처럼 1980년대 이후 김우진 연구 작업은 활발했다. 반면에 그를 기리는 선양 작업은 의외로 전무했다 하겠다. 그나마 순수 민간 문학단체인 '우리문학기림회'가 1990년에 김우진의 개인 서실(書室)인 백수재(百壽齋)를 '극작가 김우진문학의 산실(産室)'로 명명하고 문학표지비[80])를 건립해 기념한 작업이 전부였다. 이 표지비는 김우진을 기리며 세운 최초의 문학비로서 현재 목포 북교동성당 앞뜰에 서 있다. 근년 들어서 생존한 문학인들까지 본인 키보다 큰 문학비를 다투어 세우는 세태에 비하면 민망하기는 하지만 차라리 수수하다는 생각도 든다.

목포시는 2002년 7월에 유족들로부터 김우진의 친필 유고와 김성규의 유품을 기증받아 2007년에 목포문학관을 개관하며 2층에 김우진관(총 141점 소장)을 마련했다. 여러 기관에서 김우진의 친필 유고를 기증받고자 했다는 후문도 있었으나 결국 유족들은 목포시에 기증했다. 굳이 따지자면 목포는 김우진 문학에서 빼놓을 수 없는 공간이다. 귀향한 후 이 지역 최초로 문학동인회를 만들고 김우진 스스로도 왕성하게 창작 활동을 펼친 산실이기 때문이다. 그러나 초창기 한국 문학의 산실인 백수재[81])까지 보존되었다면 하는 아쉬움은 여전히 남는다. 목포시가 이번 유고만큼은 철저하게 보존해주길 기대한다.

한편 김우진연구회는 김우진문학제를 지역민과 함께 만드는 문화 운동으로 명명하고 선양하는 다양한 방법 등을 강구하고 있다. 김우진연구회가 창립한 '남도청소년문학학교'(2012.11.2)에서는 지역 청소년들에게 예술 문화 교육 기부를 실시하고, 차후 실질적으로 '김우진장학회' 혹은 '김우진장학재단' 등을 설립해 문재(文才) 있는 청소년들을 발굴 지원하려고 한다. 나아가 '전국청소년창작극경연대회' 개최 등도 검토 중이다.

이 외에도 김우진연구회가 추진해주길 바라는 의견을 종합해서 몇 가

---

80) 1990년에 세워진 문학 표지비에 각자된 전문은 다음과 같다. "극작가 金祐鎭文學의 産室(1897.9.19~1926.8.4) 이곳은 新文學초기에 극문학과 연극을 개척 소개한 水山金祐鎭선생이 청소년기(1908~1926)에 유달산 기슭을 무대삼은 희곡 〈李永女〉 등을 썼던 자리임."
81) 백수재를 포함한 성취원의 일부인 총 1,069평(당시 가격 213,800환)은 김우진의 부인 정점효(세례명 : 모니카)와 아들 김방한(세례명 : 아우구스티노)이 1955년 9월 5일에 목포북교천주교회에 기부한 바 있다.

지 사업을 언급해둔다.

첫째로 김우진이 창작한 희곡을 무대에 올리는 작업도 깊이 생각해야 할 문제다. 2012년 현재까지 기록으로 보아서는 〈난파〉, 〈두데기 시인의 환멸〉, 〈산돼지〉가 공연되었다.[82] '제4회 여성연출가전' 작품으로 2008년 4월 9일부터 20일까지 대학로 연우무대에서 〈난파〉(백순원 연출), 〈두데기 시인의 봄이 오면〉(오승수 연출) 등이 선보였다. 그리고 동년 6월 8일부터 14일까지 아르코예술극장 소극장에서 〈산돼지〉(김수연 연출)가 올려졌고, 동년 10월 29일부터 11월 23일까지 서울 우석레파토리에서 열 번째 작품으로 〈난파〉(이현찬 연출)가 공연되었다. 이런 무대는 때마침 2008년이 '한국연극100주년'이었던 관계로 가능했다. 그러나 정작 이 지역에서는 김우진의 희곡을 본격적인 연극 공연으로 제작한 바 없다.[83] 물론 공연물은 특성상 제작비를 감안하지 않을 수 없다. 의지만으로는 해결할 수 없다. 따라서 이 부분은 여러 경로를 모색할 필요가 있다.

둘째로 유족들은 김우진관에서 김성규의 유물을 분리해서 관리해주길 바라고 있다. 굳이 따지자면 김우진관은 김우진 관련 자료 중심으로 전시되어야 한다. 유족에게는 유고와 유물이 가계의 정신이다. 특히 김우진의 친필 유고는 그 가치를 감히 환전할 수조차 없다. 그렇다면 목포시는 유족의 바람을 헤아리는 수고도 아끼지 않아야 한다. 가능하면 빨리 김성규의 유물을 김우진관에서 분리해서 적절한 공간에 전시할 필요가 있다. 김

---

82) 이 외에는 구자흥(명동예술극장 극장장)이 "서울대 개교 20주년 기념으로 연극 〈산돼지〉를 선후배 합동 공연으로 성사시켰다."(『문화일보』, 2011.3.25)는 기록이나 공연 관련 학과에서 워크숍 작품으로 공연했다는 언급 정도이다.

83) 이 글을 발표한 2012년 이후에 (사)행복누리주부연극단(2014.7.25)이 '제14회 목포세계마당페스티벌'에서 희곡 〈이영녀〉를 초연했고, 이어 국립극단(2015.5.12~31, 백성희장민호극장)이 '근현대 희곡의 재발견' 시리즈 작품으로 〈이영녀〉를 제작 발표한 후 이듬해(2016.9.3)에는 경북 영덕 예주문화예술회관에서 공연한 바 있어 주목된다.

성규가 이 지역에서 활동했고, 역사문화적인 측면에서도 주요한 연구 대상이므로 예컨대 역사박물관 등과 같은 공간에서 구별해 전시하는 게 타당할 것으로 판단된다.

셋째로 김우진 초혼묘의 표지비를 설치하는 문제다.

광목간(光木間) 도로변에서 월선리예술인촌[84]을 찾아 달리면 도로 우측으로 '극작가 김우진 초혼묘'가 서 있다. 이 표지를 따라가면 겨우 임간도로를 발견하게 된다. 이 임간도로를 따라 몰뫼산 정상 바로 아래까지는 차량으로도 15킬로미터를 올라야 한다. 임간도로라서 차량 교행조차 여유롭지 않다. 이 임간도로의 끝에서 만나는 대로에 서면 비교적 넓은 공터가 있고, 그 공터에서 좌우로 갈래 길이 내려가 있다. 초행자뿐만 아니라 연구자들도 이 지점에서 안내하는 표지가 없기 때문에 초혼묘를 찾지 못하고 돌아서는 일이 많다는 중론이다.

그러나 표지비 건립에는 상당한 애로사항이 숨어 있다. 유족으로서는 선영 관리가 문제이고, 해당 지자체로서는 부지와 같은 행정상의 지원 등이 문제다. 그러므로 유족이나 무안군과도 협의가 반드시 필요한 일이어서 주의를 요한다.

4. 맺는 말

목포를 극적 공간으로 직접 지시하고 구축한 대표적인 희곡으로서 김우진의 〈이영녀〉, 박화성의 〈찾은 봄ㆍ잃은 봄〉, 차범석의 〈옥단어!〉를 들 수 있었다. 그리고 김우진을 비롯한 작가들이 보인 의식도 분석해보았다.

---

84) 무안신문과 이곳 월선리예술인촌을 중심으로 모인 몇몇 예술가들은 2006년부터 매년 김우진백일장대회를 개최했다. 지역 학생들에게 김우진의 문학 정신을 소개하고자 자비까지 출연하며 나선 그들의 작업은 자생적 문화 운동임에 분명하다.

이런 결과를 종합하면 몇 가지로 정리할 수 있었다.

첫째, 극적 공간인 목포와 실제 공간 목포는 유사—인접 관계가 충분했다. 〈이영녀〉에서 1920년대 목포는 외생적으로 개발된 도시였고, 근대 자본의 폭력성이 팽배한 공간으로 표출되었다. 〈찾은 봄·잃은 봄〉에서 1930년대 목포는 근대 상업도시이자 퇴폐 풍조가 만연한 공간으로 표출되었다. 〈옥단어!〉에서 목포는 일제강점기 후반부터 해방과 미군정기의 혼란 속에서 이른바 가도시화 이미지를 보였다. 실제 공간인 목포와 관련된 여러 기록들에서 이를 확인할 수 있었다. 세 작품이 겹치는 연대가 달라 동일한 시기를 바라보는 시각은 비교할 수는 없었지만, 일제강점기로부터 해방을 거쳐 6·25전쟁에 이르는 시기를 따라 목포 이미지가 어떻게 변화됐는지는 파악할 수 있었다.

둘째, 작가들은 시대 상황을 파악하고 현실적인 문제를 작품화하려는 의지를 보였다.

김우진은 1920년대 중반 목포가 내재한 현실을 직시하며 근대 자본이 끼치는 폭력성을 집요하게 공박하면서 희곡 〈이영녀〉를 창작했다. 이는 김우진이 자신이 창작 주제로 정한 여성 문제를 단순하게 이론으로만 인식하지 않았다는 점을 의미한다. 동시대에 여성상을 다룬 희곡들은 극적 전개상 지적(知的)이거나 최루적인 결말을 쉽게 내리고 있었다. 반면에 김우진은 여성의 매춘까지 극적 모티프로 동원하여 불합리한 현실을 공박했다. 그만큼 김우진이 현실과 유리된 지점에서 문학 활동을 펼쳤다는 일부 시각은 재구해야 할 필요가 있었다. 이런 〈이영녀〉는 실제 공간인 목포를 직접 다룬 최초의 희곡이었다.

박화성은 목포와 목포 인근 지역에서 빚어진 현실적인 사건을 직접 취재하면서 창작한 소설가였다. 그만큼 시대 상황에서 결코 비켜나 있지 않았다는 증좌다. 이러한 경향은 두드러졌지만, 역시 희곡 〈찾은 봄·잃은 봄〉에서도 박화성은 이농과 도시 거주와 연관된 현실적인 상황을 직시했다. 그 결과 박화성은 경제활동이 활발한 근대 상업도시 목포는 긍정적인 이미지로 보았지만 반면에 퇴폐 풍조가 심각한 목포는 비판했다. 작품 제목이 암시하는 것처럼 박화성은 목포를 대립적인 가치가 혼재된 공간으로 인식하고 있었다.

차범석은 〈옥단어!〉에서 어떠한 판단도 유보한 채 시대마다 개인이 택한 삶의 방식과 결과만을 무대에 드러냈다. 그 결과 시대를 왜곡하지 않고 드러냈다. 조심스럽지만, 〈옥단어!〉에서 개인사도 일정 부분 고백한 것처럼 보인다. 일제강점기에 어쩔 수 없이 징병을 당했다 하더라도 차범석에게 징병 문제는 상처였다. 〈옥단어!〉는 물론 다른 글에서도 징병 문제를 직접적으로 노출했다. 이 점은 역설적으로 작가의 거짓 없는 인간성을 드러낸다 하겠다. 이는 자신의 과오나 치부를 위장하지 않고 고백하는 작가정신과 통한다 하겠다.

셋째, 작가마다 주제를 구현하는 방식에서는 다소 차이가 보였다.

김우진은 자신이 창작 주제로 밝힌 여성 문제를 의도적으로 드러내듯이 희곡화했다. 박화성은 동시기 즈음에 창작한 소설처럼 이농 문제를 희곡으로 작품화했다. 차범석은 인물과 사건에 대한 판단을 유보한 채 현대사의 아픔을 표출하며 휴머니즘을 부각시켰다.

넷째, 목포의 유달산 기슭은 세 작가에게는 생활 공간이자 작품을 배태시킨 공간이었다.

실제 공간 목포는 우리 현대사의 거친 도정에다가 특수했던 외생적인 개항과 내외국인의 차별적 생활, 그리고 근대 자본의 산업화 과정이나 도시 확장 및 가도시화 문제 등과 같은 다기한 사회적인 문제까지 겹쳐 열섬 같은 도시였다.

특히 유달산 기슭은 일제강점기 내내 민족 차별이 심한 곳이었고, 도시 발전에 있어서도 외국인 거류지와는 차이가 심했다. 또한 조선인 부락만 해도 지주와 서민들의 생활은 대조적이었다. 문학청년들인 이들은 이러한 정황을 목도할 수밖에 없었고, 그 흔적은 동시대뿐만 아니라 시간이 경과된 후에도 작품으로 직접 투영되었다. 목포문학에서 유달산 기슭에 위치한 죽교동, 죽동, 북교동은 매우 의미 깊은 공간이다. 김우진의 문학 산실인 백수재가 북교동에 있었으며, 박화성은 죽동에서 태어났고, 차범석의 집도 북교동이었다. 그리고 이 지역은 김우진의 〈이영녀〉, 박화성의「추석전야」,「하수도공사」,「헐어진 청년회관」, 차범석의 〈옥단어!〉 등의 배경지였다.

끝으로 특별히 김우진연구회가 펼치는 연구 사업과 선양 사업을 과제 중심으로 개괄했다. 김우진연구회가 펼치는 사업이 김우진 개인만을 위한 사업을 넘어서서 남도의 문맥(文脈)을 확장시키면서 우리 문학 전체를 발전시키는 예술 문화 운동으로 확대될 필요가 있음을 기대했다.

앞으로도 다양한 분석 방법과 폭넓은 자료를 제시하며 목포 희곡 문학을 규명하고 정리해나가고자 한다.

* 이 글은 '제5회 김우진문학제'(2012년)의 발표문을 일부 수정한 논문임.

새로운 건설의 예술가
김우진의 1910년대 시를 중심으로

김 경 애

1. 김우진의 생애와 문학

김우진은 김성규의 장자로 1897년 9월 19일 장성 관아에서 출생하였다. 1908년 목포 북교동으로 이사하여 목포공립심상고등소학교(木浦公立尋常高等小學校) 고등과를 수료하였다. 1915년, 일본 구마모토현립 구마모토농업학교(熊本懸立 熊本農業學校)에 입학하여 1918년에 졸업하였으며, 영친왕으로부터 5원의 상금을 받았다. 1919년에는 와세다대 예과(豫科)에 입학, 1920년 와세다대 영문학과에 입학하였다. 1924년에는 영문과를 졸업하고 목포로 귀향하여 상성합명회사(祥星合名會社) 사장에 취임하였다.

그는 1913년에 소설, 「공상문학」을 창작하였으며, 1915년에는 일문시 「아아 어느 쪽을 골라야 하나」를 창작하였다. 그 이후로 시, 평론, 희곡 등의 창작활동에 몰두해 48편의 시와 5편의 희곡, 20여 편의 평론을 썼다. 와세다대 영문학과에 입학한 후에는 극예술협회를 발족하였으며, 1921년 7월부터 8월까지 동우회순회연극단을 주도하여 연출 활동을 하였다.

이때 상연 극본인 「찬란한 문」을 번역하였다. 1925년에는 목포의 문학 동인지 『Société Mai』를 발행하였다.

그는 일기에서 보들레르, 오스카 와일드, 니체, 버나드 쇼, 마르크스와 같은 인물들을 천재로 지목하고 있으며 그들처럼 되기를 갈망하였다. 서구의 근대 사상과 문학에 심취한 김우진에게 유교적인 가정과 전통 인습은 내적, 외적 갈등을 제공하였을 것으로 보인다. 그의 작품 속 인물들의 고뇌와 갈등은 이러한 배경과 무관하지는 않을 것이다.

김우진은 "자기가 겪은 시대고를 적절히 희곡 속에 투영함으로써 당시 계몽적 민족주의나 인도주의 내지 감상주의에 머물렀던 기성문단을 훨씬 뛰어넘은 선구적 극작가였으며, 특히 표현주의를 직접 작품으로 실험한 점에서 유일한 극작가이다. 또한, 해박한 식견과 선구적 비평안을 가지고 당대 연극계와 문단에 탁월한 이론을 제시한 평론가이며, 최초로 신극 운동을 일으킨 연극운동가로 평가된다."[1]

2. 김우진의 1910년대 시로 본 새로운 건설

김우진의 시는 크게 네 묶음으로 나뉜다. 첫 번째 묶음에는 「아버지께」로 시작하여 「죽엄의 일홈」에 이르기까지 총 40여 편이 실려 있다. 이 시들은 1915년부터 1926년 5월 14일까지 11년간 쓴 시들로서 김우진 시전집의 성격을 띤다. 두 번째는 김우진이 발간했던 『Société Mai』 제2집 (1925.8)의 시들로서 「방랑자(放浪者)의 묘명(墓銘)」 외 6편과, 김우진 자신이 낭만주의 시대의 시라고 규정한 시들로서, 시 「아버지께」 외 6편이 있

---

1) 한국정신문화연구원, 『한국민족문화대백과사전』 4, 한국민족문화대백과사전 편찬부 편, 1992.

다. 세 번째의 시들은 부분적으로 표기나 시구가 달라진 것을 제외하면 별다른 차이가 없다. 네 번째는 시 「애악곡」 외 6편으로서 첫 번째 묶음에는 없는 시들이다.[2] 한시를 제외한 위의 시는 총 48편이다. 그 밖의 일기문에 삽입된 시까지 더한다면 60여 편이 된다. 그중에서 시인으로서의 초석을 닦기 시작한 1910년대의 시를 중심으로 고찰해보고자 한다.

이날 져녁에
너
흰 분 얼골
불 켜가며
불근 져근 입
다물고
무엇을 생각(生覺)하늬.

얼굴 수구리고
쳐다보지도 못하며
우서볼 생각(生覺)도 업시
무엇을 축수(祝壽)하늬.

이날 져녁 이 자리 우에
갓히 누어서
너와 나
갓흔 술 한마음으로
천년(千年) 만년(萬年) 축수(祝壽)하나
너와 나의
생각(生覺)하는 것

---

2) 서연호·홍창수 편, 『김우진전집』 I, 연극과인간, 2000, 306쪽. 이 글의 시 인용은 연극과인간의 『김우진전집』 I 을 기본 텍스트로 하였으나, 원문에 한자 표기된 시어들은 전달의 편의상 한글(한자)로 표기하였다.

갓지 안타.

너와 나
아마
지낸 날 꿈 속에서
서로 맛낫슬 터이나
이날 이 져녁
너와 나
갓히 누어서
생각(生覺)하는 것
갓지 안타.

아 지낸 날에
나는
'희생(犧牲)'의 줄이아나로
너를 몃번이나
그려보앗든고.
그러나 이날 밤
갓흔 자리에
갓히 누어서
한마음으로
천년(千年) 만년(萬年) 축수(祝壽)하며
뜨거웁게 입 맛초이나
너와 나의
안즌 자리
만리(萬里) 억리(里億)
떠러져 잇서라.

너와 나의
압길……

동(東)으로 서(西)으로 끗업시 헛갈녀 잇서라.

첫날밤
이 갓흔 등(燈)불
아모리 잇슬지나
이 내 마음의 눈
밤갓히 어둡다.

네의 븟구려움
나 아니 가졋스되
내 마음 속
상구(常久)히 어둡다.

―「첫날밤」(1916) 전문

1연과 2연에서 첫날밤을 맞이한 신부는 흰 분을 바르고 부끄러움에 얼굴이 붉어진 채 붉고 조그만 입을 다물고 다소곳하게 앉아 있다. 그러나 화자는 그러한 신부에게 무엇을 생각하고 무엇을 축수하는지를 묻고 있다. 신부에 대한 냉정함이 드러나는 어조이다. 그것은 화자가 자신에게 되묻고 있는 말이기도 하다. 사대부 계층이 주로 쓰던 리듬인 4음보의 변형된 운율이 냉정한 어조를 두드러지게 하는 역할을 하고 있다.

3연과 4연에서 화자는 신부와 같은 술을 나누고 축수를 하지만 서로의 생각이 다르다는 것을 강조하고 있다. 화자는 3연에서 "너와 나의/생각하는 것/갓지 안타."라고 언급하고, 4연에서 "너와 나/갓히 누어서/생각하는 것/갓지 안타."라며 다시 한 번 강조하고 있는 것이다.

5연의 "쥴이아나"는 가브리엘레 단눈치오의 소설 『죄 없는 사람』(1892)[3]에서 남편의 외도로 고통에 시달리는 여인이다. 그래서 신부를 '희

---

3) 『죄 없는 사람』의 웰시 툴리오는 다른 사람들이 보는 곳에서도 정부 테레사와 아

생'의 '줄이아나'로 표현했다. "아 지낸/날에/나는/희생(犧牲)의/줄이아나로/너를/몃번이나/그려보앗든고."에서 화자는 신부를 불쌍히 여기면서 마음가짐을 새롭게 하려고 노력했음을 보여주고 있다. 그러나 화자를 소설 속의 남편인 웰시 툴리오와 동일시하고 있기에 형식적으로 "갓은 자리에/갓히 누어서/(…)/뜨거웁게 입 맛초이나" 화자의 마음은 "만리(萬里) 억리(里億)" 떨어져 있고, 앞길은 헛갈려 있으며, 마음의 눈은 밤같이 어두운 것이다.

　마지막 연에서는 "내 마음 속/상구(常久)히 어둡다."며 7연의 "이 내 마음의 눈/밤갓히 어둡다."를 더욱 강조하고 있다.

　김우진은 보통학교 시절부터 빅토르 위고, 셰익스피어, 단눈치오 등의 작품을 섭렵하였고, 1913년에는 단편소설 「공상문학」을 습작했을 정도로 문학에 심취해 있는 상태였다.[4] 김우진은　주인공에게 감정이입을 하고 있다. 조두섭은 대부분 김우진 시는 1인칭 화자가 일기를 쓰듯이 쓴 고백적이고, 자전적인 인물이지 시적 화자를 창조하여 낸 허구적 인물이 아니기 때문에 시적 화자와 김우진을 구별하여도 별다른 의미가 나타나지 않을 것이라고 했다.[5] 물론 김우진은 많은 시에서 자전적 체험을 표현하고 있다. 그렇지만 위 시의 화자가 시인 김우진이라고 단정 지을 수는 없다. 김우진은 위 시에서 『죄 없는 사람』의 줄리아나를 인유함으로써 시적 화자가 줄리아나의 남편 웰시 툴리오와 같은 사람임을 짐작하도록 한다. 웰시 툴리오와 같은 인물은 축첩 제도가 허용되었던 조선시대와 개화기 지식인 남자들의 보편적인 모습이라고 볼 수 있다. 그러므로 '김우진=시적

무릎지도 않게 함께한다. 그런 남편으로 인해 부인 줄리아나는 고통스러워하다가 한 남자를 알게 된다. 툴리오는 남처럼 여기던 줄리아나가 젊은 소설가와 사귀는 것을 알고 고민하다가 아내가 그의 아이를 임신하자 자살을 결심한다.

4)　이은경, 「수산 김우진 연구」, 숙명여자대학교 박사학위 논문, 1994, 6쪽.
5)　조두섭, 「김우진 시의 위상」, 『大邱語文論叢』 통권 4호, 1986. 9, 140쪽.

화자'6)라는 등식을 성립시킬 수는 없다. '작품 속의 시인'은 시인의 경험적 자아가 시적 자아(페르소나)로 변용, 창조된 것이지 시인의 실제의 개성 그 자체는 아니기 때문이다.7)

> 하변(河邊)의 작고 아름다운 창 아래를
> 가벼이 춤추는 가슴으로 지날 때
> 나의 발걸음 소요한다.
> 그러나 나를 위해서 언제나 열려진
> 당신이 창가를 지날 때
> 나는 당신의 입술을 알고 있다.
>
> 고된 학교 쟁기 일하러 갈 때
> 설령 그대가 따라올지라도
> 당신의 창 아래로 지날 때
> 내 마음은 가볍게 뛴다.
>
> 괴롭고 괴로운 힘든 일
> 그리고 돌아오는 일 더듬으며
> 저기에는 한사람의 친구가 있단다.
> 라고 마음속으로 되풀이 할 때
> 당신의 입술은 달콤하게 향내 어린다.
>   ─「새로운 이성의 친구를 얻고」(1917.7.10) 전문

이 시에서 "작고 아름다운 창"은 새로운 이성 친구를 비유한다고 볼 수 있다. 화자는 그 창 아래를 지날 때는 가벼이 춤추는 듯이 설레고 발걸음 조차 소요한다며 설레는 마음을 다시 한 번 강조한다. 고된 일을 하러 갈

---

6) 위의 글, 같은 쪽.
7) 김준오, 『시론』, 삼지원, 2002, 283쪽.

때에도 같이 있어도 이성 친구를 생각하면 화자의 마음은 가볍게 뛰는 것이다. 더불어 이성 친구는 화자에게 큰 위안이 되어주고 든든한 대상이 되어주고 있다. 그래서 지금의 힘든 일뿐만 아니라 앞으로 닥쳐올 고난에도 "저기에는 한 사람의 친구가 있단다."라며 되풀이 하는 것이다.

이 시의 화자의 태도와 「첫날밤」의 화자의 태도는 다르다. 화자는 1연에서 "당신의 입술을 알고 있다."라고 했고 다시 3연에서 "당신의 입술은 달콤하게 향내 어린다."고 했다. 「첫날밤」의 "너"는 "붉은 겨근 입"을 다물고 있고, "뜨거웁게 입 맛초이나/너와 나의/안즌 자리/만리(萬里) 억리(里億)/떠러져 잇서라."와는 확연한 차이를 보이는 "입술"인 것이다. 「첫날밤」의 "입"은 껍데기에 불과한 '입'이라면 「새로운 이성의 친구를 얻고」의 "입술"은 화자가 알고 있는 달콤하게 향내 어린 '열매'의 '입술'이다. 즉 내면적인 교류가 이루어진 대상인 것이다. 더불어 「첫날밤」의 대상은 "너"로, 「새로운 이성의 친구를 얻고」의 대상은 "당신"으로 표현함으로써 대상에 대한 무시와 존경이 대비됨을 느낄 수 있다.

(병든 휘파람 새)
　술잔 함께 기울이다
　　이승과 더불어 이슬로 사라지리
　그대 아니면 어느 누가 가리
　　뜨거이 타오르는 사랑의 나라

(상처입은 별)
　해맑은 성하의 물 퍼올려
　　밤 그리워 거문고 켠다
　그대 아니면 어느 누가 들으리
　　창문 열어 바깥 내다보며

(탄식하는 휘파람 새)

헤어보면 머언 지난날
　　누이동생 하나 잃어버리어
아픈 가슴 품어 안고
　　쓸쓸한 성야 울어 지새네

(젖은 별)
　사랑스런 이, 새의 요정이여
　　참된 비애를 그대는 알도다
차디찬 가락을 노래하건만
　　뜨거운 열정 들이키누나

(죽어가는 휘파람 새)
　드높은 하늘 별의 요정이여
　　나 비록 대지의 제물된대도
캄캄한 땅 속 묻히어
　　몸부림치리니 그대 그리워

(애도하는 별)

　　　　　　　　　—「휘파람 새와 별」(1917~8년 추정)[8]

먼저 이 시는 화자를 지정하고 있다. 제목에 나오듯이 휘파람새와 별이다. 각 연마다 휘파람새와 별이 화자로 등장하는 배역시로 볼 수 있겠다. '배역시'는 시인이 시세계 속에 존재하는 인물의 입장이 되어 그 인물이 발화하는 형태다.[9] 휘파람새는 병들고→탄식하고→죽어가며, 별은 상처 입고→젖고→애도한다는 점에서 서사의 구조를 가지고 있으며 각 연은 극본을 보는 듯하다. 각 연의 첫 행에 괄호로 제시한 부분은 극본의

---

8)　일문시 번역.
9)　김준오, 앞의 글, 291쪽.

지문과 같은 역할을 하고 나머지 행은 등장인물의 대사의 역할을 한다. 이 시에 표현된 기교는 '낯설게 하기'의 효과를 주고 있으며 극작가 김우진으로서의 변모 과정도 엿볼 수 있다.

1연에서는 지문으로 주어진 것처럼 "병든 휘파람 새"는 자신의 병으로 얼마 살지 못할 것을 알고 있다. 그래서 별과 함께 술잔을 기울이다 이슬로 사라질 것을 이야기하고 있다. 그러나 단지 사라지는 것만을 말하고 있지는 않다. "그대"와 "사랑의 나라"로 갈 것임을 이야기하고 있다. 여기에서 "그대"는 다음 연에 나오는 "별"이다.

2연은 "상처입은 별"의 대사다. "해맑은 성하(星河)의 물 퍼올려", "거문고 켠다"고 한다. 성하는 은하수를 뜻하며 거문고자리는 은하수 부근 거의 천정점에 떠 있는 대표적인 여름 별자리다. 은하수가 흐르는 천정, 즉 하늘의 우물에 거문고가 있는 셈이다. 위 시를 통해 청자는 휘파람새가 우는 여름밤, 하늘의 별들이 펼쳐져 있는 모습을 그려볼 수 있다. "상처입은 별"의 그리워하는 마음이 거문고 가락처럼 "그대"의 창에 비치면 "그대"는 그 "별"의 그리워하는 마음을 느끼고 창문 열어 별빛을 보는 것이다.

3연은 다시 "탄식하는 휘파람 새"의 등장이다. 이 "휘파람 새"는 누이동생을 잃은 아픔이 있다. 즉, 아픔을 아는 새이다. 그래서 성야(聖夜)에 쓸쓸하게 탄식하고 있다.

4연의 "젖은 별"은 새를 요정이라고 부르며 새의 비애를 위로하고 있으며 5연의 "죽어가는 휘파람 새"도 별의 요정을 부르며 자신이 죽어서도 별을 그리워할 것임을 말하고 있다.

6연은 지문으로 "애도하는 별"만이 등장하고 더 이상의 대화는 없다. 막이 내린 것이다. 휘파람새의 죽음이라는 사건이 나타나는 이 시는 휘파람새와 별을 등장시켜 시에 희곡적인 요소를 접목시킨 실험시라고 볼 수 있다.

한밤 녹아내리듯 흐르는 보름달빛 아래,
섬광처럼 스치는 환상의 침상에서 나는 잠들도다.
망아(忘我)감격의 분수 속에
명경(明鏡)의식의 샘물을 긷도다.

정적과 소란, 찰나와 영원, 명확과 혼돈,
환상의 커튼의 심연은 맑도다.
목신(牧神)과 우상의 신, 동(東)과 서(西), 영(靈)과 혼(魂),
그리하여 세상 모든 만물이 있는 그대로의 모습으로
나뒹굴며 부둥켜안고, 뿔뿔이 흩어지다
서로 휘감기는 소용돌이 힘의 신비한 영상.
활활 봉화를 올려 해조(諧調)의 하늘 속으로,
별들의 깜박임이 흘리는 침묵 평온 속으로,
불가시한 환상의 커튼 심연 속으로,
우리의 멀고도 깊은 혼연된 완벽의 빛을 본다.

오오, 달빛에 녹아드는
창문을 열어라, 조용히 창문을 열어라.
고요의 빛을 안으로 들여라.
산과 들, 강과 나무, 바다와 돛,
초췌한 내 앞에 밤은 소리없이 드러눕는다.
보라! 사랑은 충동. 악욕(樂欲)은 의무.
광소하라. 구가하라. 도취하라.
생성의 아픔, 전개의 환희,
깊은 밤 기도하는 신부(新婦)의 심정으로, 차분히,
다만 그 모습 그대로 사랑않으련가. 신이여.

－하코네에서－

— 「어느 날 밤의 환영(幻影)」(1918.10)[10]

───────────
10) 일문시 번역.

1연에서 화자는 보름달이 떠 있는 밤, 잠들기 전에 떠오른 환영을 붙잡고서 시를 쓴다. 어렴풋이 내려 감기는 눈빛에 달빛은 녹아내리고, 금방이라도 사라질 듯한 환상은 섬광처럼 스쳐가기에 달콤한 잠에 빠져들기 전에 정신을 맑게 해서 생각을 끌어올린다.

　　2연은 서로 대조되는 정적과 소란, 찰나와 영원, 명확과 혼돈, 목신과 우상의 신, 동과 서, 영과 혼이 조화로운 모양을 이루는 모습을 묘사하고 있다. 물론 그 모습은 화자의 환영 속에서 일어나는 일이다. 합치할 수 없는 것들이 "나뒹굴며 부둥켜안고, 뿔뿔이 흩어지다/서로 휘감기는"이라는 표현에서는 시각적 효과와 더불어 역동성도 보인다. 서로 대조되는 것들이 "해조의 하늘 속으로", "별들의 깜박임이 흔들리는 침묵 평온 속으로", "환상의 커튼 심연 속으로" 들어가 혼연일치하는 모습은 화자의 바람을 나타내고 있다고 볼 수 있다. 앞서의 7~9행은 화자가 바라는 이상적인 세계로 볼 수 있겠다. 그러한 이상적인 세계에서는 모든 것의 대립이 없어지고 하나가 됨으로써 완벽을 이루는 것이다. '~속으로'를 반복하면서 화자가 바라는 세계로의 일치를 강조하고 있다.

　　1연은 화자가 환상에 빠져들기 전의 상태를 나타내고 있고 2연은 환상 속의 모습을 묘사하고 있다. 3연에서는 환상에서 깨어나 환상의 여운을 느끼고 있다. 2연에서 보였던 역동적인 모습과는 대조적으로 3연의 1~5행은 고요하고 차분한 밤의 이미지를 보여주고 있다. 고요히 들어오는 달빛은 첫날밤 버선발로 조심스럽게 들어오는 신부의 모습을 연상시킨다. 4행의 "산과 들, 강과 나무, 바다와 돛"은 두근두근 뛰는 신부의 심장 소리와도 같은 효과를 자아낸다. 5행은 신부가 화자의 앞에 조심스럽게 눕는 모습이라고 할 수도 있겠다. 6~10행은 빠른 속도감을 가지고 있다. '빠르게'라는 뜻의 '프레스토(presto)' 정도가 되겠다. 우리나라 음악의 단위는 '숨'이지만 서양음악의 단위는 '맥박'이다. 서양 근대음악을 태동시킨 오페라에서, 기승전결 중 '승(承)' 부분의 긴장감을 최고조로 올리는 방법은 이 '박'을 점점 빠르게 만들어가는 것이었다. '매우 발랄하게'라는 뜻의 '알레그로 아사이(allegro assai)' 부분 다음에 '빠르게'라는 뜻의 '프레스토(presto)' 부분을 두어 1막을 극적으로 끝내는 이 방법은 서양음악의 전통이 된다.[11] 이 시는 서양 오페라의 '박'을 느끼게 한다. 위 시에 나타난 화자의 환영은 한 편의 드라마적 요소를 갖고 있기 때문에 이러한 작가의 의도를 짐작해볼 수 있다.

아 어버지여!
기도(祈禱)할 것 무엇이며
상념(想念)할 것 무엇이요.
흡수히 상상(想像)하며
흡수히 생각(生覺)하는 것
까닭 업시 눈물 지듯
저녁놀의 구름일 뿐임닛가.

지금(只今) 소자(小子)의 마음에는
맹갱이의 눈빗이 빗나며
소자(小子)의 마른 가슴 속에 바라보고 힘쥬는
물결 까닭 업시 흘너감니다.
아 지금(只今) 소자(小子) 안에 상념(想念) 물결은 뛰놉니다.
순시(瞬時)에 힘세게 뛰놉니다.

엇지면 그갓히도 따뜻하게
나의 몸을 겹처 안으면서도,
엇지면 그리도
내의 가는 등(燈)불에 바람질 하심닛가.
징상시럽게도 흰 이를

---

11) 구자범, 「(3)템포 모데라토」('[토요판]구자범의 제길공명), 『한겨레』, 2014.9.6.

악물며
엇지나 외포(畏怖)의 춤을
그갓히 팟허 쥬심닛가.

모든 지혜(知慧)를 학대(虐待)하려는
일광(日光)의 학살(虐殺)이야말로
다시 업시 밉지 안슴닛가.

아 생명(生命)은 떠다니는 부유(蜉蝣),
맑근 물 우에
언졔든지 구(求)할 수 잇스나,
한번(番) 더럽피면
다시 오지 안는
생(生)의 깔대 우에
춤 밧지 마십시요.

나로붓허 나왓스되
영구(永久)히 도라오지 안는 것,
맛치 해거림자를 잡으랴는
헛됨을 뿐밧지 맙시요.

소자(小子)의 눈에는
만물(萬物)의 응시(凝視) —
죽엄 갓흔 만물(萬物)의 응시(凝視)가 잇을 뿐이외다.

아 그러나
갑잇게도 어더 노으신
상념(想念)의 선반 우에
욕구(欲求)와 신뢰(信賴)의 모판 우에
평화(平和)의 비를 가물게 마소서.

—「아버지께」(1919)

1연에서 화자의 아버지는 아들을 위해 기도하며 상념하는 아버지다. 그러나 화자는 "기도할 것 무엇이며/상념할 것 무엇이요."라며 "저녁놀의 구름"처럼 부질없음을 말하고 있다. 곧이어 2연에 그 이유가 나온다. 화자의 마음에 "맹갱이", 즉 '미치광이' 같은 눈빛이 빛난다고 한다. 1연에서 화자는 아버지와는 다른 뜻을 품고 있음을 유추할 수 있고 "맹갱이의 눈빛"에서 열정 또한 넘쳐나는 것을 알 수 있다. 그래서 마른 가슴속에 물결이 흐르고, 상념의 물결은 뛰놀고, 순시에 힘세게 뛰논다고 한 것이다.

3연의 아버지는 화자를 물리적으로는 따뜻하게 안으면서 화자의 결의와는 다른 당부나 훈계를 한 상황이다. 어버지의 훈계는 아버지를 향한 가는 등불을 흔들리게 할 뿐이다. 훈계의 말은 "징상시럽게도 희 이를/악물며/엇지나 외포(畏怖)의 춤을/그갓히 팟허 쥬심닛가."라는 표현에서 알 수 있다. '징상시럽다'라는 말은 '징그럽다'의 전라도 말이나, 이 전라도 방언은 임인규의 「징상스런 꽃」에서 "어머니는 벚꽃을 징상스런 꽃이라 하셨다", 조정래의 『태백산맥』에서 "와따 참말로, 젊은 사람이 징상시럽게도 찔기네잉"처럼 단순히 '징그럽다'라는 뜻만 가지고 있는 것은 아니다. 애정의 양가적 표현이라고 보는 것이 '징상스럽다'라는 기의에 더 알맞을 것이다. 화자는 아버지에 대한 애증을 '징상시럽게도'라는 전라도 방언을 통해 나타내고 있고, 아버지가 뱉은 '외포의 춤', 즉 협박의 말이 어떤 내용인지는 다음 연에서 반문을 통해 나타내고 있다. '외포의 춤'은 '모든 지혜를 학대하려는 일광의 학살'인 것이다. 화자는 '학대(虐待)', '학살(虐殺)'이라는 극단적인 시어를 통해 아버지의 이상과 자신의 이상과의 갈등을 부각시킨다. 그러나 한편, 1919년은 일본에서는 도쿄 유학생들의 2·8독립선언이 있었고, 국내에서는 서울뿐만 아니라 전국 각지에서 3·1운동이 전개된 해이다. 일제는 만세운동을 탄압하기 위해 1919년 4월 15일 제암리 교회당에 마을 주민을 모두 모이게 한 후 불을 질러 살해한 후 고주리 마을에서도 천도교 전교사 일가족 여섯 명을 무참히 살해하였다. 이 시기의 일제는 보복 학살과 학대를 자행했으며, 그 당시 조선인 대부분이 '학대(虐待)', '학살(虐殺)'을 당하고 있었기 때문에, 그러한 시적 표현을 한 것으로 보인다. 화자는 곧이어 "다시 업시 밉지 안슴닛가."라고 물으며 갈등의 극점을 순화시키며 아버지를 설득시키고자 한다.

5연과 6연은 '마십시요', '맙시요' 같은 부정어를 사용하여 아버지의 '외포의 춤'에 대한 화자의 흔들리지 않는 단호함을 드러내고 있다. 춤을 뱉는 행위는 상대에 대한 경멸을 나타내는 행위이며 상대가 잘못되기를 바라는 마음을 나타내는 표현이다. 3연에서 화자의 아버지가 이미 침을 뱉었음을 청자는 알고 있다. 화자는 아버지의 그런 행위는 되돌릴 수 없는 행위임을 "한 번 더럽피면 다시 오지 않는"을 통하여 환기시키고 "생의 깔대 우에 춤 밧지 마십시요."라며 부탁하고 있다. 그러나 그것이 부탁만은 아닌 당부의 의미를 내포하고 있다는 것을 6연에서 알 수 있다. "나로붓허 나왓스되 영구(永久)히 도라오지 안는 것", "해거림자를 잡으랴는 헛됨"을 본받지 말 것을 다시 한 번 말하고 있기 때문이다. 급기야 7연에서는 "죽엄 갓흔 만물의 응시가 잇을 뿐이외다."라며 '죽음'이라는 극단적인 단어를 사용하였고 '뿐입니다'가 아닌 '뿐이외다'를 사용해 아버지와 화자와의 사이에 거리를 두고 있다. 그러나 마지막 연에서는 다시 '마소서'로 종결지음으로써 아버지에 대한 존경과 소망을 나타내고 있다.

이 시는 김우진 본인이 "낭만주의 시대의 시"라고 규정한 시 중의 한 편이다. 시의 고유한 목적은 자기 표현이다. 표현론의 관점에서 시의 가치 기준은 작품이 시인의 실제 감정과 정신 상태와 일치해야 한다는 성실성이고, 이런 관점은 서구 낭만주의 시인들을 주종으로 한 개성론의 핵심이었다.[12] 이러한 낭만주의 관점에서 본다면 「아버지께」는 시인 김우진의 감정을 성실히 투사한 작품이라고 볼 수 있다.

---

12) 김준오, 앞의 글, 340~342쪽.

3. 김우진 시의 재발견

1910년대에서 1920년대의 작가들이 그러하였듯이 김우진은 물밀듯이 밀려오는 서양의 여러 문학작품과 작가들을 접하게 되고 그 작품들을 토대로 근대문학의 기초를 닦아나갔다고 볼 수 있다. 김우진의 시는 「고(古)의 붕괴(崩壞)」처럼 "모든 흔(古) 것은 붕괴(崩壞)"되는 과도기에 새로운 건설의 시도를 했다는 데에 의의를 둘 수 있다.

지금까지 근대시는 특정한 시인들에 한정한 연구가 주류를 이루었다고 볼 수 있다. 김우진은 첫 시, 「아아, 어느 쪽을 골라야 되나」를 1915년에 창작하였다. 그로부터 100년이 흐른 2015년까지도 김우진의 시 연구는 간헐적인 연구에 머무르고 있는 상태이다. T.S. 엘리엇은 문학작품을 창작하는 데 있어서 전통을 강조하였다. 작가는 자기 세대뿐만 아니라 과거의 모든 문학을 이해하고 창작 활동을 해야 한다는 것이다. 그러나 지금까지 국내에서 연구되어온 특정한 시인과 시 연구로는 그러한 풍부한 환경을 마련하는 데에는 미흡하다는 점이 있다. 이 글에서는 1910년대의 시에 그쳤지만 지속적인 김우진의 시 고찰을 통해 우리 시인과 시 연구에 더 풍부한 자료를 제공할 수 있기를 바란다.

* 이글은 '제8회 김우진문학제'(2015년)의 발표문을 일부 수정한 논문임.

■ 참고문헌

◆ 권순종 _ 1920년대 학생극 운동과 김우진 · 홍해성

기본 자료

『김우진전집』 Ⅰ · Ⅱ, 전예원, 1983.

김우진, 「축지소극장에서 인조인간을 보고」, 『개벽』, 1926. 8.

논문 및 단행본

권순종, 「1920년대의 한국희곡 연구」, 영남대학교 대학원 석사학위 논문, 1981.

김방한, 김우진의 로맨틱한 최후」, 『세대』, 1970년 10월호

김영보, 『황야에서』, 조선도서주식회사, 1922.

김일영, 「1920년대 희곡의 특징에 관한 연구」, 석사학위논문, 서울대학교 대학원, 1985.

김흥우, 『희곡문학론』, 유림사, 1981.

민병욱 · 최병일 편, 『한국 극작가 · 극작품론』, 삼지원, 1996.

서연호, 『한국연극론』, 삼일각, 1975.

양승국, 『김우진, 그의 삶과 문학』, 태학사, 1998.

유민영, 「초성 김우진 연구(상)」, 『한양대학교 논문집』 5집, 1970.

──, 「초성 김우진 연구(하)」, 『국어교육』 제17집,

──, 「사랑과 연극으로 바꾼 인생─김수산」, 『음악 · 연예의 명인 8인』, 신구문화사, 1975.

──, 「인습에 대한 도전과 좌절」, 『연극평론』 12 · 13호, 1975.

──, 「선구 연극인의 운명과 파국」, 『한국연극산고』, 문예비평사, 1978.

──, 『김우진 작품집』, 형설출판사, 1979.

윤백남, 『운명』, 신구서림, 1923.

조명희, 『김영일의 사』, 박문서관, 1923.

이두현, 『한국신극사 연구』, 서울대학교 출판부, 1975.

이미원, 『한국 근대극 연구』, 현대미학사, 1994.

기타

『동아일보』, 1921. 7. 27, 7. 28, 7. 30. 8. 7.

『매일신보』, 1924. 10. 30, 1931. 6. 24, 1931. 7. 19.

◆김일영 _ 김우진의 〈산돼지〉 정본 선정을 위한 일고(一考)

기본 자료

「新韓國文學全集」 17권 『戱曲選集 ①』, 語文閣, 1976.

『韓國戱曲文學大系 I』, 한국연극사, 1976.

『金祐鎭作品集』, 형설출판사, 1979.

『金祐鎭全集 I』, 전예원, 1983.

논문 및 단행본

김기진, 「文藝時評」, 『朝鮮之光』 64, 1927. 2

김일영, 『〈소〉 이본 연구』, 중문출판사, 1998.

유종호, 『문학이란 무엇인가』, 민음사, 1992.

이홍우, 「韓國 寫實主義 戱曲 硏究」, 계명대학교 박사학위 논문, 1998.2

정보암, 「김우진의 〈山돼지〉 연구」, 경상대학교 석사학위 논문, 1993.

◆박명진 _ 김우진 희곡에 나타난 시대의식과 유령성

기본 자료

『金祐鎭全集』 I, II, 전예원, 1983.

서연호 · 홍창수 편, 『김우진전집』 I, II, 연극과인간, 2000.

논문 및 단행본

김동규, 『멜랑콜리 미학』, 문학동네, 2010.

김성진, 「희곡에 표출된 목포 이미지 고찰」, 『어문논집』 제37집, 중앙어문학회, 2007.

김재석, 「김우진의 표현주의극 창작 동인과 그 의미」, 『어문론총』 49호, 한국문학언어학회, 2008.

김홍중, 『마음의 사회학』, 문학동네, 2010.

로버트 로마니신, 「전제적인 눈과 그 그림자-문자문화 시대의 미디어 이미지」, 『모더니티와 시각의 헤게모니』, 시각과언어, 2004.

민병욱, 「김우진의 부르조와 개인주의적 세계관 연구(Ⅰ) - 그의 비평담론을 중심으로」, 『어문교육논집』 제10집, 부산대학교 사범대학, 1988.

배성준, 「1920 · 30년대-모던 걸 마르크스 보이」, 『역사비평』 36호, 역사문제연구소, 1996.

볼프강 카이저, 『미술과 문학에 나타난 그로테스크』, 이지혜 역, 아모르문디, 2011.

서연호, 「김우진의 동경유학기 체험과 문학사상」, 『한림일본학』 2호, 한림대학교 일본학연구소, 1997.

신연수, 「일본 유학시절 金祐鎭에게 준 부친 金星圭의 戒書」, 『근대서지』 제4호, 소명출판, 2011.

윤진현, 『조선 시민극의 구상과 탈계몽의 미학』, 창비, 2010.

자크 데리다, 『마르크스의 유령들』, 진태원 역, 이제이북스, 2007.

장미진, 「우리나라 근대극 형성기의 독일 표현주의 연극」, 『독어교육』 제31집, 한국독어독문학교육학회, 2004.

줄리아 크리스테바, 『검은 태양-우울증과 멜랑콜리』, 김인환 역, 동문선, 2004.

최홍선, 「표현주의 문학생성의 정신사적 배경 Ⅰ」, 『경기인문논총』 창간호, 경기대학교 인문과학연구소, 1990.

칼 마르크스 · 프리드리히, 『공산당 선언』, 김기연 역, 새날, 1995.

한용재, 「『햄릿』의 유령과 데리다」, 『셰익스피어 비평』 제 46집 제4호, 한국 셰익스피어학회, 2010.

해리 하르투니언, 『역사의 요동(근대성 문화 그리고 일상생활)』, 윤영실 · 서정은 역, 휴머니스트, 2006.

◆김영학 _ 김우진 희곡 〈이영녀〉 연구

기본 자료

서연호 · 홍창수 편, 『김우진전집』I, 연극과인간, 2000.

논문 및 단행본

김성희, 「김우진 희곡의 현대성과 그 방법적 특성 ─그의 현대의식과 리얼리즘 희곡
　　　을 중심으로」, 『김우진』, 연극과인간, 2010.
샘 스밀리, 『희곡 창작의 실제』, 이재명 · 이기한 편역, 평민사, 1997.
서연호, 『김우진』, 건국대학교 출판부, 2000.
아리스토텔레스, 『시학』, 이상섭 역, 문학과지성사, 2011.
앙리 베르그손, 『웃음─희극의 의미에 관한 시론』, 김진성 역, 종로서적, 1997.
유민영, 『한국현대희곡사』, 기린원, 1991.
이상호, 『김우진』, 연극과인간, 2010.

기타

김미경, http://www.edaily.co.kr/news.rlaalrud, 2015.06.29.

◆최상민 _ 김우진 문학관의 양상과 실제

기본 자료

김우진, 『김우진전집』I, II, 전예원, 1983.

논문 및 단행본

권정희, 「생명력의 리듬의 형식」, 『반교어문연구』30집, 2011.
김성진, 「김우진 희곡연구」, 『극문학 연구』2집, 2000.
──── , 「희곡 〈산돼지〉 연구」, 『어문연구』28집, 2000.
김성희, 『한국현대희곡연구』, 태학사, 1998.

─────, 『한국희곡과 기호학』, 집문당, 1993.

김일영, 「〈山돼지〉의 무대적 특징과 창작 의의 연구」, 『한국극문학회 3차 전국학술발
     표대회자료집』.

김재석, 『일제강점기 사회극 연구』, 태학사, 1995.

민병욱, 『희곡문학론』, 일지사, 1991.

─────, 「삽화극적 구조와 현실주의적 인식－〈이영녀〉론」, 한국극예술학회 편, 『한국
     현대극작가론 1－김우진』, 1996.

박명진, 「김우진희곡의 기호학적분석－〈산돼지〉를 중심으로」, 중앙대학교 석사학위
     논문, 1988.

서연호, 『한국근대희곡사연구』, 고려대학교 민족문화연구소, 1995.

손필영, 「김우진시연구」, 한국연극사학회정기학술발표자료집, 1998.12.19.

양승국, 「가족애의 안식을 향한 고통의 여정－김우진 희곡론」, 『한국희곡작가연구』,
     태학사, 1997.

─────, 「극작가김우진재론」, 『한국극예술연구』 제7집, 1997.

─────, 『김우진, 그의 삶과 문학』, 태학사, 1998

유민영, 『전통극과 현대극』, 단국대학교 출판부, 1992.

─────, 『한국근대연극사』, 단국대학교 출판부, 1996.

─────, 『한국연극의 미학』, 단국대학교 출판부, 1996.

─────, 『한국현대희곡사』, 새미, 1997.

─────, 『비운의 선구자－윤심덕과 김우진』, 새문사, 2009.

이두현, 『한국연극사』, 보성문화사, 1982.

이미원, 「김우진희곡과 표현주의」, 『경희어문학』 제7집, 1986.

이은자, 「〈이영녀〉재론」, 『한국근대문학연구』 2집, 2000.

한국극예술학회 편, 『한국현대극작가론 1－김우진』, 태학사, 1996.

데이비드 로비 외, 『현대문학이론』, 송창섭 외 역, 한신문화사, 1995.

피터 쫀디, 『현대 드라마의 이론』, 송동준 역, 탐구당, 1983.

◆심우일 _ 김우진 비평에 나타난 생명력 개념 고찰

기본 자료

김우진, 『김우진전집』Ⅱ, 서연호 · 홍상수 편, 연극과인간, 2000.

논문 및 단행본

권정희, 「'생명력'과 역사의식의 간극－김우진의 '생명력'의 사유와 일본의 생명담
　　론」, 『한민족문화』 40, 한민족문화학회, 2011.
이광욱, 「'生命力' 思想의 批判的 受容과 東學革命의 意味－金祐鎭의 「산돼지」 研究」,
　　『어문연구』 통권 162호, 한국어문교육연구회, 2014.
슬라보예 지젝, 『시차적 관점』, 김서영 역, 마티, 2009.
오스카 와일드, 『오스카 와일드 예술평론－오스카 와일드 선집 ①』, 이보영 역, 예림
　　기획, 2001.

◆김성진 _ 김우진과 목포

기본 자료

『金祐鎭全集』 Ⅰ, Ⅱ, 전예원, 1983.
『草亭集』 一, 二, 三, 한국인문과학원, 1998.5.
『목포개항백년사』, ㈔목포백년회, 1997.10.
『전남문학변천사』, 전남문인협회, 1997.2.
서연호 · 홍창수 편저, 『김우진전집 Ⅰ, Ⅱ, Ⅲ』, 연극과인간, 2000.
서정자 편, 『박화성문학전집』, 푸른사상사, 2004.
차범석, 『玉丹어!』, 푸른사상사, 2003.

논문 및 단행본

고석규, 『근대도시 목포의 역사 공간 문화』, 서울대학교 출판부, 2004.
　　───, 「박화성의 시대－1930년대 목포의 문화경관」, 『제1회 박화성학술대회 발표

　　자료집』, 박화성연구회, 2007.10.27.

김방옥, 「한국연극의 공간표현 연구」, 『연극교육연구』 제2집, 한국연극교육학회,
　　1998.

김성진, 「水山 金祐鎭 硏究」, 중앙대학교 박사학위 논문, 2000.

김　인, 『현대인문지리학』, 법문사, 1993.

박수영, 「도시화의 개념과 공간적 특징에 관한 연구」, 『논문집』 18집 인문・사회과학
　　편, 경희대학교, 1989.

배종무, 『목포개항사 연구(木浦開港史硏究)』, 도서출판 느티나무, 1994.

박화성, 「호남소년소녀웅변대회를 보고」, 『호남평론(湖南評論)』 10월호, 1935.

신현숙, 『희곡의 구조』, 문학과지성사, 1990.

유민영, 「한국 사실주의극의 고봉(高峰)－극작가 車凡錫의 삶과 예술세계」, 『차범석
　　심포지엄 발표집』, 목포시, 2007.11.24.

이어령, 『공간의 기호학』, 민음사, 2000.

이종화 외, 『목포 목포사람들』, 경인문화사, 2004.

정순진, 「1920년대 하층계급의 여성문제와 「이영녀」」, 『한국문학과 여성주의 비평』,
　　국학자료원, 1987.

차범석, 『예술가의 삶』, 혜화당, 1993.

◆ 김경애 _ 새로운 건설의 예술가

구자범, 「(3)템포 모데라토」(『[토요판]구자범의 제길공명』), 『한겨레』, 2014.9.6.

김준오, 『시론』, 삼지원, 2002.

서연호・홍창수 편, 『김우진전집』 I , 연극과인간, 2000.

이은경, 「수산 김우진 연구」, 숙명여자대학교 박사학위 논문, 1994.

조두섭, 「김우진 시의 위상」, 『大邱語文論叢』 통권 4호, 1986.9.

한국정신문화연구원, 『한국민족문화대백과사전』 4, 한국민족문화대백과사전 편찬부
　　편, 1992.

작품 및 도서

ㄱ

〈가스〉 66
〈갈매기 떼〉 434
〈감자〉 145, 205, 415
『거부하는 몸짓으로 사랑했노라』 370
〈건너지 못하는 강〉 365
〈견〉 412
〈계단 위의 거울〉 16
「고(古)의 붕괴(崩壞)」 50, 397, 461
「고향 없는 사람들」 423
「곡선의 생활」 17, 19, 260, 273
「공상문학(空想文學)」 30, 236, 282, 336, 450
〈구가정(舊家庭)의 끗날〉 413
「구미현대극작가론(歐米現代劇作家論)」 193, 329, 398
「구미현대극작가(소개)(歐米現代劇作家(紹介))」 30, 260, 415
〈국경(國境)〉 352
〈귀주야화〉 369
「귀촉도」 369
〈귀향(歸鄕)〉 369, 434
〈규한(閨恨)〉 352
『근대 일막극선』 369

「기록의 마력」 260
〈기적 불 때〉 204, 364
〈김영일(金永一)의 사(死)〉 28, 204, 361, 364
〈깨어진 항아리〉 366
『껍질이 째지는 아픔 없이는』 369
〈꽃피는 마을〉 366, 367
〈꿈의 연극(Dream play)〉 21

ㄴ

〈나는 살아야 한다〉 434
〈난파(難破)〉 21, 29, 41, 46, 52, 59, 68, 73, 98, 103, 105, 106, 146, 149, 150, 152, 154, 159, 170, 190, 201, 330, 352, 353, 396, 397
〈남매〉 367
〈냉소(冷笑)〉 413
「노래 멋 낫」 260
〈눈내리는 밤〉 368
〈늑대와 소년〉 350, 359

ㄷ

『단종애사』 267
『대리인』 369
〈돗아나는 싹〉 413
「동굴(洞窟) 위에 선 사람」 270, 330, 336
『동시대의 연극인식』 370

〈두견새〉 369

〈두더기 시인(詩人)의 환멸(幻滅)〉 29, 41,
    45, 51, 98, 100, 200, 214, 330

〈두덕이 시인(詩人)의 환멸(幻滅)〉 352

〈두데기 시인(詩人)의 환멸(幻滅)〉 159,
    171, 396

「두 승객과 가방」 423

ㄹ, ㅁ

〈리골레토〉 71, 171

『마의태자』 267

『목포행 완행열차의 추억』 370

〈무의도기행〉 368

〈무적(霧笛)〉 434

〈물레방아는 쉬었다〉 363, 365

〈미쳐가는 처녀〉 364

〈밀주(密酒)〉 369, 434

ㅂ

〈발동기〉 370

「방랑자(放浪者)의 묘명(墓銘)」 446

「방련(芳蓮)은 어찌하여 나병(癩病)의 남편
    을 완쾌시켰는가」 336

〈백마산성〉 369

〈백범 김구〉 365

〈변강쇠타령〉 357

〈별〉 369

〈별과 함께 흐르다〉 369

〈병자 3인(病者三人)〉 349, 351

「봄잔듸밧위에」 341, 343

『봄잔듸밧위에』 334, 344

「봄 잔디밭 위에」 80, 86, 88, 169, 396

〈북진대〉 366, 367

〈불복귀(不復歸)〉 413

〈불효천벌(不孝天罰)〉 351

「붉근 쥐」 323

ㅅ

〈사등차(四等車)〉 434

「사옹(沙翁)의 생활」 398

「사와 생의 이론」 397

〈사의 찬미〉 15

〈산돼지〉 21, 29, 32, 33, 41, 46, 58, 80,
    95, 98, 100, 103, 105, 108, 113, 142,
    159, 168, 202, 302, 341, 344, 352,
    396

『산불』 369

〈산불〉 434

「새로운 이성의 친구를 얻고」 451

「생명력의 고갈」 178, 194, 260, 316

『서양철학사』 18

『세이토』 159

「셰익스피어의 생애」 271

「소위(所謂) 근대극(近代劇)에 대(對)하야」
    290, 329

「소위 근대극에 대하여」 30, 34, 193, 236,
    258, 398

「속어론(俗語論)」 224

〈수궁가〉 356

〈순교자(殉敎者)〉 352

『스펙테이터(Spectator)』 271

〈시인의 가정〉 364, 412

『시차적 관점』 315

『시학』 183

『식민지의 아침』 370

『신곡(神曲)』 224

「신청권(新靑卷)」 260

〈신촌〉 366, 368

〈심봉사〉 357

〈심청가〉 357

〈싸움〉 412

〈쌍권총을 든 사나이〉 367

「쓰키지소극장(築地小劇場)에서 인조인간
　(人造人間)을 보고」 329, 398

ㅇ

「아관(我觀) '계급문학(階級文學)'과 비평가」
　193, 260, 322, 399

〈아들〉 20

〈아리랑〉 364, 365

「아리스토텔에스의 '형식논리'」 260

「아버지께」 57, 446, 458, 460

「아아, 어느 쪽을 골라야 되나(あゝ何れを
　えらむべき)」 461

〈아침부터 자정까지〉 66

〈악마의 저주〉 364

〈안중근〉 365

〈애련송(愛戀頌)〉 365

「애악곡」 447

「어느 날 밤의 환영(幻影)」 455

〈어사와 초동〉 356

〈에밀레종〉 365

〈여성(女性)〉 413

〈역구(驛口)〉 370

「예술가 자신의 막지 못할 예술욕에서」
　145

〈옥단(玉丹)어!〉 370, 402, 425, 442

〈왜 싸워?〉 366

「우리 신극운동(新劇運動)의 첫 길」 37,
　258, 260, 314, 329

〈운명(運命)〉 352

〈워렌 부인의 직업(Mrs. Warren's Profes-
　sion)〉 30, 170, 201

〈유관순〉 365

「유랑의 소녀」 416

〈은덕(恩德)과 청년(靑年)의 경(境)〉 362

〈은세계(銀世界)〉 355

「이광수류(李光洙流)의 문학을 매장(埋葬)
　하라」 49, 193, 260, 265, 266, 329,
　331, 415

〈이름없는 별들〉 365

〈이성계〉 365

『이순신』 267

〈이순신〉 365

〈이영녀(李永女)〉 29, 44, 55, 60, 95, 96,
　99, 101, 105, 142, 143, 175, 176,
　200, 203, 296, 341, 350, 352, 402,
　404, 441

〈익조(翌朝)〉 364, 365

〈인간과 초인〉 71, 313

〈인두 어머니〉 366, 367

〈인조인간〉 37, 66

ㅈ

〈자연(自然)의 애(愛)와 무한(無限)의 회(悔)〉
　362

「자유극장(自由劇場) 이야기」 193, 329,
　398

「자유극장 이약이」 260

「자유의지의 문제」 18, 260, 273

〈적벽가〉 357

「전투」 323

〈정오(正午)〉 29, 44, 55, 103, 352, 396

「'조선(朝鮮) 말 업는 조선문단'에 일언(一
　言)」 236, 260, 331, 335

「조선(朝鮮)에 있어서 삼림사업일반(森林事
　業一般)」 282, 289

『죄 없는 사람』 449

「죽엄」 397

「죽엄의 이론」 397

「죽음의 이름」 61

「중용(中庸)과 철저(徹底)」 265

「죽엄의 일홈」 446

〈집을 떠나는 사람들〉 366, 368

ㅊ

『차라투스트라는 이렇게 말했다』 194

〈찬란한 문(The Glittering Gate)〉 27, 361

「창작을 권(勸)함내다」 260, 314

「창작(創作)을 권(勸)합네다」 30, 48, 56,
     197, 283, 352, 398, 415

〈찾은 봄·잃은 봄〉 402, 417, 441

〈첫날밤〉 363

「청춘」 50

「첫날밤」 449

「초성 김우진 연구」 13, 236

『초정집(草亭集)』 13, 237, 285, 286

〈최병도타령〉 355

〈최후의 승리〉 366

〈최후의 악수〉 27, 361

「추석전야」 424

「축산론(畜産論)」 282, 289

〈춘향가〉 356, 357

「춘향전」 267

〈춘향전〉 356

「출가」 19, 196, 333

ㅋ, ㅌ, ㅍ

〈카로노메〉 71

〈큰 갈레오토〉 74

〈탈〉 369

〈파랑새〉 368

〈팔만대장경〉 365

ㅎ

「하수도공사」 423

『학이여, 사랑일레라』 369

〈학(鶴)이여, 사랑일레라〉 434

「한귀」 423

〈해전〉 66

「허생전」 267

「헐어진 청년회관」 423

〈호동왕자와 낙랑공주〉 367

「홍수전후」 423

〈화랑〉 365

『환상여행』 369

〈황금과 노복〉 363

〈황혼(黃昏)〉 352

「휘파람 새와 별」 453

〈흐르지 않는 강〉 370

『희곡5인선집』 369

기타

〈3·1운동〉 365

〈8·15전야〉 365

『Appreciations and Depreciations』 271

「A Protesto」 57, 196, 333

「Jus primae Noctis(초야권[初夜權])」 260,
     415

「Man and Superman—A Critical Study of
     it's Philosophy」 30, 31

『Société Mai』 228, 258, 259, 260, 273,
     277, 329, 416, 446

용어 및 인명

ㄱ

가라타니 고진 275
가면극 351
간디 258
갈돕회 362
갈등 모티프 55, 56
감상주의 399, 446
강용환(姜龍煥) 355, 356, 358
개방형 종결부 211
개방 희곡 94
경향파(傾向派) 323, 325, 327
계급문학 261, 278, 323
계몽적 민족주의 399, 446
고골리 26, 361
고답파(高踏派) 247, 322, 323, 324, 327
고리키 26, 361
고영엽 350, 379
고전극 4대 양식 351
고한승(高漢承) 26, 29, 352, 361, 395
관념적 이상주의 323
괴링 66
괴테 26, 225
구상 231
극영동호회 38
극예술연구회 38, 255, 353, 364, 365
극예술협회 26, 28, 29, 31, 34, 228, 235,
    281, 289, 352, 360, 361, 362, 445
극작술 66, 187, 190, 191
근대극 192
근대문학 운동 93
근대성 137, 157, 192, 287
김기림 229

김기진 27, 261, 323, 352, 361
김길융 350
김길호 350, 376
김남천 230, 353
김동인 145, 151, 205, 227, 261, 415
김병수(金秉洙) 364
김복진 352
김봉호 350, 377
김사량 353
김상용 229
김석송 261
김소희(金素姫) 358
김승규 350, 373
김영보 352, 364, 412
김영팔(金永八) 26, 29, 352, 361, 364, 412
김용구(金容九) 350, 362, 366, 367
김우진문학제 223, 437
김운정(金雲汀) 412
김유방 412
김정길(金正吉) 356
김정수 350, 379
김정율 350
김정진 204, 352, 364
김종문 231
김지하 395
김진섭(金晉燮) 228
김창환(金昌煥) 356
김채만(金采萬) 356, 358
김초향(金楚香) 358
김팔봉(김기진) 227
김포천 233, 350, 369, 370
김현 395
김현구 228, 229
김현승(金顯承) 231, 233, 234
김환 352, 364
꿈 작업(dream-work) 70

ㄴ

나도향 227, 261
나혜석 227
남궁벽 227
남창여역(男唱女役) 358
낭만주의 59, 72, 294, 446
내포작가 42, 58
능주청년소인극회 362
니체 18, 194, 197

ㄷ

다이쇼 생명주의 272, 277
단눈치오, 가브리엘레 449
단테 224
던세이니 경 290, 361
데카당스(décadence) 72
도모다 교스케(友田恭助) 35
독립극장 253
동산의숙 235
동양극장 39
동우회순회연극단 27, 94, 258, 281, 282,
    289, 360, 361, 362, 395
동학혁명 47, 84, 95
드라마투르기(Dramaturgie) 136

ㄹ

라캉 76
롬브로조 271
루카치 152, 154
리얼리즘 66, 80, 190, 191
리얼리즘 희곡 190, 191, 212

ㅁ

마르크스 137, 197, 258
마르크스 보이 139

마해송 27, 361
모던 보이 139
모성 87
모티프 42, 78
목적으로서의 문학 286, 302
몽타주 수법 295
몽환극 67, 80, 83
무식계급 56, 325
문수성(文秀星) 351
문화정치 93

ㅂ

박경창 350, 366, 368
박노아 353
박녹주(朴綠珠) 357
박동화 350
박봉래(朴奉來) 357
박승희 352
박영호 353
박영희 227, 261, 323
박용구 16
박용철(朴龍喆) 229, 233, 234
박운원 350
박조열 354
박종화 227, 261
박초월(朴初月) 357
박화성(朴花城) 227, 233, 395, 402, 416,
    441
방인근 227, 412
배금주의 371
배유지(裵裕祉, Eugen Bell) 359
백두성 368
백수재(百壽齋) 223, 437
베르그송 273
베르그송 철학 18

변영로 229
보성청년회 362
보이드, 어니스트 271
본원적인 진리 344
부르주아 죄의식 20
부친 살해 78
브로드웨이적 뮤지컬 354

ㅅ

삶의 철학 17
상징주의 59, 335, 352
생명력 194, 198, 272, 311, 313, 316
생명력의 모티프 44
생명의 모티프 43
생의 약진 18
서스펜스 213
서정주 231, 369
선후본말론 19
설재록 350
성취원(成趣園) 223
셰익스피어 26, 290
소멸과 죽음의 모티프 58
소외된 주체 325
송만갑(宋萬甲) 357
송봉원 26
송영 136, 353
쇼, 버나드(Shaw, George Bernard) 29,
    71, 73, 170, 198, 201, 271, 290, 313,
    352, 396
쇼펜하우어 197, 273
수단으로서의 문학 286
수정사실주의극 67
스트린드베리 21, 68, 108, 216, 396
스틸, 리처드 271
시민문학 278

신경향파 204
신고송 353
신극 운동 28, 35, 37, 93, 236, 252, 446
신석정 229, 231
신체시 227
신파소인극회 363
쓰키지소극장(築地小劇場) 35, 38, 39, 66

ㅇ

아리스토텔레스 183
아리시마 다케오 276
안국선 227
안재홍 14
애디슨, 조지프 271
양병준 368
양주동 265
에로스적 충동 72
에체가라이, 호세(Echegaray, Jose) 74
엘리엇, T.S. 225, 461
여성 혐오증 216
역사적 결정성 243
연극영화전람회 38
열린 결말 213
염상섭 227, 261
오닐, 유진 66, 193
오사나이 가오루(小山內薫) 35
오상순 227
오원(吳元, Clement Owen) 359
오재호 350
오태석 354
와일드, 오스카 319
원각사 356
유달유학생회 368
유령성 151
유미주의 318

유성준(劉聖俊) 356
유일단(唯一團) 351
유종원 350
유춘섭(柳春燮) 26, 361
유치진 136, 353, 364, 365, 366, 367, 369
유치환 229
윤대성 354
윤백남(尹白南) 351, 352, 360
윤심덕 15, 26, 30, 361, 399
응축 70, 84
이광남 350
이광수(李光洙) 14, 151, 227, 261, 264, 265, 352
이기세(李基世) 351, 360
이념극 운동 251, 253, 255
이병기(李秉岐) 227
이상로 231
이상화 227
이서구 352
이윤택 354
이율 350
이은상 229
이인직(李人稙) 227, 355
이하윤 229
이학동 367
이해조 227
이현화 354
이화삼 368
이화중선(李花仲仙) 358
인도주의 399
인형극 351
임성구(林聖九) 351, 360
임세희(林世凞) 361
임승원 350
임화 151

입센 290
입센이즘 159

ㅈ

자연주의 352
자연주의극 67, 204
자유극장 253
자유무대 252, 253
자유의지 49, 58, 194, 198, 241, 242, 243, 273
잠재몽(潛在夢) 70
장성청년회소인극 362
장용건 350, 369
전영택 227
절규극 146
정세화 350
정인보 229
정조 350
정학진(丁學珍) 356
조명희(趙明熙) 26, 27, 29, 32, 48, 80, 204, 334, 343, 352, 361, 364, 396
조선연극문화협회 39
조선연극협회 39
조연현 231
조영출 353
조운(曹雲) 227, 229
조일재(趙一齋) 349, 351
조춘광 26, 352
졸라, 에밀 212
종결 위치 원리 185
주요한 227
죽음의 충동 72
지식계급 56, 248, 254
지젝, 슬라보예 315
진우촌 412

진장섭 26

ㅊ

차범석(車凡錫) 233, 350, 369, 395, 402,
　　425, 433, 442
차페크, 카렐 37, 193
창극 351, 355
채만식(蔡萬植) 227
천승세 351, 395
체호프, 안톤 26, 371
총체극(Total theatre) 350
최경순 363, 365
최계순 364, 365
최금동 365
최남선 227
최남주 363
최승만(崔承萬) 352
최승일 26
최찬식 227
치환 70

ㅋ

크루스, 아미 271

ㅌ

토월회(土月會) 28, 352
퇴폐주의 72

ㅍ

파인(김동환) 412
판소리 351, 354
표현주의 52, 66, 68, 94, 146, 244, 251,
　　283, 294, 295, 352, 398, 399
표현주의극 66, 67, 78, 146, 147, 154
프로문학 323

프로이트 70, 72, 161, 163
프리틀라인, 쿠르트(Curt Friedlein) 18
피란델로 193

ㅎ

하우프트만 26
한기주 26, 361
한승원 351
한옥근 350
함세덕 368
해참위연예단 362
혁신단(革新團) 351
현대극 192
현대성 68, 76, 190, 191, 192, 202, 212,
　　214, 283
현재몽(顯在夢) 70
현진건 227
현철 412
협률사 356
호남선우의숙 31, 235
홍난파(洪蘭坡) 26, 27, 361
홍사용 227
홍영후(洪永厚) 26, 361
홍해성(洪海星) 26, 29, 34, 352, 353, 361,
　　364, 365
황석우 227
황순원 231
히지카타 요시(土方與志) 35

기타

KAPF 139, 152, 255, 278
Société Mai 410

김우진 연구

인쇄 · 2017년 5월 20일 | 발행 · 2017년 5월 27일

엮은이 · 김우진연구회
펴낸이 · 한봉숙
펴낸곳 · 푸른사상사

주간 · 맹문재 | 편집 · 지순이, 홍은표 | 교정 · 김수란
등록 · 1999년 7월 8일 제2-2876호
주소 · 경기도 파주시 회동길 337-16(서패동) 푸른사상사 B/D 2층
대표전화 · 031) 955-9111, 2 | 팩시밀리 · 031) 955-9114
이메일 · prun21c@hanmail.net / prunsasang@naver.com
홈페이지 · http://www.prun21c.com

ⓒ 김우진연구회, 2017

ISBN 979-11-308-1098-0   93680

값 39,000원

문화체육관광부   전라남도 문화관광재단   목포시

이 책은 문화체육관광부, (재)전라남도문화관광재단, 목포시의 지원으로 발간되었습니다.